Wilhelm Herrmann-Studienausgabe

Herausgegeben von
Dietrich Korsch, Malte Dominik Krüger
und Frank Pritzke

2

Wilhelm Herrmann

Der Verkehr des Christen mit Gott

Im Anschluß an Luther dargestellt

Fünfte und sechste Auflage 1908
Siebente, unveränderte Auflage 1921

Herausgegeben von
Frank Pritzke und Dietrich Korsch

Mohr Siebeck

Frank Pritzke, geboren 1964; 1983–90 Studium der Ev. Theologie; 1995 Promotion; 1995 Vikar; Pastor der Ev.-luth. Landeskirche Hannovers; Dozent für Latein an der Theologischen Fakultät der Universität Göttingen.

Dietrich Korsch, geboren 1949; Dr. theol.; war Professor für Systematische Theologie an der Universität Passau und der Philipps-Universität Marburg.

ISBN 978-3-16-162235-9 / eISBN 978-3-16-164191-6
DOI 10.1628/978-3-16-164191-6

ISSN 2940-3154 / eISSN 2940-3162 (Wilhelm-Herrmann-Studienausgabe)

Die Deutsche Nationalbibliothek verzeichnet diese Publikation in der Deutschen Nationalbibliographie; detaillierte bibliographische Daten sind über *http://dnb.dnb.de* abrufbar.

© 2024 Mohr Siebeck Tübingen. www.mohrsiebeck.com

Das Werk einschließlich aller seiner Teile ist urheberrechtlich geschützt. Jede Verwertung außerhalb der engen Grenzen des Urheberrechtsgesetzes ist ohne Zustimmung des Verlags unzulässig und strafbar. Das gilt insbesondere für die Verbreitung, Vervielfältigung, Übersetzung und die Einspeicherung und Verarbeitung in elektronischen Systemen.

Das Buch wurde von Laupp & Göbel in Gomaringen auf alterungsbeständiges Werkdruckpapier gedruckt und von der Buchbinderei Nädele in Nehren gebunden.

Printed in Germany.

Inhaltsverzeichnis

Einleitung (Frank Pritzke)	VII
1. Die Entstehung des Buches	VII
2. Die Entwicklung des Buches	X
3. Die Eigenart des Buches	XXII
Vorreden	1
Inhalt	5
Einleitung	9
Kapitel I Das Verhältnis der christlichen Religion zur Mystik und den mit ihr verbundenen Formen der Religionsübung	19
Kapitel II Die Begründung unseres Verkehrs mit Gott durch die Offenbarung Gottes	39
Kapitel III Die Ausübung unseres Verkehrs mit Gott im religiösen Glauben und im sittlichen Wirken	117
Anhang	
1. Editorische Anmerkungen	205
2. Verwendete Schriften Martin Luthers nach der Erlanger Ausgabe und der Weimarer Ausgabe	206
3. Von Herrmann verwendete Literatur	218
4. Vorreden zu den ersten drei Auflagen	220
5. Tabelle der Inhaltsverzeichnisse aller Auflagen	226
6. Rezensionen und Diskussionen	227

Einleitung

Frank Pritzke

1. Die Enstehung des Buches

Am 21. April 1886 schrieb Wilhelm Herrmann an den Verlag Cotta in Stuttgart, mit dem er sechs Jahre zuvor einen Vertrag über die Abfassung eines „Systematischen Lehrbuchs der Dogmatik" abgeschlossen hatte, das bis 1884 entstehen sollte, aber noch nicht vorlag: „Die Lehrsätze der Dogmatik haben einen verständlichen Sinn nur in ihrer Beziehung auf eine ihnen entsprechende religiöse Praxis. Wer diese nicht kennt, muß auch jene Sätze mißverstehen. Ich habe mich daher entschlossen, zunächst die religiöse Praxis, wie wir dieselbe im Unterschied zu der orthodox-pietistischen Praxis der Gegenwart verstehen, darzustellen und zu rechtfertigen. Das Manuskript liegt abgeschlossen vor […]. Der Titel lautet: ‚Der Verkehr des Christen mit Gott im Anschluß an Luther dargestellt'."[1]

Das Buch ist noch im selben Jahr 1886 bei Cotta erschienen. Es stellt also so etwas wie die praktisch-theologischen Prolegomena zu einer Dogmatik dar. Herrmanns Lehrbuch der Dogmatik hingegen erschien nie. In der Einleitung der letzten Auflage des „Verkehrs", der 5. und 6. von 1908, schreibt Herrmann: „Die Arbeit, an der dieses Buch seit zwanzig Jahren hat mithelfen dürfen, ist nicht vergeblich gewesen. Wer jetzt sehen will, kann den Weg finden, der auch in einer durch die Wissenschaft veränderten Welt die Menschen, die Gott suchen, zu Christus führt."[2] Zwischen diesen beiden Zitaten liegt die Entwicklung des Buches. Es hat also eine Geschichte durchgemacht, um die Herrmann bei der ersten Niederschrift selbst noch nicht wissen konnte.

Diese Geschichte ist aber nicht durch äußere Zufälligkeiten bedingt, etwa in dem Sinne, dass es äußere Umstände gewesen wären, die Herrmann an der Abfassung eines Lehrbuchs der Dogmatik gehindert hätten, so dass seine Leser/innen darum nun mit dem „Verkehr" vorlieb nehmen müssten. Das Zitat von 1908 zeigt einen zentralen Anspruch: Das Buch kann Gott suchende Menschen in einer Welt, die die Wissenschaft, d.h. konkret der Historismus und

---

[1] Zitiert nach: ALBRECHT RITSCHL / WILHELM HERRMANN, Briefwechsel 1875-1889, hg. von Christophe Chalamet, Peter Fischer-Appelt und Joachim Weinhardt in Zusammenarbeit mit Theodor Mahlmann, Tübingen 2013, 241, Anm. 5 (im Folgenden: BW Ritschl-Herrmann).

[2] WILHELM HERRMANN, Der Verkehr des Christen mit Gott im Anschluss an Luther dargestellt, Stuttgart $^{5/6}$1908, 1 (im Folgenden: V 5/6). Die 7. Auflage (Tübingen 1921) ist ein unveränderter Nachdruck dieses Buches.

die Naturwissenschaft in ihrer verunsichernden Auswirkung auf die religiöse Praxis der Menschen, verändert hat, zu Jesus Christus führen. Weil und indem Jesus Christus aber der Weg zu Gott ist „hat die Theologie dies vor allem darzustellen [:] den durch Christus vermittelten Verkehr des Christen mit Gott."[3]

Der durch Christus vermittelte Verkehr des Christen mit Gott heißt Glaube. In großer zeitlicher Nähe zur letzten Auflage des Verkehrs schreibt Herrmann: Die Dogmatik habe sich das Ziel zu setzen, „Christen dazu anzuleiten, daß sie des Grundes ihres Glaubens und seines Gedankengehaltes sich bewußt werden. Dieser Hauptaufgabe hat sich die Untersuchung einzuordnen, wie sich die Begründung unseres Glaubens zu unserer sittlichen Erkenntnis verhalte und wie das Weltbild des Glaubens zu dem Weltbild der Wissenschaft. Ich sollte meinen, mit diesem Arbeitsprogramm könnte die Dogmatik schon am Leben bleiben."[4] Was am Anfang der Geschichte des Buches Prolegomena mit Bezug auf die Frömmigkeit waren, stellt sich schließlich als Zentrum der Dogmatik dar. Bei einem Denker wie Wilhelm Herrmann, der immer sofort und immer neu ins Grundsätzliche geht, war vielleicht auch nichts anderes zu erwarten.[5]

Es spricht einiges dafür, den Ursprung des „Verkehrs" in einem Aufsatz zu sehen, von dem Herrmann am 27. Dezember 1883 in einem Brief an Ritschl berichtet, der bereits den Titel „Der Verkehr des Christen mit Gott" trägt und „der nun wohl zu einer Broschüre auswachsen wird". Weder ist der Aufsatz erhalten noch die Broschüre gedruckt worden. Der angepeilte Umfang und der Ritschl mitgeteilte Inhalt, nämlich eine Gegenüberstellung Ritschls und seiner Gegner und die Verständlichmachung der religiösen Differenzen aus der jeweiligen Frömmigkeit, sprechen aber dafür, dass es sich um eine Vorstufe des Anfangs der ersten Auflage des „Verkehrs" handelt. Dazu passt auch, dass Luther im ersten Drittel des Buches kaum zitiert wird (ein Umstand, der auch in den späteren Auflagen wiederkehrt), Ritschl aber vehement verteidigt wird (was ab der zweiten, von Herrmann gänzlich umgearbeiteten Auflage nicht mehr so ist). Wenn Herrmann freilich über seinen Vortrag schreibt: „Ich bin darin sehr sanftmütig aufgetreten, bin aber hoffentlich recht deutlich geworden",[6] so gilt ersteres zumindest für das gedruckte Buch nicht. Herrmann war,

---

[3] Ebd., 11.

[4] WILHELM HERRMANN, Christlich-protestantische Dogmatik (^{2}1909); in: DERS., Schriften zur Grundlegung der Theologie, Bd. I, hg. von Peter Fischer-Appelt, München 1966, 298-358. 354 (im Folgenden: SG I).

[5] Das alles heißt nicht, dass Herrmann nicht immer wieder Dogmatik gelesen hätte, wie seine von Martin Rade 1925 posthum herausgegebenen und für den vierten Band dieser Studienausgabe vorgesehenen Diktate zur Dogmatik belegen (WILHELM HERRMANN, Dogmatik, hg. von Martin Rade, Gotha 1925); (im Folgenden: D).

[6] BW Ritschl-Herrmann, 330. Dort auch die vorigen Zitate.

wie besonders seine Rezensionen zeigen, ein Meister der Polemik, und in der ersten Auflage des „Verkehrs" spart er nirgends mit ihr.

Am 10. November 1883 hat Albrecht Ritschl vor der Göttinger Universität eine Festrede zum 400. Geburtstag Martin Luthers gehalten. Von dieser Rede erschien rasch ein Privatdruck, den Herrmann spätestens Anfang Dezember 1883 in Händen hatte.[7] Obwohl diese Rede nicht im Buchhandel erhältlich war, erhielt Ritschl – offenbar auf den Privatdruck hin – etliche zustimmende und auch kritische Reaktionen. Daher bittet er Herrmann in einem Brief vom 17. November 1884 um Rat, ob er die Rede im Buchhandel veröffentlichen solle.[8] Sie ist dann 1887 beim Verlag Marcus in Bonn erschienen.[9]

In dieser Situation, die dadurch gekennzeichnet ist, dass Ritschls Lutherrede einerseits noch nicht veröffentlicht ist, andererseits in Privatdrucken und Abschriften herumschwirrt und positive und negative Reaktionen auslöst, springt Herrmann seinem Meister Ritschl bei, indem er dessen Position als lutherisch darstellt. Das ist die eine Absicht des „Verkehrs". Die andere, viel tiefer liegende ist aber die positive Darstellung des Verhältnisses zwischen Gott und Mensch im Anschluss an Luther. Denn wenn „Verkehr des Christen mit Gott" nichts anderes ist als Glaube, dann liegt nichts näher, als das Gemeinte im Anschluss an Luther darzustellen. Im Übrigen hat Herrmann damit nicht nur Ritschls, sondern auch seine eigene Position als lutherisch erwiesen.

Es waren seine ersten Jahre in Marburg, in denen sich Herrmann intensiv in Luther eingearbeitet hat. In seinem Buch „Die Religion im Verhältniß zum Welterkennen und zur Sittlichkeit" von 1879 spielt Luther explizit noch keine Rolle. Autobiographisch notiert Herrmann im Rückblick: „Allerdings habe ich mich dann als Student nicht ohne Erfolg um ein Verständnis der Wissenschaft Kants bemüht, während ich mir damals ein geschichtliches Verständnis Luthers in seinem Unterschiede von der sogenannten orthodoxen Dogmatik nicht erworben habe. Das wäre auch für einen Studenten in damaliger Zeit zu schwer gewesen. Eine Hemmung in meinem späteren anhaltenden Studium Luthers hätte mir die Vertiefung in Kants Werk nur dann bereiten können, wenn ich jemals der kantischen Religionsphilosophie gefolgt wäre. Das ist aber nie der Fall gewesen."[10] Wie intensiv das Lutherstudium Herrmanns anhand der Erlanger Ausgabe war, zeigt auch die Tatsache, dass er neben dem

---

[7] ALBRECHT RITSCHL, Festrede am vierten Seculartage der Geburt Martin Luthers, 10. November 1883 vor der Georg-Augusts-Universität [sic!] gehalten, Göttingen 1883.

[8] BW Ritschl-Herrmann, 353; positive Reaktionen: Brief Ritschls an Herrmann vom 10. Dezember 1883, ebd., 327.

[9] ALBRECHT RITSCHL, Drei akademische Reden, Bonn 1887, S. 5-29.

[10] WILHELM HERRMANN, Der Streitpunkt in betreff des Glaubens (1889); in: DERS., Gesammelte Aufsätze, hg. von Friedrich Wilhelm Schmidt, Tübingen 1923, S. 254-274. 258 Anm. 1 (im Folgenden: GA).

„Verkehr" von 1880 bis 1886 nur zwei wichtige Vorträge und außerdem Rezensionen veröffentlicht hat.[11]

Um den Titel des Buches schließlich hat Herrmann lange gerungen. Die zwischenzeitlich erwogene Überschrift „Die christliche Frömmigkeit" hat er als zu blass verworfen und gegen den Rat Ritschls an dem missverständlichen Wort „Verkehr" festgehalten. Er hat das meiner Auffassung nach getan, weil er mit dem Wort „Verkehr" den „fröhlichen Wechsel und Streit" aus Luthers Freiheitsschrift wiedergibt.[12] Diesen Traktat hat Herrmann in seinem Buch auch als einzige von Luthers Schriften ausführlicher behandelt, wenn auch kaum zitiert.[13]

2. Die Entwicklung des Buches

Man hat die erste Auflage des „Verkehrs" gegenüber den folgenden Auflagen als „ein Werk für sich"[14] bezeichnet. Das ist auf den ersten Blick richtig, besonders wenn man von dem gänzlich veränderten Anfang der zweiten Auflage ausgeht. Eine vergleichende Lektüre der ersten beiden Auflagen zeigt freilich, dass nach der gründlich veränderten Einleitung Herrmann in der zweiten Auflage über weite Strecken dem Gedankengang der ersten Auflage folgt und ihren Text – mit Einfügungen und Streichungen – sehr weitgehend wörtlich

---

[11] Damit soll nicht behauptet werden, dass Herrmann in seiner Hallenser Zeit noch nichts von Luthers Denken gewusst habe. Vielmehr gibt es bereits in der Schrift „Die Metaphysik in der Theologie" von 1876 eine Stelle, die den Ansatz der Lutherdeutung des „Verkehrs" schon in nuce enthält. Sie lautet: „Sobald aber in der Reformation die Heilsgewißheit des Christen gleichgesetzt wurde der durch Christus erlebbaren Freiheit in der Versöhnung mit Gott, mußten auch andere Anforderungen an die Christologie sich erheben. Das Streben, diesen Ansprüchen gerecht zu werden, ist ja auch bei Luther unverkennbar. Trotz seines regellosen Zurückgreifens auf patristische Wendungen bricht bei ihm überall das Gefühl hervor, daß die alte Christologie mit ihrer äußerlichen Verknüpfung der innerlich geschiedenen Naturen dem evangelischen Glauben widerstrebt. Aber freilich konnte er das seiner Heilsgewißheit entsprechende Verlangen, in dem Menschen Jesus unmittelbar den ewigen Gott zu erkennen, in der Theorie ebendeshalb nicht zum Ausdruck bringen, weil auch er in den Formeln der Zweinaturenlehre hängenblieb, die unter dem Einfluß eines entgegengesetzten Interesses gebildet waren." SG I, 1-80. 52.

[12] Vgl. hierzu ausführlicher: FRANK PRITZKE, Die Wahrheit der christlichen Religion. Theologiegeschichtliche Überlegungen zu Wilhelm Herrmanns Vorlesung im Sommersemester 1887; in: Dietrich Korsch / Malte Krüger / Frank Pritzke (Hg.), Wahrheit – Geschichte – Erleben. Grundzüge der Theologie Wilhelm Herrmanns – Mit einer Edition der Vorlesung Wilhelm Herrmanns „Die Wahrheit der christlichen Religion" von 1887 (deutsche Erstveröffentlichung), Tübingen 2024, 29-40. 38f.

[13] V 5/6, 212-214.

[14] THEODOR MAHLMANN, Art. Wilhelm Herrmann, TRE 15, Berlin/New York 1986, 165-172. 168,26.

übernimmt. Dabei ist das Buch von IV + 205 auf VI + 282 Seiten, also um etwa 35 Prozent angewachsen. Herrmann bezeichnet in der Vorrede zur zweiten Auflage diese als „Umarbeitung" und schreibt: „Diese Auflage ist, obgleich manches gestrichen ist, um fünf Bogen [= 80 Seiten] stärker als die erste."[15] Drei Sachverhalte müssen also erklärt werden: die Streichungen, die Veränderungen und besonders das Anwachsen des Buches.

Die erste Auflage des „Verkehrs" von 1886 beginnt mit einer Einleitung, die die Theologie Albrecht Ritschls (1822-1889) gegen ihre Gegner verteidigt (S. 1-20). Bei Erscheinen der zweiten Auflage 1892 ist Ritschl bereits gestorben. Ohne der Dankbarkeit gegenüber seinem Meister etwas abzubrechen,[16] hat Herrmann es nun nicht mehr nötig, Ritschls Theologie zu verteidigen, und ersetzt die bisherige Einleitung durch eine neue, in der er die Auseinandersetzung um das Verständnis der Lehre in den Mittelpunkt stellt (S. 1-12). „Der Gegensatz der christlichen Religion zur Mystik", von dem in der ersten Auflage am Ende der Einleitung die Rede war, wird nun ausführlich behandelt (S. 13-43) und bildet jetzt, wie in allen folgenden Auflagen, ein eigenständiges erstes Kapitel des Buches. Damit sind die beiden Fronten deutlich benannt, in denen Herrmanns Verständnis des Glaubens als Verkehr des Christen mit Gott steht: Glaube ist kein Übernehmen und Fürwahrhalten dogmatischer, von anderen formulierter Bekenntnissätze und Lehrsätze, ja nicht einmal ein Fürwahrhalten biblischer Aussagen bloß darum, weil sie in der Bibel stehen. Und andererseits ist Glaube kein unmittelbarer mystischer Verkehr der Seele mit Gott, der Christus am Ende hinter sich ließe, wenn nicht gar ohne ihn auskäme. Sondern Glaube ist „ein durch Christus vermittelter Verkehr der Seele mit dem lebendigen Gott."[17]

Dadurch ist der Anfang des Buches von 20 auf 43, also um 23 Seiten angewachsen. Durch die Streichung vieler expliziter Auseinandersetzungen mit den Gegnern hier und besonders auch im letzten Teil der ersten Auflage, sowie, hier und in der Entwicklung des Buches, an manchen weiteren Stellen, ist die von anderen bemerkte „verletzende Schärfe der Polemik" nach Herrmanns eigener Absicht und auch tatsächlich deutlich zurückgetreten.[18] Das hat den „Verkehr" nicht nur sympathischer gemacht, sondern auch dazu beigetragen,

---

[15] WILHELM HERRMANN, Der Verkehr des Christen mit Gott im Anschluss an Luther dargestellt, Stuttgart ²1892, VII (im Folgenden: V 2).

[16] Vgl. V 2, 2 und FRANK PRITZKE, Die Wahrheit der christlichen Religion (wie Anm. 12), 36.

[17] WILHELM HERRMANN, Der Verkehr des Christen mit Gott im Anschluss an Luther dargestellt, Stuttgart ³1896, 5 (im Folgenden: V 3).

[18] V 2, VII. Positiv bemerkt von THEODOR HÄRING, Rezension von: Wilhelm Herrmann, Der Verkehr des Christen mit Gott im Anschluss an Luther dargestellt. Zweite, gänzlich umgearbeitete Auflage Stuttgart 1892, ThLZ 17, 1892, 548-549. 548.

dass er immer mehr im Sinne positiver Darstellung zu Herrmanns eigenem Buch geworden ist.

Das nun als erster Hauptteil des Buches folgende Kapitel „Der Verkehr Gottes mit uns" umfasst als Kapitel I der ersten Auflage die Seiten 21 bis 70, als Kapitel II der zweiten Auflage die Seiten 44 bis 162. Hier liegt also schon rein äußerlich der Löwenanteil und tatsächlich auch inhaltlich der wichtigste Teil der Umarbeitung vor. Was Herrmann in den Jahren zwischen der ersten und der zweiten Auflage des Verkehrs gewonnen hat, ist die präzise Ausarbeitung des für seine Theologie zentralen Verständnisses für die Selbstoffenbarung Gottes im geschichtlichen Christus.

Das Kapitel beginnt in beiden Auflagen gleich. Nach manchen Streichungen heißt es auf S. 26f der ersten Auflage: „Unsere Gewissheit von Gott wurzelt in dem einfachen Faktum, dass wir in Jesus einen Menschen antreffen, der Recht behalten muss gegenüber der Welt." In der zweiten Auflage heißt der entsprechende Satz auf S. 47: „Unsere Gewissheit von Gott wurzelt in dem Factum, dass wir in dem geschichtlichen Bereiche, dem wir selbst angehören, den Menschen Jesus als etwas zweifellos wirkliches antreffen." Damit ist chiffrehaft der Unterschied zwischen den beiden Auflagen bezeichnet.

Was Herrmann bis zu dem Punkt, an dem er in der zweiten Auflage den Faden der ersten wörtlich wiederaufnimmt, in der ersten Auflage auf den zwölf Seiten 27-39 darstellt, wird in der zweiten Auflage auf den Seiten 47-102, also auf 55 Seiten, gänzlich umgearbeitet zur Darstellung des Verkehrs des Christen mit Gott, vermittelt durch den geschichtlichen Christus, in dem Gott selbst sich uns geschichtlichen Menschen offenbart. Und was Herrmann in den Seiten 39-71 der ersten Auflage, also auf 31 Seiten darstellt, wird im Sinne dieser zentralen Erkenntnis in der zweiten Auflage dargestellt auf den 60 Seiten von 102 bis 162. So kommt äußerlich das Anwachsen des Kapitels „Der Verkehr Gottes mit uns" um 69 Seiten zustande.

Es ist nicht so, dass Herrmann die Auffassung des „geschichtlichen Christus" als „Selbstoffenbarung Gottes" nicht auch in der ersten Auflage schon gehabt hätte.[19] Aber erst in der zweiten macht er sie wirklich fruchtbar für die Darstellung des Verkehrs Gottes mit uns – und unseres Verkehrs mit Gott. Trotz der Dankbarkeit, die Herrmann seinen Rezensenten bezeugt, ist diese Umarbeitung nicht durch deren Kritik zustande gekommen, wie später die zwischen der zweiten und dritten Auflage der Ethik aufgrund der großen Rezension Ernst Troeltschs,[20] sondern liegt in der Weiterentwicklung von Herrmanns Theologie in diesen Jahren begründet.

---

[19] WILHELM HERRMANN, Der Verkehr des Christen mit Gott im Anschluss an Luther dargestellt, Stuttgart 1886, 43. 45 (im Folgenden: V 1).

[20] Vgl. DIETRICH KORSCH, Einleitung; in: Wilhelm Herrmann, Ethik, hg. von Dietrich Korsch, WHS 3, Tübingen 2023, IX-XVII. XIVf.

Diese Entwicklung beginnt schon vor Erscheinen der ersten Auflage des Verkehrs 1884 mit der wichtigen Kaisergeburtstagsrede „Warum bedarf unser Glaube geschichtlicher Thatsachen?"[21] Vielleicht auch durch den Anlass der Rede bedingt, werden hier die gewonnenen Einsichten in die Geschichtlichkeit des Glaubenden nicht für das Verständnis der Selbstoffenbarung Gottes im geschichtlichen Christus fruchtbar gemacht. In der Zeit zwischen den ersten beiden Auflagen des „Verkehrs" erscheinen von Herrmann – um nur die wichtigsten Titel zu nennen – „Der Begriff der Offenbarung" (1887),[22] „Die Gewißheit des Glaubens und die Freiheit der Theologie" (1887 / ²1889),[23] die Erwiderungen an seine Kritiker im Streit um den Glaubensbegriff „Zur theologischen Darstellung der christlichen Erfahrung" (1889), „Der Streitpunkt in betreff des Glaubens erörtert" (1889), „Grund und Inhalt des Glaubens" (1890),[24] „Die Buße des evangelischen Christen" (1891)[25] und schließlich der Aufsatz, auf den die ganze Weiterentwicklung Herrmanns in diesen Jahren zuläuft: „Der geschichtliche Christus der Grund unseres Glaubens" (1892).[26] Die hier erarbeiteten Einsichten werden für die zweite Auflage des „Verkehrs" fruchtbar gemacht. So ist ein Buch entstanden, das zwar nicht das letzte Wort Herrmanns in Sachen der Dogmatik ist, aber, auch wenn man auf beliebte, vielleicht aber doch wenig fruchtbare Periodisierungen seiner Theologie verzichtet, einen Einschnitt und Höhepunkt darstellt.

Ebenfalls im Jahr 1892 erschien die erste Auflage von Martin Kählers berühmter Schrift „Der sogenannte historische Jesus und der geschichtliche, biblische Christus".[27] Den hier abgedruckten Vortrag hat Kähler am 7. August 1891 auf der Wuppertaler Pastoralkonferenz gehalten. Wann genau die Schrift erschienen ist, lässt sich vermutlich nicht mehr genau eruieren, sehr wahrscheinlich aber im ersten Quartal des Jahres 1892. Denn Herrmann setzt sich mit ihr in dem Aufsatz „Der geschichtliche Christus der Grund unseres Glaubens", der im dritten Heft des zweiten Jahrgangs der „Zeitschrift für Theologie und Kirche", also im Mai 1892 erschienen ist, ausführlich auseinander. In der zweiten Auflage des „Verkehrs", deren Vorwort auf den 7. April 1892 datiert

---

[21] WILHELM HERRMANN, Warum bedarf unser Glaube geschichtlicher Thatsachen?, Halle a.S. 1884 bzw. die zweite Auflage von 1891, SG I, 81-103.

[22] WILHELM HERRMANN, Der Begriff der Offenbarung (1887), SG I, 123-139.

[23] WILHELM HERRMANN, Die Gewißheit des Glaubens und die Freiheit der Theologie, Freiburg i. B. 1887/²1889.

[24] GA, 239-294 abgedruckt.

[25] GA, 33-85.

[26] WILHELM HERRMANN, Der geschichtliche Christus der Grund unseres Glaubens (1892); in: WILHELM HERRMANN, Die Wirklichkeit Gottes und die Geschichtlichkeit Jesu Christi, hg und kommentiert von Dietrich Korsch, GTCh 14, Leipzig 2023, 51-100.

[27] MARTIN KÄHLER, Der sogenannte historische Jesus und der geschichtliche biblische Christus, neu hg. von Ernst Wolf, München 1953. Diese Edition folgt der Erstauflage von 1892.

ist, einen Zeitpunkt, zu dem Herrmann Kählers Schrift, rechnet man die Druckzeit des Maiheftes der ZThK ein, schon gekannt haben muss, wird Kählers „Der historische Jesus und der geschichtliche, biblische Christus" nicht erwähnt, geschweige denn diskutiert. Das bedeutet also, dass die zweite Auflage des „Verkehrs" unabhängig von Kählers Schrift entstanden ist. Das ist wichtig zu sehen; gerade auf dem Hintergrund der Auseinandersetzungen, die diese beiden Schriften Herrmanns und Kählers gemeinsam in den folgenden Jahren ausgelöst haben[28] und die noch jahrzehntelang fortwirkten.[29]

Der zweite Hauptteil von Herrmanns Buch heißt „Unser Verkehr mit Gott" und umfasst als Kapitel II der ersten Auflage die Seiten 71 bis 160, als Kapitel III der zweiten Auflage die Seiten 163 bis 282. Da aber in der zweiten Auflage das abschließende Kapitel „Die Gedanken des Glaubens" aus der ersten Auflage fehlt bzw. in deren Kapitel III eingezogen ist, ist nur bis Seite 270 der zweiten Auflage zu vergleichen. Mithin ist der zweite Hauptteil von 90 auf 107 Seiten angewachsen.

Die Veränderungen sind also schon äußerlich deutlich geringer als im ersten Hauptteil. Sie bestehen im Wesentlichen in zwei eingefügten Passagen. Einmal legt Herrmann gegenüber einer Kritik A. Oppenrieders sein Verständnis der Wunder dar (S. 191-196). Das ist ein gutes Beispiel dafür, wie er nun mit kritischen Einwänden hauptsächlich umgeht: viel weniger mit Polemik gegen seine Kritiker, als mit positiver Darlegung seiner eigenen Position. Die zweite Passage (S. 230-242) betrifft das Verhältnis des Christen heute zum erhöhten Christus. Sie vertritt die These: „Von einem Verkehr mit dem erhöhten Christus kann [...] keine Rede sein." (S. 238)[30] Die beiden Passagen vermehren den zweiten Hauptteil um 17 Seiten. Ansonsten hat Herrmann hier nur im Kleinen geändert.

Der zweite Hauptteil der ersten Auflage hatte mit Gedanken zum Gebet begonnen und mit Gedanken zu demselben Thema geschlossen. Es folgte in der ersten Auflage das Kapitel „Die Gedanken des Glaubens". Was Herrmann davon in die zweite Auflage übernommen hat, hat er in das Kapitel „Unser Verkehr mit Gott" übernommen, mit dem das Buch nun schließt. Man muss dieses Vorgehen positiv würdigend zur Kenntnis nehmen, weil vieles, was Herrmann

---

[28] Vgl. z.B. HERMANN SCHOLZ, Der gegenwärtige Stand der Forschung über den dogmatischen Christus und den historischen Jesus, ThR 2, 1899, 169-181. 211-224.

[29] Vgl. z.B. FRIEDRICH WILHELM SCHMIDT, Das Verhältnis der Christologie zur historischen Leben-Jesu-Forschung, ZThK 28, 1920, 249-276. 323-353.

[30] Man vgl. aber die wichtige Präzisierung in der vierten Auflage des „Verkehrs": „Er [sc. Luther, F.P.] hat vielmehr gewusst, dass man den wirklichen Christus findet und die direkte Einwirkung des erhöhten Christus darin erfährt, dass man den geschichtlichen Christus versteht." WILHELM HERRMANN, Der Verkehr des Christen mit Gott im Anschluss an Luther dargestellt, Stuttgart [4]1903, 155 (Hervorhebung von Herrmann); (im Folgenden: V 4).

etwa in der Christologie ausgeführt hat, ja auch unter die Überschrift „Glaubensgedanken" zu stellen wäre. Das wird Herrmann selbst auch gesehen haben. Aber daneben gibt es auch einen äußerlichen Grund für sein Vorgehen. Das III. Kapitel der ersten Auflage besteht überwiegend aus zwei längeren Auseinandersetzungen. Einmal stellt Herrmann gegenüber der pietistischen Theologie dar (S. 160-174), dass „die Dinge, welche den Inhalt der Glaubensgedanken bilden [... keine] empirisch fassbare[n] Grössen" sind. (170). Die zweite Auseinandersetzung führt er mit einem seiner Lieblingsgegner, Chr. E. Luthardt (S. 180-201). Beide Passagen, die zusammen 35 Seiten der 45 Seiten des III. Kapitels ausmachen, sind in der zweiten Auflage ersatzlos gestrichen. Der Rest des Kapitels besteht aus Ausführungen über die Wiedergeburt im Anschluss an Luther, die in der Tat ganz auf der Linie der bisherigen Darstellungsweise liegen und die Herrmann darum ziemlich bruchlos, nur durch eine kleine Überleitung verbunden (S. 270f), an das Kapitel „Unser Verkehr mit Gott" anschließen kann. Ebenso kann er den (am Ende gekürzten) Schluss aus der ersten in die zweite Auflage übernehmen.

Ich fasse das Ergebnis dieses Vergleichs der ersten und der zweiten Auflage des Verkehrs, durch welchen hoffentlich das Rätsel der gänzlichen Umarbeitung und erheblichen Vermehrung der zweiten Auflage gelöst ist, zusammen. Die zweite Auflage ist gegenüber der ersten vermehrt: um 23 Seiten in der Einleitung und dem Kapitel über die Mystik; um 74 Seiten in dem Kapitel „Gottes Verkehr mit uns"; um 17 Seiten in dem Kapitel „Unser Verkehr mit Gott". Das macht insgesamt 114 Seiten. Davon abzuziehen sind die 35 Seiten, die aus dem Kapitel „Die Gedanken des Glaubens" der ersten Auflage weggefallen sind. Es bleibt eine Vermehrung um 79 Seiten, was ziemlich genau der Vermehrung des Buches des Buches von 205 auf 282 = 77 Seiten entspricht. Der Rest sind kleinere Streichungen und Zusätze. Inhaltlich entscheidend für diese Veränderungen ist Herrmanns zwischen der ersten und der zweiten Auflage des „Verkehrs" ausgearbeitetes und nun systematisch dargestelltes Verständnis der Selbstoffenbarung Gottes im geschichtlichen Christus als Grund unseres Glaubens, wodurch der „Verkehr" nun ganz zur Darlegung des Zentrums von Herrmanns Theologie geworden ist.

Von hier aus kann Herrmann rundweg erklären: „Das wollen wir gar nicht leugnen, dass unsere Vorstellung von der Gottheit Christi eine andere ist als die des Dogmas. Wir legen im Gegenteil auf diesen Unterschied den größten Wert." Ebenso „müssen wir erklären, dass in der evangelischen Kirche keine andere Auffassung der Gottheit Christi berechtigt ist, dass wir also auf den Gebrauch des Namens, den uns die Gegner verwehren wollen, allein ein gutes Recht haben." Der Grund ist folgender: „[G]erade weil wir in vollem Sinne an die Gottheit Christi glauben, müssen wir das Dogma von der Gottheit Christi als ein ganz unvollkommenes Gedankengebilde ablehnen."[31] Dieser Mann hat seine Position gefunden.

Demgegenüber sind die Veränderungen, die das Buch in seinen weiteren Auflagen erfahren hat, deutlich geringer. Die dritte Auflage des „Verkehrs" beginnt mit einer ausführlichen Vorrede Herrmanns, in der er sich vor allem mit den Angriffen seiner „Herren Gegner", als die er besonders Otto Ritschl[32] und Johannes Weiß[33] in ihren Kritiken an der zweiten Auflage des „Verkehrs" begreift, auseinandersetzt. Im Grunde handelt es sich dabei um einen theologischen Familienzwist. Der Systematiker Otto Ritschl war der Sohn, der Neutestamentler Johannes Weiß der Schwiegersohn Albrecht Ritschls, und beide verstanden sich theologisch von diesem her.[34] Der im Briefwechsel mit Albrecht Ritschl von diesem oft als „Lieber Freund" angeredete Wilhelm Herrmann war zweifellos der bedeutendste Systematische Theologe aus Ritschls Schule. Sachlich geht es in der Auseinandersetzung um Folgendes:

O. Ritschls Einwand gegen Herrmann besteht darin, dass er eine Relevanz der historischen Forschung zur Sicherung des geschichtlichen Christus als Grund unseres Glaubens behauptet. Im Grunde verwechselt er damit den historischen Jesus mit dem geschichtlichen Christus. Über diesen hätte O. Ritschl schon in der ersten Auflage des „Verkehrs" lesen können: „Dem christlichen Glauben aber ist es gewiss, dass Jesus gelebt hat als der Mensch, der mit seiner Botschaft eines Reiches Gottes den Menschen die Möglichkeit eines ewigen Lebens eröffnet und der zugleich sich bewusst war, dass das Dasein seiner Person in ihrem Leben und Sterben für alle, die nicht an ihm vorübergingen, dieses Reich Gottes verwirklichen werde. Die Gewissheit, dass dies nicht die Züge eines Ideals sind, mit denen man eine sagenhafte Gestalt geschmückt hat, sondern die wirklichen Ansprüche eines kraft- und friedevollen Menschen, geht aus historischer Forschung nicht hervor. Eine Geschichtsbetrachtung, welche sich in dieser Gewissheit bewegt, entsteht vielmehr nur in denen, welche es der Kunde von einem solchen Menschen abgefühlt haben, was dieselbe für sie und für die Menschheit bedeutet."[35] In der letzten Auflage des „Verkehrs" 1908 wird es dann vom geschichtlichen Christus als dem Grund unseres Glaubens heißen: „Die Geschichtsforschung kann uns das nicht

---

[31] V 2, 144.139.145.

[32] OTTO RITSCHL, Der geschichtliche Christus, der christliche Glaube und die theologische Wissenschaft, ZThK 3, 1893, 371-426.

[33] JOHANNES WEIß, Die Nachfolge Christi und die Predigt der Gegenwart, 1895, bes. 137-147.

[34] Vgl. die Widmung in dem Buch von WEIß, Nachfolge: „Meinem lieben Schwager und treuen Freunde Otto Ritschl in dankbarer Erinnerung an unsern Vater und Lehrer" (ebd., s.p.).

[35] V 1, 93; Hervorhebung von mir, F.P.

geben, das *wissen* wir. Sie kann es uns aber auch durch keine ihrer Entdeckungen jemals nehmen; das *glauben* wir, je mehr wir erfahren, was dieses Bild der Herrlichkeit Jesu an uns wirkt."[36]

J. Weiß hat letztlich die Entstehung des Glaubens nach Herrmann nach dem Modell eines pietistischen Verständnisses der Wiedergeburt verstanden und kritisch angemerkt, dass der Glaube keineswegs immer so, vielmehr in den meisten Fällen gerade nicht so zustande komme. Man kann Herrmann kaum gründlicher missverstehen. Über die Wiedergeburt heißt es schon in der ersten Auflage des „Verkehrs": „Welche Last von Unsinn liegt [...] in dem Wahn, dass man die Wiedergeburt als einen zeitlichen Vorgang erleben könne!"[37] Weiter schreibt er, „dass das göttliche Geheimnis unseres Wesens jenseits aller uns jetzt möglichen Erfahrung liegt."[38] Und Herrmann eine Uniformierung der Christen bei der Entstehung ihres Glaubens vorzuwerfen, ist geradezu absurd. In der vierten Auflage des „Verkehrs" wird Herrmann schreiben: „Der heilige Geist aber schafft Individuen des Glaubens."[39]

Der dritte, den Herrmann in dieser Vorrede zur dritten Auflage des „Verkehrs" erwähnt, ist Martin Kähler. Herrmann nennt Kählers Auseinandersetzung mit ihm „in der erweiterten und erläuterten Auflage" von dessen Schrift „Der sogenannte historische Jesus und der geschichtliche, biblische Christus" „[d]ie gründlichste Besprechung" der zweiten Auflage des „Verkehrs" überhaupt. Sie sei ihm erst wenige Tage zuvor zugegangen, weshalb er noch nicht auf sie eingehen könne.[40] Das hat Herrmann aber auch später nicht getan, und dies dürfte einen sachlichen Grund haben: Kähler missversteht das „innere Leben Jesu" bei Herrmann als in Ausschnitten aus den Evangelien dargelegt.[41] Damit aber ist völlig verkannt, was Herrmann meint.

Diese drei Kritiken wichtiger Theologen sind gute Beispiele dafür, wie schwer es fällt, Herrmann richtig zu verstehen. Denn wenn der Verkehr der Seele mit dem lebendigen Gott dadurch entsteht, dass ein Mensch in seinem inneren Leben das innere Leben Jesu erfährt und damit den geschichtlichen Christus als den Grund seines Glaubens erlebt, so darf nichts davon weder historisch noch psychologisch noch empirisch missverstanden werden: weder das innere Leben Jesu, noch das Erlebnis des Glaubensgrundes, der nicht der historisch feststellbare Jesus, sondern der geschichtliche Christus ist. Sonst

---

[36] V 5/6, 61f. Hervorhebungen von Herrmann.
[37] V 1, 176 = V 2, 274.
[38] V 2, 275.
[39] V 4, 10.
[40] V 4, III.
[41] MARTIN KÄHLER, Der sogenannte historische Jesus und der geschichtliche, biblische Christus, Leipzig ²1896, bes. 158f. In diesem Missverständnis ist übrigens Hermann Scholz Kähler gefolgt: HERMANN SCHOLZ, Der gegenwärtige Stand der Forschung (wie Anm. 27), 177.

würde – und das hat Herrmann letztlich von Kant gelernt – der Glaube zu einem historisch ebenso erfassbaren wie kritisierbaren Phänomen von der Weltwirklichkeit her. Er ist aber nur geschichtlich erfassbar als Erlebnis, entstanden von der Ewigkeit her. Als solcher ist er immer individuell.

Übrigens ist diese Vorrede zur dritten Auflage des Verkehrs auch ein Beispiel dafür, wie Herrmann von nun an mit seinen Kritikern umgeht. Er verhandelt mit ihnen meist nicht mehr im Text des Buches. Hatte er einige Kritiken in den Rezensionen zur ersten und zweiten Auflage des Verkehrs noch mit Erwiderungen in denselben Zeitschriften bedacht, so fällt nun auch das weg. Er hat sich offenbar mehr davon versprochen, das von ihm Gemeinte positiv immer neu und dabei möglichst immer deutlicher darzulegen. Die Missverständnisse, die seine Theologie erfahren hat, zeigen, wie nötig das war.

Es kennzeichnet Herrmanns Position, dass er die sittliche Tätigkeit als innerhalb des Verkehrs des Christen mit Gott stehend begreift. „Wenn aber die Freude an der Gabe Gottes und die dankbare Bethätigung der uns dadurch verschafften innern Freiheit uns mit Gott zusammenführt, so liegt auch die sittliche Thätigkeit des Christen innerhalb seines Verkehrs mit Gott. Sie ist für den Christen nicht ein Dienst, zu welchem ihn Gott von sich fortschickt, sondern sie ist ihm ein Gottesdienst."[42] Wenn es richtig ist, dass der Begriff „Verkehr" den fröhlichen Wechsel und Streit aus Luthers Freiheitsschrift wiedergibt, so muss man sagen, dass hier wie bei Luther die guten Werke notwendig aus dem Glauben hervorgehen. Das ist bei Luther ganz stringent.[43] Herrmann bestreitet diese Stringenz (247) und fragt insbesondere, ob Luther den „Antrieb zum sittlichen Thun deutlich gemacht" habe (253). In der Beschäftigung mit dieser Frage geht Herrmann in einem Einschub von 14 Seiten auf das von ihm sehr geschätzte Buch von Karl Thieme „Die sittliche Triebkraft des Glaubens. Eine Untersuchung zu Luther's Theologie" ein. Dieses Buch ist 1895 erschienen, und Thieme versteht es ausdrücklich als Prüfung von Herrmanns Kritik an Luther an diesem Punkt.[44]

Bis zu diesem Einschub auf S. 254-268 der dritten Auflage des „Verkehrs", auf den Herrmann selbst in der Vorrede hinweist, betragen die Abweichungen zur 2. Auflage durchgängig nicht mehr als 2 Seiten. Es sind also nur kleinere Änderungen vorgenommen worden, was auch für den restlichen, auf den Ein-

---

[42] V 1, 134 = V 2, 244 = V 3, 245.

[43] Vgl. Dietrich Korschs Analyse von Luthers Freiheitsschrift in: WILHELM GRÄB / DIETRICH KORSCH, Selbsttätiger Glaube. Die Einheit der Praktischen Theologie in der Rechtfertigungslehre, Neukirchen-Vluyn 1985, 39-61 und in: MARTIN LUTHER, Von der Freiheit eines Christenmenschen, hg. und kommentiert von Dietrich Korsch, GTCh 1, Leipzig 2016, 69-164.

[44] KARL THIEME, Die sittliche Triebkraft des Glaubens. Eine Untersuchung zu Luther's Theologie, Leipzig 1895, 1-3, bes. 3.

schub noch folgenden Text gilt. Das Anwachsen des „Verkehrs" auf 296 Seiten gegenüber den 282 Seiten der zweiten Auflage ist also einzig in der Rezeption des Buchs von Thieme begründet.

Dass Herrmann, wie er in der Vorrede sagt (VII), auf Erweiterungen zum Begriff des Glaubens verzichtet habe, weil inzwischen 1895 die Schrift von K. W. Feyerabend: „Evangelischer Heilsglaube"[45] erschienen sei, will hingegen weniger überzeugen. Es ist begreiflich, dass Herrmann sein Anliegen in Feyerabends Abhandlung zum Ausdruck gebracht gefunden hat. Aber Feyerabend erwähnt Herrmann in dieser Schrift nicht ein einziges Mal. Sie ist vielmehr eine von einem Harnack-Schüler gegen Reinhold Seeberg gerichtete Abhandlung, der ja auch nicht zufällig ein paar Jahre später in Berlin eine Strafprofessur gegen Harnack übernahm. Es steht vielmehr zu vermuten, dass sachliche Änderungen hier, wo Herrmann seine Position gefunden hatte, nicht mehr nötig waren.

Schließlich sei erwähnt, dass für Herrmann nicht nur die Sittlichkeit in den Verkehr mit Gott gehört, sondern auch ein Urteil des Glaubens über sich selbst: „Eine solche Neuschöpfung Gottes füllt nicht einen Moment, sondern das ganze Christenleben aus; und sie wird in ihrer Wirklichkeit nur dadurch fest ergriffen, dass zu jener Erfahrung des Glaubens ein Urteil des Glaubens, welches er auf Christus gründet, hinzukommt."[46] Hier dürfte auch der Ursprung der Glaubensgedanken sein. Auf seine Weise hat das dann programmatisch Herrmanns einer Meisterschüler Karl Barth durchgeführt.[47]

Die vierte Auflage des „Verkehrs" von 1903 hat Herrmann mit einer neuen Vorrede versehen, in der er seinen Ansatz in der gegenwärtigen theologischen Lage gegenüber den Gegnern nach rechts und links abgrenzt, allerdings ohne Namen zu nennen. Herrmanns Behauptung, er habe die bisherige Einleitung ersetzt (III), erweist sich bei näherem Hinsehen als Übertreibung. Er hat die ersten 5 Seiten der dritten Auflage gestrichen und durch neue 7 Seiten ersetzt, die, gut an die Vorrede anschließend, „Die gegenwärtige Lage des evangelischen Christentums" und „Die Überwindung ihrer Not durch die Pietät der Gesetzesfreien"[48] zum Thema haben. Durch diese Veränderung ist der letzte

---

[45] K. W. FEYERABEND, Evangelischer Heilsglaube, nicht „Glaube und Glaube", Riga 1895.

[46] V 2, 199 = V 3, 200f.

[47] KARL BARTH, Fides quaerens intellectum. Anselms Beweis der Existenz Gottes im Zusammenhang seines theologischen Programms (1931), hg. von Eberhard Jüngel und Ingolf U. Dalferth, KBG 13, Zürich 1981. Barth behauptet ausdrücklich, dass die Gedanken aus dem Glauben mit derselben Notwendigkeit hervorgehen wie für Luther die Werke: „Die *ratio* Anselms hat die Autorität als Voraussetzung ebenso notwendig bei sich, wie die *fides* Luthers die Werke als Folge bei sich hat." (a.a.O., 43).

[48] V 4, Inhaltsverzeichnis III.

Hinweis auf die Entstehung des Buches aus einer Verteidigung der Theologie Albrecht Ritschls beseitigt.

Die wichtigste sachliche Veränderung besteht in Herrmanns dankbarer Aufnahme von Johannes Weiß' Einsicht in den eschatologischen Charakter des Reiches Gottes, wie Jesus es verkündigt hat.[49] Herrmann schreibt: „Die Zuversicht, dass das [sc. die Erfahrung der vollen Herrschaft Gottes, F.P.] einmal kommen werde, können wir gewinnen. Aber unmöglich ist es, dass wir das, was Jesus mit dem Worte Reich Gottes umfasst, gegenwärtig besitzen. [...] [V]on dem Aufgang eines Lebens in Kraft sind wir weit entfernt. Versinken wir doch immer wieder in der Finsternis. Die Berge wachsen, die unser Glaube versetzen soll. Die reine Herrschaft Gottes bleibt also unsere Zukunft, und die Seligkeit, die uns aus ihr werden soll, das Ziel unserer Hoffnung und Sehnsucht. Nicht durch den ruhigen Fortschritt unserer inneren Entwicklung können wir darüber hinauskommen. Nur eine wunderbare Umwandlung unserer ganzen Existenz kann uns ans Ziel bringen. Aber das ist möglich, dass wir jetzt schon die Richtung auf das Ziel gewinnen und so beschaffen werden, dass wir die Herrschaft Gottes überhaupt als Seligkeit erfahren können." (78f)

Damit ist Herrmann weit über das Verständnis des Reiches Gottes, wie er es bei Ritschl gelernt hatte, hinausgegangen. Es wäre reizvoll nach den Spuren eschatologischer Theologie in den späten Schriften Herrmanns zu suchen. Voll entfaltet hat sie erst sein anderer Meisterschüler Rudolf Bultmann.[50]

Die für die Leser/innen wertvollste Neuerung in der vierten Auflage des „Verkehrs" besteht darin, dass Herrmann dem Inhaltsverzeichnis nun eine den Gedankengang klar bezeichnende Kleingliederung beigegeben hat. Das ist bei einem Denker wie Herrmann, der ganz ohne untergliedernde Zwischenüberschriften schreibt, besonders wichtig. Im völlig unveränderten Aufbau werden nun auch die beiden Hauptteile „Gottes Verkehr mit uns" und „Unser Verkehr mit Gott" inhaltlich präziser bezeichnet. Sie heißen nun „Die Begründung unseres Verkehrs mit Gott durch die Offenbarung Gottes" und „Die Ausübung unseres Verkehrs mit Gott im religiösen Glauben und im sittlichen Wirken" und machen so die Einheit des Verkehrs noch deutlicher.

Die weiteren Änderungen betreffen kleinere Präzisierungen. Das Buch ist von 296 auf 298 Seiten, also lediglich um 2 Seiten angewachsen. Darum kann das ausführliche Inhaltsverzeichnis auch für die Rekonstruktion des Gedankengangs in der zweiten und dritten Auflage des „Verkehrs" benutzt werden.

---

[49] Herrmann bezieht sich V 4, 77f, Anm. 1 auf JOHANNES WEIß, Die Predigt Jesu vom Reiche Gottes, 2. Auflage Göttingen 1900. Das ist die prominente Fassung (Nachdruck 1964, hg. von Ferdinand Hahn). Die erste Fassung von 1892 scheint Herrmann nicht gekannt zu haben. Jedenfalls hat er sie in V 3 nicht verwertet.
[50] Vgl. schon RUDOLF BULTMANN, Die Bedeutung der Eschatologie für die Religion des Neuen Testaments; in: Martin Rade / Horst Stephan (Hg.), Festgabe für Wilhelm Herrmann zu seinem 70. Geburtstage, Tübingen 1917 (= ZThK 27, 1917), 76-87.

Die letzte Auflage des „Verkehrs", die fünfte/sechste von 1908, hat Herrmann auf dem Titelblatt als „verbessert" bezeichnet. Sie ist aber gegenüber ihrer Vorgängerin am wenigsten von allen Auflagen verändert. Das feingegliederte Inhaltsverzeichnis ist bis auf ein einziges, allerdings bezeichnendes Wort gleichgeblieben.[51] Erstmals hat Herrmann der neuen Auflage keine längere neue Vorrede vorangestellt, sondern lediglich auf die Vorrede zur vierten Auflage verwiesen und mitgeteilt, dass er „besonders im ersten und zweiten Kapitel geändert habe." (VI) Die größte dieser Änderungen ist eine Streichung von fünf Seiten der vierten Auflage (S. 135-140) in einer Passage, in der es um Luthers Stellung zum christologischen Dogma geht. Herrmann hatte dort geschrieben: „Wenn die Gottheit Christi nicht nur bedeutet, dass eine göttliche Substanz hinter dem menschlichen Leben Jesu steht, sondern dass der persönliche Gott selbst in dem menschlichen Leben Jesu sich den Sündern zuwendet und ihnen sein Herz auftut, so kann der Glaube an die Gottheit Christi nur aus dem entstehen, was der Mensch Jesus an uns wirkt."[52] Es war eine Schrift wiederum Karl Thiemes[53], aufgrund derer Herrmann hier seine Meinung geändert hat; hinzu trat laut Herrmann Julius Köstlins Kritik an Herrmanns Deutung.[54] Herrmann gibt die Interpretation auf, Luther habe es an einigen Stellen so dargestellt, dass der Glaube an dem Menschen Jesus entstanden sei – was ja zu Herrmanns Theologie wunderbar gepasst hätte – und schreibt: „Thieme sagt richtig, daß Luther das persönliche Leben Jesu nie ohne den Nimbus der Gottheit gesehen habe. Aber die Erkenntnis der Gottheit Christi bedeutete für Luther im Unterschiede vom Dogma das Erkennen des einen lebendig wirkenden Gottes in Christus."[55] Das ist ein schönes Beispiel dafür, dass es Herrmann eben nicht primär darum ging, den Reformator für seine eigene Position legitimatorisch in Anspruch zu nehmen, sondern dass er in Rezeption und Kritik von Luther lernen wollte.

Die Streichung dieser Passage von 5 Seiten erklärt zum größten Teil die Reduktion des Umfangs des Buches von 298 auf 288 Seiten von der vierten

---

[51] Ganz am Ende heißt es nun nicht mehr: „Unser Verhältnis *innerhalb* der theologischen Parteien der Gegenwart", sondern: „Unser Verhältnis *zu* den theologischen Parteien der Gegenwart" (Hervorhebungen von mir, F.P.).

[52] V 4, 135f.

[53] KARL THIEME, Luthers Testament wider Rom in seinen Schmalkaldischen Artikeln, Leipzig 1900, bes. 76-83. 88f. – Zur Auseinandersetzung zwischen Herrmann und Thieme: Wilhelm Herrmann, Rezension von: KARL THIEME, Luthers Testament wider Rom in seinen Schmalkaldischen Artikeln, Leipzig 1900, ThLZ 26, 1901, 176-179; KARL THIEME, Zu Luthers Glauben an die Gottheit Christi, Theologisches Literaturblatt 25, 1904, 345-349.

[54] JULIUS KÖSTLIN, Luthers Theologie in ihrer geschichtlichen Entwicklung und ihrem inneren Zusammenhange dargestellt, 2 Bde., 2. Auflage Stuttgart 1901 (ND Darmstadt 1968), besonders Bd II, 42, dort besonders die Anmerkung.

[55] V 5/6, 136, Anm. 1.

zur fünften/sechsten Auflage des „Verkehrs". Auf die teilweise sehr interessanten kleineren Änderungen genauer einzugehen, muss ich mir an dieser Stelle versagen. Es ist aber vielleicht von Wert, darauf hinzuweisen, dass von der erstmals 1901 erschienenen „Ethik" Herrmanns, soweit ich sehe, keine verändernden Wirkungen auf die Auflagen des „Verkehrs" ausgegangen sind. Die „Ethik" ist ein völlig neues Hauptwerk Herrmanns, das freilich in dieser Gestalt ohne die Gedanken des „Verkehrs" kaum denkbar wäre.

Schließlich hat es im Jahr vor Herrmanns Tod noch einen unveränderten Nachdruck der 5./6. Auflage gegeben. Dieser Nachdruck ist 1921 im Unterschied zu allen bisherigen Auflagen nicht im Cotta-Verlag, sondern im Verlag Mohr in Tübingen erschienen. Ebenfalls im Jahr 1921 erfuhr die fünfte und letzte Auflage der „Ethik" von 1913 einen unveränderten Nachdruck. Es hat der Rezeption der Theologie Herrmanns und der evangelischen Theologie des vergangenen Jahrhunderts insgesamt mit Sicherheit geschadet, dass keines der drei Hauptwerke Wilhelm Herrmanns in den verbleibenden acht Jahrzehnten des 20. Jahrhunderts nachgedruckt worden ist.

3. Die Eigenart des Buches

Wilhelm Herrmanns Buch heißt: „Der Verkehr des Christen mit Gott *im Anschluss an Luther dargestellt*". Nachdem im vorigen Abschnitt auch einiges über die wichtigsten systematisch-theologischen Entscheidungen gesagt worden ist, sind nun die Grundzüge von Herrmanns Lutherrezeption im „Verkehr" darzustellen.

„Bei der Darstellung des neuen Lebens, das durch Gottes Offenbarung in dem Christen geschaffen ist, werden wir uns durch Luther leiten lassen. Das soll natürlich nicht heißen, daß wir hier Luthers Lehre in allen Beziehungen vertreten wollen."[56] Herrmann befindet sich also mit Luther darüber im Gespräch, wie die christliche Frömmigkeit oder der Glaube darzustellen sei. Auffällig ist, dass – und zwar in allen noch so veränderten Auflagen – Luther im ersten Drittel des Buches kaum zitiert wird, dann aber etwa ab dem Punkt, an dem Herrmann auf Luthers Christologie zu sprechen kommt (also etwa ab S. 110) Luthers Aussagen durchgehend Gegenstand der Darstellung und Diskussion sind und er 400 bis 500 Mal von Herrmann zitiert wird bzw. Herrmann auf Lutherzitate verweist. Das erste Drittel des Buches beinhaltet weitgehend ohne Luther Herrmanns eigene Fragestellungen und Lösungen, in den beiden letzten Dritteln führt Herrmann unter systematischem Fortschreiten seiner Gedanken ein beständiges Gespräch mit Luther.

---

[56] V 5/6, 38. Nun folgende Seitenzahlen im Text beziehen sich auf diese letzte Auflage.

Dabei geht es ihm nicht darum, eine Theologie Luthers zu schreiben. Im Gegenteil: „Wenn wir uns daher von Luther führen lassen wollen, so müssen wir das Christentum Luthers von der Theologie Luthers unterscheiden, die von jenen katholischen Voraussetzungen [Herrmann meint: unter ständiger Voraussetzung der Geltung des Dogmas, F.P.] aus entworfen ist." (40) Darum schreibt er bereits in der Vorrede zur ersten Auflage des „Verkehrs": „Die bekannten Werke von Th. Harnack und J. Köstlin konnten mir dabei keine Führer sein, da bei ihrer umfassenden Aufgabe die hier behandelten religiösen Grundgedanken Luthers nicht so ausführlich dargestellt werden konnten, wie es für meinen Zweck nötig war."[57]

Herrmanns Darstellungszweck bestimmt auch die Auswahl seiner Lutherlektüre und -rezeption. Und da muss man es als einen Glücksfall bezeichnen, dass Herrmann mit der zweiten Auflage der Erlanger Ausgabe arbeiten konnte. Diese war nicht nur die damals neuste zitierfähige Ausgabe, sondern sie enthält auch in den von 1862 bis 1881 gedruckten Bänden 1 bis 20 II ganz überwiegend Predigten und Postillen Luthers, also für Herrmanns Anliegen verwertbare Schriften.[58] Auch Zitate aus den Bänden der ersten Auflage der Erlanger Ausgabe sind überwiegend Luthers Predigten entnommen. Dagegen hat Herrmann an den polemischen Schriften, etwa denen gegen das Papsttum und den Streitschriften gegen Erasmus und Zwingli, aber auch an den akademischen Schriften, etwa den Disputationen, kein Interesse. Überhaupt greift er, mit Ausnahme der lateinischen Fassung der Freiheitsschrift, auf Luthers lateinische Schriften kaum zurück. Schließlich zitiert er den 1883 erschienenen ersten Band der Weimarer Ausgabe einige wenige Male, hat aber auch in den späteren Auflagen des „Verkehrs" kein Interesse daran, die Zitate aus der Erlanger Ausgabe wo möglich auf inzwischen erschienene Bände der historisch-kritischen Gesamtausgabe umzustellen. Das kennzeichnet Herrmanns Arbeitsweise: hatte er einmal einen Gedanken erfasst, waren (historische) Formalia, deren er sich später hätte bedienen können, ihm ziemlich egal.[59]

---

[57] V 1, IV. THEODOSIUS HARNACK, Luthers Theologie mit besonderer Beziehung auf seine Versöhnungs- und Erlösungslehre, 2 Bde., Erlangen 1862/1886; JULIUS KÖSTLIN, Luthers Theologie in ihrer geschichtlichen Entwicklung und ihrem inneren Zusammenhange dargestellt, 2 Bde., Stuttgart 2. Ausgabe 1883. - Dieses hier von Herrmann geübte Verfahren gilt cum grano salis auch für seinen späteren Umgang mit Schleiermacher, von dessen „Reden" er begeistert ist, dessen „Glaubenslehre" er aber auch recht kritisch gegenübersteht.

[58] Über Band 20 II hinaus ist die 2. Auflage der Erlanger Ausgabe nur noch um die Bände 24 (1883), 25 (1883) und 26 (1885), die reformationshistorische und polemische deutsche Schriften enthalten und die Herrmann ab der 2. Auflage des „Verkehrs" auch zitiert, weitergeführt worden. Dann bricht sie ab.

[59] Ebenso verfährt er übrigens auch mit Ritschl, dessen „Rechtfertigung und Versöhnung" er in allen Ausgaben des „Verkehrs" nach Ritschls zweiter Auflage zitiert, nicht, wie man vielleicht hätte erwarten können, später nach der dritten (bzw. vierten).

Mit den Lutherzitaten der ersten Auflage des „Verkehrs" steht das Gerüst, das Herrmann in allen Auflagen beibehält. Er ändert fast nichts an der Reihenfolge, streicht nur Zitate, wo die Partien im Haupttext, auf die sie sich beziehen, wegfallen, fügt neue hinzu, wo er im Haupttext Erweiterungen vorgenommen hat. Auch an manchen Stellen, in denen er in den Anmerkungen Belege aufzählt, fügt er neue Belege hinzu. Ob diese aus fortgesetzter Lutherlektüre oder aus dem großen Fundus dieser Lektüre bis 1886 stammen oder durch Lektüre der Sekundärliteratur angeregt sind, kann und muss hier nicht untersucht werden. Fest steht jedenfalls, dass Herrmann sich weder vorher noch nachher jemals wieder so intensiv mit Luther beschäftigt hat wie im „Verkehr".[60]

Man kann ernstlich fragen, ob ohne Wilhelm Herrmanns „Der Verkehr des Christen mit Gott im Anschluss an Luther dargestellt" die Lutherrenaissance überhaupt möglich gewesen wäre. Man wird freilich gleich darauf hinweisen müssen, dass diese von ihrem Beginn, der Herausgabe von Luthers Römerbriefvorlesung 1515/16 durch Johannes Ficker im Jahr 1908, her stark bestimmt war durch die Bezugnahme auf Luthers Vorlesungen und dogmatische Schriften. An ihnen wie an der im 20. Jahrhundert ausführlichst und vielleicht ein wenig über Gebühr verhandelten Frage nach Luthers reformatorischem Durchbruch hatte Wilhelm Herrmann kaum ein Interesse. Aber zeigt sich nicht gerade in der Diskussion um Luthers reformatorische Entdeckung immer wieder ein systematisch-theologisches, bisweilen gar existentielles Interesse, mit dessen Verarbeitung auf hohem wissenschaftlichem Niveau in den Jahrzehnten vor der Lutherrenaissance außer Herrmanns „Verkehr des Christen mit Gott" vielleicht nur Ritschls „Rechtfertigung und Versöhnung" zu vergleichen ist?

Wilhelm Herrmann hat in seiner 1879 begonnenen und etwa vierzig Jahre währenden Marburger Lehrtätigkeit immer wieder und immer verändert „Dogmatik I" und „Dogmatik II" gelesen. Die Vorlesungsdiktate aus zwei der späten Fassungen dieser Vorlesungen, nämlich der „Dogmatik I" von 1913 und der „Dogmatik II" von 1915/16, hat Martin Rade 1925 als Wilhelm Herrmanns „Dogmatik" herausgegeben. In dieser späten Fassung ist das Thema von „Dogmatik I" der Weg zur christlichen Religion, und das Thema von „Dog-

---

[60] So spielt in „Die Religion im Verhältniß zum Welterkennen und zur Sittlichkeit. Eine Grundlegung der systematischen Theologie, Halle 1879" Luther, wie gesagt, noch keine explizite Rolle. Nach 1886 wären nur der Aufsatz „Die Buße des evangelischen Christen" (1891), der in den Prozess der Umarbeitung des „Verkehrs" von der ersten zur zweiten Auflage hineingehört, allenfalls noch „Der Widerspruch im religiösen Denken und seine Bedeutung für das Leben der Religion" (1911), wo Herrmann auf den Streit zwischen Luther und Erasmus eingeht (in: WILHELM HERRMANN, Schriften zur Grundlegung der Theologie II, hg. von Peter Fischer-Appelt, München 1967, 233-246), zu nennen.

matik II" sind die Glaubensgedanken. Was Herrmann im „Verkehr des Christen mit Gott" verhandelt, steht zentral zwischen beiden Vorlesungen, was sich auch daran zeigt, dass dieses Thema sowohl am Ende von „Dogmatik I" verhandelt, als auch am Beginn von „Dogmatik II" teilweise wieder aufgenommen wird.[61] „Der Verkehr des Christen mit Gott" ist das Zentrum der Dogmatik Wilhelm Herrmanns, ja man wird wohl sagen dürfen: Er ist die Mitte seiner ganzen Theologie.

Ein kluger Rezensent mehrerer Auflagen des Verkehrs, Theodor Häring, hat bereits in der Rezension zur zweiten Auflage von 1892 geschrieben: „Schon bisher ist das Buch in weiteren Kreisen wegen seiner religiösen Kraft nicht nur als eine theologische Untersuchung, sondern als ein Zeugnis für das Evangelium geschätzt worden, nach manchen vertrauten Zeugnissen gerade von der dem Schul- und Parteitreiben noch fern stehenden akademischen Jugend."[62] Das ist gewiss nicht statistisch erhebbar, gerade darum aber vielleicht das höchste Lob, das man einem akademischen Lehrer für seine Tätigkeit zollen kann. Denn an diesem Punkt endet seine und alle theologische Kompetenz. „Der heilige Geist aber schafft Individuen des Glaubens."[63]

---

[61] Vgl. Martin Rades Anmerkung in: D, 39.
[62] THEODOR HÄRING (wie Anm. 18), 548f.
[63] V 5/6, 9.

Der Verkehr des Christen

mit Gott

Im Anschluß an Luther dargestellt

von

D. W. Herrmann
Professor in Marburg

Siebente, unveränderte Auflage

<Bild>

1921   J. C. B. Mohr (Paul Siebeck)   Tübingen

Vorrede zur 4. Auflage

Abgesehen von dem Ersatz der bisherigen Einleitung beziehen sich die zahlreichen kleineren Änderungen auf die beiden wichtigsten Einwände gegen die hier vertretene Auffassung unseres Glaubens. Man sagt, es sei nicht möglich, die Person Jesu als die Tatsache zu erleben, die unserer Zuversicht zu Gott die Ruhe und die Kraft des Überwindens geben kann. Von der entgegengesetzten Seite höre ich, nicht die Person Jesu, wie wir selbst sie als eine Tatsache auffassen und erleben können, helfe uns. Die uns rettende Macht liege vielmehr in Erzählungen über Jesus, also in „Tatsachen, die Glauben fordern", aber nicht in einer Tatsache, deren Zeugen wir selbst geworden sind. Beide Einwände sind im Grunde einig in einer gesetzlichen Auffassung der Religion.

Für die Gegner zur Linken ist das Lehrgesetz, durch dessen Annahme sie Christen werden wollen oder zu sein meinen, das Evangelium Jesu. Sie bemerken ganz richtig, daß uns durch die historische Forschung die Person Jesu zum Problem wird, aber nicht zu einer Wirklichkeit, die unsere eigene Existenz entscheidend bestimmen könnte. Daraus schließen sie, es bleibe uns nichts weiter übrig als eine Verbindung wunderbarer Gedanken, das Evangelium Jesu. Wenn sie dann aber meinen, durch den gewohnheitsmäßigen Besitz oder die entschlossene Annahme dieser Gedanken sei man ein Christ, so irren sie sehr, denn allgemeine Gedanken, deren Wahrheit uns einleuchtet, werden damit zwar von uns angenommen, aber sie wandeln uns nicht um, |IV| was doch immer als die Wirkung des entstehenden Christentums gegolten hat, sondern sie sind ein Ausdruck dessen, was wir bereits sind. Allgemeine Gedanken aber, deren Wahrheit uns nicht einleuchtet, weil sie vielleicht über alles uns Faßbare hinausgehen, können wir uns eben deshalb nicht aneignen, solange wir bleiben, was wir bisher waren. Wenn wir das doch versuchen und uns einbilden, es zu können, so werden wir keine Christen, sondern etwas ganz anderes.

Die Gegner zur Rechten rechnen es sich zum Ruhme an, daß bei ihnen das Lehrgesetz viel umfangreicher ist, zum mindesten alles im Neuen Testament über Jesus Berichtete und Gelehrte umfaßt. Dadurch wird freilich der gesetzliche Charakter der Frömmigkeit noch schärfer ausgeprägt. Das Sonderbarste dabei ist, daß sie den Menschen, damit sie Christen würden, gerade die Lehre des Apostels zum Gesetze machen, der so heiß für die Erkenntnis gestritten hat, daß es kein Gesetz gebe, das da könnte lebendig machen. Sie meinen offenbar, das von ihnen auf solche Weise aufgerichtete Lehrgesetz sei kein Gesetz mehr, wenn es „Evangelium" genannt werde.

Daß diese beiden Richtungen in unserer Kirche herrschen, wäre ganz trostlos, wenn sie wirklich nur nach den Antrieben ihrer Grundsätze lebten. Aber sie leben auch von der geheimnisvollen Kraft der Überlieferung, an die sie tatsächlich gebunden sind und die sie doch auch durch ihren Mißbrauch ehren wollen. Bei vielen erwächst dann doch aus dem, was die biblische Überlieferung ihnen darreicht, das geistige Bild Jesu, das ihnen ihr ein und alles werden kann, wenn sie darin das Nahekommen Gottes zu ihrer Seele, sein Gericht und sein Erbarmen erfassen. Das soll uns trösten, wenn wir unsere Kirche in der Gewalt der Gesetzeslehrer sehen. Aber es soll uns die Pflicht nicht abnehmen, ihnen zu widerstehen.

Sie meinen im Bodenlosen versinken zu müssen, wenn ihnen nicht mehr gesagt wird, was sie glauben sollen. Wenn ihnen nun hier gezeigt wird, daß Grund des Glaubens nur das sein könne, was ihn als den inneren Vorgang reinen Ver-|V|trauens erzeugt, so sollte man meinen, es müsse sich auch ihnen aufdrängen, daß das nur bewirkt werden könne durch einen persönlichen Geist, dessen Wirklichkeit und Macht wir selbst erleben. Aber anstatt auf unseren Nachweis zu achten, daß wir diesem persönlichen Geist begegnen und seine Macht erfahren können, wenn wir auf die heilige Überlieferung der christlichen Gemeinde horchen, stellen sie sich blind und taub und lassen nicht davon, ein Mittel der Erlösung könne einem diese Überlieferung nur dadurch werden, daß man sich bereit erklärt, ihre Lehren und Berichte für wahr halten zu wollen. Viele haben sogar die Fertigkeit, den Menschen einzelne Stücke der Überlieferung zu bezeichnen, die unbedingt „geglaubt" werden müßten, wenn man überhaupt Glauben haben wolle. Sie selbst tragen bisweilen überzeugende Züge echten Glaubens und haben offenbar keine Ahnung davon, daß sie sich durch jene Forderung zu Henkern des Gewissens machen. Ohne Zweifel wollen aber diejenigen unter ihnen, die überhaupt Christen sind, etwas anderes, als sie ausdrücklich angeben. Sie wollen die Heiligkeit der biblischen Überlieferung gewahrt sehen. Sie merken nicht, daß sie selbst sie entheiligen, wenn sie das, was in Wahrheit eine Gabe der Gnade Gottes ist, anderen als ein Zeremonialgesetz auflegen. Sie denken auch nicht daran, daß die Heilige Schrift dann wahrhaft geheiligt wird, wenn sie erstens in ihrer historisch bestimmbaren Wirklichkeit erforscht wird, und wenn diese Bücher zweitens, so wie sie sich uns darbieten, dazu gebraucht werden, die Offenbarung Gottes darin zu suchen. Umsomehr aber dürfen wir hoffen, daß die Erkenntnis des Richtigen sich bald durchsetzen wird. Von jedem, der zu ihr gehören will, muß die christliche Gemeinde verlangen, daß er selbst in der biblischen Überlieferung die Anschauung des persönlichen Lebens zu gewinnen sucht, das allein ihn mit völligem Vertrauen erfüllen kann.

Die von unseren Gegnern geforderte Zustimmung zu einem Extrakt biblischer Lehre ist erstens sittlich unmöglich und zweitens ein bequemer Ersatz dessen, was wirklich |VI| nötig ist. Sind wir aber im klaren darüber, was die Bibel jedem Christen sein soll, das Mittel, in eigener Anschauung die Person Jesu zu erfassen, so ist auch leicht zu sagen, wie der zum Dienst der Gemeinde berufene Theolog sich zu ihr muß stellen können. Er muß bereit sein, die biblische Überlieferung wirklich ohne Abzug mitzuteilen und muß die Fähigkeit besitzen, den Leuten zu zeigen, wie man sie als Mittel zu jenem einen Zweck benutzen könne. Wenn dagegen die kirchlichen Behörden fortfahren sollten, von einem solchen Manne zu verlangen, daß er an eine von ihnen bezeichnete, wenn auch noch so kleine, Summe von Lehren „glauben" solle, so würden sie sich einer Gewaltsamkeit schuldig machen, die schließlich sie selbst als zwecklos und barbarisch empfinden müssen. Daß in diesen Kreisen selbst ein Umschwung entstehen sollte, der die bei ihnen eingewurzelten Verkehrtheiten überwände, werden vielleicht viele nicht zu hoffen wagen. Aber die ganze Verderbnis des christlichen Glaubens durch den zeremonialgesetzlichen Gebrauch der Überlieferung wird hinweggefegt werden, wenn in dem christlichen Volke das Bewußtsein davon erwacht, daß Gott sich nur denen offenbaren kann, die wahrhaftig sein wollen, und daß deshalb die sittliche Selbstbesinnung, zu der uns die Übermacht eines stärkeren persönlichen Lebens bringt, auch der Anfang eines Glaubens ist, der wirklich religiöse Art hat.

Vorrede zur 5. und 6. Auflage

Der Vorrede zur 4. Auflage habe ich außer dem Wunsch, daß sie gelesen werden möchte, nur die Mitteilung hinzuzufügen, daß ich besonders im ersten und zweiten Kapitel geändert habe.

W. Herrmann |VII|

Inhalt

[Die Seitenangaben des Inhaltsverzeichnisses verweisen auf die Originalpaginiereng, die in dieser Ausgabe im Fließtext mitgeführt wird.]

Seite

Einleitung

1–15

Die gegenwärtige Lage des evangelischen Christentums S. 1–4. – Die Überwindung ihrer Not durch die Pietät der Gesetzesfreien S. 5–7. – Die Darstellung des persönlichen Christentums die gemeinsame Aufgabe aller kirchlichen Richtungen S. 7–9. – Die Unmöglichkeit einer gleichförmigen Lehre im Christentum S. 9–11. – Das Einheitliche im Neuen Testament und in der christlichen Gemeinde überhaupt ist der durch Christus vermittelte Verkehr mit Gott S. 11–13. – Die wahre Objektivität der christlichen Erkenntnisse S. 13–14.

Kapitel I.

Das Verhältnis der christlichen Religion zur Mystik und den mit ihr verbundenen Formen der Religionsübung

15–44

Das Unmitteilbare in aller Religion S. 15–16. – Die katholische Fixierung dieses Unmitteilbaren als des allgemeinen Wesens der Religion S. 16–17. – Die Mystik und ihre Bedeutung für den Katholizismus S. 17–19. – Unklare Stellung des Protestantismus zur Mystik S. 19–21. – Die bleibende Bedeutung der Mystik für das christliche Leben S. 21–23. – Warum in der christlichen Gemeinde der Weg der Mystik verlassen werden muß S. 23–25. – Das Ungenügende der Zweinaturenlehre hängt mit der Mystik zusammen S. 25–29. – Mystik und Scholastik sind wir los, wenn wir die gesetzliche Auffassung der Religion überwinden S. 29–31. – Unsere Scheidung von dem älteren Protestantismus |VIII| S. 31–34. – Die Schwierigkeit und Durchführbarkeit unserer Aufgabe S. 34–37. – Das Verlangen des Christen nach einer objektiven Wirklichkeit, die seinen

Glauben trägt, in Luthers *Christentum* zur Wirksamkeit gebracht S. 37–40. – Die zu dem Vergangenen gehörigen Bestandteile der *Theologie* Luthers S. 40–44.

Kapitel II.

Die Begründung unseres Verkehrs mit Gott durch die Offenbarung Gottes 45–160

Die Auffassung der Offenbarung als einer Mitteilung über Gott und die dadurch begründete Frömmigkeit S. 45–46. – Die Offenbarung als von uns erlebte, von uns selbst unterschiedene Tatsache, die uns von Gottes Wirken auf uns überzeugt S. 46–47. – Die Person Jesu als die allein überzeugende Offenbarung für den Menschen, der die Notwendigkeit unbedingten Gehorsams erkennt S. 47–50. – Die Person Jesu, der wichtigste Bestandteil der Wirklichkeit, auf die wir uns besinnen können S. 50–52. – Nicht durch ein historisches Urteil wird uns die Person Jesu eine von uns selbst konstatierte Tatsache S. 52–57. – Ihre eigene Kraft macht es uns möglich, sie als einen Bestandteil unserer eigenen Wirklichkeit zu erfassen S. 57–62. – Die in dem Bewußtsein dieser selbsterlebten Tatsache begründete Eigentümlichkeit der christlichen Religion S. 62–63. – Das von uns selbst als wirklich erfaßte persönliche Leben Jesu ist die Heilstatsache S. 63–66. – Die einfachsten Züge des aus der Überlieferung zu gewinnenden Bildes Jesu S. 67–73. – Der Anspruch Jesu als des Erlösers und die Probe seiner Wahrheit S. 73–77. – Die Person Jesu als die Offenbarung Gottes S. 77–80. – Die Gründe unserer Gewißheit, daß Gott mit uns verkehre S. 80–84. – Der Subjektivismus des willkürlichen Bekenntnisses S. 85–88. – Die Gewalt der Person Jesu über unser Herz ist das Lebensprinzip unserer Religion S. 88–90. – Der mystische, traditionalistische und rationalistische Widerstand gegen diese Erkenntnis S. 90–93. – Die Unmöglichkeit, das neue Leben im Verkehr mit Gott in widerspruchslosen Vorstellungen auszusprechen S. 93–94. – Das |IX| Christentum der Kinder S. 94–96. – Das Christentum der Erwachsenen S. 96–100. – Das bequeme Christentum des Verzichts auf Selbstbesinnung und der Aufnahme fremder Vorstellungen S. 100–102. – Die Möglichkeit eines Bekenntnisses zu der Gottheit Christi S. 102–104. – Mangel der altprotestantischen Lehren vom Werke Christi und von

Inhalt 7

der Heilsordnung S. 104–109. – Wert der Lehre eines stellvertretenden Strafleidens Jesu S. 109–110. – Luthers Kritik an dem Gedanken einer stellvertretenden Genugtuung S. 110–113. – Der Empfang der Vergebung durch Jesus Christus S. 113–115. – Der richtige Gedanke von der Gottheit Christi und das christologische Dogma S. 115–118. – Luthers Stellung zum christologischen Dogma S. 118–136. – Zusammenhang seines eigentümlichen Gedankens von der Gottheit Christi mit seinem Verständnis der Erlösung und mit der christlichen Gotteserkenntnis S. 136–143. – Die Förderung der christlichen Frömmigkeit durch den Gedanken Luthers S. 144 bis 145. – Der Phantasieverkehr mit Gott und Christus S. 146–150. – Vermittlung des wirklichen Verkehrs mit Gott durch die christliche Gemeinde S. 150–155. – Unterschied dieser christlichen Religion von der Mystik S. 155–160.

Kapitel III.

Die Ausübung unseres Verkehrs mit Gott im religiösen Glauben und im sittlichen Wirken

161–288

Der vermeintliche Beginn einer Zuwendung zu Gott durch die Bitte S. 161–163. – Die Form des persönlichen Lebens, in der ein Verkehr mit Gott stattfinden kann S. 163–169. – Der Beginn unserer Zuwendung zu Gott ist das Gebrauchen seiner Wohltat oder der Glaube S. 169–171. – Der Glaube wird nicht als das eigene Werk des nicht erneuerten Menschen erlebt S. 171–174. – Luthers Überwindung dieses Irrtums S. 174–177. – Das Wiederaufkommen des katholischen Gedankens im evangelischen Christentum S. 177–179. – Wie wir davon loskommen durch persönliche Mächte S. 180–184. – Der Rückfall entschuldigt durch die dem Glauben innewohnende kritische Kraft, insbesondere gegenüber den Wundern S. 184–189. |X| – Die Verhärtung in dem orthodoxen Glaubensbegriff durch die Verweltlichung der Religion S. 189–193. – Der rechte Glaube ist Verkehr mit Gott, nicht bloß Vorbedingung dazu S. 193–194. – Unterwerfung unter Gott nur in reinem Vertrauen S. 194 bis 197. – Die Stellung der Sündenvergebung im Leben des Glaubens S. 197–202. – Die Reue als ein Moment im Leben des Glaubens S. 202–205. – Die Kontemplation des Glaubens S. 205–207. – Die Weltflucht des Glaubens

S. 207–212. – Luthers Gedanke von der Freiheit eines Christenmenschen S. 212–214. – Die christliche Demut S. 214–216. – Die Furcht Gottes S. 216–218. – Die Liebe zu Gott oder Christus S. 218–225. – Der geschichtliche und erhöhte Christus in dem Leben des Glaubens S. 225–237. – Der Verkehr mit Gott als Erlebnis und als Tat S. 237–239. – Die sittliche Tätigkeit in dem Verkehr mit Gott S. 239–241. – Der Glaube als die Kraft zum Wollen des Guten S. 241–246. – Der Glaube als Antrieb zum Wollen des Guten S. 246–249. – Luthers Mangel in diesem Punkt S. 249–251. – Der innere Zusammenhang der Gottesliebe und Nächstenliebe S. 251–255. – Die Begründung einer christlichen Ethik S. 255 bis 258. – Das ewige Leben unter dem Kreuz und im sittlichen Beruf S. 258–265. – Die Folgen dieser Weiterführung der Gedanken Luthers S. 265–267. – Das Gebet des Glaubens S. 267–272. – Die Bitte und die Bereitschaft zum Verzicht S. 272–273. – Die Bitte um natürliche Güter S. 273–276. – Die Wiedergeburt S. 276–282. – Die Taufe und die Wiedergeburt S. 282–286. – Die Wissenschaft und die Gedanken des Glaubens S. 286–287. – Unser Verhältnis zu den theologischen Parteien der Gegenwart S. 287–288. |1|

Einleitung

Die Arbeit, an der dieses Buch seit zwanzig Jahren hat mithelfen dürfen, ist nicht vergeblich gewesen. Wer jetzt sehen will, kann den Weg finden, der auch in einer durch die Wissenschaft veränderten Welt die Menschen, die Gott suchen, zu Christus führt.

Das freilich können wir mit unseren Anstrengungen nicht erreichen, daß es allen Christen deutlich wird, wie tief unsere gesamte Existenz bis in die aller Willkür entrückte Ordnung unserer Denkweise verwandelt ist, nicht sowohl durch die Ergebnisse der Wissenschaft, als durch ihre tatsächlich geübte und tatsächlich unabweisbare Methode. Es wird noch auf lange Zeit viele Christen geben, denen das nicht zum Bewußtsein kommt, und erst recht viele, die keine Christen sind.

Aber die Aufgabe, die daraus der Kirche und der Theologie erwächst, steht jetzt in voller Deutlichkeit vor uns. Die Kirche muß die geistigen Bedürfnisse der Tausende zu befriedigen suchen, die sich in den überlieferten Formen des Christentums aufrichtig so bewegen können, daß sie in ihnen die Ausdrucksmittel ihrer eigenen religiösen Überzeugung finden. Aber das bedeutet nicht, daß man diese Christen, die durch ihre Lebensführung nicht dazu genötigt sind, ihr Bewußtsein über das in der Welt Wirkliche zu klären, zu Herren über die Kirche macht. Die Kirchenleitung darf diese ihr gefügige Masse nicht dazu benutzen, um die Kirche anderen zu verschließen, die in ihrem Leben so geführt sind, daß sie einfach der Wahrheit gehorchen, wenn sie die Dinge |2| dieser Welt anders ansehen. Man kann die Menschen glücklich nennen, die sich nicht durch die Pflicht der Wahrhaftigkeit aus den überlieferten Formen des Christentums herausgedrängt sehen. Aber die Kirche darf sich ihnen nicht gleich machen; sonst wird sie zur Sekte, d. h. sie scheidet aus der geschichtlichen Bewegung der Menschheit aus. Sie soll ihnen dienen. Gerade solche Menschen bedürfen dringend der Hilfe, damit sie das ihnen gegebene kostbare Erbe nicht zu einem Mittel des Verderbens machen, sondern es recht gebrauchen.

Sie müssen erstens davor bewahrt werden, daß sie sich und anderen die biblische Überlieferung nicht zu einem Gesetz machen, durch dessen Erfüllung sie das Heil erwürben oder sich aneigneten. Denn damit verschließen sie sich selbst den Weg zu Gott und hindern andere, ihn zu finden. Aber vor dieser Verderbnis werden sie nicht etwa dadurch bewahrt, daß ihnen die heilige Überlieferung unsicher gemacht wird. Denn das bedeutet für jeden Christen, dem es widerfährt, einfach eine Vermehrung seiner Lasten. Er sieht darin, wenn sie ihm auferlegt wird, eine neue ihm von Gott gestellte Aufgabe. Aber es wird ihm nicht einfallen, andere damit zu belasten, die vielleicht zur Lösung einer solchen Aufgabe keine Zeit haben, weil ihnen anderes aufgetragen ist.

Den Mißbrauch der biblischen Überlieferung überwindet ein Christ, indem er sie richtig gebraucht.

Auch dazu muß die Kirche dem christlichen Volke helfen, das die Bibel wert hält. Wenn in der evangelischen Kirche die Erkenntnis wächst, daß uns die Bibel gegeben ist, damit wir in der Not des Lebens, also gesammelt im Gebet, darauf horchen, ob wir wirklich den zu uns selbst redenden Gott aus ihr vernehmen, so muß der Frevel weichen, der aus dieser Gabe der Gnade Gottes ein Gesetz macht. Wir haben freilich die Tatsache vor Augen, daß eine solche beständige Schändung des Heiligtums in unserer Kirche sich als „positives" Christentum gebärdet. Aber inmitten dieser von den kirchlichen Behörden und vom Staat gehüteten |3| Finsternis macht Gott es doch in vielen Herzen hell, so daß sie in der Furcht vor dem Richter des Gewissens und in der Freude an dem Schöpfer und Vater alle die niedrigen Künste loswerden, mit denen die Welt und ihre Machthaber sich ihr Christentum zurechtmachen. Bei uns sowohl wie bei den Römischen wird freilich dieser tiefe Schaden der Kirche, die Erniedrigung der Heiligen Schrift zu einem Lehrgesetz, in seiner Wirkung eingeschränkt durch die Macht des Geistes, dem man in der Heiligen Schrift begegnet. Wer also von der geistigen Art Jesu ergriffen ist, gewinnt für die Lehren über die Person Jesu die richtige Schätzung, die ihn auch in ihnen das eine finden läßt, das ihm über alles in der Welt groß und teuer ist, die Macht dieses persönlichen Geistes über Menschen, die danach verlangen, Gottes inne zu werden. Hat ein solcher Christ in den Gedanken anderer die Tatsache aufleuchten sehen, daß Christus sie mit Gott verbunden hat, so sind ihm diese Gedanken nicht mehr fremd. Er kann sie also auch nicht als ein Lehrgesetz auf sich nehmen, das seinem eigenen Denken widerstritte. Denn er sieht dann in ihren wesentlichen Zügen den Ausdruck dessen, was er selbst erlebt. Und das andere daran stellt er ruhig beiseite, bis es Gott gefallen sollte, es auch als etwas von ihm Stammendes zu durchleuchten.

So wird der Wahn religiös überwunden, daß wir Mittel der Offenbarung Gottes an uns zu Lehrgesetzen machen sollen, und daß wir durch die Befolgung solcher Satzungen, die uns immer in Unwahrhaftigkeit versinken läßt, mit Gott verbunden werden können. Evangelische Christen würden aber von dem einflußreichsten römischen Gedanken noch viel schneller befreit werden, wenn es bei uns eine Hilfe der Kirche für die Millionen gäbe, die sich ihrer inneren Spannung mit vielen biblischen Vorstellungen bewußt geworden sind. Bei ihrer inneren Verfassung fühlen sich diese Menschen aus einer Kirche hinausgewiesen, die die Zustimmung zu den Lehren und Berichten der Bibel als den Anfang des Christentums ansieht und fordert. Kurzsichtige Beurteiler können |4| deshalb meinen, daß sich die römische Kirche mit den geistigen Bedürfnissen des modernen Menschen besser vertrage als die evangelische. Denn sie gibt sich schon damit zufrieden, wenn man ihrer Lehre, die man nicht teilt, wenigstens nicht widerspricht. In der evangelischen Kirche dagegen wird verlangt, daß man die Schriftlehren als seine eigene Überzeugung ausspreche. Der geringere Ernst der römischen Forderung wird also wirklich vielen das Verbleiben in der römischen Kirche möglich machen, die es in einer evangelischen nicht aushalten würden. Aber es sind doch die geistig Schlaffen, die auf solche Weise kirchlich bleiben. Wir wollen uns also darüber freuen, daß die Kirchlichkeit solchen Menschen bei uns schwerer gemacht wird als bei den Römischen. Aber schlimm ist doch, daß es auch den Wahrhaftigen nicht leichter gemacht wird. Was sollen sie anfangen mit der Rede von „Tatsachen, die Glauben fordern", wenn mit diesen Tatsachen die in der Heiligen Schrift berichteten Wunder gemeint sind, oder überhaupt Vergangenes und gegenwärtig nicht Erlebbares? Sie müssen sich von einer Kirche zurückgestoßen fühlen, die durch unzählige Pfarrer im Volke verbreiten läßt, ein Christ werde man nicht durch ernste demütige Besinnung auf das unleugbar Wirkliche, sondern durch die Bereitschaft, auf eine allgemeine Forderung hin, etwas für wahr zu erklären, was man mit Zweifeln vernimmt oder auf jeden Fall nicht selbst als wirklich erfaßt. Bei den meisten, die so von der Kirche verletzt und ohne Hilfe gelassen werden, entwickelt sich nun aber eine ungeheure Verständnislosigkeit für die biblische Überlieferung. Sie halten diese selbst für sinnlos, weil sie in sinnloser Weise mit ihr gequält sind. Wenn dann ernste Christen sehen, wie die Menge der Bibel gegenübersteht, ohne Ehrfurcht und Pietät, so meinen sie ihr Heiligtum beschützen zu müssen und werden gefügige Werkzeuge für die Hüter des Heiligtums, die durch ihre Gewalttätigkeit den größten Teil des Unheils verschuldet haben.

Wie ist aus diesem Kreislauf des Verderbens herauszukommen? Von den durch den ungeheuren Abfall ver-|5|störten und geängstigten Leitern der Kirche ist nichts weiter zu erwarten als ein immer stärkeres Drängen auf Staatshilfe. Sie werden sich erleichtert fühlen, wenn der Staat die Gehälter und Titel von Professoren einigen „positiv stehenden" Theologen gibt, d. h. solchen, die die Existenz einer Wissenschaft und die damit verbundenen geistigen Bedürfnisse ebenso ignorieren wie sie selbst. Aber die Gewalt ist in einer solchen Sache gänzlich belanglos. Die Hilfe ist nur davon zu erwarten, daß in den mit der Kirche Zerfallenen wieder eine verständnisvolle Pietät für die Bibel erwacht, die in der Kirche zu einem Lehrgesetz erniedrigt ist.

Das wird aber in dem Maße geschehen, als sie merken, daß die Bibel selbst, anstatt etwas Unmenschliches von uns zu fordern, uns etwas Unvergleichliches gibt. Wenn ihnen das klar wird, wie die Bibel uns mit einem wunderbar anschaulichen persönlichen Leben zusammenführt, das uns zwingt, uns auf uns selbst zu besinnen, uns aufrüttelt und demütigt, aber auch mit Trost, Freude und Mut erfüllt, so werden sie über alles, was ihnen bisher an dieser Überlieferung fremd und anstößig war, hinwegblicken auf die erlösende Offenbarung Gottes, die aus ihr emporsteigt. Sie lernen dann auch verstehen, wie gut für sie solche Ärgernisse waren, weil sie dadurch vor dem Greuel bewahrt wurden, sich die Bibel zu einem Lehrgesetz zu machen. Sie lernen es dann schließlich auch, mit herzlichem Mitleid an die Leiter der Kirche zu denken, die durch ihre Gewalttätigkeit anderen aus der Bibel ein Ärgernis machen, an dem viele verloren gehen.

Wenn aber so die durch Christus Befreiten anfangen, sich selbst zu überwinden, so werden sie damit gesegnet, daß sie immer mehr an solchem, was ihnen in der christlichen Überlieferung bisher fremd gewesen war, sich innerlich bereichern und sich freuen können. Sie werden z. B. vielleicht nie dazu kommen, den Christusbegriff des Apostels Paulus selbst zu gebrauchen. Aber das wird ihnen sicher gegeben werden, sich daran zu freuen, daß in der Seele eines Christen solche |6| Gedanken wachsen. Sie sehen darin die Wirkung der einen Heilstatsache, die sie ebenso wie der Apostel Paulus als eine von ihnen selbst erfaßte Wirklichkeit vor Augen haben, des persönlichen Lebens Jesu. Diese Freude an der christlichen Überlieferung wird sich in unserem Volke ausbreiten, je mehr die herrliche Erkenntnis die Herzen glühen macht, daß uns wahrhaftige Religion, das selige Leben des Geistes, nur dann gegeben wird, wenn wir der einfachsten Forderung des sittlichen Gebots gehorchen wollen, uns auf uns selbst zu besinnen. Wir müssen uns bereit finden lassen, das uns unleugbar Wirkliche in seinen mächtigsten Zügen uns zu Herzen zu nehmen und die Zumutung fröhlich zu verachten, daß wir um Gottes willen die Gedanken anderer auf uns nehmen sollen. Die rechte Anhänglichkeit an die christliche Überlieferung soll nicht, wie es bisher die Kirche gewollt hat, aus sittlicher Unklarheit oder Unlauterkeit Kräfte ziehen, sondern allein aus sittlichem Ernst erwachsen. Daß diese Erkenntnisse im Volke wachsen, darf man hoffen, weil die Schriften, die in ihrem Dienste stehen, zunehmen und gelesen werden. Dazu kommt, daß die Gedanken, für die wir kämpfen, jetzt gelegentlich auch von „positiv stehenden" Theologen als die Grundgedanken einer wirklich christlichen Religion gewürdigt werden.[1]

Der neue Tag des evangelischen Christentums kann nur |7| in den Herzen derer aufgehen, die erkannt haben, daß wahrhaft religiöser Glaube kein anderes Gesetz verträgt, als das sittliche Gesetz der Wahrhaftigkeit und der Liebe.

---

[1] Vgl. den Hinweis darauf bei JOHANNES GOTTSCHICK, Die Entstehung der Losung der Unkirchlichkeit der Theologie, in: Zeitschrift für Theologie und Kirche 13, 1903, 77-94, hier: 94. GOTTSCHICK spricht seine Freude darüber aus, daß CREMER in seiner Gegenschrift gegen HARNACK [HERMANN CREMER, Das Wesen des Christentums. Vorlesungen im SS 1901 vor Studierenden aller Fakultäten an der Universität Greifswald gehalten (1901), Gütersloh: Bertelsmann 1901] darauf gedrungen habe, daß vor allem die Gesetzlichkeit der Religion abgetan und die Person Jesu als der Grund des christlichen Glaubens anerkannt werden müsse. Ohne Zweifel wird sich auch HARNACK über diese Einsicht bei CREMER gefreut haben. Aber davon haben wir leider nichts gemerkt, daß CREMER, und die, die zu ihm stehen, ihren Einfluß dafür eingesetzt hätten, daß das Reden von „Tatsachen, die Glauben fordern", obgleich wir sie von uns aus nicht als Tatsachen erfassen können, überall in der christlichen Gemeinde als das erfaßt werde, was es ist, als Sünde.

Er wird anbrechen, wenn erstens nun gerade sie die Forderung der Gesetzesknechte in ganz anderem Sinne mit freudigem Herzen erheben, daß von den Schätzen der Überlieferung der Gemeinde nichts verloren gehen soll, und zweitens, wenn gerade ihnen, deren Glaube frei und unendlich mannigfaltig in seiner individuellen Art ist, die unverbrüchliche Pflicht aufgeht, daß alle in dem Wirken für dasselbe Ziel zu einer wahrhaft christlichen Gemeinde sich zusammenschließen.

Die Einigung der evangelischen Theologie in gemeinsamer stiller Arbeit, fernab von dem Geschrei der kirchlichen Parteien, werden wir immer mehr erreichen, wenn wir auf das unsere Aufmerksamkeit richten, was man auf beiden Seiten ausdrücklich dem Gegner zuzugestehen pflegt. Das persönliche Christentum sprechen uns unsere Gegner nicht ab. Nun, so suche man denn auf beiden Seiten das darzustellen, was man unter dem persönlichen Christentum versteht. Was es im allgemeinen sei, darüber herrscht unter Christen volles Einverständnis. Es ist ein durch Christus vermittelter Verkehr der Seele mit dem lebendigen Gott. Darunter ist in der Tat alles befaßt, was zu dem eigentümlichen Leben der Christenheit gehört: die Offenbarung und der Glaube, die Sinnesänderung und der Trost der Vergebung, die Freude des Glaubens und der Dienst der Liebe, das Alleinsein mit Gott und das Leben in der Gemeinschaft. Das alles ist nur dann wahrhaft christlich, wenn es als ein durch Christus vermittelter Verkehr mit dem lebendigen Gott erlebt wird. Wo wir jemandem persönliches Christentum zutrauen, sind wir auch überzeugt, er stehe in einem Verhältnis zu Gott, in dem sich solches ereignet. Die Reformatoren haben nicht gezweifelt, daß Christentum in diesem Sinne auch unter der verkehrten Lehre der römischen Kirche aufkomme und erhalten werde. Sie haben freilich von zwei römischen Gedanken geurteilt, daß dadurch das Fundament des Christen-|8|tums angetastet werde. Neben der Verdienstlichkeit der guten Werke erschien ihnen als so entsetzlich die Vorstellung, daß die Sakramente eine Heilswirkung haben sollten, die nicht aus dem religiösen Verständnis der in der Spendung ausgeprägten Zusage Gottes hervorginge. Aber obgleich sie wußten, daß die Christenheit unter Roms Leitung mit ihrem eigenen Verdienst rechnete und den Sakramenten zauberhafte Wirkungen zuschrieb, wie der Taufe die Wirkung der Wiedergeburt, so haben sie doch gemeint, daß auch da wahrhaft christliches Leben sich gefunden habe, dessen innere Kraft diese verderblichen Lehren zu einem äußerlichen Beiwerk gemacht habe.[2] So ist es auch unter uns. Ich halte die theologische Lehre bei Frank, Lipsius, Luthardt für falsch und glaube klar zu sehen, daß und warum solche Lehre den Menschen, der sich ihr gefangen gibt, hindert, zu Christus und durch ihn zu Gott zu kommen. Aber diese Männer selbst halte ich für

---

[2] Apologie der C. A. IV, 21.

Christen, denen ich für manches gute Wort des Glaubens dankbar bin. Daran kann mich die Wahrnehmung nicht hindern, daß sie bisweilen in die Gedanken einer Theologie versunken sind, an der wenig Christliches zu spüren ist. Denn als Theologen waren sie Erzeugnisse ihrer Zeit. Was sie aber als Christen waren, ist auf ganz andere Weise von Gott geschaffen. In der Kraft dessen, was ihnen durch keine Lehre übermittelt war, brachten sie es fertig, in den Fesseln ihrer „Systeme" sich als Christen zu bewegen.

Unentbehrlich ist für uns evangelische Christen dieser Glaube an die Gewalt des von Gott erweckten persönlichen Christentums, daß es unter der Decke falscher Lehre entstehen und in abgestorbenen kirchlichen Formen lebendig bleiben kann. Dann ist es aber auch für die evangelische Theologie geboten, gerade dies, worin sie die Christen einig glaubt, zum Gegenstande der Darstellung zu machen.

Diese Nötigung ergibt sich aber auch, wenn man erwägt, daß auch in derjenigen Lehre, welche nicht als ein mühseliger |9| Kompromiß mit der Überlieferung erarbeitet, sondern wirklich als der Ausdruck des eigenen Glaubens entstanden ist, die Gläubigen sich niemals völlig einigen können. Die Lehre, die wirklich aus dem Glauben stammt, hat notwendig eine unermeßliche Mannigfaltigkeit. In ihr sucht der Christ die Wirklichkeit auszudenken, in der sein Glaube lebt. Wie aber diese Wirklichkeit unerschöpflich ist, so kann auch die Lehre, in der ein Christ auszusprechen sucht, was sein Glaube sieht, nicht den festen Horizont für andere Gläubige bilden. Andere sehen anderes und sollen das, weil sie wahrhaftig sein sollen, auch anders aussprechen. Alle Bemühungen, durch Gleichförmigkeit einer großen oder kleinen Summe von Lehren, also durch ein Dogma, die Christenheit zu einigen, sind vergeblich, auch wenn sie ein Menschenwerk aufrichten, das Jahrtausende überdauert. Das persönlich lebendige Christentum wird doch immer, unerreichbar für das die Welt bindende Lehrgesetz, seinem eigenen freien Triebe in der Entfaltung seiner Gedanken folgen. Diese Beobachtung können wir an jeder herzhaften Predigt machen. Ein von dem Geiste Gottes überwundenes Herz hat Ehrfurcht zwar nicht vor einem Lehrgesetz oder vor dem von einem solchen beherrschten theologischen System, wohl aber vor dem freien Glaubenszeugnis anderer. In seiner Aussprache wird also dieses Alte, an dem sein Eigentümliches sich emporrankt, mit zum Ausdruck kommen. Aber neben diesem Alten holt der wirklich von Gott Gelehrte Neues aus seinem Schatze hervor, das sich keineswegs als die einfache logische Entfaltung des Alten verstehen läßt. An der Entstehung der einzelnen Dogmen haben Gedanken, die aus dem Geiste Gottes stammen, mitgewirkt. Aber die Idee des Dogmas als eines einheitlichen Lehrgesetzes ist dem Wirken des heiligen Geistes zuwider. Das einheitliche Lehrgesetz will das Denken der christlichen Gemeinde beherrschen; es verlangt, daß seine Konsequenzen in den Gedanken der Christen entfaltet werden. Der heilige Geist aber schafft Individuen des Glaubens.

Dem entspricht die tatsächliche Beschaffenheit des Neuen |10| Testaments. Wenn sich die Christen in einer unveränderlichen Lehre zu einigen suchen, so müssen sie die Autorität des Neuen Testaments aufgeben. Denn eine unveränderliche, die gesamte Gedankenbildung umspannende Lehre gibt es da nicht. Wenn man trotzdem nach der Anleitung des Neuen Testaments ein System, das die Einheit der Kirche verbürgen soll, zu gestalten sucht, so empfindet man die wundervolle Mannigfaltigkeit der Gedankenbildung, die dort vorliegt, als etwas Unvollkommenes. Das ist unvermeidlich, wenn man zugleich biblisch lehren und eine unveränderliche Lehre als Bedingung für die Einheit der Gemeinde haben will. Wer wirklich biblisch lehren will, muß sich vielmehr klar machen, daß das Ideal einer unveränderlichen und für alle gleichen religiösen Lehre falsch ist. Wäre es richtig, so müßten wir über das Christentum des Neuen Testaments hinaus. Wir sollen uns aber vielmehr darin festsetzen. Es ist keine Unvollkommenheit, sondern sachgemäß, daß die neutestamentlichen Briefe Gelegenheitsschriften, aber nicht Beiträge zu einem für alle Ewigkeit gültigen System sind.

Freilich scheint es ohne Einheit der Lehre doch nicht zu gehen. Denn was wäre eine Kirche ohne Bekenntnis? Wenn sich also in der Heiligen Schrift ein besonders ausgeprägtes religiöses Gedankensystem nicht vorfindet, so ist es doch vielleicht in dem mannigfaltigen Glaubenszeugnis verborgen und wirksam. Dann wäre es die Aufgabe der Theologie, die der christlichen Gemeinde eine einheitliche Lehre beschaffen will, dieses verborgene System aus der Heiligen Schrift zu erheben. Auf diesem Wege wird sich immer eine Art von Durchschnitt der biblischen Gedankenbildung gewinnen lassen. Aber damit ist eben etwas für den Glauben Unbrauchbares gewonnen. Denn so, wie die Gedanken in einem solchen Durchschnitt zusammengeordnet sind, haben sie niemals in einem gläubigen Menschen gelebt. Wenn wir uns nach einem solchen Durchschnitt richten, so machen wir uns ein Gesetz, das nicht schwer zu erfüllen ist; aber der Art des Denkens, wie sie bei den biblischen Schriftstellern besteht, kommen |11| wir um keinen Schritt näher. Was uns Christen wirklich untereinander und mit den Glaubenszeugen des Neuen Testaments verbindet, ist nicht die Gleichheit der Gedanken, sondern die Gleichartigkeit des Denkens und die Einheit der Offenbarung, die diese Gleichartigkeit bewirkt. Beides ist im Neuen Testament überall in derselben Weise zu finden. Auf der einen Seite derselbe Jesus und die an ihn geknüpfte Anschauung Gottes als seines Vaters; auf der anderen Seite dasselbe durch diesen Gott befreite persönliche Leben oder derselbe Glaube. Jeder Christ, der das Neue Testament zu seiner Erbauung liest, wird dies beides als die eigentliche Nahrung seiner Seele daraus entnehmen.

Ohne Zweifel halten wir einen Menschen dann für einen Christen, wenn wir ihm abzufühlen meinen, daß Gott sich ihm in Jesus Christus offenbart hat, und daß nun sein inneres Leben in dem Verkehr mit diesem Gott eine neue

Gestalt gewinnt. Wenn das aber sicher ist, so hat die Theologie dies vor allem darzustellen, den durch Jesus Christus vermittelten Verkehr des Christen mit Gott.

Denn erstens kann hierin allein das Neue Testament jeden Christen so leiten, wie es der Grundsatz der evangelischen Kirche verlangt. Dagegen ist die Vorstellung, daß jeder Christ sich durch die Lehren der neutestamentlichen Schriften schlechtweg leiten lassen könne, eine ungeheure Fiktion. Kein Christ tut das und keiner kann es. Diese Lehren festzustellen ist eine schwierige, nie mit Sicherheit gelöste Aufgabe geschichtlicher Forschung. Eine solche Forschung kann nicht jeder Christ betreiben. Sodann aber verbietet es die dem Leben des Glaubens entsprechende Mannigfaltigkeit der Lehren, daß ein Christ sich alle Gedankengänge der neutestamentlichen Schriftsteller in gleicher Weise aneigne. Die sicher leitende Autorität des Neuen Testaments, deren in der Tat jeder Christ zu seinem Heile bedarf, erstreckt sich daher auf etwas anderes, auf den durch Christus vermittelten Verkehr des Christen mit Gott. Sobald diese Autorität auf die Lehren ausgedehnt wird, wird sie selbst gemindert. An die |12| Stelle des Neuen Testaments treten dann unvermeidlich die theologischen Produkte, welche die dort nicht vorliegende Einheit der Lehre darbieten. Haben wir dagegen gelernt, das zu beachten, was Gottes Offenbarung aus dem inneren Leben des Christen macht, so werden wir bei unserer Schriftlektüre fortwährend einer Autorität begegnen, von der wir sicher geleitet und wunderbar gehoben werden.

Zweitens haben wir in der Anschauung des Verkehrs des Christen mit Gott das vor Augen, worin die Christen wahrhaftig einig sind. Hier in dem inneren Leben des Glaubens herrscht der eine Gott und der eine Christus. In die Darstellung dieses Lebens ist die Entwicklung der einzelnen Lehren einzuordnen. Die Lehren, die aus diesem Rahmen heraustreten und nicht mehr als Lebensregungen des Glaubens legitimiert werden können, sind wertlose Hirngespinste, die unnützen Streit erregen und die Einheit der christlichen Gemeinde unwirksam machen. Die so von ihrem Lebensgrunde abgelösten Lehren zu formulieren und zum System zu verknüpfen, ist ein möglichst unkirchliches Unternehmen. Je gewichtiger der verarbeitete Stoff auf solche Weise wird, desto schädlicher wird er auch. Wenn wir dagegen das vor Augen haben, was Gott aus dem inneren Leben des Christen macht, so wird uns die Mannigfaltigkeit der aus dem Glauben quellenden Gedanken nicht beirren, sondern erfreuen. Denn wir können alsdann diese Mannigfaltigkeit als etwas Notwendiges verstehen und als etwas Wertvolles empfinden. Deshalb müssen die Versuche aufhören, Glaubensgedanken zu einem System zu verbinden und von einem solchen Produkt die Einheit der Kirche abhängig zu machen. So entsteht kein Bekenntnis, das die Gläubigen einmütig und von Herzen bekennen können. Das Glaubensbekenntnis der Kirche soll ein Bekenntnis wirklichen Glaubens sein. Das wird aber nur dann erreicht, wenn der Glaube selbst oder das durch Gott befreite persönliche Leben des Christen zur Klarheit über sich selbst kommt. Was der zum Bewußtsein seiner selbst gekommene Glaube von sich selbst, von seinem Lebens-|13|grunde und seinen Lebensformen zu sagen weiß, das allein ist wirklich sein Bekenntnis. In diesem Bekenntnis verstehen sich die Christen, wenn nur überhaupt der von Gott geschaffene Glaube in ihnen lebt. Aus diesen Gründen kann es für eine Kirche, die wirklich Gemeinde der Gläubigen sein will, keine wichtigere theologische Aufgabe geben, als die, das innere Leben des Glaubens oder den Verkehr des Christen mit Gott als das darzustellen, worin wir uns wirklich zusammenfinden.

Wenn wir diese Aufgabe stellen, meinen freilich viele zu sehen, daß wir das Christentum ganz ins Subjektive auflösen wollen. Sie sind aber mit Recht der Überzeugung, daß das innere Leben des christlichen Glaubens erlischt, wenn die christliche Erkenntnis daraus verschwindet, in der wir eine objektive Wirklichkeit, die uns trägt, erfassen. Es muß sich zeigen, ob dieser Verdacht vor unserer Ausführung standhalten wird. Aus der Aufgabe, die wir uns stellen, folgt jene Verirrung keineswegs. Nur das folgt allerdings daraus, daß die christlichen Erkenntnisse hier nur als Grund und Ausdruck des Glaubens vorgeführt werden. Für den Ungläubigen ihre Wahrheit zu erweisen, ist nicht möglich. Denn jene Erkenntnisse lassen sich von dem Glauben nicht ablösen, und die Einsicht in ihre Wahrheit ist unerreichbar für jeden, der die eigentümlichen Probleme des persönlichen Lebens nicht empfindet, das sich in den sittlichen Gedanken durchsetzen will. Werden aber die christlichen Erkenntnisse nur von dem in ihrer Wahrheit erfaßt, der selbst auf dem Standpunkt des Glaubens steht, so ist es eben notwendig, daß das innere Leben des Glaubens, in das sich die christlichen Erkenntnisse einordnen, deutlich dargestellt wird. Wenn wir uns über Differenzen, der Lehre auseinandersetzen wollen, so müssen wir vor allem wissen, was wir unter dem inneren Leben des Glaubens verstehen, oder wie wir uns den Verkehr des Christen mit Gott vorstellen. Jede theologische Erörterung, die nicht in diese Tiefe vordringt, ist in Gefahr, den Verlust zu erleiden, den andere bei uns voraussehen. Die wahre Objektivität der christlichen Erkenntnisse, ihre |14| Wahrheit für die Gläubigen, muß verloren gehen, wenn sie nicht von einer klaren Anschauung des Glaubenslebens selbst umfaßt sind.

Sonach ist der Weg, den wir hier einschlagen, der einzig mögliche zur Verständigung über die christliche Lehre. Trotzdem ist dieser Schrift in ihrer ersten Auflage der Vorwurf gemacht worden, daß sie nicht der Verständigung diene, weil sie den Gegnern durch eine Karikatur ihrer Anschauungen unrecht tue. Diesen Vorwurf hatte ich durch den Versuch verschuldet, eine Schilderung dessen, was sich unsere Gegner unter dem Verkehr des Christen mit Gott vorstellen, meiner eigenen Darstellung vorauszuschicken. Ein solches Unternehmen ist in der Tat zweckwidrig. Denn es ist sicher, daß dabei der geringste Mißgriff in der Darstellung den Verdacht erregt, man wolle den Gegner durch falsche Unterstellungen ins Unrecht setzen. Besser ist es, einfach zu schildern, wie sich einem selbst das Leben darstellt, das ein Christ mit Gott führt, und dann abzuwarten, was für positive Ausführungen von anderen dem entgegengesetzt werden. Dann dürfen wir hoffen, daß die Fehler, die wirklich auf der einen oder der anderen Seite gemacht werden, deutlich hervortreten und unter Anerkennung des christlichen Sinnes bei dem Gegner widerlegt werden. Es bringt wenig Frucht, über die Lehren zu streiten, wenn man darüber nicht einig ist, wie sie aus dem deutlich erkannten Lebenszusammenhang des Glaubens hervorgehen. Denn dabei versteht jeder der Streitenden den Gegner nicht recht und sich selbst auch nicht. Positive Darstellungen des inneren Lebens haben wir nötig, das wir als christliches Wesen verstehen. Unvermeidlich werden dabei gerade die tiefsten Gegensätze zu Tage treten. Trotzdem bleibt bei den wirklich Frommen ein Bewußtsein der Einigkeit, von dem zu hoffen ist, daß es allmählich die Gegensätze in individuelle Ausprägungen eines unerschöpflichen Gehaltes überführen werde. An das uns allen Gemeinsame des inneren Lebens der *Religion* wollen wir anknüpfen. |15|

Kapitel I

Das Verhältnis der christlichen Religion zur Mystik und den mit ihr verbundenen Formen der Religionsübung

Einig sind wir darin, daß das innere Leben der Religion schließlich etwas Geheimnisvolles und Unübertragbares ist. Kein Mensch kann dem anderen durch seine Mitteilung dazu verhelfen, daß das Beste in der Religion ihm zu eigen wird. Der einzelne muß es für sich erleben als eine Gabe von oben. Jeder, dem Religion mehr ist als ein Schatz von Kenntnissen oder eine Last von Geboten, erlebt doch bisweilen Erregungen des Gefühls, in denen er erst den eigentlichen Ertrag von allem, was religiös bedeutungsvoll ist, zu erfassen meint. Wer diese Erregungen kennt, weiß auch, daß er keiner eigenen Reflexion und keiner Belehrung bedarf, um sie zu deuten. Das Ergriffensein ist vielmehr so beschaffen, daß er seinen Gott darin finden muß, der sich ihm fühlbar macht und ihn in die innere Verfassung versetzt, die ihn beseligt. Diese Stimmung, in welcher das „Gott ist gegenwärtig" der Ausdruck eines einfachen Erlebnisses wird, kann freilich auch bei dem Frömmsten nicht jeden Moment durchdringen und jede innere Bedrängnis auflösen. Aber in der Seele, durch die sie gegangen ist, bleiben doch Spuren von ihr zurück und halten das Verlangen nach ihrem Frieden lebendig. In diesem Verlangen, in dem Verständnis für das religiös Erbauliche, endlich in dem Antriebe, die inneren und äußeren Zustände so zu ordnen, daß in ihnen die Erfahrung der Nähe Gottes immer vollkommener Platz greifen kann, setzt sich das religiöse Leben fort. Es erreicht aber nicht nur seine Höhe-|16|punkte in den geheiligten Momenten unmittelbarer Gotteserfahrung. Sondern ohne diese ist alles übrige so leer und eitel, daß es gar nicht verdient, Religion genannt zu werden. Solche Erlebnisse bilden das unübertragbare Wesen aller Religion. Ohne ein Verständnis und ein warmes Mitgefühl gegenüber allen Zeugnissen der geschilderten Stimmung kann man also auch kein Christ sein. Das ist ein Element, in dem wir Christen uns mit allen Frommen zusammenfinden.

Aber ebendeshalb ist damit das Eigentümliche der christlichen Frömmigkeit noch nicht bezeichnet. Wenn wir auch anderen Frommen jene Erlebnisse nachempfinden und sie als etwas Heiliges ehren, so wollen wir uns doch das eigentümlich Christliche nicht entschwinden lassen. Worin besteht das aber? Sind wir davon durchdrungen, daß ohne die geheimnisvolle Erfahrung von Gottes Einwirkung auf die Seele die Religion überhaupt gänzlich nichtig wäre, so liegt es nahe, eben diese Erfahrung als das Wesentliche aller Religion, also auch des Christentums, anzusehen, in dem Eigentümlichen der Religionen aber nur eine besondere Art der Vorbereitung dazu oder eine besondere Art der Folgerung daraus.

Diese Auffassung des Verhältnisses von Wesentlichem und Besonderem in den Religionen hat eine gewaltige Rolle in der Geschichte gespielt. Sie bildet eines der wichtigsten Elemente des Katholizismus. Die wunderbare Kraft eines besonderen christlichen Kultus und besonderer christlicher Lehren wird da mit aller Energie behauptet. Aber wenn daneben die Religion lebendig geblieben ist, so erscheint sie immer als ein Leben in jenen Erfahrungen, wie wir sie bei jedem Frommen voraussetzen. Die Unterwerfung unter die Gesetze des Kultus und der Lehre ist natürlich für sich allein noch nicht Religion. Die Religion, die sich wirklich im Katholizismus damit verbindet, ist ein gegen das spezifisch Christliche gleichgültiges oder doch nur locker damit verknüpftes inneres Leben. Die Formen, in denen dieses innere Leben sich ausspricht, sind im Neuen Testament nicht vorgebildet. Sie sind der bedeutendsten religiösen Erscheinung der ab-|17|sterbenden antiken Kultur entnommen. Die Befolgung der Kultusgesetze und der Lehrgesetze auf der einen Seite und die neuplatonische Mystik auf der anderen Seite sind die am deutlichsten hervortretenden Formen katholischer Lebenspraxis. Die Verbindung dieser beiden Formen ermöglicht eine große Mannigfaltigkeit des katholischen Christentums. Bald mehr, bald weniger werden der Kultus und die Lehre als Vorbereitungsmittel für das eigentliche Erlebnis der Religion verwertet. Die Anknüpfung an den geschichtlichen Christus, welche beide gewähren, kann in verschiedenem Maße dazu dienen, das religiöse Erlebnis zu modifizieren, ohne ihm seinen mystischen Charakter abzustreifen. Es kann aber auch durch den Eindruck der Person Jesu auf die Gemüter, wenn der Zugang zu ihm nicht gänzlich verschüttet ist, eine ganz andere Art des religiösen Erlebnisses begründet werden, die wirklich christlich und ebendeshalb nicht mystisch ist. Ferner ist eine lange Skala von der sublimsten Gestalt der neuplatonischen Mystik bis zu der Anerkennung einer göttlichen Macht, die in der dumpfen Erregung durch die Mysterien des Kultus, des Dogmas und der Legende empfunden wird. Aber alle Formen der Frömmigkeit, die auf dieser Skala Platz finden, sind darin einig, daß sie mystisch sind. Und in ihnen allein haben wir die der katholischen Kirche eigentümliche Art der Religion vor uns.

Das Wesentliche der Mystik aber ist dies, daß sich das Leben der Religion in dem oben Geschilderten erschöpft. Wenn das Einwirken Gottes auf die Seele lediglich in einem inneren Erlebnis des einzelnen gesucht und gefunden wird, also in einer Gefühlserregung, die sich unmittelbar als Ergriffensein von Gott bezeugen soll, ohne daß dabei irgend etwas Äußeres mit klarem Bewußtsein erfaßt und festgehalten wird, ohne daß der positive Inhalt einer die Seele beherrschenden Anschauung Gedanken rege macht, in denen sich das geistige Leben erhöht, so ist das mystische Frömmigkeit.

Wer in solcher Weise das sucht und zu finden meint, um deswillen er alles verlassen will, ist aus dem Kreise der wirk-|18|lich christlichen Frömmigkeit herausgetreten. Denn in dem Höchsten, das er zu erreichen meint, läßt er Christus und sein Reich hinter sich. Es kann sich damit ein ernster und inniger Anschluß an die Person Jesu und ein kräftiger Antrieb zur Nächstenliebe verbinden. Aber wenn das auch an den großen Mystikern der katholischen Kirche reichlich zu sehen ist, so ist doch bei ihnen nicht weniger deutlich, daß der höchste Aufschwung des religiösen Gefühls sie von Christus losreißt und in ein Gebiet erhebt, wo sie eben mit den nichtchristlichen Mystikern aller Zeiten zusammentreffen. „Wie kann man gebieten, an dem Historischen festzuhalten, wenn man alle Kräfte der Phantasie entfesselt und sie für das Organ der Ineinsbildung mit der Gottheit erklärt? Die kirchlichen Mystiker haben sich energisch der pantheistischen, ausbrüchigen, wilden Frömmigkeit zu erwehren versucht; aber sie waren selbst häufig mindestens unvorsichtig bei ihren letzten Anweisungen, ja diesen fehlte der volle Schwung, solange sie noch auf etwas Rücksicht nahmen, was außerhalb Gottes und der Seele lag."[1] Das Verlangen nach Gott selbst drängte über das Historische hinaus. Deshalb wird im Katholizismus alles, was mit dem positiven Christentum zusammenhängt, zu einem bloßen Vorbereitungsmittel für die höchste Stufe des religiösen Lebens herabgedrückt. Auf dieser Stufe selbst, in den Momenten, welche das Höchste gewähren, weiß man sich von allem Äußeren abgelöst.

Wenn diese Freiheit der Seele in Gott als Ziel vor Augen steht, so kann in der Tat das Gebot, an dem Historischen festzuhalten, nicht auf sicheren Erfolg rechnen. Denn der Eindruck der Tatsache, daß bei dem wirklichen Finden Gottes alles Historische versinkt, kann dann immer die Stimmung des einzelnen so beherrschen, daß ihm das Dogma, das die Bedeutung des Historischen am Christentum formuliert, ganz gleichgültig wird. Auf der anderen Seite kann gerade die Aussicht auf jenes Ziel die Last des unverständ-|19|lichen Lehrgesetzes erleichtern. Wenn man weiß, daß man in dem höchsten religiösen Erlebnis die volle geistige Freiheit erreicht, so meint man es wohl ertragen zu können, daß einem als Vorbereitungsmittel dazu ein Dogma zugemutet wird, das den Verzicht auf jene Freiheit verlangt. Überdies wird ja jenes Höchste der Mystik wie bei aller Religion als etwas Wunderbares erlebt. Daran kann sich die Erwägung knüpfen, daß dann gerade die Unverständlichkeit des Vorbereitungsmittels, des Dogmas und der in ihm verarbeiteten Geschichte, ganz sachgemäß ist. In dieser Weise wird bekanntlich bei Thomas von Aquino die Irrationalität des Dogmas gerechtfertigt, also gewissermaßen rational gemacht. Die Umwandlung des Geschichtlichen am Christentum in ein unver-

---

[1] ADOLF HARNACK, Lehrbuch der Dogmengeschichte, 2. Aufl. Freiburg, Bd. 3, 1890, 382.

ständliches Mysterium verträgt sich also sehr wohl mit der mystischen Auffassung der Religion. Beide Positionen stehen allerdings in Spannung zueinander. Aber diese Spannung wirkt in der katholischen Frömmigkeit als treibende Kraft. Die devote Unterwerfung unter das Dogma und unter die größten Absurditäten des Kultus kann bei den wirklich Frommen die Stimmung anregen, in der sie sich von allem Äußeren und damit auch von der geschichtlichen Offenbarung Gottes in Christus befreien. Freilich bleiben die Massen in dem Gebrauch der Vorbereitungsmittel stecken, kommen also für sich selbst überhaupt nicht zur Religion. Sie bleiben aber trotzdem mit den religiös lebendigen Geistern verbunden. Denn auch diese meinen, in dem Dienst am Unverständlichen geheimnisvolle Kräfte zu gewinnen, die zu Gott emportragen.

Es ist erklärlich, daß katholische Christen, denen die Mystik sich erschlossen hat, sich mit Stolz ihrer Freiheit und Selbständigkeit gegenüber den Protestanten bewußt sind; denn diese sollen den Weg der Mystik zur Freiheit von der positiven Religion nicht gehen, aber die Last des Unverständlichen scheint auch bei ihnen nicht gering zu sein. Wenn von katholischer Seite unsere Art des Christentums als eine Halbheit angesehen wird, so wird dieses Urteil auch dadurch |20| befestigt, daß bei uns ganz dieselben Motive zur Mystik drängen, aber durch kirchliche Grundsätze gehemmt werden. Bei dieser Halbheit muß es bleiben, solange auch bei uns das Geschichtliche am Christentum nur als etwas Unverständliches, in der Form des etwas modifizierten katholischen Dogmas, konserviert wird, und nicht die uns wirklich überzeugende Offenbarung Gottes darin gesucht wird. Evangelische Christen, die das nicht aufrichtig suchen, finden auch nicht den Mut, ruhig an dem vorüberzugehen, was zwar der ältesten Überlieferung von Christus und der ersten Gestalt des Christentums angehört, aber tatsächlich auf sie heute nicht als eine sie demütigende Offenbarung Gottes wirkt. Sie nehmen das auf sich als ein Gesetz und sind wie die Katholiken der Ansicht, daß die Erfüllung dieser „religiösen Pflicht" oder dieser „Glaube" ihnen helfen werde. Solange dieser Grundzug des römischen Christentums, die Gesetzlichkeit, die in dem Unterdrücken der eigenen Erkenntnis das Heil sucht, auch bei uns Evangelischen die Geister bindet, flüchten die wirklich Frommen, die eine Ahnung davon haben, daß die Seele in Gott frei und selbständig wird, über alle Zäune hinweg in die Mystik. Ein protestantischer Darsteller der Mystik, A. LASSON, erklärt geradezu, die Mystik sei deshalb im Christentum notwendig, weil außer ihr nur ein Fürwahrhalten autoritativ geltender Lehrsätze übrig bleibe [ADOLF LASSON, Meister Eckhart, der Mystiker: Zur Geschichte der religiösen Speculation in Deutschland, Berlin 1868].

Ich vermute, daß diese Meinung im stillen auch von vielen Theologen gehegt wird. Auf der anderen Seite hat man aber auch die Erinnerung an die Gefahren, die eine konsequente Mystik dem positiven Christentum bringt. Man redet deshalb von einer „gesunden" Mystik, die man nicht fahren lassen wolle. Wenn nun aber danach gefragt wird, was gesunde Mystik sei, so wird die Antwort erteilt, es sei das die Überzeugung, mit Gott in einem wirklichen Verkehr zu stehen. *Indessen diese Überzeugung ist eben keine Besonderheit der Mystik; denn ohne sie gibt es überhaupt keine Religion.* Der Wunsch, die Mystik auch für das evangelische Christentum festzuhalten, |21|wird aber dadurch noch nicht erklärt, daß man das aller Religion Gemeinsame behaupten will. Denn die Mystik ist eine besondere Form der Religion, nämlich eine Frömmigkeit, die das Historische an den positiven Religionen als Last empfindet und abwirft. Daß also protestantische Theologen, die sich gerade recht orthodox vorkommen, so oft bei der Mystik verbleiben wollen, muß vielmehr darin begründet sein, daß sie selbst der Mystik als eines heilsamen Gegengewichtes gegen das Historische bedürfen. Sie empfinden das Historische zwar als unentbehrlich, aber doch auch als Last. Das ist genau die Haltung, deren klassische Vertreter die großen Bettelmönche des 13. und 14. Jahrhunderts sind. Für sie waren im Christentum jene Gegensätze der Belastung durch das Historische und der freien Mystik zusammengefaßt. Die Energie, mit der sie daraus als Theologen und Kirchenmänner die Folgerungen zogen, macht ihre Größe aus. Wenn nun auch evangelische Theologen meinen, sich von der Mystik nicht scheiden zu können, so geben sie in Wahrheit zu, daß sie sich von dem katholischen Christentum nicht scheiden können; denn in diesem bildet die Mystik das eigentliche Leben der Religion.

Ein Mann wie R. ROTHE weiß als Mittel zur Anregung der Andacht nichts Besseres neben der Heiligen Schrift zu nennen als die Schriften der Mystiker.[2] Ist diese Anweisung richtig, so möchte man vermuten, daß in der Mystik das Leben der Religion überhaupt in besonderer Kraft und Reinheit zu Tage tritt. Eine religiöse Erscheinung von hoher Vollendung ist die Mystik auf jeden Fall. Das Urteil Rothes, das den evangelischen Christen für seine religiöse Bildung auf Muster katholischer Frömmigkeit verweist, ist ja auffallend. Aber wir werden es erklärlich finden, wenn wir das Aufstreben der Mystik zu ihrem Ziel, z. B. aus der trefflichen Darstellung von S. DENIFLE kennen lernen.[3] An-|22|gesichts dieses Bildes läßt sich nicht leugnen, daß diese Mystik gut katholisch ist und daß sich in ihr eine reiche Anschauung von religiösem Leben mit einer Kraft und Einfalt der Sprache verbindet, die jedem Frommen zum Herzen dringen wird. Es wäre ein schlechtes Zeichen, wenn ein evangelischer Christ dieses Buch nicht als Mittel zur Anregung der Andacht benutzen könnte. Eine Gestalt der Religion von so hoher Vollendung muß jeden frommen Menschen mächtig erregen. Wir müssen uns eingestehen, daß wir, wenn wir eine andere Art der Religion zu haben meinen, auf jeden Fall noch lange

---

[2] RICHARD ROTHE, Theologische Ethik, 3. Band, 2. Aufl. Wittenberg 1870, 490.
[3] HEINRICH SEUSE DENIFLE, Das geistliche Leben. Blumenlese aus den deutschen Mystikern und Gottesfreunden des 14. Jahrhunderts, 3., erw. Aufl. Graz 1880.

nicht die Durchbildung erreicht haben, wie sie der Katholizismus in jener Mystik besitzt. Dadurch allein wird ROTHES Urteil gerechtfertigt. Jene Mystik hat auch für uns einen hohen Wert, weil sie zwar nicht ein Element aller Religion, aber ein wunderbar vollkommener Ausdruck einer bestimmten Art von Religion ist. Die Spekulationen der katholischen Mystik sind alten Datums. Darin hat sie neben dem Neuplatonismus wenig Eigentümliches. Aber in der Fähigkeit, persönliches Leben zum Gegenstand der Beobachtung und Darstellung zu machen, bezeichnet sie einen Höhepunkt, den der Protestantismus bisher nicht erreicht hat. Den Mystikern des 14. Jahrhunderts war die Seele wirklich ein Wunder, das sie vor Augen sahen und dessen Reichtum anzuschauen sie nicht müde wurden. Den Gehalt des inneren Lebens, der bei katholischer Frömmigkeit überhaupt erzeugt werden kann, haben sie herausgearbeitet und anschaulich gemacht. Sie sind deshalb klassische Zeugen der katholischen Art des Christentums und als solche haben sie für das christliche Leben bleibenden Wert. Aber umsomehr müssen wir darüber im klaren sein, ob wir denselben Weg einschlagen sollen. Dadurch lockt uns die Mystik aller Zeiten, daß in ihr das allgemeine Ziel aller echten Religion sicher erfaßt ist. In der Religion sucht der Mensch nicht bloß Gaben Gottes, sondern Gott selbst. Was Gott geben kann ohne sich selber, tröstet die Seele nicht; die Seele ruhet nimmer, sie hätte denn alles durchbrochen, was nicht Gott |23| ist; die freie Seele ist über alles gekommen, was nicht Gott ist. Das Recht dieser Sätze fühlt jeder fromme Mensch. Der Theologe weiß, wie oft ihre Wahrheit vergessen wird, wenn es sich darum handelt, wertvolle Mittel der Religion zu behaupten.

Aber wenn die Mystik in diesem Hinausdringen über alle Mittel zu Gott selbst echte Religion ist, so fragt sich doch, ob sie Gott so sucht, wie ihn ein Christ suchen soll, und ob der Gott, den sie zu finden meint, der lebendige Gott unseres Glaubens ist. Der Mystiker sucht Gott in seinem eigenen Innern. Auch das ist nicht ganz unrichtig. Denn solange Gott nicht in unserem innern Leben herrscht, haben wir ihn nicht gefunden. Aber der Mystiker folgert daraus, daß alles, was von außen an uns herantritt, nicht nur der Kultus und die Lehre, sondern auch die Anschauung der Person Jesu selbst nur als Mittel gelten könne, die Stimmung zu erzeugen, in der man Gott innerlich nahe komme. Ist diese Stimmung erreicht, dann kann man die heimliche Rede Gottes vernehmen, die der Mensch wohl hören und als göttlich verstehen, aber nicht in Worten wiedergeben kann. Alles Äußere ist bei diesem Vorgang im Bewußtsein zurückgetreten; soll Gott reden, so müssen alle Dinge schweigen. Die Mystiker wissen es herrlich zu schildern, wie der Fromme in dem Bewußtsein, dieses Unvergleichliche erlebt zu haben, sich frei fühlt. Es ist das freudige Aufatmen der Seele, die erkennen darf, daß sie das höchste Gut in ihrem eigenen unantastbaren Innern trägt. Über alles, was sonst den Menschen ängstigt und bindet, ist der Mystiker hinausgehoben, weil er weiß, daß er Gott gefunden hat. Aber aus demselben Grunde ist er auch über Christus hinaus. Christus führt danach den Menschen, der sein Nachfolger wird, bis an die Schwelle der Seligkeit. Aber indem der Mystiker diese Schwelle überschreitet, auf den Höhepunkten seines innern Lebens, hat er es nicht mehr mit Christus, sondern mit Gott zu tun, mit dem der Mensch immer allein ist, wenn er ihn wirklich gefunden hat. Wenn wir diese Wendung an der |24| Mystik wahrnehmen, so könnten wir versucht sein, das zu ihren Auswüchsen zu rechnen. Das wäre aber ein Irrtum. Die katholische Frömmigkeit ist wirklich so angelegt, daß auf der Höhe, auf die sie führt, mit allem Äußeren auch Christus der Seele entschwinden muß. Und wiederum ist die katholische Auffassung von Christus so beschaffen, daß deren Inhalt keinen frommen Menschen in den Verkehr mit Gott begleiten kann. Sollte das nicht die christliche Gemeinde darauf bringen, daß sie den Weg der katholischen Frömmigkeit, der die energischen Geister zur Mystik führt, verlassen muß?

Die katholische Frömmigkeit zeigt sich außer stande, den Glauben an die Offenbarung Gottes in Christus so weit festzuhalten, daß er die religiöse Praxis entscheidend bestimmen könnte. Denn aus einer Gefühlserregung, von der immer nur das eine gesagt werden kann, daß Gott darin die Seele berühre, vernehmen wir nicht den Erlöser, der in der Geschichte zu uns gekommen ist. Gott ist dann eine verborgene rätselhafte Macht, aber nicht Christi uns verständlicher und vertrauter Wille. Steht man aber einmal so zu Gott und Christus, so können auch die christlichen Dogmen über Gott und Christus, so eifrig sie auch festgehalten werden mögen, nur noch einen sehr geringen Einfluß auf die religiöse Praxis ausüben. Denn was uns über Gott gelehrt wird, kann ihn uns nicht wirklich offenbar und kenntlich machen, sondern wir haben Gott so, wie er selbst uns nahe kommt. Muß ich mir nun sagen, daß dies in einer Erregung meiner Seele geschieht, in der die Anschauung einer mich geistig bezwingenden und befreienden persönlichen Macht völlig erloschen ist, so ist dieser Vorgang für mich die Form der Erscheinung Gottes, die mir gewährt, was ich überhaupt von Gott erfassen kann. Dadurch wird aber die Offenbarung Gottes in der Geschichte entwertet. Ihr bliebe dann nur noch die Bedeutung einer Unterweisung, die den einzelnen auf die Erfahrung der Gottesnähe vorbereiten kann. Ein solches Vorbereitungsmittel aber darf man nicht nur, |25| sondern soll man vergessen, wenn man die Sache selbst erreicht hat.

Dem entspricht nun auf der anderen Seite die Auffassung von Christus, die in der katholischen Kirche herrscht. Denn in dem Dogma von den zwei Naturen in Christus und in der Lehre von dem Erlösungswerke des Gottmenschen ist die Vorstellung von den Voraussetzungen niedergelegt, welche die Vereinigung des Sünders mit Gott möglich machen sollen; und in dem Bilde des Menschen Jesus sieht der katholische Christ den Weg vorgezeichnet, der ihn selbst zu Gott führen soll. Beides ist nicht unrichtig, denn nur weil Christus für uns vorhanden ist, können wir mit voller Klarheit und Gewißheit den Gott haben, der durch sein heiliges Wesen den Sünder von sich fern hält und doch den Sünder mit sich versöhnt, indem er ihm durch seine Tat vergibt. Ebenso ist es richtig, daß wir zu diesem Gott nur kommen können in der Nachfolge Jesu, indem es unsere ernste Angelegenheit wird, ebenso wahrhaftig und gerecht zu werden wie Jesus.

Aber das ist nicht genug. Christus ist für den Christen mehr. Wir wollen nicht nur durch Christus hindurchdringen zu Gott. Wir meinen vielmehr bei Gott selbst nichts anderes zu finden als Christus. Alle die dunkeln Vorstellungen von einem Unendlichen, an dem die Züge des inneren Lebens Jesu nicht mehr zu erkennen sind, zeigen uns nicht den lebendigen Gott der Offenbarung, sondern ein Wesen, von dem nichts anderes gesagt werden kann, als daß es eben nicht Welt ist. Das ist auch das einzige, was die Mystik von jeher von ihrem Gott zu sagen wußte. Dann ist aber auch die Vorstellung der Welt das einzige, was bei dem Gedanken an Gott die Seele bewegt. Darüber kann man sich nur täuschen, solange die Sehnsucht nach Gott kräftig die Behauptung wiederholt, daß Gott etwas völlig anderes sein müsse als die Welt. Sobald man dagegen bei dem Gott, den man auf solche Weise erreicht hat, verweilen will, muß es an den Tag kommen, daß das Bewußtsein nach wie vor an der Welt haftet, weil es sich mit keinem anderen posi-|26|tiven Gedanken befaßt hat. Darum geht die Mystik so häufig in Pantheismus über, und zwar gerade bei Menschen von höchster religiöser Energie, die nicht nur in der Sehnsucht nach Gott oder auf dem Wege bleiben, sondern am Ziele, bei Gott selbst ausruhen wollen. Der Gedanke, der das in solcher Weise erreichte religiöse Erlebnis erfaßt, ist notwendig Pantheismus. Aber christlich ist das Ganze nicht.

Der Christ hat an dem persönlichen Leben Jesu eine positive Anschauung von Gott. Diese Anschauung von Gott bringt uns wirklich von der Welt los, weil sie uns dazu bringt, uns selbst zu verleugnen und nur in Zusammenhang mit dieser sittlichen Regung erfaßt und behauptet wird. Die Anleitung dazu wird uns aber weder durch das kirchliche Dogma von Christus noch durch die Verwertung des menschlichen Lebens Jesu als unseres Vorbildes gewährt. Die Stellung Jesu zu Gott können wir selbst nicht völlig gewinnen. Sie bleibt schließlich sein Geheimnis. Die Stellung zu Gott aber, zu der er uns erlösen kann, wird uns nur dann zu teil, wenn er selbst uns nicht entschwindet, indem wir Gott zu finden meinen. An diesem Punkte erweisen sich das kirchliche Dogma von Christus und das Vorbild seines Lebens als unzureichend. Denn der Fromme, der nichts weiter von Christus hat, als dies beides, muß sich über Christus hinausschwingen, wenn sich in ihm der echte religiöse Trieb erhebt, der nichts weiter verlangt als Gott allein. Wie soll er denn bei dem Christus verweilen, den er sich nur als Voraussetzung, als Mittel und Weg, zu Gott zu kommen, vorstellt? Er muß ja durch alles hindurchbrechen, was wie der Christus des kirchlichen Dogmas zwar mit dem Namen Gottes geschmückt ist, aber doch für den Menschen nur zu den Mitteln gehört, von denen der Gott, der in dem höchsten Aufschwung des religiösen Lebens gefunden werden soll, gänzlich verschieden ist.

Das ist die Schranke, über welche die in dem Dogma und der religiösen Praxis des Katholizismus befestigte Auffassung von Christus nicht hinwegkommt, daß dieser Christus |27| in den innersten Vorgang des religiösen Lebens nicht hineingenommen werden kann. Wenn dieses Christentum, getragen von dem echtesten religiösen Triebe, zu seinem Ziel gelangt, ist es entchristlicht. Wir müssen über das alte Dogma von der Gottheit Christi hinauskommen zu einer höheren Vorstellung, die uns nicht nötigt, Christus draußen zu lassen, wenn es mit der Religion, d. h. mit dem Verkehr der Seele mit Gott, Ernst und Wahrheit wird.

Da liegt nun freilich der Einwand nahe, daß doch gerade mit dem kirchlichen Dogma die Vorstellung von dem erhöhten Christus und die Trinitätslehre verbunden ist. Aber beide leisten eben keine Bürgschaft dafür, daß der Christ wirklich auf der Höhe seines inneren Lebens, in dem Bewußtsein, von Gott selbst innerlich ergriffen zu sein, in Gott Christus findet. Mit dem Gedanken von der Trinität wird es dem religiös lebendigen Christen immer so gehen, wie es schon bei Augustin zu beobachten ist. Die Reflexion, die sich das Recht jenes Gedankens klar macht, ist in den Momenten religiöser Erhebung völlig verstummt. Augustin hat ein Werk von fünfzehn Büchern über die Trinität geschrieben. Als er aber mit seiner Mutter an dem Fenster des Hauses bei Ostia stand und die tiefste Ergriffenheit von Gott auszusprechen suchte, redete er nicht von der Trinität, sondern von dem einen Gott, in dessen Nähe die Seele über sich selbst und über alle Worte und Zeichen erhoben wird. Ein Mystiker, der sich zur Trinität bekennt, weiß, daß alles, was sich über sie sagen läßt, zu den Worten und Zeichen gehört, die mit der ganzen Welt zurückweichen müssen, wenn Gottes Nähe empfunden wird. DANTE freilich hat in dem Moment höchsten Schauens im Paradiese drei leere Kreise zu sehen gemeint. Das ist aber ein kräftiger Ausdruck dafür, daß die religiöse Erhebung im Unaussprechlichen endigt. Und gewiß ist damit nicht zu beweisen, daß die Trinitätslehre schon den Christen dazu befähige, in dem wirklichen Verkehr mit Gott die Anschauung der Person Jesu festzuhalten. Denn ein leerer Kreis und das persönliche |28| Leben Jesu sind möglichst verschiedene Dinge. Mit der Vorstellung von dem erhöhten Christus verhält es sich ähnlich. Sie allein verbürgt keineswegs die Zusammenfassung Christi und Gottes in der praktischen Frömmigkeit. Sie kann allerdings bei einem Christen so entstehen und gehegt werden, daß sie eben dies Eigentümliche des Christentums mit sich führt. Sie kann aber auch so gefaßt werden, daß sie dazu dienen muß, ein leeres Spiel der Phantasie zu nähren. Wenn dies der Fall ist, so wird eine ernste Frömmigkeit sich der Mystik überlassen, die über solche Nichtigkeiten hinausdrängt, aber auch über Christus hinausführt.

Es verhält sich also wirklich so, daß das kirchliche Dogma und die in der Mystik gipfelnde Frömmigkeit zusammenpassen, und daß die christliche Gemeinde bei keinem von beiden verbleiben kann. Denn sie kann sich nicht auf die Dauer in eine Position bannen lassen, in der sie sich notwendig von Christus entfernt, wenn sie die Erhebung zu Gott zu erleben meint. Der Christ kann sich nicht ablösen von der Geschichte, in der er die Offenbarung Gottes an ihn selbst gefunden hat. Wir müssen freilich darauf gefaßt sein, daß diese Stellungnahme innerhalb der Geschichte uns von denen, die selbst mystisch gerichtet sind, als Borniertheit angerechnet wird. Sie können es nicht fassen, wie ein Mensch, der ernstlich nach dem Ewigen verlangt, an dem Geschichtlichen festhalten könne.[4] Hier wollen wir nur mit der Gegenfrage antworten, woher sie denn dessen gewiß sind, daß sie in den Gefühlserregungen, in denen sich ihre Existenz zu erhöhen scheint, wirklich Gott selbst empfinden. Unsere Zuversicht zu Gott bedarf anderer Kräfte, als sie uns die Erinnerung an ein solches bloßes Gefühlserlebnis zuführen kann. Wir sind deshalb Christen, weil wir in dem Menschen Jesus auf eine Tatsache gestoßen sind, die unvergleichlich inhaltvoller ist als die Gefühle, die in uns selbst aufkommen, und die uns |29| deshalb Gottes so gewiß macht, daß unsere Überzeugung, mit Gott in Verkehr zu stehen, vor unserem Verstande und vor unserem Gewissen standhalten kann. Vielleicht dürfen wir darauf rechnen, daß dieser Auseinandersetzung mit der Mystik als der Vollendung katholischer Frömmigkeit die meisten evangelischen Theologen beistimmen werden. Dann müssen sie aber auch das Bedürfnis empfinden, daß ebenso klar werde, wie anders der evangelische Christ mit Gott verkehrt. Der Bestand unserer kirchlichen Gemeinschaft hängt davon ab, daß wir uns bei allen sonstigen Unterschieden durch dieselbe göttliche Macht zu demselben Ziel getragen wissen. Ist dieses Ziel nicht die mystische Gefühlserregung, so ist es doch auf jeden Fall der Verkehr der Seele mit Gott.

Die klare Anschauung davon, wie er sich bei uns gestalten soll, muß die theologischen Verhandlungen über alles andere leiten. Erstens können wir nur das als Offenbarung Gottes verstehen, worin wir selbst den auf uns wirkenden Gott finden. Und wir können nur das als Gedanken unseres eigenen Glaubens denken, was sich uns innerhalb unseres Verkehrs mit Gott als Wahrheit aufdrängt. So ist alles, was überhaupt Gegenstand christlicher Lehre sein kann, in dem religiösen Erlebnis verknüpft und alles erhält erst in diesem Zusammenhange die genügende Bestimmtheit. Zweitens kann aber auch das religiöse Erlebnis nur dann für uns selbst Wahrheit haben, wenn wir es in der Besinnung auf die Wirklichkeit in die wir uns gestellt finden, entstehen sehen. Es muß

---

[4] Hierüber bitte ich, meine Schrift: „Warum bedarf unser Glaube geschichtlicher Tatsachen?" 2. Aufl. Halle 1891, zu vergleichen.

sich darin vollenden, daß uns der Gehalt dieser Wirklichkeit eine Macht wird, die uns ganz überwindet und in der unser eigenes Dasein sicher ruht.

Indem wir das zweite beachten, vermeiden wir den Abweg der Mystik. Daß das religiöse Erlebnis schließlich immer im Unaussprechlichen endigt, erkennen wir mit der Mystik an. Aber wir halten daneben fest, daß der Weg dazu nicht sein kann, die Wirklichkeit, in der wir stehen, zu vergessen. Nicht in dem willkürlichen Spiel der Phantasie, sondern nur in der ernsten Beugung unter das Unabweisbare |30| können wir der Macht begegnen, die unsere ganze Existenz erhöhen kann. Deshalb kann man das Unaussprechliche der Religion nur haben in seiner unlöslichen Verbindung mit dem, was sich in Worte fassen läßt. Ohne dies würde dem Vorgang nicht nur die christliche Bestimmtheit, sondern auch die Möglichkeit fehlen, ihn vor dem eigenen Bewußtsein gegen den Verdacht der Illusion zu schützen. So lassen wir die Mystik als eine unvollkommene Form der Religion hinter uns, ohne das zu verlieren, was ihre Wahrheit ist.

Indem wir das erstere beachten, machen wir uns von der Scholastik los. Von dieser katholischen Art der Theologie sich zu befreien, wird vielen deshalb so schwer, weil sie sich nicht dazu entschließen können, sich mit dem zu begnügen, was ihnen wirklich als Offenbarung Gottes gegeben ist. Menschenfurcht und Eitelkeit treiben doch immer wieder dazu, das, was man als Offenbarung Gottes und als Gedanken des eigenen Glaubens bekennen will, aus dem Bekenntnis anderer Menschen zu entnehmen. Das ist die falsche katholische Praxis, die in der Christenheit die Gemüter weithin beherrscht, auch wo man die Scholastiker nicht einmal dem Namen nach kennt. An dieser Praxis wird nichts geändert durch die Umgestaltung einzelner Lehren; auch nicht dadurch, daß die Menschen, deren Bekenntnis man sich aneignet, nicht die Päpste, sondern die Apostel sind. Sie bleibt bestehen, wenn man das, was bei anderen ein Ausdruck ihres befreiten Lebens gewesen ist, sich selbst beilegt in der Meinung, daß man dadurch ebenso werde wie sie. Überall, wo man so mit dem Bekenntnis anderer verfährt, wären diese anderen auch die Apostel, steckt man in dem katholischen Wesen. Wir müssen uns aber vielmehr das zum Ziel setzen, daß wir ebenso befreit werden wie jene, mit deren Bekenntnis wir uns vergeblich schmücken. Gott allein kann die Gefangenen erlösen. Zu ihm soll die Theologie den Weg weisen. Dann soll sie aber nicht die Ketten schmieden, mit denen die Eitelkeit der Menschen sich so gern belastet. Sondern sie soll uns vielmehr lehren, diesen scheinbaren Schmuck und |31| Reichtum abzuwerfen und zu der Offenbarung zu flüchten, die unserer Armseligkeit wirklich abhelfen kann. Dahin zu führen, den Menschen die Augen dafür zu öffnen, daß nichts ihnen Offenbarung sein kann, als was sie wirklich zum Verkehr mit Gott erhebt, ist die wichtigste Aufgabe der Theologie. Ein schweres Hindernis auf jenem wahrhaftigen Heilswege ist aber gerade das System, das die Theologie nach der Weise der Scholastiker aus den Gedanken anderer zusammenfügt. Das ist schon deshalb gefährlich, weil es da die Erkenntnis eines Ganzen vorspiegelt, wo als etwas wirklich Lebendiges nur stückweises Erkennen möglich ist. Es wird aber zu einer schweren Versuchung, wenn es sich den Menschen mit dem Anspruch aufdrängt, es könne ihnen helfen, wenn sie sich ihm gefangen geben. Den falschen Reichtum der Theologie, der für das ernste Heilverlangen eine unerträgliche Last wird, werfen wir ab, indem wir die beiden Zweige der christlichen Lehre, die Darstellung der Offenbarung und die Entwicklung der Glaubensgedanken in dem von Gott gestifteten Lebenszusammenhange mit dem Innersten der Religion belassen, mit dem Verkehr des Christen mit Gott. Unsere Ablösung von der Scholastik hat für die Theologie das Gegenteil dessen zur Folge, was unsere Ablösung von der Mystik für das innere Leben des Christen bewirkt. Die Theologie erfährt eine Reduktion, das innere Leben wird bereichert.

Durch unsere Unterscheidung von der katholischen Praxis ist uns für unsere Aufgabe der Weg vorgezeichnet. Den wirklichen Verkehr des Christen mit Gott wollen wir darstellen. Der Christ wird dazu erhoben, wenn Gott sich ihm zuwendet und mit ihm in Verkehr tritt; das Leben in der Gemeinschaft mit Gott entfaltet sich in den Glaubensgedanken, in denen sich der Christ der neuen Wirklichkeit, in die er versetzt ist, bewußt wird, und in den durch die Kraft des Glaubens sicherer bestimmten und eindringlicher gemachten sittlichen Zielen, die dem Christen den Weg in seine Zukunft weisen.

Damit treten wir nun auch in einen Gegensatz zu den Zielen und der Methode, die in der älteren protestantischen |32| Orthodoxie entwickelt sind. Damals war die Hauptaufgabe, die Gedanken des Wortes Gottes, wie man sie von den klassischen Zeugen des Christentums zu empfangen meinte, in ihrem logischen Zusammenhange darzustellen. Wir greifen weiter zurück. Denn wir wollen zeigen, wie diese Gedanken in der Seele des Christen, der zum Verkehr mit Gott befreit wird, innerhalb dieses Vorgangs entstehen. Wir stellen sie also nicht als etwas Überliefertes dar, sondern als etwas gegenwärtig Wachsendes, als Glaubensgedanken. Die theologische Aufgabe, wie man sie damals faßte, zeigte sich nun darin als ungenügend, daß sie schließlich eine Frage von der größten praktischen Bedeutung unerledigt läßt. Wenn nämlich der vermeintlich notwendige Inhalt des Glaubens der Heiligen Schrift entnommen und logisch geordnet ist, so erhebt sich die Frage, wie der Mensch das objektiv Dargestellte zu seinem subjektiven Eigentum machen könne. Dieses Problem hat man niemals zu lösen vermocht. Trotz des langen Redens darüber in der Lehre von der sogenannten Heilsordnung blieb die Frage unbeantwortet. Man stellte es im Grunde Gott anheim, wie das objektiv dargebotene, in der theologischen Lehre bezeichnete Heil dem einzelnen zu eigen werde.

Es war das beste, wenn es dabei blieb. Denn unter den damaligen Voraussetzungen war es nicht ohne Gefahr, weiter zu gehen und an Vorgängen des eigenen Bewußtseins zu zeigen, wie man sich das Heil aneigne. Das Heil sollte in der Lehre dargeboten sein, die mit dem Anspruch auftrat, das Wort Gottes nach der Heiligen Schrift formuliert zu haben. Der Versuch, alsdann die Vorgänge im Bewußtsein aufzudecken, in denen der einzelne diesen Stoff zu seinem Besitz mache, hat immer dazu geführt, die Tätigkeit des Menschen gegenüber dem objektiv dargebotenen Heil so hervortreten zu lassen, wie man es eigentlich nicht wollte. Der Mensch sollte sich das in den Gedanken des Wortes Gottes vor ihm stehende Heil aneignen. Aber wie sollte er das machen, da diese Gedanken der Ausdruck eines Lebens sind, |33| das ihm fehlt? Wenn man dennoch versuchte, zu zeigen, wie man sich solche Gedanken zu eigen machen könne, so schrieb man unwillkürlich dem unerlösten Menschen doch die Kraft zu, sich in das neue geistige Leben zu versetzen. Ist das eine Kraft der Erlösung, was wir nur als eigene Leistung erleben? Zu diesem Ende mußte unter den Verhältnissen der älteren Theologie immer der Versuch führen, an Vorgängen im Bewußtsein anschaulich zu machen, wie der einzelne sich das Heil aneigne oder ein Erlöster werde. Er hatte immer zur Folge, daß der Gedanke der Erlösung selbst sich aufzulösen drohte.

Wir befinden uns nicht in dieser Gefahr. Denn wir lassen uns überhaupt nicht auf die Vorstellung ein, daß die in der Lehre formulierten Glaubensgedanken einem Menschen das Heil darbieten. Es ist ja im Grunde ein Hohn auf die Lage des unerlösten Menschen, ihm in solcher Weise als sein Heil den Inhalt von Gedanken zu bezeichnen, von denen er sich sagen muß, daß sie seine Gedanken nicht sind und nicht sein können. Die Gedanken anderer, die erlöst sind, können mich nicht erlösen. Sondern daran liegt alles, daß ich in die innere Verfassung versetzt werde, bei der die Erzeugung solcher Gedanken auch in mir beginnt. Das geschieht aber, wenn uns Gott zum Verkehr mit sich erhebt. Dann stehen wir in der Wahrheit, die dem unerlösten Menschen absolut verschlossen ist.

Dann wird es uns auch möglich werden, in Glaubensgedanken der Heiligen Schrift die freien Regungen des geistigen Lebens zu erkennen, das auch in uns seinen Anfang genommen hat. In allen Schriftgedanken freilich gewiß nicht. Aber das braucht uns unseren Frieden nicht zu nehmen. Denn die Schriftgedanken sind nicht ein Pensum, das wir absolvieren sollen. Sowie sie so gefaßt werden, gehören sie zu der Welt, die der Erlöste überwinden soll. Solche äußerlichen Gesetze sollen für ihn abgetan sein. Er findet ein anderes Gesetz, das ihn gewaltiger bindet, in dem Verkehr mit dem Gott, der allein Leben spendet und richtet. |34| Ist der Christ wirklich zum Verkehr mit Gott erhoben, so soll er sich des neuen Lebens freuen, das ihm damit geschenkt ist. Dazu dient ihm das Zeugnis des befreiten Lebens in der Gemeinde Gottes, das ihm nirgends so entgegenkommt, wie aus der Heiligen Schrift. Diese Herrlichkeit der Heiligen Schrift lernt der Mensch sehen, wenn in ihm dasselbe Leben angefangen hat, dessen Werden in andern er dort unvergleichlich ausgesprochen sieht. Vorher ist ihm die Bibel ein Buch mit sieben Siegeln; nachher sieht er in ihr ein Mittel der Offenbarung, der Gnade und des Gerichtes Gottes. Vorher ist es ihm ein unerträglicher oder wenigstens völlig fremder Gedanke, daß es sich mit der Bibel anders verhalten soll, als mit irgendwelcher anderen Literatur. Nachher wird ihm auch die zur historischen Kritik entwickelte Forschung in der Heiligen Schrift diesen Unterschied nicht verdecken. Denn er sieht es dann als ein tatsächliches Wunder der Geschichte vor Augen, daß dem persönlichen Leben, das in ihm angefangen hat und in jedem Menschen in derselben Weise beginnen muß, in der Heiligen Schrift sich die Welt öffnet, die seine Heimat ist. In dem, was ihm da als Offenbarung Gottes verständlich wird, ergreift ihn das Gesetz, dem er Treue halten muß.

Sonach stellt sich für uns die Aufgabe ganz anders wie bei der älteren auf der katholischen Bahn verbliebenen Theologie. Wir sollen nicht zeigen, wie der unerlöste Mensch die Gedanken der Erlösten in Besitz nehmen könne. Aber wir sollen zeigen, wie er Gott findet und dadurch ein neuer Mensch wird, dem jene Gedanken nicht mehr fremd bleiben. Es soll also ein Vorgang zum Bewußtsein gebracht werden, der bei der älteren Theologie immer verschleiert geblieben ist. Aber dagegen kann nun eben der Einwand erhoben werden, daß ein solcher Versuch gerade in den schlimmsten Fehler der Mystik verfalle. Es scheint doch von dem innersten Leben der Religion überhaupt zu gelten, was Luther von der Kindschaft Gottes sagt: „Wenn du es im Herzen wahrhaftig fühlest, so wird dir's ein so groß Ding sein, daß du vielmehr |35| stillschweigen wirst, denn etwas davon zu sagen."[5] Das Gewicht dieses Einwandes wollen wir nicht verkennen. Die Gesundheit des inneren Lebens der Religion leidet in der Tat darunter Schaden, wenn man die letzten Schleier von ihm hinwegzuziehen sucht. Überdies kommt ein solcher Versuch doch nicht zum Ziel. Denn wo die Religion wahrhaft lebendig ist, ist sie in ihrer Tiefe ein unmitteilbares Geheimnis.

Es ist aber gar nicht unsere Absicht, das Unsagbare auszusprechen. Die Mystik hat das versucht; wir wollen es nicht. Wir behaupten vielmehr, daß die eine Gruppe der Glaubensgedanken gerade das Bewußtsein davon ausdrückt, daß das Leben des Christen eine unergründliche Tiefe hat. Aber trotzdem können wir etwas darüber sagen, wie es in dem Christen zu einem Verkehr mit Gott komme. Denn dieser Vorgang ist an die Erfahrung objektiver Mächte geknüpft, die zwar für andere bedeutungslos bleiben, aber für den Christen der Ausdruck dessen sind, daß und wie Gott auf ihn wirkt. Auf diesen Zusammenhang des religiösen Erlebnisses mit der objektiven Wirklichkeit, in der wir uns vorfinden, richtet sich unsere Darstellung. In dieser Richtung auf das Objektive treffen wir also mit der orthodox-protestantischen Theologie zusammen. Nur daß das Objektive, das wir meinen, etwas ganz anderes ist als die in der

---

[5] E. A. 11, 194.

Lehre formulierten Glaubensgedanken. Von ihnen wird der Verkehr des Christen mit Gott in seinem immer neuen Entstehen nicht getragen, sondern in ihnen spricht sich das Bewußtsein des mit ihm gegebenen neuen Lebens aus. Es kommt aber auf die klare Erfassung der objektiven Wirklichkeit an, deren Wucht in dem Christen die Gewißheit erzeugt, daß er nicht ohne Gott in der Welt ist. Wie der Christ diese Wirklichkeit sieht und ihre Kraft erfährt, das läßt sich darstellen, ohne daß dabei das Geheimnis des subjektiven Lebens verkannt oder angetastet wird.

Wenn wir die Theologie ablehnen, in deren Lehrgesetzen |36| die katholische Kirche das nötige Gegengewicht für die Mystik findet, so macht auch dies bei allen, die einer solchen Theologie anhängen, den Eindruck, als gerieten wir in die Fehler der aus den Schranken der Kirche ausbrechenden Mystik. Aber es fällt uns gar nicht ein, das Christentum in subjektives Empfinden aufzulösen. Die subjektive Lebendigkeit des Christentums soll sich nach unserer Meinung in der Energie zeigen, mit der das Objektive erfaßt wird, nämlich *erstens* die Macht, welche den Glauben wecken und begründen kann, *zweitens* danach die Gedanken, in denen sich der Glaube den Gläubigen verständlich ausspricht. Das haben wir gerade an der Mystik auszusetzen, daß sie das innere Leben des Christen von seinem wirklichen Grunde ablöst und die Gedanken des Glaubens als etwas Unwesentliches hinter gestaltlosen Gefühlen zurücktreten läßt. Den Reichtum des christlichen Gefühlslebens kann man nur haben auf jenem Grunde und im Zusammenhange mit diesen Gedanken. Ohne dies kann eine noch so mächtige Gefühlserregung den Menschen nicht bereichern. Sie gibt ihm nichts Neues und führt ihn nicht über sich hinaus, sondern läßt ihn nur erleben und genießen, was er in seinem bisherigen Bestande hat. Der Christ aber strebt immer über sich hinaus; er muß immer zukünftiger Dinge warten. Diese Erhebung in eine neue Existenz kann uns die bloße Gefühlserregung nicht verschaffen. Denn in ihr sind wir gerade mit uns und mit dem, was wir bereits erreicht haben, allein. Deshalb knüpft das Gefühlsleben des Christen immer an etwas an, das reicher ist als er selbst, das er von seinem eigenen Innern unterscheidet, also an etwas Objektives. Und über jede Erregung des religiösen Gefühls im Christen erhebt sich der religiöse Gedanke, der über alles, was wir gefühlt und empfunden haben, in eine unermeßliche Zukunft hinausweist.

Also indem wir uns von der Mystik lossagen, sind wir in folgenden Punkten mit dem alten theologischen Verfahren einverstanden. *Erstens* die subjektiven Erlebnisse der christlichen Religion lassen sich von der objektiven Macht, |37| die uns zu einer solchen Art des Erlebens bringt, nicht ablösen. *Zweitens* auch von den Gedanken, die man in der christlichen Lehre als Inhalt des Glaubens zu formulieren sucht, läßt sich das subjektive Erlebnis der christlichen Religion nicht abtrennen. Es verklingt nicht in Gefühlen, sondern vollendet sich in diesen Gedanken. *Drittens* diese Gedanken sind viel mehr als ein Ausdruck dessen, was wir bereits gefühlt und genossen haben. Denn sie sind ein Ausdruck dessen, was der Gott, der uns ergriffen und den Glauben in uns geweckt hat, uns verheißt.

Wir scheiden uns aber von dem alten theologischen Verfahren in folgenden Sätzen. *Erstens* die objektive Macht, welche den immerwährenden Grund der religiösen Erlebnisse eines Christen bildet, ist nicht die irgendwie erreichte Summe der Glaubensgedanken, sondern der Mensch Jesus. *Zweitens* die Glaubensgedanken entstehen in uns innerhalb des Verkehrs mit Gott, zu dem uns die persönliche Macht Jesu erhebt. *Drittens* nicht der Besitz irgendeiner, etwa durch die Heilige Schrift, vorgeschriebenen Summe solcher Gedanken macht einen Christen aus, sondern die Fähigkeit, sie zu erzeugen und als die vom eigenen Bewußtsein erfaßte Wahrheit zu hegen.

Sollte sich nun doch ein Gegner mit dem Vorwurf einfinden, daß wir das Christentum ins Subjektive auflösen, so müßte man annehmen, daß für ihn Jesus nichts Objektives ist. Ein solcher möge es nur einmal versuchen, ob ihm nicht für sein inneres Leben die Person Jesu in ihrer ihm offenbaren Wirklichkeit einen festeren Halt gewähre als eine Summe vorgeschriebener Lehren, die er zwar bekennen, in die er sich aber doch nicht vollständig einleben kann, weil ihn Gott nicht zum Parasiten geschaffen hat. Was uns zu unserer Haltung bestimmt, ist gerade das Verlangen nach der Ruhe in dem zweifellos Objektiven, das Bedürfnis, uns in unserem religiösen Leben einer Macht unterworfen zu wissen, deren Wirklichkeit wir selbst erfassen, und die eben deshalb aller subjektiven Willkür des Vorstellens entrückt ist. Der Forde-|38|rung Gottes, die darin an uns ergeht, müssen wir gehorchen. Das Werk aber, an das wir damit berufen werden, bedeutet keinen Bruch mit der Vergangenheit unserer Kirche. Denn dahin drängt eben der Lebenstrieb des evangelischen Christentums, daß wir Autoritäten abwerfen, in deren Dienst die Religion ein Werk unserer Willkür wird, und daß wir den Gott finden, der die Religion als ein Werk seines Willens und als unseren freien, überzeugten Gehorsam in uns entstehen läßt. So hat das evangelische Christentum in Luther angefangen als etwas Neues und doch als eine Zusammenfassung der edelsten Überlieferungen der alten Kirche. So ist es auch in allen Gestaltungen, die nicht dem Abfall und der Zersetzung dienten, geblieben; und so wollen wir es festhalten.

Bei der Darstellung des neuen Lebens, das durch Gottes Offenbarung in dem Christen geschaffen ist, werden wir uns durch Luther leiten lassen. Das soll natürlich nicht heißen, daß wir hier Luthers Lehre in allen Beziehungen vertreten wollen. Durch eine solche Nachahmung eines Mannes, der unter anderen Verhältnissen getreulich seinen Beruf erfüllt hat, würden wir ihm gewiß nicht ähnlich werden. Um nur eines zu erwähnen, – Luther hat in einer Zeit gelebt, wo die Autorität der Heiligen Schrift als des unfehlbaren Wortes Gottes und das Dogma der alten Kirche in ungeschwächter Geltung standen. An diesem geistigen Besitztum seiner Zeit nahm Luther teil wie kein anderer.

Deshalb hat sich seine religiöse Energie gerade darin gezeigt, wie er dieses damals Feste und Gesicherte dazu verwertete, um für sich und andere den Weg zu Gott zu bahnen.[6] Hätte er das nicht getan, so hätte er nicht die Treue des Glaubens bewährt, dem es auf nichts weiter ankommt, als darauf, Gott zu finden. Luthers Theologie ist nun daraus entstanden, daß er mit jenen katholischen Voraussetzungen sein neues Verständnis des Christentums verknüpfte. An sich hatte beides nichts |39| miteinander zu schaffen. Die Vorstellung, daß die Heilige Schrift das inspirierte Gesetzbuch des religiösen Denkens sei, dessen Worten man unbedingt zu folgen habe, auch wo man sie nicht verstehe, hat nicht auf das neue Verständnis des Christentums geführt. Luther konnte das überhaupt nicht aus der Heiligen Schrift ablesen. Er hat es vielmehr in den inneren Kämpfen einer Seele gefunden, die sich bei Gnadenmitteln nicht beruhigen konnte, weil sie den gnädigen Gott selbst suchte. Auf solche Weise hatte er in einem bestimmten Inhalt der Heiligen Schrift das entdeckt, was einen Menschen erlösen kann. Aber er hat dann doch nicht nur in seiner Übereinstimmung mit dem Christentum des Neuen Testaments Trost gefunden, sondern er hat sich auch auf den gesetzlichen Gehorsam gegenüber der Heiligen Schrift, der ihm und seinen Gegnern gemeinsam war, gestützt. Infolge davon hat er dann manches als Lehre sich angeeignet, was er weder als Gottes Offenbarung verstanden hatte, noch als Gedanken seines Glaubens besaß. Ebenso hat Luther die katholische Stellung zu dem Dogma der alten Kirche geteilt. Was ursprünglich der Sinn dieses Dogmas gewesen war, wußte er ebensowenig wie einer seiner Zeitgenossen; und daß man diese heilige Reliquie verehren müsse, stand ihm wie allen anderen fest. Aber während es für die anderen im besten Falle eine geheimnisvolle Reliquie blieb, machte er es zum Gefäß der Anschauung vom Christentum, in der sein Glaube lebte. Indem er auf diese Weise einen viel innigeren Anschluß an das alte Dogma gewann, wurde er in dem Gefühl der Überlegenheit seiner Sache gekräftigt. Das Dogma, das bei seinen Gegnern ein toter Besitz war, war bei ihm wieder religiös bedeutungsvoll, ein wichtiges Element in dem Leben des Glaubens geworden. Daß er damit zu dem frommen Sinn der Väter zurückgekehrt sei, konnte ihm nicht zweifelhaft sein. So kann man allerdings sagen, daß das Dogma der alten Kirche mit zu den Quellen seiner Kraft gehörte. Aber das Verständnis des Evangeliums, das ihn zum evangelischen Christen und zum Reformator machte, ist aus dem Dogma |40| der alten Kirche ebensowenig geflossen wie aus der gesetzlichen Verehrung des inspirierten Schriftwortes. Wenn wir uns daher von Luther führen lassen wollen, so müssen wir das Christentum Luthers von der Theologie Luthers unterscheiden, die von jenen katholischen Voraussetzungen aus entworfen ist.

---

[6] Vgl. ADOLF HARNACK, Lehrbuch der Dogmengeschichte, 2. Aufl. Freiburg, Bd. 3, 1890, 695.

Diese Scheidung ist nötig. Die Lehre Luthers, an der wir festhalten wollen und können, ist sein prophetisches Wort, in dem er ausgesprochen hat, was er an der Offenbarung Gottes als seine Erlösung erlebt hat. Die Lehre Luthers dagegen, die wir nicht festhalten könnten, auch wenn wir wollten, ist nicht der Ausdruck des religiösen Erlebnisses, sondern der Ausdruck seiner nicht hoch genug zu preisenden Bemühungen, das damals unbestritten Geltende dem neuen Verständnis des Christentums einzuordnen und dienstbar zu machen. Diese Lehre Luthers kann heute niemand in derselben Weise behaupten wie Luther. Denn das, was damals unbestritten galt und deshalb als ein zuverlässiges Heilsmittel benutzt werden konnte, gilt heute nicht mehr unbestritten. Der Wagen, auf dem das Christentum Luthers seinen Einzug in die Kirche gehalten hat, ist morsch geworden und zerbrochen. Soll er trotzdem beibehalten werden, so kann er auf jeden Fall nicht mehr als zuverlässiges Vehikel dienen, sondern ist höchstens eine hochverehrte Last.

Die Theologen, die jene Unterscheidung ablehnen und Luthers Lehre im ganzen behaupten wollen, können die gesetzliche Verehrung der Heiligen Schrift nicht mehr mit voller Sicherheit durchführen und können sie vor allem nicht mehr als ein allgemein vorhandenes Element des geistigen Lebens bei denen, die Christen sein wollen, voraussetzen. Das, worauf sich Luther unbefangen stützte, müssen sie mit vieler Mühe zusammenzuhalten suchen. Keiner aber hat noch das Zutrauen, daß er das wirklich vermöge. Denn keiner kann noch den Gedanken festhalten, daß alle Schriftworte als Gottesworte unfehlbarer Ausdruck der Wahrheit sind.[7] |41| Ohne diesen Gedanken aber ist der Wille, das Schriftwort, auch wo man es nicht als Ausdruck der Wahrheit versteht, in gesetzlicher Verehrung zu befolgen, eine Gedankenlosigkeit. Das empfinden alle, denen die Religion etwas geistige Arbeit kostet. Sie fühlen sich, indem sie Luthers Theologie nachahmen wollen, auf das peinlichste beunruhigt. Das ist aber das Gegenteil dessen, was Luther von seiner Haltung gehabt hat.

Ebenso steht es mit jenem anderen katholischen Einschlag in der Theologie Luthers, mit der Verehrung des Dogmas. Allerdings ist sie in der evangelischen Christenheit noch immer vielfach mit der Auffassung der Heiligen Schrift als des unfehlbaren Lehrgesetzes verbunden. Aber die Sicherheit einer unantastbaren Voraussetzung, die sie in Luthers Augen hatte, hat sie nicht mehr. Wir können nicht mehr bei der Verhandlung mit einem Menschen, dem wir zum Christentum verhelfen möchten, an jene Voraussetzung anknüpfen. Luther hat das durchweg getan. Wir können auch nicht mehr mit Luther erklären, mit einem Menschen, der die Unfehlbarkeit des Schriftwortes oder das Nicänum nicht anerkenne, wollten wir nicht disputieren. Es wäre nicht nur

---

[7] Vgl. AUGUST WILHELM DIECKHOFF, Die Inspiration und Irrtumslosigkeit der Heiligen Schrift, Leipzig 1891, 59–97.

unbarmherzig, sondern auch unwahrhaftig, wenn wir das tun wollten. Wir Theologen sind ja selbst aus der Stimmung naiver Verehrung des Dogmas herausgeworfen, weil wir uns – das ist doch das Geringste, was sich sagen läßt – die geschichtliche Erforschung seiner Ursprünge gefallen lassen. Denn die geschichtliche Erforschung eines menschlichen Gedankenbildes dient immer dazu, von ihm zu befreien. Infolgedessen ist in beiden Beziehungen dasselbe, was für Luther und seine Zeitgenossen außer aller Frage stand, für uns und unsere Zeitgenossen problematisch geworden. Die Verbindung jener beiden Elemente mit der christlichen Verkündigung muß also jetzt den entgegengesetzten Erfolg haben, wie in Luthers Zeit. Was damals Sicherheit schaffte, muß jetzt, wenn es mit demselben Anspruch auftritt, beunruhigen.

Das müssen selbst diejenigen zugeben, die sich zutrauen, |42| daß sie für sich selbst mit ihrer Kunst die Voraussetzungen für die gesetzliche Verehrung des Schriftwortes und das altkirchliche Dogma behaupten können. In dem Bewußtsein unserer Zeitgenossen bilden doch auf jeden Fall jene Dinge nicht mehr einen festen Hintergrund, auf dessen Bestand man bei der christlichen Verkündigung rechnen könnte. In diesem Zustand mögen jene immerhin einen entsetzlichen Abfall erblicken, an dem sie übrigens selbst mehr oder minder teilnehmen. Auf jeden Fall sind sie doch aber dazu berufen, diesen Verirrten und Heimatlosen zurechtzuhelfen. Und das können sie nicht mehr vermittels der Voraussetzungen, deren sich Luther bedient hat, weil die Menschen, denen sie helfen sollen, tatsächlich nicht mehr auf diesen Voraussetzungen stehen. Freilich können sie ja die Bemühung darauf richten, die Menschen wieder auf diesen Standpunkt zu bringen. Das ist wohl auch die Meinung bei vielen. Einen ernstlichen Versuch dazu werden sie doch nicht machen; einfach deshalb nicht, weil sie selbst nicht fest da stehen, wo sie die anderen haben möchten. Und soll nun etwa, bis solche Versuche Erfolg haben, die Verkündigung des Evangeliums unterbleiben oder in der Form einer Lehre geschehen, die auf die tatsächlich nicht mehr vorhandenen Voraussetzungen rechnet? Das eine ist unmöglich, und das andere geschieht zwar, kann aber wenig nützen. Mag es daher immerhin unter uns solche geben, die die katholische Stellung zur Heiligen Schrift als einem unfehlbaren Lehrgesetz und zu dem altkirchlichen Dogma behaupten zu können meinen. Es lohnt sich gar nicht, darüber zu streiten, ob das im Ernst noch möglich ist. Denn das müssen auch sie auf jeden Fall zugeben, daß niemand den Menschen unserer Zeit das Evangelium als eine frohe Botschaft, als ein überzeugendes Gotteswort bringen kann, wenn er zu ihnen von jenem Standpunkt aus redet. Dann muß aber uns allen in gleicher Weise daran liegen, daß es gelingen möge, das Evangelium aus der Verbindung zu lösen, in der es bei Luther in seiner Theologie auftritt.

Ich meine nun, daß das möglich ist, wenn wir Luthers |43| Theologie als ein Werk, das er für seine Zeit geleistet hat, zunächst dahingestellt sein lassen und nach dem Verkehr mit Gott fragen, zu dem er sich durch Christus befreit und in dem er sich erlöst wußte. Davon hat Luther vielmals geredet, ohne sich des Rüstzeugs katholischer Theologie zu bedienen. Diese Schilderung der Erfahrungen, die Luther an dem Erlöser gemacht hat, kann vielleicht denen helfen, die sich in seine Theologie nicht mehr zu finden wissen, weil sie ihre Voraussetzungen nicht mehr teilen. Es ist das umsomehr zu hoffen, als Luther in diesem Zeugnis von dem einen, was not tut, durchweg die Forderung ablehnt, daß man mit der bewußten Unterwerfung unter irgendwelche vorgeschriebenen Lehren anfangen müsse, ein Christ zu werden. Luther hat allerdings Vorstellungen, die wir gar nicht oder nur mit vieler Mühe uns aneignen können, für selbstverständlich gehalten. Aber er hat niemals die Unterwerfung unter vorgeschriebene Lehren als einen Bestandteil des religiösen Erlebnisses gefordert. Anstatt eine solche Unterwerfung für ein Heilsmittel zu halten, hat er sie vielmehr für Sünde erklärt. Hat er aber gemeint, daß der Weg zu dem Heil in Christus nicht über ein solches Werk gehen dürfe, so ist zu hoffen, daß sein gewaltiges Zeugnis auch heute noch den Aufrichtigen werde helfen können, die auch um der Seligkeit willen sich nicht mit dem Bekenntnis zu Vorstellungen beflecken wollen, die ihnen in Wahrheit fremd sind. Wir werden uns an diejenigen Schriften Luthers anschließen, in denen die positive Darstellung des Christenlebens die polemische Rücksichtnahme auf die kirchlichen Hemmnisse desselben überwiegt. Wir werden hierin einen mit sich selbst einigen Luther finden. Von dem Theologen Luther kann man das nicht sagen. Wie oft hat sein Urteil z. B. in der Abendmahlslehre gewechselt. Aber mögen wir nun den Sermon von der Buße von 1518 oder die Predigten der letzten Lebensjahre vornehmen, überall finden wir die gleiche Schilderung des von Gott erweckten neuen Lebens, in dessen Kraft er von sich selbst sagen durfte: „Mein Mut ist zu frohlich und zu |44| groß dazu, daß ich jemand mocht herzlich feind sein."[8] Luthers Zeugnis von demjenigen, was einen Christen zum Christen macht, ist ein noch nicht genügend verwerteter Schatz, der unvergleichlich wertvoller ist, als Luthers Theologie. Denn diese hat ihre Zeit gehabt. Sie kann nur denen völlig zugänglich sein, die selbst noch naiv und unbewußt ein ebenso großes Erbe katholischer Theologie mit sich führen, wie Luther. Deren möchte es jetzt nur noch wenige geben. Dagegen wird es den Menschen, in dem das Verlangen nach Gott noch nicht erstorben ist, erquicken und fördern, vielleicht befreien können, wenn er sieht, wie Luther zu dem Verkehr mit Gott gekommen ist, der ihm ein fröhliches Herz und einen unbezwinglichen Mut gegeben hat. |45|

---

[8] E. A., 2. Aufl., 24, 16.

Kapitel II

Die Begründung unseres Verkehrs mit Gott durch die Offenbarung Gottes

Von einem Verkehr mit Gott dürfen wir nur reden, wenn wir dessen gewiß sind, daß Gott vernehmlich zu uns spricht, aber auch unsere Sprache vernimmt und bei seiner Einwirkung auf uns berücksichtigt.

Um mit uns verkehren zu können, gibt sich uns Gott zu erkennen. Der Gott, von dessen Verkehr mit den Menschen die Heilige Schrift redet, läßt es um seiner Heiligkeit willen nicht zu, daß ihm die Menschen durch ihre eigenen Bemühungen nahe kommen. Er will ihnen das nur gewähren auf einem Wege, den er selbst eröffnet. Aber wenn es dem Menschen nicht möglich ist, sich selbst über alle Anfechtung und Zweifel hinweg in den Bereich eines wirklichen Verkehrs mit Gott zu bringen, so ist doch ebensowenig irgend eine Mitteilung über Gott, welche mit dem Anspruch einer göttlichen Offenbarung auftritt, dazu im stande. Auf Grund einer solchen Mitteilung vermöchten wir uns wohl eine Vorstellung von Gott zu bilden. Wir könnten uns dazu entschließen, die Wirklichkeit jener Offenbarung und deshalb die Richtigkeit dieser Vorstellung anzuerkennen. Aber uns selbst läge dann auch ob, uns den Eindruck zu erkämpfen, daß der so offenbare Gott wirklich mit uns verkehre. Uns wäre es überlassen, uns die Gewißheit eines wirklichen Verkehrs Gottes mit uns zu verschaffen, wenn wir lediglich eine Nachricht über Gott empfangen hätten. Ein solches menschliches Streben kann den Zweifel nicht überwinden: denn gerade daran heftet sich der Zweifel. Die als Offenbarung auftretende |46| *Mitteilung über Gott* kann also lediglich die friedlose Frömmigkeit begründen, die nicht durch die befreiende Tat Gottes, sondern durch ihre eigenen Anstrengungen lebt. Die evangelischen Christen wenigstens könnten es wissen, daß Gott uns nicht in solcher elenden Lage gelassen hat. Wenn sie sich nur von dem einen, was not tut, nicht abführen lassen durch die üblichen Forderungen: du mußt glauben, daß Gott die Welt geschaffen hat, daß die Menschen von einem Paare abstammen, daß Gottes Sohn Mensch geworden ist, daß Gott durch den Tod seines Sohnes sich die Erfüllung seiner Strafforderung an die Menschen verschafft hat, und endlich, daß das alles auch um deinetwillen geschehen ist. Der Entschluß, so zu tun, kann nur innere Not bewirken. Denn keineswegs wird uns in solchen Lehren, wie wahr sie auch an sich sein mögen, die Wirklichkeit vergegenwärtigt, die dem Glauben seine Gewißheit verleiht; sondern es wird uns darin etwas berichtet, und uns dann die Anstrengung zugemutet, den Bericht für wahr zu halten.

Über diese vergeblichen Versuche religiöser Selbsthilfe kommen wir hinweg, wenn wir überhaupt den Gedanken fahren lassen, daß wir an Lehren glauben sollen. Unbekümmert um solche Zumutungen müssen wir uns die eine Frage stellen: Woran erkennen wir, daß ein lebendiger Gott mit uns selbst verkehrt? Wenn wir dann die Wirklichkeit, die uns dessen gewiß macht, sehen und verstehen lernen, so sehen wir auch, daß die Anstrengung, die man uns abverlangte, durch Gottes Tat uns abgenommen ist. Denn wenn der Christ nur erst erfahren hat, daß und wie Gott auf ihn eindringt, um sich ihm vernehmlich zu machen, so wird ihm auch das Auge für das, was in jenen Lehren wahr ist, aufgetan.

Gott gibt sich uns zu erkennen durch eine *Tatsache, um deren willen wir an ihn glauben können*. Jegliche Lehre kann uns nur sagen, wie wir uns Gott vorstellen sollen. Daß sich aber überhaupt der Gedanke, es sei ein Gott für uns vorhanden, mit voller Gewißheit in uns erhebt, kann keine Lehre bewirken, sondern nur eine Tatsache, |47| die uns den Mut zu einer solchen Zuversicht gibt. Wir Christen meinen nun, in der ganzen Welt nur eine Tatsache zu kennen, die alle Zweifel an der Wirklichkeit Gottes in uns überwinden kann, die von uns selbst in der Überlieferung des Neuen Testaments ergriffene geschichtlich erlebbare Erscheinung Jesu. Unsere Gewißheit von Gott kann sich an vielen anderen Erlebnissen entzünden, aber ihren festesten Grund hat sie schließlich in dem Faktum, daß wir in dem geschichtlichen Bereiche, dem wir selbst angehören, den Menschen Jesus als etwas zweifellos Wirkliches antreffen können. Wir können freilich lange von Jesus gehört haben, ohne daß er uns in seiner Kraft offenbar wurde. Schwerlich werden wir auch sagen können, daß uns zuerst im Anschauen der Person Jesu die Augen für das Unsichtbare aufgegangen seien. Das ist wahrscheinlich uns allen an Menschen unserer nächsten Umgebung widerfahren, und anderen soll es wiederum durch uns gegeben werden. Aber solche Menschen, die uns in ihrem Ernst und ihrer Freundlichkeit das in ihnen verborgene Leben aus Gott spüren lassen, sind Bruchstücke der Offenbarung. Die ganze uns in unserer geschichtlichen Stellung bestimmte Offenbarung Gottes haben wir erst dann, wenn wir sehen können, daß die Person Jesu alles, was uns sonst in der Menschheit groß und ehrwürdig ist, überragt, und daß er hinter denen, die sonst am mächtigsten auf uns wirken, uns sichtbar wird als ihr Lebensspender und ihr Herr. Die Offenbarung Gottes, die wir durch Menschen unserer nächsten Umgebung empfangen haben, wird dadurch, daß wir Jesus selbst kennen lernen, nicht verdrängt oder entwertet, sondern vertieft und vollendet.

Das Bekenntnis, daß Jesus der Christus ist, ist das rechte christliche Bekenntnis. Es bedeutet aber, richtig verstanden, nichts anderes als dies, daß wir durch den Menschen Jesus erst in eine wahrhaftige Gemeinschaft mit Gott aufgenommen werden. Wie ist das zu verstehen? Für die Menschen, die Gott wahrhaftig suchen, sollte es außerordentlich einfach sein. Es wird aber dadurch erschwert, daß in der Christenheit die |48| Diebe (Joh. 10, 1) ihr Wesen treiben, die auf einem anderen Wege als durch den Menschen Jesus zur Gemeinschaft mit Gott zu kommen vorgeben. Den gebräuchlichsten Weg bilden Lehren über Jesus, die das Höchste zu seinem Preise sagen, und deshalb das bequemste Mittel sind, um seine Person herumzukommen. Auf diese Weise gelingt es, Unzähligen den einzigen Heilsweg zu verschließen. Das göttlich Einfache, daß der Mensch Jesus der Christus sein soll, wird ihnen widerwärtig gemacht, indem ihnen eingeredet wird, sie könnten viel höhere Dinge, nämlich eine Summe wunderbarer Lehren, die fides quae creditur, dadurch in Besitz nehmen, daß sie sie eben glauben. Dadurch hat man erreicht, daß es auch unter uns den meisten sehr schwer geworden ist, sich das Finden Gottes als das höchste Gut, ja überhaupt nur als eine wunderbare Gabe Gottes vorzustellen. Daß uns Jesus allein eines lebendigen Gottes gewiß machen soll, erscheint den meisten als etwas sehr Geringes. Denn sie meinen, von allen Lehren, an die sie „glauben", sei die Lehre, daß es einen Gott gebe, die elementarste.

Hieraus ist die weitverbreitete Unart erwachsen, bei der Erörterung der Frage, worauf unsere Gewißheit von einem lebendigen und an uns wirksamen Gott beruhe, nicht auf uns selbst und unsere besondere Lage zu sehen, sondern an möglichst viele und uns möglichst fernstehende Menschen, etwa an die Wilden in Neuholland und an die alten Ägypter zu denken. Diesen allen, sagt man, ist doch die Möglichkeit, Gott zu erkennen, nicht völlig genommen, wie übrigens auch der Apostel Paulus bezeugt. Und vollends das vorchristliche Israel hat doch Erkenntnis Gottes und Verkehr mit ihm gehabt. Was aber ihnen möglich war, muß doch wohl auch uns möglich sein. Solche Erwägungen pflegen sich unserem Satze, daß Jesus Christus für uns die Offenbarung Gottes ist, entgegenzustellen. Dieser Satz sieht dann wie eine Übertreibung aus. Um ihn auf sein richtiges Maß zurückzubringen, scheint man sagen zu müssen, daß Jesus zu der Offenbarung Gottes, die wir auch ohne ihn haben können, noch einiges |49| hinzufüge, wie z. B. die Erkenntnis, daß Gott einen Sohn habe und mit ihm eines Wesens sei.

Darauf ist zu erwidern, daß wir allerdings nicht einmal den Wilden Neuhollands die Erkenntnis Gottes und Regungen wahrhaftiger Religion, also einen Verkehr mit Gott, völlig absprechen wollen. Aber wie sich das bei ihnen vermittelt, wissen wir nicht. Nicht einmal in das religiöse Leben eines frommen Israeliten können wir uns mit vollem Verständnis versetzen. Denn die Tatsachen, die auf ihn als Offenbarungen Gottes wirkten, haben für uns diese Kraft nicht mehr. Israel hat als das Volk Gottes mit Gott in Verkehr gestanden. Zu seiner Frömmigkeit gehörte sein Nationalgefühl. Nur in dem Bewußtsein, was diese Volksgemeinschaft gegenüber anderen Völkern bedeutete, konnte man die Offenbarungen Gottes, die dieses Volk in der Leitung seiner Geschichte fand, als solche auffassen. Da wir uns nicht als Juden fühlen können, kann uns auch die Offenbarung, die Israel zu teil wurde, für unser Bedürfnis nicht mehr genügen. Wir befinden uns in einer anderen Lage. In dem geschichtlichen Zusammenhange aber, in dem wir stehen, kann Jesus Christus allein als die Tatsache aufgefaßt werden, in welcher Gott sich uns so enthüllt, daß alles vergehen muß, was uns ihn verbirgt. Die Erkenntnis Gottes und die Religion, welche für Menschen unter anderen geschichtlichen Bedingungen möglich war und ist, ist für uns eben nicht möglich. Besteht doch für uns sogar ein Hindernis des religiösen Lebens, von dem der antike Mensch nichts wußte. Das ist die Vertiefung des sittlichen Bewußtseins und die daraus sich ergebende sittliche Not. Wir fühlen uns durch Dinge von Gott geschieden und schließlich in dem Glauben an Gott gelähmt, die den antiken Menschen wenig kümmerten. In die naive Gleichgültigkeit gegenüber sittlichen Forderungen, die unser Gewissen einmal empfunden hat, können wir uns nicht zurückwerfen. Vor allem läßt uns die Erkenntnis, daß wir unbedingt gehorchen sollen, nicht mehr in Trägheit und Stillstand versinken, wenn sie uns einmal aufgegangen ist. |50| Gegenüber dem, was sich uns als Macht über unser ganzes Leben aufdrängen will, erhebt sich daher in uns die Frage, ob wir darin wirklich das finden können, dem wir in sittlicher Gesinnung unbedingt gehorchen wollen. Einer „übersittlichen" Religion wird der sittlich Freie seinen Spott widmen, wie einer untersittlichen sein Mitleid. Deshalb kann sich uns nur ein Gott offenbaren, der sich uns in unserem sittlichen Kampfe als die Macht erweist, der wir innerlich wirklich unterworfen werden. Das gewährt uns die Offenbarung Gottes in Jesus Christus. Er gibt unserem persönlichen Leben einen Inhalt, der alle anderen Formen der Religion zersprengt und uns nur in dem Verkehr mit Gott Ruhe finden läßt, in den er uns einführt.

Wenn wir zu Gott kommen wollen, so dürfen wir vor allem den wirklichen Verhältnissen, in denen wir stehen, nicht den Rücken kehren. Die konkrete Wirklichkeit, in der wir uns vorfinden, muß die Nahrung unseres inneren Lebens werden. Indem wir sie beherzigen, kommt Gott in unser Herz. Denn die Erde ist des Herrn. Die Träumerei, die das Wirkliche überfliegt, trägt uns nicht zu Gott, sondern in das Nichts. Sie ist eine Form der Ursünde, der Lüge, in der wir uns in das Nichtige einspinnen und von wahrhaftigem Leben abscheiden.

Das ist das Richtige in den Versuchen, die so vielen Schweiß redlicher Denker gekostet haben, in der Wirklichkeit der Natur dem menschlichen Verstande das Walten des Schöpfers aufzudecken. Aber diese Versuche gehören doch einer vergangenen Lebensperiode der christlichen Menschheit an. Wir erfassen uns noch nicht als das, was wir wirklich sind, wenn wir uns in die Natur mit einbegreifen. Als unser Lebensbereich ist uns die menschliche Gesellschaft und ihre Geschichte bewußt geworden. Die Natur zeigt uns die Wirklichkeit, in der wir stehen, noch nicht. Sie gehört zu ihr, als das Mittel für die Existenz der Gesellschaft. Aber erst in dieser selbst, in dem geschichtlichen Leben, das die Natur als Mittel unter sich befaßt, haben wir die Wirklichkeit, die uns zum Bewußtsein kommen und so den Inhalt unseres |51| inneren Lebens bilden soll. Deshalb können wir es nicht mehr als den Weg zu Gott ansehen, daß wir in der Natur Gott suchen. Da ist er uns zunächst verhüllt, weil wir da uns selbst, den vollen Gehalt des Wirklichen, das sich in unser Bewußtsein zusammendrängt, noch nicht erreichen. Nur aus dem geschichtlichen Leben kann uns Gott entgegentreten. Indem das Wesentliche des geschichtlichen Zusammenhanges, der uns umfaßt, ein Element unseres Bewußtseins wird, werden wir vor die Tatsachen geführt, die uns Gott offenbaren können. Wenn unsere Seele nicht zu einem klaren Bewußtsein von diesen Tatsachen aufwacht, wenn wir die Beziehungen zu anderen Menschen nur erleiden und nicht erleben, so schläft in uns die Persönlichkeit, der sich Gott offenbaren will, so sehen wir die Tatsachen nicht, durch die allein er sich offenbaren kann. Der Fromme findet Gott in der Natur, aber kein Mensch wird durch sie fromm.

In der Welt der Geschichte aber, die der Inhalt unseres persönlichen Lebens werden soll, gibt es keine Tatsache, die wichtiger für jeden einzelnen wäre als Jesus Christus. Ihn übersehen, heißt sich um den besten Gehalt des eigenen Lebens betrügen. Denn er ist eben die Tatsache, an der es uns wie an keiner anderen gewiß werden kann, daß Gott mit uns verkehrt. Diese Behauptung wird nun aber doch auf viele den Eindruck machen, daß sie ersichtlich eine Übertreibung sei. Zunächst werden alle so empfinden, die der orthodoxen Lehrweise zu folgen gewohnt sind, ebenso aber die, welche rationalistisch denken. Jene meinen, von Lehren über Gott und Christus zu leben, die ihnen durch andere verbürgt sind; diese dagegen wollen ihren inneren Frieden nicht auf Autoritäten gründen und nicht auf Dinge, die in der Geschichte vergangen sind, sondern auf die ewige Wahrheit, die sie gegenwärtig in ihrem eigenen Denken erfassen. Beide müssen sich an unserem Satze stoßen, daß die Person Jesu die Tatsache sei, durch die Gott mit uns verkehrt. Beide sind geneigt, sich den Verkehr Gottes mit uns als ein inneres Erlebnis vorzustellen, in das äußere Tatsachen über-|52|haupt nicht hineinreichen. Gegen unseren Satz aber erheben sie die Einwürfe, daß die Person Jesu *erstens* eine durch Autoritäten uns verbürgte Tatsache und *zweitens* eine vergangene Tatsache sei. Um des ersteren willen könne man, so meinen sie, genau genommen nicht sagen, daß *Jesus selbst* ein Bestandteil der Wirklichkeit sei, in der wir stehen; so dürfe man vielmehr nur die *Überlieferung von Jesus* nennen. Um des zweiten willen dürfe man nicht sagen, daß Gott durch diese Tatsache mit uns verkehre; denn diese Tatsache ist etwas Vergangenes, der Verkehr Gottes mit uns dagegen soll doch etwas Gegenwärtiges sein. Diesen Einwand hat LUTHARDT besonders betont.[1] Es leuchtet aber ein, daß er auch von jedem frommen Rationalisten und Mystiker erhoben werden wird.

Der erstere Einwand hat das meiste Gewicht. Die Reflexion, daß nicht Jesus selbst, sondern nur die durch andere verbürgte Überlieferung von ihm als ein unleugbarer Bestandteil unserer eigenen Wirklichkeit gelten könne, übt eine gewaltige Macht aus. Für viele innerhalb der christlichen Gemeinde ist sie eine Sklavenkette, und für viele außerhalb der christlichen Gemeinde ist sie eine Fessel, die sie hindert, hereinzukommen. Es fragt sich, ob diese Bande so unzerbrechlich sind. Sind sie es nicht, so können wir ein erhebliches Hemmnis überwinden, über das der Glaube der Reformatoren zwar hinausgestrebt hat, aber nicht hinausgekommen ist.

Es ist richtig, daß wir nichts Sicheres von Jesus wüßten, wenn uns nicht das Neue Testament von ihm erzählte. Zu dem Bilde, das wir uns von der geschichtlichen Wirklichkeit machen, tragen überhaupt die Erzählungen anderer nicht wenig bei. Wenn uns nicht die Überlieferung zeigte, was andere an den Menschen erfahren haben, so würden wir des wertvollsten Austausches geistiger Güter entbehren. Ohne |53| einen solchen Austausch der Erlebnisse durch die Überlieferung ist menschliche Gemeinschaft und die Entwicklung persönlichen Lebens in ihrer Mitte nicht denkbar. Innerhalb dieses Austausches ist uns aber nicht bloß die mündlich vernommene oder durch die Schrift auf uns gekommene Erzählung anderer eine Tatsache, die wir in unser Bild von der geschichtlichen Wirklichkeit aufnehmen. Auch der Inhalt ihrer Erzählungen kann uns eine solche Tatsache werden. Er wird es aber immer nur dadurch, daß wir selbst ihn als Tatsache konstatieren. Das geschieht auf verschiedene Weise.

Die elementarste Form ist die, daß wir unser Vertrauen zu der Zuverlässigkeit des Erzählers auf den erzählten Gegenstand übertragen. Das tun wir unzählige Male im täglichen Leben, indem wir nach den Berichten anderer unsere Maßnahmen treffen. Wir richten uns dabei nach dem Inhalt der Erzählung, wie nach einer von uns selbst erfaßten Wirklichkeit. Aber es fällt uns doch nicht ein, es selbst vertreten zu wollen, daß die Dinge wirklich so liegen. In dieser Haltung können wir deshalb nur dann verharren, wenn es sich um Mittel für untergeordnete Zwecke handelt. Sobald dagegen der Inhalt des Berichts unsere wichtigsten Lebensinteressen empfindlich berührt, wird unser Vertrauen auf die geistige Kraft und sittliche Güte des Erzählers nicht mehr hinreichen, uns das Erzählte als sichere Tatsache erscheinen zu lassen. Sind

---

[1] Vgl. meine Schrift: „Die Gewißheit des Glaubens und die Freiheit der Theologie", 2. Aufl. 1889, 35. LUTHARDT sagte gegen die Hereinnahme des geschichtlich vergangenen in das gegenwärtige religiöse Erlebnis: „wie kann das Präteritum Präsens sein?" [CHRISTOPH ERNST LUTHARDT, Der „Scholastiker Luther", in: Zeitschrift für kirchliche Wissenschaft und kirchliches Leben 8, 1887, 197-207, hier: 204.]

wir durch die Umstände gezwungen, auch in solchem Falle auf den Bericht gestützt handeln zu müssen, so empfängt die Handlung den Charakter eines Wagnisses. So müssen wir oftmals handeln, wo der Drang unserer Bedürfnisse uns nicht gestattet, untätig zu bleiben. Unter einem solchen Zwange können wir uns genötigt sehen, den Inhalt der Erzählung als Tatsache zu behandeln. Ein solcher Zwang liegt aber offenbar nicht vor, wenn das Berichtete irgendwie für den religiösen Glauben in Betracht gezogen wird. Wenn daher auch in diesem Falle lediglich die empfundene oder auch nur willkürlich angenommene Zuverlässigkeit des Erzählers uns veranlaßt, das Erzählte als Tatsache in den Zu-|54|sammenhang des religiösen Denkens aufzunehmen, so ist dies immer ein sicheres Zeichen davon, daß der Gegenstand das eigentliche Lebensinteresse der Religion gar nicht berührt. Dies ist am Katholizismus deutlich zu beobachten. Die geschichtliche Erscheinung Jesu, die hier in der Tat um der Erzähler willen als Tatsache hingenommen wird, kommt deshalb auch bei dem Katholiken für die höchste Angelegenheit des religiösen Lebens, nämlich für die Frage, wie der Mensch seinen Gott finde, nicht in Betracht. Sie dient zwar zur Anregung der Phantasie, als Vorbild und als Symbol. Aber als Tatsache, die als das Eingreifen des sich offenbarenden Gottes in das eigene Leben empfunden würde, dient sie nicht. Überall, wo man sich die Erscheinung Jesu in solcher Weise lediglich durch die Autorität der Erzähler darbieten läßt, ist auch die Annahme gestattet, daß sie als gleichgültig angesehen wird, sobald das tiefste religiöse Interesse sich hervordrängt. Das, worauf der gläubige Mensch seine ganze Existenz setzen will, kann er sich nicht lediglich von anderen Menschen geben lassen.

In reicherem Maße sind wir bei der Annahme des Berichteten als einer Tatsache geistig tätig, wenn wir die Vorstellung des wirklichen Ereignisses nicht einfach der Erzählung entnehmen, sondern durch die Kombination der Erzählung mit anderem, was wir unmittelbar als wirklich anschauen, zu gewinnen suchen. Dieses Verfahren, das wir ebenfalls im täglichen Leben häufig anwenden, wird in der historischen Kritik zur Kunst entwickelt. Hier wird mit dem Inhalt der Erzählung der aus der Art der Erzählung selbst anschauliche Charakter des Erzählers, die Lage, unter deren Druck er gestanden hat, die Zeitbildung, die seine Art des Sehens beeinflußte, verglichen. Aus der Erwägung dieser Umstände ergibt sich dann das Urteil, inwieweit der Inhalt des Berichtes als Tatsache in unser Bild von der wirklichen Geschichte eingefügt werden kann. Das auf solche Weise erreichte Urteil beansprucht aber von vornherein nichts weiter als Wahrscheinlichkeit. Wir sind dabei immer darauf |55| gefaßt, daß unser Ergebnis durch genaueres Erwägen oder durch das Auftauchen neuer Berichte umgestaltet werden kann. Es ist selbstverständlich, daß ein solches Urteil uns nicht Tatsachen darbietet, auf die der religiöse Glaube sich stützen könnte. Daraus erklärt es sich, daß die historische Kritik an der heiligen Überlieferung vielfach so übel angesehen ist. Wenn man in der Einbildung lebt, daß die Zuverlässigkeit dieser Überlieferung selbst der eigentliche Grund des religiösen Glaubens sei, so muß man sich durch das treue Bemühen, auch auf diesem Gebiete die historische Wahrscheinlichkeit herauszurechnen, aufs äußerste beunruhigt fühlen. Wir haben solche Ängste nicht. Wir erklären vielmehr, daß die geschichtliche Erscheinung Jesu, sofern sie in den Bereich dieses Verfahrens, das wahrscheinlich Wirkliche zu konstatieren, gezogen wird, nicht Grund des Glaubens sein kann, sondern ein Teil der Welt ist, mit der sich der Glaube auseinandersetzen soll.

Es fragt sich dann freilich, ob wir dabei bleiben können, daß der geschichtliche Christus der uns völlig überzeugende Grund unseres Glaubens an Gott geworden sei. Denn wie sollte es wohl möglich sein, den Inhalt einer Überlieferung, die der historischen Kritik unterliegt, aus dem Schweben im Wahrscheinlichen herauszubringen?

Man kann sagen, daß Jesus überhaupt gelebt habe, lasse sich angesichts seiner Gemeinde und ihrer geschichtlichen Bedeutung nicht bestreiten und ebensowenig die Richtigkeit gewisser Züge des Erinnerungsbildes, das diese Gemeinde in jenen Berichten bewahrt hat. Für den Standpunkt des bloßen Historikers wird das allerdings zutreffen. Als Historiker mag man alles, was im Neuen Testament ein Zeugnis der Herrlichkeit Jesu ist, bezweifeln können. Weil es in irgend einem Umfang auf die ihn verklärende Begeisterung seiner Anhänger zurückgeführt werden kann, ist es dem Verdacht der Übertreibung ausgesetzt. Die Richtigkeit einiger Züge seines Bildes dagegen muß jedem feststehen, der die Annahme für absurd halten muß, daß die Spur der Erden- |56|tage eines Menschen, der die gewaltigste geschichtliche Wirkung ausgeübt hat, gänzlich verwischt sein sollte. Um deswillen, was in der Gegenwart zweifellos von Jesus vorhanden ist, wird jeder verständige Mensch die allgemeinsten Züge der einhelligen Überlieferung von ihm für richtig halten. Man kann zwar in der Theorie den Gedanken festhalten, daß wir auch mit der Feststellung jener Tatsachen im Wahrscheinlichen stecken geblieben seien. Indessen in der Praxis werden wir doch alle, wenn wir auch für Jesus nur historisch interessiert sind, sein Bild mit jenen Zügen in die Vorstellung von der geschichtlichen Wirklichkeit, in der wir leben, aufnehmen. Dabei sind wir aber, wie ersichtlich ist, keineswegs von der Autorität der Berichterstatter abhängig, die uns jene Züge des Lebens Jesu darbieten. Das Urteil, in dem wir die Tatsache konstatieren, geht vielmehr ebenso aus unserer selbständigen Tätigkeit hervor und gründet sich ebenso auf das, was wir gegenwärtig als wirklich anschauen, wie die Urteile der historischen Kritik. Es ist also allerdings schon hieran deutlich, daß wir sehr wohl im stande sind, den Inhalt einer Erzählung von der Erzählung selbst und von ihrem Urheber abzulösen und als ein Element der Wirklichkeit anzusehen, mit der wir uns abzufinden haben.

Die Begründung unseres Verkehrs mit Gott durch die Offenbarung Gottes 47

Aber damit ist uns wenig geholfen. Der Historiker mag sich den Zweifel an der geschichtlichen Wirklichkeit eines längst verstorbenen Menschen in solcher Weise beseitigen können. Aber dieses Ergebnis seiner Überlegungen bricht sofort zusammen, sobald er seinen Glauben an Gott darauf zu gründen sucht. Dann gewinnt der Zweifel wieder Macht, der für den Historiker als solchen bedeutungslos sein kann. Es wird dann doch wieder als ein Mangel empfunden, daß das historische Urteil, so sicher es aussieht, nur Wahrscheinlichkeit erreicht. Was wäre aber das für eine Religion, die den Grund ihrer Überzeugung mit dem Bewußtsein aufnehmen wollte, daß er wahrscheinlich sicher sei? Deshalb ist es unmöglich, die religiöse Überzeugung an ein historisches Urteil zu knüpfen. Darin hat LESSING recht. Wenn trotzdem |57| uns Christen die Person Jesu so sicher ist, daß wir in ihr den Grund unseres Glaubens, die uns gegenwärtige Offenbarung Gottes sehen, so wird diese Überzeugung durch ein historisches Urteil nicht begründet.[2] Die Ruhe, mit der die Christenheit an der geschichtlichen Wirklichkeit Jesu festhält, wird auch sicherlich nicht dadurch gewonnen, daß man den historischen Zweifel gewaltsam unterdrückt. Denn eine solche im Grunde gegen das Gewissen gerichtete Anstrengung schafft keinem Menschen Ruhe. Es ist etwas ganz anderes, was uns von dem Bilde Jesu alle Zweifel verscheucht. Wir haben das, wenn wir es haben, nicht als eine Frucht unserer Anstrengungen, sondern als eine Wirkung der Kraft Jesu selbst.

In der christlichen Gemeinde werden wir nicht nur mit dem äußeren Gefüge der Lebensschicksale und des geschichtlichen Werkes Jesu bekannt gemacht, sondern wir werden vor ihn selbst geführt und erhalten ein Bild seines inneren Lebens. Dabei sind wir freilich erst recht von anderen Menschen abhängig. Denn das Bild des inneren Lebens Jesu konnte nur von den Menschen bewahrt werden, die die befreiende Wirkung dieser Tatsache an sich erfuhren. Anderen blieb die Persönlichkeit Jesu verborgen. Sie konnte sich nur denen offenbaren, die durch sie gehoben wurden. Solche Menschen vermochten die Äußerungen Jesu, die ein Ausdruck seiner eigentümlichen Kraft waren, aufzufassen und festzuhalten. Nur in seiner Gemeinde konnte sich daher ein Bild seines inneren Lebens erhalten. Aber auch das Verständnis dieses Bildes wird uns nur dadurch erschlossen, daß wir mit Menschen zusammentreffen, an denen es seine Wirkung getan hat. Wir bedürfen des Verkehrs mit Christen, damit uns an dem in der Gemeinde erhaltenen Bilde Jesu das innere Leben hervortrete, das ihm zu Grunde liegt. Erst indem |58| wir seine Wirkungen sehen, gehen uns die Augen für seine Wirklichkeit auf, an der wir dann auch dasselbe erleben können. Wir würden also das Wichtigste in der geschichtlichen Erscheinung Jesu

---

[2] Ich verzichte darauf, die Namen derer aufzuführen, die dies dennoch als meine Auffassung hinstellten. Man wird wohl damit fortfahren. Denn das ist in unserer Kirche für die Rationalisten ebenso nützlich, wie für die „Positiven".

nicht erfassen, wenn die Gemeinde es uns nicht vermittelte. Das neutestamentliche Zeugnis von Jesus ist in seiner Gemeinde entstanden und wird von seiner Gemeinde durch das Leben, das sich aus diesem ihrem Besitze entwickelt, ausgelegt. Etwas Ähnliches findet bei jeder Persönlichkeit statt. Man muß in dem Lebensbereiche stehen, den sie geschaffen oder auf den sie eingewirkt hat, um ihr inneres Leben verstehen zu können. Wir sind also bei der Erfassung des Wichtigsten in der Geschichte nicht nur von der Überlieferung abhängig, sondern immer auch von den Menschen, deren uns anschauliches Leben uns die Überlieferung auslegt.

Trotzdem ist es nun gerade dies am schwersten Faßbare an der geschichtlichen Wirklichkeit Jesu, was uns von der Überlieferung frei werden läßt, weil es sich uns schließlich selbst als etwas gegenwärtig an uns Wirksames aufdrängt. Wer das innere Leben Jesu durch die Vermittlung anderer gefunden hat, ist, insoweit als das geschehen ist, auch von dieser Vermittlung frei geworden. Das wird durch die Bedeutung bewirkt, die das innere Leben dieses Menschen für den gewinnt, der es gesehen hat. Wir brauchen, wenn wir seine Kraft an uns erfahren haben, nicht mehr auf das Zeugnis anderer zu blicken, um es als etwas Wirkliches festzuhalten. Wir gehen zwar von der Überlieferung aus; aber die Tatsache, die sie uns darbietet, haben wir erst dann erfaßt, wenn wir an der Bereicherung unseres eigenen inneren Lebens der Berührung mit dem Lebendigen inne geworden sind. Das gilt von jeder geschichtlichen Persönlichkeit. Ihr innerer Gehalt erschließt sich nur den Menschen, die selbst persönlich lebendig werden und in dem Zusammentreffen mit ihr sich angeregt und in einen weiteren Horizont versetzt fühlen. Die Erscheinung der Persönlichkeit, die uns auf solche Weise sichtbar wird, kann uns schlechterdings nicht durch die Mitteilung |59| anderer dargereicht werden. Sie entsteht in uns selbst als die freie Offenbarung des Lebendigen an das Lebendige. So wird auch das innere Leben Jesu ein Bestandteil unserer eigenen Wirklichkeit. Wer das erlebt hat, wird gewiß nicht mehr sagen, daß er genau genommen nur die Überlieferung von Jesus als etwas Wirkliches erfasse. Jesus selbst wird uns, indem sich uns in seiner Gewalt über uns sein inneres Leben enthüllt, zu einer realen Macht, die wir als den besten Inhalt unserer eigenen Existenz empfinden.

Einem gewissenhaften Leser der Evangelien wird sich auf Schritt und Tritt der Zweifel aufdrängen können, ob das Berichtete sich wirklich so ereignet habe. Natürlich können wir den Zweifel gewaltsam niederhalten, und mancher Christ wird meinen, diese Leistung sei für ihn unumgänglich nötig. Aber geholfen ist ihm damit nicht. Die Hilfe liegt für jeden nicht in dem, was er aus der Überlieferung macht, sondern in dem, was der Inhalt der Überlieferung aus ihm macht. Das einzige aber, was uns aus den Evangelien als eine uns überwältigende und jeden Zweifel ausschließende Wirklichkeit entgegentreten kann, ist gerade das Zarteste, das in einem eigentümlichen Erlebnis sichtbar werdende innere Leben Jesu selbst. Nur sofern wir selbst nach einem rechtschaffenen Inhalt unseres inneren Lebens verlangen, können wir die Kraft und Fülle dieser Seele wahrnehmen. Aber wenn wir überhaupt die Person Jesu zu sehen vermögen, so werden wir unter dem Eindruck dieses inneren Lebens, das alle Hüllen der Überlieferung durchbricht, nicht mehr nach der Glaubwürdigkeit der Erzähler fragen. Die Frage, ob die Person Jesu der wirklichen Geschichte oder der Dichtung angehöre, verstummt in jedem, der sie überhaupt sehen lernt, weil er durch sie erst erfährt, was die rechte Wirklichkeit des persönlichen Lebens sei. Wir müssen im allgemeinen die Vorstellung als möglich zugeben, daß das geschichtliche Bild Jesu zum guten Teil durch Menschen gemacht sein könnte, die wie wir selbst im stande waren, anschauliche Symbole religiöser und sittlicher Gedanken zu gestalten. Wenn wir uns |60| so dazu stellen könnten, so würden wir uns überlegen fühlen. Was wir in solcher Weise erklären können, bereichert uns nicht, sondern läßt uns nur sehen, was wir selbst besitzen. Aber wir Christen bekennen, daß uns eine solche Stellung zu dem Gesamtbild des inneren Lebens Jesu nicht möglich ist. Denn was uns da entgegentritt, zwingt uns zu reiner Ehrfurcht.

Wer das empfunden hat, kann der historischen Kritik an den neutestamentlichen Schriften getrosten Herzens freien Raum lassen. Denn wenn uns eine solche Arbeit Widersprüche und Unvollkommenheiten der Erzählung aufdeckt, so wird uns dadurch zugleich die Kraft der Persönlichkeit Jesu erwiesen, die durch das alles die klaren Züge dessen nicht verwischen ließ, was sie der Menschheit zu geben hatte, ihres inneren Lebens. Es ist ein verhängnisvoller Irrtum, wenn man sich durch historische Forschung den Grund des Glaubens feststellen lassen will. Der Grund des Glaubens soll fest sein, die Resultate historischer Arbeit sind in beständigem Fluß. Den Grund unseres Glaubens soll der Gelehrte wie der Ungelehrte in derselben Weise selbständig erfassen. Wie sich uns auch die Überlieferung darbieten mag, ob historisch-kritisch bearbeitet oder nicht, es soll und kann immer das gleiche stattfinden, daß wir in ihr das innere Leben Jesu sehen lernen. Ob dann der Glaube in uns entsteht, hängt davon ab, ob dieser persönliche Geist über uns Macht gewinnt, oder ob wir uns ihm entziehen. Also in einem sittlichen Erlebnis wird uns das offenbar, was uns Grund unseres Glaubens werden kann. Die historische Arbeit am Neuen Testament kann uns dem, worauf es für die Begründung des Glaubens ankommt, schlechterdings nicht näher bringen. Und wir selbst können keinen anderen mit solchen oder anderen Mitteln dazu zwingen, das auch nur als wirklich anzuerkennen, was auf uns so gewaltig wirkt, daß wir den Mut finden, an Gott zu glauben.

Die historische Arbeit am Neuen Testament ist aber trotzdem für den Glauben nicht wertlos. Erstens zeigt sie uns, wie wenig die neutestamentlichen Schriften für eine Ge-|61|schichtsschreibung hergeben, die es unternehmen wollte, das, was die Person Jesu für den Christen bedeutet, als ein Ergebnis wissenschaftlicher Beweise vorzuführen. Indem die ernste historische Arbeit am Neuen Testament solche Ansprüche vernichtet, zerbricht sie falsche Stützen des Glaubens, und das ist ein großer Gewinn. Der Christ, der sich einbildet, die Zuverlässigkeit der Überlieferung als eines historischen Dokuments über das Leben Jesu gebe seinem Glauben Sicherheit, soll durch die historische Arbeit aus seiner Ruhe aufgeschreckt werden. Es soll ihm dadurch klar werden, daß man das Christentum so billig, wie er meint, nicht haben kann. Zweitens wird durch die historische Arbeit der Ertrag, den sie der Überlieferung abgewinnen kann, fortwährend neu erzeugt und modifiziert. Infolgedessen wird aber der christliche Glaube immer von neuem dazu aufgefordert, das Bild von Christus, das er als absolute Wahrheit festhalten will, mit der relativen Wahrheit der historischen Erkenntnis auseinanderzusetzen. Das aber hilft uns gerade dazu, nicht zu vergessen, daß die wichtigste Tatsache unseres Lebens uns nicht ein für allemal gegeben werden kann, sondern immer von neuem mit gesammelter Seele ergriffen werden soll. Es hilft uns aber auch dazu, in der Erkenntnis zu wachsen, wie unerschöpflich das innere Leben Jesu ist und wie es seine Herrschermacht über die wirkliche Welt erweist. Dieser Gewinn geht uns verloren, wenn die Geschichtsforschung, anstatt ihren eigenen Gesetzen treu zu bleiben, sich apologetischen Zwecken dienstbar macht. Wir müssen uns dankbar dessen bewußt werden, daß wir über die Versuchung hinweg sind, die Wissenschaft in solcher Weise zu mißbrauchen. Denn wenn wir von dem geschichtlichen Christus sprechen, so meinen wir ein einheitliches persönliches Leben, das aus dem Neuen Testament als dem Glaubenszeugnis von Jüngern Jesu zu uns redet, aber uns immer als eine wunderbare Offenbarung berührt, wenn wir es vernehmen. Die Geschichtsforschung kann uns das nicht geben, das *wissen* wir. Sie wird es uns aber auch durch keine ihrer Entdeckungen jemals nehmen; |62| das *glauben* wir, je mehr wir erfahren, was dieses Bild der Herrlichkeit Jesu an uns wirkt.

Es ist also möglich, daß wir die geschichtliche Person Jesu als einen Bestandteil der Wirklichkeit erfassen, die unserem Leben seinen Inhalt gibt; und es ist das nötig, wenn wir Christen werden und zu einem wirklichen Verkehr mit Gott kommen wollen. Eine solche Stellung zu Jesus bezeichnet nicht etwa eine besondere sublime Höhe christlichen Lebens. Sie ist vielmehr das Elementarste im Christentum. Wir müssen das persönliche Leben Jesu als eine reale Macht empfunden haben; zunächst an der Art, wie Jünger Jesu mit uns verkehren, sodann, wenn wir dazu herangereift sind, an der Überlieferung des Neuen Testaments. Erst aus der Freude daran und an dem Staunen darüber, daß so etwas, wie dies persönliche Leben, in der Welt auf uns wirkt, kann sich christliche Religion entwickeln. Wir mögen uns noch so sehr von Jugend auf in eine wohlgefügte Summe christlicher Lehren eingewöhnt haben, christliche Religion ist das doch nicht. Denn es wird uns dadurch wohl ein Verkehr mit

Gott als Aufgabe gestellt, aber nicht gewährt. Dies, worauf alles ankommt, geschieht erst, wenn Gott selbst mit uns in Verkehr tritt, so daß wir uns sagen können, wir merken an unleugbaren Tatsachen sein Wirken auf uns und fühlen seine Nähe. Das kann uns doch aber offenbar nur zu teil werden durch die Wirklichkeit, die wir selbst als solche wahrnehmen; nicht durch das, was andere erlebt haben und erzählen, sondern durch das allein, was wir selbst erleben. Zu wirklicher Religion wird niemand erweckt, der sich einreden läßt, mit einem allen Zweifel ausschließenden Vertrauen zu Erzählern müsse die Religion im Herzen anfangen. Selbst diejenigen, die andere in diesen Wahn verstricken, werden ihn für sich selbst abwerfen, wenn sie erweckt werden. Bestände die Religion darin, daß man allgemeine Gedanken über Gott und Welt sich aneignet, auf die man für sich selbst nicht gekommen wäre, dann könnte die Religion mit dem unbedingten Vertrauen zu den Lehren und Berichten anderer |63| beginnen. Hat aber jeder Mensch nur in dem Bewußtsein Religion, daß Gott mit ihm selbst verkehrt, so kann sich die Religion nur an einem eigenen Erlebnis dieses Menschen entzünden, das ihm den Eindruck macht, daß Gott dadurch mit ihm in Verkehr tritt. Die Art der Erlebnisse, in denen der Mensch der Einwirkung Gottes auf ihn selbst in seinen besonderen Verhältnissen gewiß wird, entscheidet über die Art der Religion. Wir werden uns des Verkehrs Gottes mit uns selbst am deutlichsten an dem Ereignis bewußt, daß sich uns die Person Jesu durch die Kraft ihres inneren Lebens offenbart. Darauf allein beruht die Eigentümlichkeit der christlichen Religion.

Deshalb ist in der Christenheit immer wieder nichts anderes so nötig, als daß Christus verkündigt wird. Denn ihn sehen lernen ist für einen Christen der Heilsweg. Dazu verhelfen wir aber den Menschen noch nicht, wenn wir, gestützt auf neutestamentliche Berichte und Lehren, von Jesus erzählen, daß er als der Sohn Gottes von einer Jungfrau geboren sei, daß er dies und das gelehrt, viele Wunder getan, auch Tote auferweckt habe, daß er selbst wieder auferstanden sei und nun nach seiner Auffahrt zum Vater allmächtig herrsche. Eine solche Erzählung, wenn auch noch so nachdrücklich vorgetragen, ist kein Evangelium. Jene Dinge können ja wohl, wenn sie mit kindlicher Unbefangenheit aufgenommen werden, auf Jesus aufmerksam machen und den Anlaß geben, daß man ihn selbst aufsucht. Aber keineswegs hat man in ihnen die Person Jesu selbst, die uns erlösen kann. Wenn man daher jene Lehren und Berichte den Menschen als die Hauptsache entgegenhält, an die sie „glauben" müßten, damit sie den Erlöser finden, so täuscht man sie auf jeden Fall. In unserer Zeit aber wird damit in der Regel den Menschen ein schweres Hindernis bereitet. Denn die meisten können sich jene Dinge nicht mehr in kindlicher Unbefangenheit gefallen lassen. Sie können höchstens in der Angst um ihre Seele und eingeschüchtert durch eine gewalttätige Predigt sich die Zustimmung dazu abgewinnen. Sie strengen |64| sich dabei an und bleiben innerlich unsicher. Solche Anstrengung und Unsicherheit hindert sie aber, zu Christus zu kommen. Denn nur die aus der Wahrheit sind, hören seine Stimme.

Es ist daher wohl der Erwägung wert, ob man nicht mit jenen Dingen etwas anders verfahren soll. Man soll sie mitteilen als Bestandteile des neutestamentlichen Zeugnisses von Jesus. Aber man soll sie den Menschen nicht vorhalten mit der Forderung, daß sie vor allem dem zustimmen sollen. Damit verkündigt man nicht das Evangelium, sondern ein Gesetz, und zwar ein sehr schlechtes, das den Pharisäern leicht und den Aufrichtigen unerträglich ist. Man soll vielmehr so zu den Menschen reden: solche wunderbaren Dinge haben tatsächlich die Menschen von Jesus geglaubt, die durch ihn den Zugang zu Gott gefunden hatten. Dieses Zeugnis der Jünger wollen wir uns ernstlich gesagt sein lassen. Aber eben deshalb dürfen wir doch nicht etwa, wenn wir dieselbe Erlösung bei Jesus suchen, uns einreden, daß alles, was auf sie als etwas zweifellos Wirkliches gewirkt hat, auf uns ebenso wirken müsse. Dann würden wir uns durch das Zeugnis der Jünger das verhüllen lassen, was uns in unserer Lage als fester Grund des Heils zugänglich ist. Wir, die wir die Erlösung bei Jesus suchen, dürfen uns auch nicht etwa unterfangen, dieselben hohen Dinge von Jesus zu glauben, die sie als Erlöste von ihm geglaubt haben. Das hieße, von oben anfangen und das zum Grunde der Erlösung machen, was eine Frucht der Erlösung ist. Wir sollen nicht selbst emporklettern wollen. Sondern wir sollen uns, wie damals die Jünger, treffen und emporheben lassen durch das, was uns in unserer Lage als etwas zweifellos Wirkliches berührt. Das ist erstens die Tatsache, daß die Jünger so von der Macht und Herrlichkeit Jesu geredet haben. Das soll uns auf Jesus hinweisen und uns daran mahnen, warum ein solches Zeugnis über unser Vermögen geht. Das zweite ist das innere Leben Jesu, das uns aus dem Zeugnis der Jünger als etwas in der Welt Wirkliches und Wirksames entgegentritt, wenn es sich |65| uns durch seine Kraft offenbart. Das geschieht, wenn wir uns genötigt sehen, diese geistige Macht als das einzige in der Welt anzuerkennen, dem wir in Ehrfurcht und Vertrauen völlig unterworfen werden. In diesem Erlebnis erfassen wir Jesus selbst als den Grund unseres Heils. Wenn uns Jesus erlösen soll, so müssen wir seiner Macht unterstellt werden. Aber eine Macht über unser innerstes Leben hat nur das, was als zweifellos wirklich über uns kommt. Und die Macht uns aus unserem bisherigen Wesen herauszubringen, also eine erlösende Macht, kann nur das haben, was den Erfahrungen, in denen wir uns bisher abschlossen, widerstreitet und es mit ihnen aufnimmt.

Darauf allein kommt es uns an, das über alles zu erheben, woran wir und andere gegenwärtig erfahren können, daß die Macht Jesu uns wirklich innerlich bezwingt und über uns selbst hinausbringt. Deshalb verlassen wir die gedankenlose Gewohnheit, den Menschen einfach zu sagen, die Heilstatsachen hätten sie in dem zu sehen, was sie nur als den Inhalt der Erzählungen anderer auffassen können. Denn Heilstatsache kann für einen Menschen, der aus seiner inneren Ohnmacht heraus will, nur das sein, was ihn innerlich umwandelt. Das kann aber nur das bewirken, was er selbst erlebt, nicht das, was ihm bloß erzählt wird. Deshalb nennen wir das uns selbst an der Überlieferung offenbar gewordene innere Leben Jesu die Heilstatsache. Denn das können wir jetzt, wie die Jünger aller Zeiten, in eigenen Erlebnissen als ein Wirkliches erfassen. Alles was wir nur als etwas von anderen uns Berichtetes aufnehmen, ist und bleibt von dem geschieden, was wir selbst sind. Diese Scheidung des Fremden von der eigenen Seele kann uns lange verborgen bleiben. Aber sie wird uns deutlich, wenn äußere Angriffe auf die Gewohnheit, in der beides verbunden ist, uns schmerzen und doch von uns aus nicht anders zurückgewiesen werden können als mit Gewalt. Ein unverlierbarer Besitz kann uns auf jeden Fall nur das werden, was in uns selbst entsteht, aus allgemein gültigen Gedanken, die wir selbst erzeugen, oder aus indivi-|66|duellen Erlebnissen, auf die wir uns besinnen. Hier handelt es sich um beides. Als bewußt lebendige Wesen erzeugen wir in uns notwendig die Frage nach einer Wirklichkeit, der wir uns als solche Wesen, also in freier Hingabe einordnen können. Indem wir frei sein wollen, suchen wir notwendig einen Herrn, dem wir in Freiheit dienen können. Aber als Menschen, die in der Geschichte leben, können wir uns darauf besinnen, daß nichts anderes eine solche Gewalt über uns hat, als die Person Jesu, wenn sich uns die Herrlichkeit dessen enthüllt, was wir selbst von ihr erleben können, ihre geistige Macht. Wollen wir der Macht, der wir in solchen Wahrnehmungen unterliegen, uns willig hingeben? Oder wollen wir das Unvergleichliche wie ein Alltägliches behandeln und es in Trägheit vergessen und verlieren? Erst damit ist die echte Glaubensfrage wirklich gestellt. Sie muß rein aufgehen in die andere, ob wir als bewußt lebendige Wesen wahrhaftig sein wollen.

Wenn uns die Person Jesu als eine Tatsache unserer eigenen Wirklichkeit berührt, so vernehmen wir das Evangelium. Nicht jeder kann das persönliche Leben Jesu sehen. Wir sehen es nur, wenn es Gott gefällt, seinen Sohn in uns zu offenbaren. Und das kann uns auch nur widerfahren, wenn wir, innerlich gesammelt in sittlichem Verständnis und religiösem Bedürfnis, mit der biblischen Überlieferung von Jesus Christus zusammentreffen. Aber wenn es geschieht, so entsteht in uns unter dem Eindruck der Person Jesu die Gewißheit, daß in diesem Erlebnis Gott selbst sich uns zuwendet. Wie kann nun die Tatsache, daß der Mensch Jesus als ein unleugbarer Bestandteil unserer eigenen Wirklichkeit vor uns steht, eine so gewaltige Sprache führen? Wie kann sie uns zu der Kundgebung werden, in der sich uns Gott selbst in seiner Wirklichkeit und Macht enthüllt? Darauf kann uns nur die Tatsache selbst, ihr unleugbarer Inhalt, eine Antwort geben. Anstatt an diesem Punkte sich vorzunehmen: glaube alles, muß sich der Mensch, der errettet werden will, vielmehr sagen: glaube nichts als das, was dir die Tatsache aufdrängt, die du siehst. |67|

Wir knüpfen an das an, was ein Mensch unserer Zeit, dem im übrigen Jesus ganz gleichgültig ist, sich als geschichtliche Wirklichkeit Jesu gefallen läßt. Sollte hie und da nicht nur der blöde Unverstand, sondern auch ein ernster Vertreter historischer Forschung selbst diese Dinge in Zweifel ziehen und für eine Legende erklären, in der eine vorhandene geistige Bewegung sich einen geschichtlichen Hintergrund geschaffen habe, so bleibt auch für einen solchen die Hauptsache dieselbe wie für uns. Er hat das Recht und vielleicht die Pflicht, auszusprechen, was er als Resultat seiner Forschung verantworten kann. Aber die Möglichkeit besteht auch für ihn, daß ihm in Momenten innerer Sammlung an der Überlieferung, über die er so zu urteilen wagt, das einheitliche und anschauliche Bild eines persönlichen Lebens aufgeht, das nicht seinesgleichen hat. Er kann auch von diesem Bilde so ergriffen werden, daß es ihm unmöglich wird, es für ein Gedicht von Menschen zu halten, das ihm im Grunde nur das vergegenwärtigen würde, was er aus sich selbst erzeugen kann. Alsdann findet sein historisches Urteil über die Überlieferung eine Schranke an dem, was er gegenwärtig an der Überlieferung erfährt. Nichts anderes kann so sein historisches Urteil beeinflussen, ohne daß sein Gewissen dadurch verletzt würde. Nur jener bestimmte Inhalt der Überlieferung, den sie ihm so, wie sie ist, darbietet, und dessen Kraft er gegenwärtig erleidet, darf der Beweglichkeit des historischen Urteils eine solche Grenze setzen. Es geschieht das immer, wenn der Forscher ein Christ wird. Aber auch wenn es nicht dazu kommt, bleibt die Tatsache unbestritten, daß der Christus des Neuen Testaments eine Festigkeit der religiösen Überzeugung, eine Klarheit des sittlichen Urteils und eine Reinheit und Kraft des Wollens zeigt, wie sie sich in keinem anderen Bilde der Geschichte vereinigt finden. Wenn wir nun diese Züge deutlicher machen wollen, so haben wir ein Recht, an die Bestandteile der Überlieferung anzuknüpfen, die auch von denen, die Jesus selbst nicht kennen, in der Regel nicht bezweifelt werden. |68|

Man läßt es sich gefallen, daß zu der Welt, in der wir leben, die geschichtliche Erscheinung des Menschen Jesus gehört, der vor vielen Jahrhunderten der Messias Israels sein wollte, der durch eine eigentümliche Auffassung des messianischen Werkes sich den Haß seines Volkes zuzog und seinen Untergang bereitete, der endlich mit der Zuversicht, dennoch gesiegt zu haben, gestorben ist. Diese Dinge würden wir nun, wenn wir nichts weiter an Jesus sähen, zwar anerkennen, aber auch nicht weiter beachten. Aufmerksamer werden wir dagegen schon werden, sobald wir wahrnehmen, was es bedeutete, wenn ein Mensch der Messias Israels sein wollte. Ein solcher Mensch bildete sich notwendig ein, daß sein Dasein und Wirken die Welt vollende, daß die Zwecke der Schöpfung Gottes in seiner Person zusammengefaßt seien. Die Lebensenergie eines solchen Menschen nötigt uns Bewunderung ab. Aber wenn er daneben ein von einer heißen Phantasie unterjochtes Denken zeigt, wenn er empfindlich ist und nach Ehre bei den Menschen trachtet, so ist er doch aus Gemeinem gemacht, ein Schwärmer, wie wir deren viele kennen. Die Überlieferung von Jesus dagegen zeigt uns das Gegenteil. Seine Rede ist merkwürdig nüchtern und verstandesklar; er will nichts aus sich machen, ist nicht gewalttätig, sondern gibt uns immer wieder den überraschenden Eindruck eines von Herzen demütigen Menschen. Wenn Jesus nur das messianische Ideal Israels aufgenommen und sich überhaupt mit seinem Wollen in dem geistigen Gesichtskreis seines Volkes bewegt hätte, so wäre seine Messiasgestalt auch nichts besonders Bemerkenswertes. Denn es ist wohl erklärlich, daß in einem Volke, das so in seiner Religion lebte, ein hochbegabter Mensch darauf kommen konnte, er sei berufen, das gewisse Ziel, auf das die brennende Sehnsucht aller ging, zu verwirklichen. Aber der Wille Jesu erscheint bei näherem Zusehen keineswegs als ein Trieb der jüdischen Messiashoffnung. In dem Werke, das er als das seine erfaßte, erhob er sich mit bewußter Enttäuschung der Hoffnungen, die er erregte, über alles, was man in Israel als das höchste |69| Gut dachte und ersehnte. Jesus dachte allerdings auch, wie man es in Israel von dem Messias erwartete, daß an seine Erscheinung das Kommen des Reiches Gottes und damit die Vollendung der Welt geknüpft sei. Aber keine Spur von politischen Hoffnungen, kein Aufruf zu gewalttätigem Handeln. Die Entscheidungen, zu denen er die Menschen drängt, betreffen ihr eigenes inneres Leben, denn unter dem Reiche Gottes versteht er Gottes wahrhaftige Herrschaft über persönliche Wesen, also vor allem in ihrem Innern und in ihrem Verkehr untereinander. Zu dem Reiche Gottes, das er meint, können nur die Menschen gehören, die Gott völlig unterworfen sind in grenzenlosem Vertrauen auf ihn und in unbegrenzter Liebe zum Nächsten. Darin, daß diese geistigen Regungen in ihm selbst die Herrschaft haben und in den wenigen Menschen seiner nächsten Umgebung keimen, sieht Jesus das Ende aller Dinge anbrechen.

Überschauen wir die Züge des Bildes Jesu, die wir damit gewonnen haben. Zunächst haben wir den äußeren Verlauf seines messianischen Werkes, der uns von seinem inneren Leben wenig verrät, was auf eine besondere Bedeutung Anspruch machen könnte. Auffallend ist daran nur *erstens* der Konflikt, in den sich Jesus mit der frommen Judenschaft und ihren Messiashoffnungen bringt; *zweitens* die merkwürdige Zuversicht, die er gegenüber dem Widerstande der Welt und in seinem Untergange behauptet. Es kommt darauf an, dies beides klarer zu machen. Das geschieht aber, wenn wir uns die eigentümliche Art seiner Lebensaufgabe und seine Stellung zu ihr vergegenwärtigen. So viel ist ohne weiteres deutlich, sein Werk mußte von dem, der sein Leben daran setzte, als etwas Unüberwindliches empfunden werden. Sobald in einem Bewußtsein das als Ziel erfaßt wird, daß unter den Menschen wirklich werde, was Jesus unter dem Reiche Gottes versteht, muß sich auch die Überzeugung dazu gesellen, daß das wirklich werden wird. Niemand kann dazu gezwungen werden, in seiner sittlichen Entwicklung zu dem Gedanken fortzuschreiten, daß das persönliche Leben des |70| Menschen sich in völliger Liebe und in dem Vertrauen zu einem Gott, der die Macht solcher Liebe ist, vollendet. Wer aber überhaupt diesen Gedanken erfaßt, empfindet auch, daß gegen sein Recht, wirklich zu werden, nichts aufkommen kann. In der Empfindung dieses Rechtes sind viele Menschen gegenüber den Schicksalsmächten, die ihre äußere Existenz zerbrachen, stahlhart geworden. Darin, in diesem Bewußtsein des persönlichen Geistes, der sein ewiges Leben erkannt hat, ist Jesus den Märtyrern gleich, die das durch ihn in die Welt gebrachte sittliche Ideal gefunden hat. Dieser Zug seines persönlichen Lebens drängt sich auch in der Überlieferung mächtig hervor. Und es ist wahrlich nichts Geringes, daß wir diese persönliche Macht des Guten in der Gestalt Jesu auf uns wirken und uns dadurch zur Ehrfurcht stimmen lassen. Denn kein Mensch kann durch ihn erlöst werden, der sich nicht in wahrhaftiger Ehrfurcht vor der persönlichen Lebendigkeit des Guten beugt, die in ihm allein ursprünglich und ungetrübt ist.

Aber damit, daß Jesus an die Spitze der Menschen gestellt wird, die um des Guten willen freudig gelitten haben, ist das Eigentümliche seines inneren Lebens, das als Tatsache auf uns wirken muß, wenn er uns erlösen soll, noch keineswegs erreicht. Von allen Menschen, die ihm in der Hingabe an das Gute zu folgen suchen, unterscheidet sich Jesus nicht bloß als ihr unerreichtes Vorbild, sondern auch durch die Stellung, die er zu dem Ideal vollkommenen Lebens einnimmt, in dem er den Menschen ihre Seligkeit enthüllt hat.

Erstens zeigt uns Jesus das Bild eines Menschen, der sich bewußt ist, hinter dem Ideal, für das er sich opfert, nicht zurückzubleiben. Diesen Eindruck gewinnen wir natürlich noch nicht aus einzelnen Worten, die uns von Jesus als Zeugnisse seiner Sündlosigkeit überliefert sind. Solche Worte haben für sich allein keine überzeugende Kraft. Wohl aber steht die Tatsache, daß Jesus so von sich gedacht hat, mächtig vor uns, wenn wir auf das sehen, was er bei dem letzten Mahl mit seinen Jüngern geredet und getan hat. Angesichts eines |71| Todes, dessen Schrecken er empfand, hat er auszusprechen vermocht, daß dieser sein Tod den Menschen, die seiner gedenken würden, die Last der Schuld von ihrem Herzen nehmen werde. Über den Tod, dessen Nahen ihn ängstigt, vermag er hinwegzublicken auf die sittliche Not der in ihrem Schuldgefühl befangenen Menschen. So tief empfindet er das Grauenvolle dieser Not. Und so mächtig ist in ihm das Bewußtsein seiner eigenen Reinheit, daß es ihm klar vor Augen steht, der Eindruck seines Sterbens werde die geistigen Bande der Menschen lösen, die ihn gefunden haben und seiner sich erinnern können. So, wie Jesus damals tat, konnte er nur sprechen, wenn er dabei selbst keine Schuld empfand. In der Stunde, wo das Gewissen in dem sittlich regen Menschen unerbittlich die Summe des Lebens zieht, konnte dieser Mensch sich seine eigene sittliche Kraft und Reinheit als die Macht vorstellen, die allein die Sünder in ihrem innersten Leben überwinden und von ihrer geheimsten

Not erlösen werde. Und das hat er vermocht, nicht als ein übermütiger Schwärmer, sondern als ein Mensch, dem die tiefste sittliche Erkenntnis das zarteste Gewissen gab. Er hat doch zuerst klar ausgesprochen, daß die Forderung der Liebe nicht ein sittliches Gebot, sondern das sittliche Gebot ist, weil sie die Gesinnung bestimmt, durch die man allein gerecht wird, die also allem Tun erst einen sittlichen Wert gibt. Er hat vor allem die Seinen zu der Erkenntnis geführt, daß der Mensch das Leben in solcher Gesinnung als sein höchstes Gut müsse ansehen können, d. h. als den Besitz, aus dem alles andere, was das Herz wahrhaft erfreut, hervorgehen müsse. Durch diesen Gedanken, den kein Prophet Israels erfaßt hatte, hat er die sittliche Erkenntnis der Menschheit auf ihre Höhe geführt. Dadurch hat er bewirkt, daß, soweit sein Einfluß reicht, jeder Mensch sich schuldig fühlen muß, dessen Herz nicht ganz und gar bei der Liebe ist, sondern außer der herzlichen Gemeinschaft mit Personen und außer der Freude an persönlichem Leben noch irgend etwas anderes für sich sucht. Zugleich aber mußte er an jener Aufgabe sich selbst messen. |72| Er mußte sich selbst sagen, daß er aus der Lebendigkeit und ungehemmten Kraft seiner eigenen Liebe eine alles überwindende Freude schöpfen müsse. Nur dann konnte er sich für innerlich rein ansehen, wenn er in dem beständigen Ringen danach blieb. In solcher Weise mußte er sich verpflichtet fühlen. Dennoch spricht er in einer solchen Lage, wie bei dem letzten Mahle, die Zuversicht aus, daß seine Person jedem Menschen, dem sie in ihrem Sterben zu Herzen gehen würde, die Last der Schuld vom Herzen nehmen werde. Davon muß jeder, der sich in seinem eigenen Gewissen von der Forderung Jesu getroffen fühlt, den Eindruck empfangen, daß Jesus war, was er sein wollte. Er ist darin vieler Menschen Vorbild, daß er um des Guten willen gelitten hat. Aber er ist darin unvergleichlich, daß er zuerst das Gute in seinem vollen Glanze, in seiner Fülle und Macht gesehen hat und daß dennoch er selbst sich vor seiner Erkenntnis und seinen Worten nicht zu schämen hat. Sonst geht es immer so zu, daß die Personen, die uns durch ihre Güte sittlich heben, uns eben dadurch das Gute so erkennen lassen, daß wir daran auch ihre eigene sittliche Bedürftigkeit ermessen. Jesus allein hat die Überzeugung gehabt, daß es mit ihm nicht so sei; und wer ihn kennen lernt, gibt ihm darin recht. Er erweckt in uns das tiefste Verständnis der sittlichen Forderung und bleibt dennoch selbst der höchste Maßstab für unser Gewissen. Diese seine unvergleichliche sittliche Kraft muß uns an den einfachsten Zügen seiner geschichtlichen Erscheinung, an der Art, wie er Messias sein wollte, und an der Art, wie er in den Tod ging, klar werden.

Dann gehen uns die Augen auf für die Herrlichkeit der anderen Überlieferung von ihm. Wir sehen nun darin die ebenfalls wunderbare Tatsache, daß sie uns von immer neuen Seiten das ewige Leben einer menschlichen Seele anschaulich macht. Eine solche Überlieferung ist nicht nur unvergleichlich durch ihren Inhalt; auch ihr Vorhandensein ist eine wunderbare Tatsache, denn sie ist durch den Geist von Menschen gegangen, die in sich selbst ein solches ungehemmtes |73| Leben im Guten nicht kannten. Trotzdem sind in ihren Berichten die zartesten Züge eines solchen Lebens erhalten und die wahre geistige Speise für die Menschheit geworden. Jesus in seiner sittlichen Herrlichkeit, in den inneren Regungen, die die tiefste sittliche Erkenntnis, die nie versagende schöpferische Kraft des sittlichen Wollens und die Seligkeit des Bewußtseins davon einschließen, ist uns eine Tatsache, die wir nicht um anderer willen annehmen, sondern die wir selbst sehen. Sie ist also ein Bestandteil unserer eigenen Wirklichkeit geworden und wirft einen hellen Schein in die Welt, in der wir stehen. Vor allem aber wird uns, wenn uns die sittliche Lebendigkeit Jesu ergriffen hat, etwas anderes an dem überlieferten Bilde Jesu deutlich und gewiß, was an sich mit sittlicher Größe nichts zu tun hat und für sich allein genommen unüberwindliche Zweifel wecken müßte.

Jesus hat nicht nur gemeint, daß er das Ideal klar mache und den Menschen vorlebe. Als der Messias wollte er Gottes vollkommene Gabe den Menschen bringen, nicht nur eine Aufgabe stellen. Er hat sich zugetraut, er könne so auf die Menschen wirken, daß sie fähig werden zu einem Leben in Kraft. Der Jesus, der so von sich denkt und mit einem solchen Erlösermut auf die Menschheit blickt, deren ungeheures Elend er an jedem Menschen seiner Umgebung empfindet, steht ebenfalls als eine Tatsache vor uns, die nicht ihresgleichen hat.

Der sterbende BUDDHA vertraut der Wahrheit seiner Lehre; er hinterläßt den Seinen die Weisung, ihn könnten sie vergessen, aber seine Lehre, den Weg, den er sie gewiesen, sollten sie behalten. Ebenso Sokrates nach Platons Bericht. Es gibt aber in dem ganzen weiten Gebiet der Geschichte außer Jesus keine Gestalt, die uns so durch die Ursprünglichkeit ihrer sittlichen Kraft überraschen könnte, wie jene beiden. Aber während sie bescheiden hinter der Sache zurücktreten, für die sie leben und sterben, kennt Jesus keine heiligere Angelegenheit, als die Menschen auf seine Person zu weisen. Sein Leben und Sterben verkündigt die Überzeugung, daß |74| kein Mensch, der wahrhaft lebendig werden wolle, um ihn herumkommen könne; jeder müsse sich mit ihm befassen und die Tatsache seiner Person sich zu Herzen nehmen.

Jesus hat uns aber auch in den Stand gesetzt, uns von dem Recht dieses seines Anspruches zu überzeugen. Die Erlösungsmacht, die er selbst sich zuschreibt, können wir in ihrer Wirklichkeit erfassen. Anders ist es freilich mit der Erlösungsmacht, die das moderne Gewohnheitschristentum ihm andichtet, indem es uralten Glaubensformen, die längst entgeistigt sind, eine treuere Verehrung widmet, als der Person Jesu selbst. Man sagt, daß Erlösungskräfte von ihm ausgingen, die aber von ihm selbst und dem Eindruck seines persönlichen Lebens auf die Gemüter zu unterscheiden wären, und daß deren geheimes Walten die Seelen befreien sollte. Wenn uns solches vorgetragen wird, so müssen wir antworten, daß uns solche Kräfte auf keinen Fall eine Tatsache werden

Die Begründung unseres Verkehrs mit Gott durch die Offenbarung Gottes 59

können, die uns in unserem Innersten zu überwinden vermöchte. Man kann davon reden, aber durch solches Gerede wird einem Menschen, dem Jesus das Gewissen geschärft hat, nicht geholfen. Nun schallt uns freilich millionenfach aus der christlichen Kirche gerade dies als eine Verkündigung des Heils entgegen, daß solche mit kirchlichen Kultushandlungen verbundenen Kräfte uns erlösen sollten. Wissen wir aber, was es für uns bedeutet, daß wir uns der Person Jesu und seiner Macht über uns erinnern können, so wird uns das nicht anfechten. Selbst wenn, was, Gott sei Dank, nicht der Fall ist, auch in die Überlieferung von Jesus sich ein solcher Gedanke als seine Lehre eingeschlichen hätte, so würden wir das bedauern, aber wir könnten uns nicht dadurch bestimmen lassen. Wir würden mit ruhigem Gewissen eine solche Lehre für einen Irrtum des Berichterstatters erklären. Denn sie würde dem widersprechen, was uns allein etwas angeht, nämlich dem, was uns an Jesus unleugbare Tatsache geworden ist. Es ist uns eine Tatsache, daß innerhalb der Geschichte Jesus mit dem Anspruch steht, daß lediglich er selbst die Rettung für alle Menschen bedeute. Wir haben kein Recht, |75| uns geheimnisvolle Kräfte hinzuzudichten, durch die Jesus die Erlösung bewirke. Sondern er selbst ist uns gemacht zur Erlösung. Das allein können wir als den Sinn seiner Behauptung erfassen. Jene Lehre von geheimnisvollen Erlösungskräften, die von Christus ausgehen sollen, und eben deshalb nicht er selbst sind, ist uns völlig gleichgültig. Denn sie kann die Probe ihrer Wahrheit nicht ablegen; sie bleibt eine bloße Behauptung, wie deren viele in einen leeren Kopf gehen. Für die Behauptung dagegen, die wir allein bei Jesus finden, gibt es eine Probe ihrer Wahrheit.

Jesus behauptet, daß an seine Erscheinung das Kommen des Reiches Gottes geknüpft sei, und daß dieses Reich Gottes die Menschen selig mache. Wir können nicht dankbar genug dafür sein, daß man uns darauf aufmerksam macht,[3] wie durchaus in der Verkündigung Jesu das Reich Gottes ein kommendes ist. Es kann nun erst recht erkannt werden, wie rein und tief Jesus das erfaßt hat, was er Reich Gottes nennt. Daß er, wenn er das Wort gebrauchte, in erster Linie an Herrschaft Gottes dachte, wird auch durch historische Gründe wahrscheinlich gemacht. Für den aber, der angefangen hat, das innere Leben Jesu in seiner eigentümlichen Größe aufzufassen, ist es gewiß, daß Jesus zunächst dies allein darunter verstanden hat. Er legte sein ganzes Wollen in die völlige Hingabe an Gott. Er machte Ernst mit dem großen Gebot. Tat er es aber, so mußte er es vor allem da tun, wo er das Endziel des Wollens bezeichnen will, wie in dem Gedanken des Reiches Gottes. Das Trachten nach dem Reiche Gottes muß bei Jesus völlige Hingabe an Gott oder Liebe Gottes

---

[3] Vgl. JOHANNES WEIß, Die Predigt Jesu vom Reiche Gottes, 2. Aufl. Göttingen 1900, und im Anschluß daran WILHELM BOUSSET, Das Reich Gottes in der Predigt Jesu [II], in: Theologische Rundschau 11, 1902, 437-449.

von ganzem Herzen bedeuten. Dann verstand er aber unter dem Reiche Gottes die Erfahrung der vollen Herrschaft Gottes. Dafür soll das ganze Leben geopfert werden. Das kann aber nur geschehen in der Zuversicht, daß die Herrschaft Gottes den Schmerz in Freude, den völligen Verlust |76| in überschwenglichen Besitz verwandeln wird. Die Zuversicht, daß das einmal kommen werde, können wir gewinnen. Aber unmöglich ist es, daß wir das, was Jesus mit dem Worte Reich Gottes umfaßt, gegenwärtig besitzen. Wir wissen, daß wir Gott völlig unterworfen sein sollen, aber wir sind es nicht. Wir können von Herzen um das Kommen des Reiches Gottes bitten, denn wir wissen, wie alles in uns neu zu werden beginnt, wenn wir der Nähe Gottes inne werden. Aber von dem Aufgang eines Lebens in Kraft sind wir weit entfernt. Versinken wir doch immer wieder in Finsternis. Die Berge wachsen, die unser Glaube versetzen soll. Die reine Herrschaft Gottes bleibt also unsere Zukunft, und die Seligkeit, die uns aus ihr werden soll, das Ziel unserer Hoffnung und Sehnsucht. Nicht durch den ruhigen Fortschritt einer inneren Entwicklung können wir darüber hinauskommen. Nur eine wunderbare Umwandlung unserer ganzen Existenz kann uns ans Ziel bringen. Aber das ist möglich, daß wir jetzt schon die Richtung auf das Ziel gewinnen und so beschaffen werden, daß wir die Herrschaft Gottes überhaupt als Seligkeit erfahren können. Ein Mensch, dessen Herz am Mammon hängt, der die Angst um sein Leben und die Furcht vor den Menschen nicht los wird, kann durch keine gewaltsame Katastrophe in das Reich Gottes versetzt werden. Er verfällt dem Gericht. Das Reich Gottes kommt sicher. Aber ob durch sein Kommen bestimmte Menschen selig oder verdammt werden, hängt davon ab, was vorher aus ihnen geworden ist. Kein Mensch kann unter Gottes vollkommene Herrschaft kommen, der sich dem Wirken Gottes auf ihn verschlossen hat und in ganz anderen Dingen seine Sättigung sucht, als in der Erfahrung der Nähe Gottes. Jesus aber hat sich zugetraut, er könne durch die Kraft seines persönlichen Lebens Menschen merken lassen, daß Gott ihnen nahe komme, und daß das allein sie selig machen könne. Die Menschen, denen das zu teil wird, blicken nun erst recht mit gespannter Hoffnung in die Zukunft. Aber der erlösenden Macht Jesu verdanken sie, daß sie eine Hoffnung haben. In dem wunder- |77|baren Selbstgefühl, daß die von ihm ergriffenen und mit ihm verbundenen Menschen so innerlich verwandelt werden, steht Jesus vor uns. Auf die Wahrheit seiner Behauptung kann jeder die Probe machen, der überhaupt die Person, die menschliche Seele Jesu sehen gelernt hat.

Für den Menschen, der sich Gott unterwerfen soll, ist das wichtigste, daß ihm Gottes Wirklichkeit etwas zweifellos Gewisses wird. Jesus aber begründet in uns durch die Tatsache seines persönlichen Lebens eine jedem Zweifel überlegene Gewißheit von Gott. Die Person Jesu, wenn sie uns einmal durch ihre Schönheit angezogen und durch ihre Hoheit niedergebeugt hat, bleibt uns auch in den tiefsten Zweifeln gegenwärtig als etwas Unvergleichliches, als die wertvollste Tatsache der Geschichte und als der wertvollste Inhalt unseres eigenen Lebens. Wenn wir dann dem Zuge zu ihm hin folgen und in tiefer Ehrfurcht erfahren müssen, wie seine Kraft und Reinheit uns unsere Willensschwäche und Unlauterkeit vor die Seele stellt, so kann sich damit der Eindruck unerschöpflicher Güte gegen die seiner Gewalt unterworfenen Menschen verbinden. Damit aber haben wir die Anschauung der einzigen Macht, von der wir selbst uns in freier Hingabe ganz bezwungen wissen können und die wir deshalb allein als allmächtig denken können. Aus den Regungen der Ehrfurcht und des reinen Vertrauens, mit denen uns das geistige Bild Jesu erfüllt, erhebt sich uns das Bild des unsichtbaren Gottes. Unser Gott wird uns dadurch eine Wirklichkeit, daß wir in diesem Erlebnis seine Botschaft an uns selbst vernehmen. Das ist das Evangelium, das sich nicht durch bloße Lehre weitergeben läßt, sondern in jeder zu wirklichem Leben erwachenden Seele neu erschallt, als das immer wieder individuell gefaßte Wort Gottes an die Menschheit, die nicht bloß vegetieren, sondern in der Geschichte kämpfen will.

Dieser Anfang des Bewußtseins von einem lebendigen, wirklich überweltlichen Gott, der einzig reelle Anfang einer inneren Unterwerfung unter ihn, ist der Eingang in das Jenseits der Religion. Er läßt sich keinem Menschen durch |78| Beweise öffnen. Alle Wissenschaft kann den Menschen, was freilich schon sehr viel ist, nur an die Schwelle dieses Jenseits führen. Soll der Mensch das Wunder erleben, das ihn hinüberträgt, so muß er in seinem eigenen Leben wahrhaftig sein wollen. Die Vorstellung eines eigenen Lebens, in der ein menschliches Individuum als ein denkendes und wollendes Wesen sich betätigen und existieren will, kann ihm aber nur dadurch Wahrheit werden, daß es auf eine Wirklichkeit trifft, der er sich als ein Lebendiges eingeordnet denken kann.[4] Das geschieht nur, wenn er etwas kennt, dem er in freier Hingabe sich ganz unterworfen weiß. Jeder Mensch sucht von Tag zu Tag nach einem solchen Herrn über seine Seele, sonst wäre er lebendig tot. Je mehr er sich diese Frage als seine Lebensfrage aufwirft, desto deutlicher muß ihm werden, daß ihm eine solche Wirklichkeit nur in den Regungen reiner Ehrfurcht und reinen Vertrauens aufgeht, daß er sie also nicht in Sachen antreffen kann, sondern nur da, wo er ein siegendes persönliches Leben verspürt. Wenn uns diese Frage im Herzen brennt, so klopfen wir an. Weiter kann uns auch sittlicher Ernst nicht bringen. Wir hören dann von allen Frommen die Verheißung, es werde uns aufgetan werden. Aber wir selbst müssen erleben, daß es geschieht.

---

[4] Vgl. meine Ausführungen in der Zeitschrift für Theologie und Kirche 1907, S. 187–201. [WILHELM HERRMANN, Die Lage und Aufgabe der evangelischen Dogmatik in der Gegenwart. 2. Die Aufgabe, in: Zeitschrift für Theologie und Kirche 17, 1907, 172-201.]

Wir glauben zu spüren, daß das auch außerhalb des Lebenszusammenhangs der christlichen Gemeinde erfahren wird. Überall, wo Menschen in den Regungen der Ehrfurcht und des Vertrauens zu der Anschauung persönlichen Lebens kommen, können diese Erfahrungen so stark werden, daß sie daraus die Anschauung der wirklichen Macht über ihr eigenes Leben und damit der Macht über alles gewinnen. Darum stehen sie auch in dem Frieden der Religion. Wir haben vor allen anderen Frommen nur das eine voraus, daß wir in Jesus die geistige Macht vor uns haben, deren unvergleichliche Art wir zu bezeichnen versuchten. Aber auch uns kann keine |79| Lehre, kein historischer oder dogmatischer Beweis das verschaffen, daß uns Jesus zur Offenbarung Gottes wird. Jeder ist vielmehr davor zu warnen, daß er diese Vorstellung gebraucht, wenn er nicht den einzigen Grund dazu in sich selbst findet, in dem individuellen Erlebnis, daß ihn die geistige Macht Jesu tatsächlich einmal zu einer freien Unterwerfung brachte, in der alle innere Unsicherheit oder Unreinheit aufgelöst wurde.

Ist uns das geschehen, so finden wir erst eine Hilfe in dem gewaltigen Anspruch, den Jesus nach der Überlieferung erhebt. Ohne das muß dieser Anspruch den Eindruck des Gewaltsamen machen, dem unsere Seele sich deshalb verschließen soll, weil sie sich nicht vergewaltigen lassen, sondern sich nur da unterwerfen darf, wo sie sich frei hingeben kann. Aber wenn wir jene Erfahrung an der Person Jesu gemacht haben, so fassen wir auch Vertrauen zu seiner Zuversicht, er könne die Menschen, die ihm nicht den Rücken kehren, emporheben und selig machen. In diesem Vertrauen zu seiner Person und seiner Sache ist der Gedanke einer Macht über alle Dinge enthalten, die dafür sorgen muß, daß der Jesus, der in der Welt untergegangen ist, den Sieg über die Welt behält. Der Gedanke einer solchen Macht haftet ebenso fest in uns wie der Eindruck der Person Jesu, der uns überwältigt hat. Sobald aber in dem Vertrauen zu Jesus dieser Gedanke entsteht, verbindet er sich mit anderen Erfahrungen, die wir an der uns gegenwärtigen Tatsache der Kraft der Person Jesu gemacht haben. Die Erschütterung, in die uns die Lebendigkeit des Guten in seiner Person versetzte, das Gericht über uns, das wir dabei erfuhren, erscheint uns sofort als eine Machtwirkung des Gottes, dessen wir nun bewußt geworden sind. Das ist für den, der diese einfachen Erfahrungen macht, ein unzerbrechlicher Zusammenhang. Ebenso wirklich und lebendig, wie der Mensch Jesus in seiner wunderbaren Hoheit, ist ihm der Gott, an den er um Jesu willen glaubt. Der Gedanke einer Macht über alle Dinge erhält für uns einen wunderbar anschaulichen Inhalt, weil wir Jesu die Ehre lassen müssen, |80| daß er recht behalten muß gegenüber der Welt. Denn die Macht über alle Dinge, deren wir uns auf solche Weise bewußt werden, kann durch nichts anderes sich bewegen lassen als durch den Sinn, aus dem das Lebenswerk Jesu gekommen ist.

Als diese Macht, die in und mit Jesus ist, gibt sich uns Gott so zu erkennen, daß er uns nicht wieder in unserer Zerstreuung und in den Nebeln unserer Zweifel völlig entschwinden kann. Dann müssen wir Christen uns aber sagen, daß das Dasein Jesu in unserer Welt die Tatsache ist, durch die Gott uns so berührt, daß er einen Verkehr mit uns eröffnet, der uns bleiben kann. Wir erleben dabei freilich auch, daß uns der Abstand Jesu von uns vor die Seele tritt, und zwar umsomehr, je mehr wir die Kraft seiner Gestalt empfinden, als vor der wir die Wirklichkeit Gottes nicht verleugnen können. Aber deshalb ist es doch nicht nur der Gott Jesu Christi, den wir erkennen, sondern unser Gott. Das folgt daraus, daß derselbe Mensch, durch den die Wirklichkeit Gottes uns anschaulich und gewiß wird, sich freundlich zu den Menschen hält, die in dem Gefühl ihrer Gottesferne stehen. „Wenn man ihn fasset, wie er so lieblich und freundlich hie mit den Jüngern umbgehet, sie strafet und doch nicht verwirft, das erhält und tröstet in allerlei Anfechtung. Und das ist das beste und furnehmste Stück, das wir an Christo haben."[5] Diese persönliche Haltung Jesu erhebt uns zu der Zuversicht, daß sein Gott unser Gott ist, und damit in den Bereich der Liebe Gottes. Die Tatsache also, in der uns Gott erreicht, hilft nicht nur der Ohnmacht der Kreatur, die von sich aus zu keiner gewissen Erkenntnis Gottes kommen kann, sondern sie hilft zugleich dem Sünder, der von sich aus den Trieb empfindet, vor dem sich offenbarenden Gott als einem ihm unheimlichen Wesen die Augen zu schließen. Gott tritt mit uns so in Verkehr, daß er uns damit zugleich die Sünden vergibt. Ohne dies aber würde uns eine freie Gewißheit von Gottes Wirklichkeit doch versagt bleiben. |81|

Je mehr uns das einzuleuchten beginnt, daß wir nur dann ein inneres Leben haben, wenn wir das Gute als das Notwendige erkennen und in uns herrschen lassen, desto schmerzlicher empfinden wir, daß die Mächte unserer Existenz mit dem Guten in Streit liegen. Wenigstens von dem Menschen gilt das, dem Jesus das Gewissen geschärft hat. Er weiß es sicherlich, daß er durch alle Anstrengungen seines Wollens das nicht in sich herstellt, was das durch Jesus klar gemachte Gesetz von ihm verlangt, die Liebe. Deshalb werden wir durch dieselben Gedanken, von denen wir wissen, daß sie unser inneres Leben frei machen können, wieder in Kleinmut und Verzagtheit geworfen. Aus diesem inneren Zwiespalt, aus diesem Nichtlebenkönnen in dem Guten, das uns dennoch als die Form wahrhaftigen Lebens einleuchtet, sind wir gerettet, wenn uns die Tatsache, daß Jesus zu unserer Welt gehört, verständlich geworden ist. Hat er uns einmal das Vertrauen abgewonnen, daß seine Sache Gottes Sache ist, so schöpfen wir aus seiner Anteilnahme an den Menschen, die jede Probe bestanden hat, die Zuversicht, daß in unserem Leben das Gute eine Wirklichkeit und eine Macht hat. Das unantastbare Recht des sittlichen Gesetzes steht uns auch ohnedies fest, sobald uns das Gesetz so gezeigt und ausgelegt ist, wie

---

[5] Luther E. A. 2. Aufl. 15, 470 [f.]; 50, 130.

es Jesus tut. Aber daß diese Erkenntnis nun auch uns zu einem höheren Leben verhilft, oder daß wir zu der seligen Freiheit eines sittlichen Lebens kommen können, dessen würden wir nicht gewiß sein, wenn nicht unser Dasein in der Welt ein sicheres Zeichen davon trüge, daß es dem Guten schließlich doch nicht fremd ist. Jesus Christus ist dies Zeichen. Denn seine Haltung gegen uns erhebt uns zu dem Vertrauen, daß die göttliche Macht, die mit ihm und seinem Werke sein muß, tatsächlich sich unser annimmt und uns zu Genossen seines Werkes macht, das auf nichts anderes geht, als auf die Verwirklichung des Guten, ein Kommen des Reiches Gottes. Deshalb bringt uns der Eindruck, daß in Christus Gott mit uns verkehrt, in die innere Verfassung, in der wir den Zwiespalt zwischen unserem natürlichen Leben |82| und der sittlichen Forderung überwinden. Es wird uns nun der Glaube möglich, daß das, was in unserer Umgebung und in uns selbst dem Guten widerstreitet, durch Gottes Macht dem Guten dienstbar wird. Denn wenn unser sittliches Streben sich in vergeblichen Anläufen zu erschöpfen scheint, so bleibt uns dennoch der Trost, daß wir in einem zusammenhängenden Wachstum des Guten stehen, weil Christi Werk zu seinem Ziele kommen muß, und weil wir uns durch den Verkehr Gottes mit uns als die Teilnehmer an diesem Werke wissen.

Wird auf solche Weise unser sittliches Bedürfnis gestillt, so wird der Eindruck, daß wir es in Christus mit Gott zu tun haben, zu einer strahlenden Erkenntnis. Denn das ist der wahrhaftige Gott, der uns ein Leben im Ewigen verschafft, indem er uns zu der Freude am Guten bringt. Gott verkehrt also durch die Erscheinung Jesu so mit uns, daß wir seiner vollkommen gewiß werden. Das Aufkommen neuer Zweifel, ob uns wirklich Gott durch Jesus nahe komme, wird in dem Christen durch die Erfahrung überwunden, daß es ihm Freude macht, sich unter das Notwendige zu beugen und für andere sich zu opfern, sobald er diesen Menschen als die Kundgebung Gottes an ihn versteht. Wir erfahren den Verkehr Gottes mit uns so, daß dadurch zugleich unsere sittliche Befreiung bewirkt wird. Ohne dies hätten wir nicht die Gewißheit des Glaubens, die in jedem wirklich Gläubigen vorhanden und wirksam ist, wenn sie auch oft in ihrem Wirken gehemmt ist durch das Fehlen innerer Sammlung und Klarheit.

Die Entstehung des Glaubens als des Bewußtseins, daß Gott mit uns verkehre, läßt sich nicht erzwingen. Sie bleibt das unübertragbare Erlebnis des Menschen, der zum Glauben kommt. Denn daß jemand Vertrauen zu einer Person faßt, bleibt seine Sache. Einem anderen, in dem das Vertrauen sich nicht regt, läßt sich nicht andemonstrieren, daß er es fassen müsse. Um zu Jesus das die Seele befreiende Vertrauen fassen zu können, muß man sich ihm zuwenden und |83| ihn auf sich wirken lassen. Wir haben freilich alle Grund, uns davor zu scheuen. Daß trotzdem einige diese Scheu überwinden und der Erscheinung des Heiligen, durch die sie sich gerichtet fühlen, standhalten, das bleibt das Geheimnis ihres persönlichen Lebens. Niemand kann durch Beweise dazu gebracht werden, daß er ein Jünger Jesu wird. Denn durch Beweise läßt sich kein Leben erzeugen. Aber der Mensch, in dem das Vertrauen zu der Person Jesu erwacht ist, entbehrt nicht des objektiven Grundes für diese seine Haltung. Er kann sie vor sich rechtfertigen und kann frei und fröhlich werden in dem Bewußtsein, daß er in der Wahrheit steht.

Es sind *zwei Gründe*, auf die das Bewußtsein des Christen, daß Gott mit ihm verkehre, sich selbst stützt. *Erstens die in einem individuellen Erlebnis erfaßte geschichtliche Tatsache der Person Jesu und ihre Macht.* Diese Tatsache haben wir als einen Bestandteil unserer eigenen Wirklichkeit erfaßt und haben ihre Gewalt empfunden. Wir sagen uns daher, daß wir, wenn wir nicht in einer Art von Halbschlaf unsere Existenz auf ein untermenschliches Maß herabsetzen wollen, diese Tatsache durchleben und uns mit ihr abfinden müssen. Der Christ weiß auch, daß jeder sittlich rege Mensch die Tatsache muß sehen können, die L. Ranke so ausspricht: „Unschuldiger und gewaltiger, erhabener, heiliger hat es auf Erden nichts gegeben, als seinen Wandel, sein Leben und Sterben; das Menschengeschlecht hat keine Erinnerung, welche dieser nur von ferne zu vergleichen wäre."[6] Deshalb erscheinen dem Christen alle, die sich diesem wertvollsten Inhalt der Geschichte verschließen, als in Träumen befangen, abgesperrt von der Wirklichkeit, ohne deren Nahrung das innere Leben verdorren muß. *Zweitens das Bewußtsein davon, daß die sittliche Forderung uns selbst beansprucht.* Darin erfassen wir eine innerhalb des geschichtlichen Lebens geltende objektive Tatsache. Denn das geschichtliche, d. h. |84| überhaupt das spezifisch menschliche Leben beruht ganz und gar auf der Voraussetzung, daß sich die Menschen unbedingt verpflichtet wissen. Wir erfahren nun, daß in dem Gott, dessen Wirken auf uns in keinem anderen Erlebnis uns so deutlich wird, wie in der Macht der Person Jesu über uns, die sittlichen Gedanken, die uns im Innersten bezwingen, persönliches Leben gewinnen. In denselben Gedanken, die uns rastlos weiter treiben, verspüren wir nun einen freundlichen Willen, der es auf unsere Rettung abgesehen hat. Gott bewirkt an uns, daß das Gute aufhört, uns ein peinliches Problem zu sein, und anfängt, unser Lebenselement zu werden. Infolgedessen wirkt zu unserer Gewißheit von Gott ein Gedanke mit, den wir allen Menschen als objektive Wahrheit zumuten. Andere objektive Gründe für die Wahrheit der christlichen Religion gibt es nicht.[7] |85|

---

[6] LEOPOLD VON RANKE, Die römischen Päpste in den letzten Jahrhunderten Bd. 1, 6. Aufl. Leipzig 1874, 4.

[7] Vgl. mein Buch: Die Religion im Verhältnis zum Welterkennen und zur Sittlichkeit, Halle 1879. Es versteht sich von selbst, daß für den in der Geschichte lebenden Menschen der Gedanke des Sittlichen die oben angegebene Bedeutung hat. Wenn das Leben der Geschichte oder persönliche Gemeinschaft aufhört, unser Leben zu sein, so verschwinden freilich auch die sittlichen Gedanken aus unserem Gesichtskreise. So lange wir dagegen eine

Wer die Tatsache des persönlichen Lebens Jesu auf sich wirken ließ und dadurch zu dem Vertrauen auf ihn erweckt wurde, kann sich dem Gedanken einer Macht über alle Dinge, die mit Jesus ist, nicht entziehen. Von dieser Macht fühlt er sich selbst in dem, was er an Jesus erlebt, ergriffen. Daß sich ihm dieser Anfang des religiösen Lebens in etwas rein Subjektives auflöse, davor wird er bewahrt durch jene geschichtliche Tatsache, die ihm, einmal gesehen, nicht wieder entschwindet, und durch sein Gewissen. Er hat durch Jesus nicht nur einen mit Beweisen oder Autoritäten gestützten Gedanken von Gott, sondern den lebendigen Gott selbst, der auf ihn wirkt. Wer das gewonnen hat, ist ein Christ. Er ist es, obgleich er nicht im stande ist, alles als Wahrheit zu denken, was andere Christen als Wahrheit bekannt haben.

Wenn er nun dieses Unvermögen an sich bemerkt, so wird er sich nicht etwa entschließen, solche Dinge doch als Wahrheit zu bekennen. Er muß sich z. B. vielleicht eingestehen, daß er aus dem neuen Leben heraus, das Gottes Gnade durch Jesus in ihm geschaffen hat, keineswegs alle Behauptungen des sogenannten apostolischen Glaubensbekenntnisses als seine Behauptungen aufstellen würde. Zugleich aber nimmt er wahr, wie andere Christen, zu denen er mit herzlicher Ehrfurcht aufblickt, erklären, daß sie jenes Bekenntnis von Herzen als das ihre mitsprechen. Was wird nun in solcher Lage der Christ tun, der auf die beschriebene Weise dessen inne geworden ist, daß Gott sich seiner annimmt? Er wird gewiß nicht jene Christen dessen beschuldigen, daß sie für wahr erklären, was sie nicht für wahr halten. Er wird auch die Teile des Bekenntnisses, die er nicht als Wahrheit fassen kann, nicht deshalb schon für falsch erklären. Vielleicht wird er das aus anderen Gründen tun müssen. Aber die Tatsache allein, daß ihm diese Dinge fremd sind, wird ihn nicht dazu bewegen. Denn er hat ja eben an sich die Erfahrung gemacht, daß ihm als etwas völlig Gewisses eine Erkenntnis aufgegangen ist, die |86| ihm vorher auch gänzlich fremd gewesen war. Aber auf der anderen Seite wird er durch die Wahrnehmung, daß andere Christen das apostolische Glaubensbekenntnis

---

Ahnung davon behalten, daß nur in persönlicher Gemeinschaft das wahrhaftige Leben der Seele zu finden ist, stellen wir uns auch notwendig unsere Gebundenheit an unbedingte Forderungen als ewige Wahrheit vor. Nur unter der Voraussetzung, daß sie in solcher Weise gebunden sind, können sich die Personen innerlich zusammenfinden. Innerhalb der persönlichen Gemeinschaft, also in jedem Vertrauensverhältnis, wird die sittliche Forderung als die ewige Bedingung des Lebens vorgestellt, das wir in der Zeit erreichen. Es ist nicht so, daß wir uns eine Regel der Klugheit ersinnen, durch die wir uns vorher feststehende Lebensgüter sichern wollen, und die wir alsdann sittliche Forderung nennen. Wir wissen vielmehr, daß uns erst der Gehorsam gegen eine unbedingte Forderung die wahren Lebensgüter erschließt. Wenn wir von der ewigen Wahrheit des Sittlichen in diesem Sinne reden, so wollen wir wahrlich nicht behaupten, daß das menschliche Individuum diesen Gedanken, in dem sich ihm einmal die ewige Bedingung seines persönlichen Lebens enthüllen soll, ebenso mit sich führe, wie die Sinnesorgane.

mitsprechen, sich nicht zu dem Entschluß bewegen lassen, es ihnen gleichzutun. Ein solcher Entschluß wäre bei ihm nicht eine Regung des neuen Lebens, das er der Gnade Gottes verdankt. Er mag, wenn er sich doch dazu entschließt, nicht immer in Feigheit oder Eitelkeit, kurz in bewußter Unwahrhaftigkeit handeln. Aber auch im besten Falle gibt er dabei einer schlechten Gewöhnung nach, die ihn gerade von dem Boden abdrängt, auf dem zu stehen, ihn gewiß und fröhlich machte, von dem Felsengrunde der geschichtlichen Wirklichkeit und des Ewigen. Infolge einer sonderbaren Begriffsverwirrung herrscht diese schlechte Gewöhnung bei vielen.

Man sagt sich, man müsse festen Boden unter den Füßen haben und ebendeshalb gelte es, an den durch das Bekenntnis der Kirche und schließlich durch die Heilige Schrift dargebotenen Vorstellungen unerschütterlich festzuhalten. Nun ist das allerdings überaus wichtig, daß der Christ sich bewußt sein muß, mit seiner Vorstellung von Gottes Wirken auf ihn [nicht] bloß seinem Wunsch zu folgen, sondern auf objektiver Wirklichkeit zu fußen. Das haben wir aber offenbar nur dann, wenn den Grund unseres Glaubens Tatsachen bilden, die sich uns selbst als unleugbare Bestandteile der Wirklichkeit aufdrängen, in der wir stehen. Dann allein können wir der Wahrheit unseres Glaubens froh werden, weil wir in unserem religiösen Denken dem Zwange einer heiligen Notwendigkeit folgen. Dagegen überlassen wir uns gerade einem falschen Subjektivismus, wenn wir als Inhalt unseres Glaubens solche Vorstellungen uns anzueignen suchen, die wir aus der Tatsache, daß Gott mit uns in Verkehr tritt, nicht entstehen sehen. Denn dabei fügen wir uns nicht in die Tatsache, die uns gegeben ist, sondern wir folgen dabei unserer subjektiven Willkür.

Mit ungeheurer Wucht dringt in der Christenheit die Versuchung zu dem Subjektivismus einer solchen falschen |87| Bekenntnistreue an uns heran. Es gibt dagegen nur einen sicheren Schutz. Das ist die Freude an der Wirklichkeit des persönlichen Lebens Jesu und an seiner Kraft, uns Gottes Wirken auf uns fühlen zu lassen. Wer diese Freude empfindet, weiß sich in starker Hand geborgen und kann an der Zumutung, sich dem Subjektivismus jenes willkürlichen Bekennens zu überlassen, das Böse erkennen, das Böse im Gewande der Kirchlichkeit. Es ist aber angesichts der Verwüstung, die dadurch angerichtet wird, hohe Zeit, an die Träger des kirchlichen Amts die Frage zu richten, ob sie durch ihr Ansehen das Gewicht einer solchen Zumutung noch weiter verstärken wollen. Wenn sie es tun, so halten sie die armen Seelen in ihrem Gefängnis fest. Das evangelische Volk, das in immer wachsenden Massen das willkürliche Bekenntnis nicht mitmachen will, wehrt sich einfach dagegen, etwas als Grund des Glaubens annehmen zu sollen, was ihm nicht die Wucht einer zweifellosen Tatsache hat. Diese Menschen stecken nicht, wie man sich auf hochkirchlicher Seite einbilden möchte, in einem falschen Subjektivismus; sondern im Gegenteil diese Menschen lechzen nach dem, was für die Religion das Objektive ist, nach einer Wirklichkeit, von der sie sich im Innersten überwältigt wissen können. Es ist deshalb ein Hohn auf ihr Bedürfnis, wenn ihnen als Grund ihres Glaubens die Schriftlehren und die Sätze des Apostolikum angewiesen werden, an denen sie doch keineswegs den Ausdruck von Tatsachen haben können, die ihnen selbst feststehen. Sie verlangen nach Tatsachen, deren Gewalt ihnen in die tiefste Seele dringt, und an denen sie spüren können, daß sie nicht in der Welt ohne Gott sind. Als solche Tatsachen können ihnen enthüllt werden das innere Leben des Menschen Jesus und ihr eigenes Gewissen. Luther hat einmal gesagt, mit dem Menschen wolle er nicht mehr disputieren, der die Heilige Schrift nicht als Gottes Wort anerkenne. Wenn wir in unserer Zeit ebenso verfahren wollten, so wäre das zwar sehr bequem und für unser Fleisch sehr wohltuend. Aber es wäre auch gänzlich |88| fruchtlos. Denn auch da, wo uns jenes Zugeständnis gemacht würde, hätte es in den meisten Fällen nicht mehr den naiven Charakter, den es zu Luthers Zeit haben konnte. Es würde in der Regel ein Werk bewußter Willkür, der Leichtfertigkeit oder der Angst sein. Wir müssen vielmehr sagen, daß wir nur da unsere Waffen niederlegen dürfen, wo wir den Menschen anmerken, daß sie sich in keiner Weise noch unbedingt verpflichtet fühlen, daß also das Gewissen bei ihnen verstummt und deshalb auch die Frage nach Wahrhaftigkeit ihres eigenen inneren Lebens ihnen unverständlich geworden ist. Wo das noch nicht der Fall ist, da sollen wir zu den Menschen von Jesus Christus reden, aber ohne die unsinnige Zumutung, daß sie Dinge als wirklich behandeln sollten, die sie nicht als etwas zweifellos Wirkliches fassen können *und die deshalb keine Gewalt über sie haben*. Wir müssen vielmehr die biblische Überlieferung von Christus mitteilen als das, was uns geholfen hat, in der Hoffnung, daß sich auch ihnen darin das innere Leben des Menschen Jesus offenbaren werde, das in der Welt des Gewissens viel gewaltiger herrscht, als unser schwacher Glaube es sich vorzustellen pflegt.

Ist es nun aber so, daß die Wirklichkeit des persönlichen Lebens Jesu, wenn wir sie als solche empfinden, uns als das Wirken des Gottes verständlich wird, um dessenwillen wir alles andere verlassen, dann ist wirklich Jesus selbst und seine Gewalt über unser Herz das Lebensprinzip unserer Religion. „In der persönlichen Liebe und Anbetung Christi besteht die christliche Religion, nicht in korrekter Moralität und korrekten Lehren, sondern in der Huldigung des Königs."[8] Wie sollen wir aber die Freude an dem persönlichen Leben Jesu nennen, die den Menschen erglühen läßt, der durch ihn vor Gott gestellt ist und da erfahren hat, daß Gott uns tötet und lebendig macht? Ich habe auch keinen anderen Namen dafür, es ist das wirklich die gewaltigste |89| Liebe, die die Seele zu geben hat. In *solcher* Liebe zu Jesu stehen wir dann, wenn wir die

---

[8] FRIEDRICH WILHELM ROBERTSON, Sein Lebensbild in Briefen. Nebst einem Anhang Religiöser Reden, Gotha 1888, 71.

Die Begründung unseres Verkehrs mit Gott durch die Offenbarung Gottes 69

Erfahrung machen, daß durch ihn Gott mit uns verkehrt. Das religiöse Erlebnis des Christen ist unabtrennbar von der Anschauung des persönlichen Lebens Jesu. Sie soll ihn überall begleiten, und sie wird es, je öfter er erfährt, daß er darin die Wirklichkeit erfaßt, ohne die ihm alles andere in der Welt leer und öde wird.

Deshalb ist es ein gefährliches Unternehmen, das mit zarten Händen anzufassen ist, von einer falschen Liebe zu Jesus zu reden. Dennoch muß es geschehen, und um ihrer Wichtigkeit willen muß diese Sache auch mit festen Händen angefaßt werden. Die Liebe zu Jesus ist die Blüte eines unreinen Herzens, wenn sie etwas anderes ist, als die ehrfurchtsvolle Freude an dem persönlichen Leben, das uns das Gericht und das Erbarmen Gottes erfahren läßt. Wenn unsere Seele bei den zärtlichen Regungen verweilt, mit denen wir leicht den Eindruck der geistigen Schönheit Jesu aufnehmen, so zeigt sich darin, daß wir ihn nicht an uns wirken lassen, was er will. Wenn wir erlebten, was Jesus über den Horizont des Sünders herauführt, der nicht seine eitlen Gefühle spielen läßt, sondern sich ihm in die Hand gibt, so müßten jene Regungen, in denen wir uns ihm gleichstellen und in denen wir bleiben, was wir waren, in uns erstickt werden. Die rechte Liebe zu Jesus ist etwas Ernsteres. Sie ist in ihrer Haltung durch die Erfahrung bestimmt, daß Jesus gerade das Wohlsein, das wir bisher empfanden, und aus dem auch eine zärtliche Regung gegenüber seiner geistigen Schönheit hervorgehen kann, in uns vernichtet. Wir sagten oben, das religiöse Erlebnis des Christen, die Erfahrung des machtvollen Eingreifens Gottes in unsere Existenz lasse sich von der Anschauung des persönlichen Lebens Jesu nicht trennen. Ebenso ist es aber auch richtig, daß wir nur dann in der rechten Liebe zu Jesus stehen, wenn wir durch ihn zu Gott und über uns selbst hinausgebracht werden. Jesus verliert nichts dadurch, wenn wir mit männlichem Ernst |90| nach nichts weiter verlangen, als daß wir die Machtwirkung des ewigen Gottes an unserer Seele spüren. Gerade dann wird ihm die ehrfurchtsvolle Liebe zu teil, die ihm gebührt.

Haben wir mit dem bisherigen nun wirklich das beschrieben, worin Gott uns nahe kommt, so daß wir sagen können, daß er mit uns verkehrt? Verneinen werden das zunächst alle die Frommen, die ein geschichtliches Ereignis nur als Ausdrucksmittel einer religiösen Idee, nicht aber als eine Kundgebung Gottes an sie selbst zu verwerten wissen. Mit solchen wird uns die Auseinandersetzung leicht. Sie stehen, so weit sich wirklich ihr Denken in ihrer Theorie ausprägt, überhaupt nicht innerhalb der christlichen Gemeinde. Denn das Faktum, in welchem sie Gott erfassen, ist für sie ihre Ergriffenheit durch religiöse Ideen, oder sonst irgend eine Gefühlserregung, in welcher sie die Nähe Gottes zu verspüren meinen. Für die christliche Gemeinde ist dies die geschichtliche Erscheinung Christi, wie sie durch die Predigt des Evangeliums und durch das Leben in christlicher Sitte uns verständlich gemacht wird.

Nicht so leicht werden wir mit einem anderen Einwurf fertig. Es kann uns gesagt werden, das, was wir als Züge des persönlichen Lebens Jesu beschrieben haben, mache gar nicht den Eindruck, daß dadurch unsere Behauptung gerechtfertigt würde, der Mensch, der das als etwas Wirkliches wahrnehme, werde dadurch selbst in eine neue Wirklichkeit versetzt. Diesen Einwurf können wir freilich nicht zurückweisen. Es kommt hier vielmehr darauf an, ein Mißverständnis abzuwehren. Dazu reichen meine Kräfte nicht, so von Jesus zu reden, daß sein Bild in der Seele des Lesers lebendig und kräftig werden müßte. Wenn ich predigen könnte, wie F. W. ROBERTSON oder H. HOFFMANN, so würde ich mich beeilen, der Gemeinde als Prediger des Evangeliums das Beste zu geben, das ihr gegeben werden kann, und würde aufhören, akademischer Theolog zu sein. Meine Aufgabe ist bescheidener, aber auch nicht überflüssig. Hier ist es auf eine Beschreibung des inneren Vorgangs der |91| christlichen Religion abgesehen, und zwar zunächst auf eine Beschreibung des grundlegenden Erlebnisses. Ich meine, es ist schon das der Mühe wert, in der christlichen Gemeinde die Erkenntnis anzuregen, daß für den Christen das Wichtigste ist, an objektiven, ihm unentreißbaren Tatsachen dessen inne zu werden, daß Gott mit ihm verkehrt. Das ist offenbar das Wichtigste, wenn doch das Heil darin bestehen soll, daß Gott in uns herrscht. Soll es dazu mit uns kommen, so muß vor allem Gott für uns eine Wirklichkeit gewinnen, durch deren Wucht die Dinge, die uns zunächst gefangen nehmen, beiseite gedrängt werden. Darum handelt es sich, daß Gott sich in unserem eigenen mit der gegenwärtigen Welt verknüpften Bewußtsein als eine auf uns wirkende Macht bezeugt. Das kann uns Jesus durch seine Lehren nicht verschafft haben; auch die Heilige Schrift, wenn wir sie als eine Summe von Lehren und Berichten über Gott und Christus ansehen, kann es uns nicht vermitteln. Wir können es durch Jesus nur dann haben, wenn sein persönliches Leben, als ein gegenwärtig auch für uns vorhandener Bestandteil der wirklichen Welt aufgefaßt, die Gewalt hat, uns zu zwingen, daß wir Gott als eine wirkliche Macht sehen müssen. Ich habe nun zu zeigen versucht, wie das zugeht. Die biblische Überlieferung von Jesus zeigt uns ein inneres Leben, das durch seine sittliche Hoheit in unerschöpflicher Güte unser Vertrauen gewinnt. Kein Mittel der Geschichtswissenschaft kann es uns völlig sicher stellen, daß dies, was uns die Überlieferung darbietet, ein wirklicher Bestandteil der Geschichte sei, der wir selbst angehören. Der Zweifel an der historischen Tatsächlichkeit wird schließlich nur durch das überwunden, was sich jedem einzelnen in seinen eigenen Erlebnissen als die Macht des persönlichen Lebens Jesu offenbart.

Das freilich, daß uns die Überlieferung von Jesus ein wunderbar anschauliches Bild persönlichen Lebens zeigt, muß jeder als eine Tatsache wahrnehmen können, der überhaupt noch menschlich empfinden kann. Aber daß das |92| so Dargestellte nicht ein Gebilde der Phantasie ist, das allmählich von vielen zum Träger religiöser und sittlicher Wahrheiten gemacht wurde, das wird uns durch nichts weiter widerlegt, als durch das, was der Inhalt jenes Bildes an uns wirkt. Wir haben die Person Jesu nur in der Predigt der Jünger, die an ihn geglaubt haben. Sehen wir etwa deshalb nur die Jünger und nicht ihn selbst? Hierauf kann die Wissenschaft, die das nachweisbar Wirkliche feststellt, überhaupt nicht antworten. Wer die Frage beantwortet, folgt seiner persönlichen Überzeugung. So, wie uns Jesus, d. h. das innere Leben Jesu, in dem Glaubenszeugnis seiner Jünger erscheint, stellt er uns vor die Entscheidung, ob wir uns über ihn erheben oder uns vor ihm beugen wollen. Wollen wir uns vor ihm beugen, so tun wir das, weil gerade wir an seiner Person eine Erfahrung machen, die keinem Menschen aufgenötigt werden kann. Wir meinen an ihm zu erfahren, daß er uns erst das wahrhaftige Leben des persönlichen Geistes zeigt und uns empfinden läßt, wie verkümmert und verworren unser eigenes inneres Leben ist. Wenn wir das durch das Bild Jesu empfangen, verzichten wir auf den Versuch, dieses Bild historisch begreifen zu wollen. Wir nehmen es alsdann hin als die geschichtliche Wirkung einer uns übermächtigen, in ihrer Wirklichkeit unbegreiflichen Person. Wer anders verfährt, ist der gegenteiligen Überzeugung, daß er die Erzeugung des Bildes von dem persönlichen Leben Jesu aus seinen eigenen geistigen. Mitteln bestreiten könne. Wir können das nicht, denn uns macht er arm und reich. Ein erschöpfendes Bild des inneren Lebens Jesu, das so auf Christen wirkt, würden wir aber nicht geben können, wenn wir auch noch so viele Worte machten. Alle einzelnen können dieses Bild schließlich nur für sich selbst gewinnen, wenn sie merken, daß von allem, was sie innerlich berührt, nichts wichtiger ist, als die Überlieferung von Jesus und die Spuren seiner Macht in ihrer eigenen Umgebung.

Wenn ein Mensch uns Vertrauen abgewinnt, so machen wir immer die Erfahrung, daß der unmittelbare Eindruck |93| seiner Person uns viel inhaltvoller vorkommt, als alles, was wir etwa zur Rechtfertigung unseres Vertrauens anderen sagen könnten. Den Abstand zwischen unserer Fähigkeit, zu schildern, und dem Eindruck, der in unserem Vertrauen nachklingt, empfinden wir umsomehr, je mächtiger wir ergriffen sind. Wir werden uns daher das überhaupt nicht zutrauen, daß wir durch die Kunst unserer Schilderung anderen die Person Jesu in ihrer Kraft zeigen können. Aber wir werden daran denken, wie uns geholfen ist. Das Glaubenszeugnis längst entschlafener und noch lebender Jünger in Wort und Tat hat uns so getroffen, daß wir daraus selbst ein Bild des inneren Lebens Jesu als der herrschenden Geistesmacht in dem allen gewannen und so allmählich den Jesus der Evangelien verstehen lernten. Wenn wir daher anderen zum Christentum verhelfen wollen, so ist das Wichtigste, daß wir selbst Christen werden und durch die unwillkürliche Darstellung dessen, was wahrhaftig in uns lebt, als Christen auf sie wirken. Dadurch kommen sie in die erste reelle Berührung mit Jesus selbst und empfangen die Anleitung, ihn vollständiger zu erfassen. Wer aus der Wahrheit ist, wird aus der Tatsache, daß so etwas in der Welt wirklich ist, die Stimme Gottes vernehmen. Dem ist nicht zu helfen, der vor den Tatsachen nicht still werden will. Er versinkt im Nichtigen. Wer aber von der in Jesus erschienenen Kraft persönlichen Lebens sich ergreifen läßt, gewinnt dadurch einen neuen Lebensinhalt, wird selbst erneuert und in eine neue Welt versetzt. Durch die Kraft Jesu wird er gezwungen, eine Macht über alle Dinge für wirklich zu halten, die diesem Manne den Sieg gibt. Und aus der Freundlichkeit Jesu gegen den Sünder, der sich durch ihn demütigen läßt, schöpft er den Mut, zu glauben, daß in dem ganzen Vorgang ihn die Liebe Gottes sucht.

Ist uns das durch Jesus widerfahren, so sind wir in unserem eigenen inneren Leben mit Gott verbunden. Wir brauchen es nun nicht mehr durch einen anderen zu hören, daß ein Gott sei. Denn die Tatsache des inneren Lebens Jesu, die |94| uns selbst gegenwärtig ist, können wir nicht anschauen, ohne Gottes dabei inne zu werden. Ebensowenig brauchen wir von anderen zu hören, wie Gott auf uns wirke. Denn in eben dem Vorgang, der uns seiner gewiß macht, tritt Gott mit uns in Verkehr. Wie Gott wirkt, erfahren wir, indem wir erleben, daß Gott uns durch die geistige Macht Jesu fühlen läßt, wer er selbst sei, was er wolle und mit uns vorhabe. Aber was uns dabei zu eigen wird, können wir keinem anderen durch unsere Worte mitteilen. Wir können es nicht einmal für uns selbst vollständig aussprechen. Bei dem Versuch, es doch zu sagen, kommen wir immer auf Vorstellungen, die sich teilweise widersprechen, weil sie sich nicht zu dem Bilde eines einheitlichen und abgeschlossenen Vorgangs zusammenfügen. Gott nimmt uns die Selbstachtung und schafft uns einen unzerbrechlichen Mut; er zerstört unsere Lebensfreude und macht uns selig; er tötet und macht lebendig; er läßt uns Ruhe finden und erfüllt uns mit Unruhe; er nimmt uns die Last eines verdorbenen Lebens ab und macht das Menschenleben viel schwerer, als es ohne ihn ist; er gibt uns das Ganze einer neuen Existenz, aber was wir in ihr finden, gestaltet sich immer wieder zu der Sehnsucht nach wahrhaftigem Leben und zu dem Verlangen, neu zu werden. Wenn Gott uns bleiben ließe, was wir waren, würden wir auch sein Wirken auf uns in widerspruchslosen Vorstellungen erfassen können. Aber sowie wir dessen inne werden, daß in dem persönlichen Leben Jesu uns Gott selbst berührt, um uns seiner gewiß zu machen, fühlen wir uns auf eine neue Lebensbahn gestellt. Wenn wir nur mit dem inneren Leben Jesu als der Macht, die uns zu Gott erhebt, verbunden bleiben, so wird immer neu der Eindruck in uns entstehen, daß ein Lebensinhalt in uns einzieht, dessen wir nicht Herr werden, weil er unerschöpflich ist, der aber uns umbildet.

In diesem Bewußtsein, daß Gott mit uns durch die Person Jesu verkehrt, wird das vollendet, was in den Kindern durch christliche Erziehung gepflanzt wird. Als Kinder haben |95| wir von Gott durch andere Christen gehört. Das innere Leben Jesu konnte uns damals noch nicht die Offenbarung Gottes sein. Denn wir konnten es noch nicht so auffassen, daß es uns hätte nötigen können,

Die Begründung unseres Verkehrs mit Gott durch die Offenbarung Gottes 73

in seiner Erscheinung das Wirken Gottes auf uns zu sehen. Trotzdem hat sich uns Gott auch damals zugewendet und uns dadurch möglich gemacht, das Reden von ihm zu verstehen. Wir haben dieselbe Offenbarung Gottes in anderer Form gehabt. Von den Menschen, die uns von Gott redeten, haben einige, wenn es recht zuging, unsere Eltern, die Überzeugung in uns befestigt, daß sie sahen, wovon sie redeten. Ihre ernste Liebe, ihre Wahrhaftigkeit und Selbstbeherrschung, ihr reiferes und stärkeres persönliches Leben wurde uns zur Offenbarung des Gottes, zu dem sie beteten. Die bloße Unterweisung in christlichen Gedanken hat uns unserem Gott nicht nahe gebracht, sondern das durch Gott geheiligte persönliche Leben, das in der Unterweisung sich aussprach. In solcher Weise ist die Kirche, d. h. die Gemeinde der Gläubigen, unsere Mutter geworden und hat uns das Himmelreich aufgeschlossen. Nicht das innere Leben Jesu selbst, aber zu ihm gehörige, durch ihn befreite und vor Gottes Angesicht gestellte Personen haben uns zuerst zu Gott geführt. Warum reicht nun das für das spätere Leben nicht aus? In unserer sittlichen Überzeugung werden wir mit reiferen Jahren selbständig; wir sollen selbst einsehen, was gut und böse ist. Auch in unserem Glauben an Gott entwachsen wir der Abhängigkeit von unserer Umgebung. Freilich so selbständig wie die sittliche Überzeugung kann der religiöse Glaube niemals werden. Denn unsere Gewißheit, daß Gott wirklich ist, beruht immer auf der Anschauung, daß Gott mit uns verkehrt. Es ist also nicht möglich, daß wir jemals über die Abhängigkeit von der Offenbarung hinauskommen. Aber das Wachstum der sittlichen Freiheit macht für uns eine andere Offenbarung nötig, als sie dem Kinde zu teil werden konnte. Wenn das erwachende Bewußtsein unserer sittlichen Verantwortlichkeit uns zwingt, uns auf uns selbst |96| zu besinnen, so lösen wir uns innerlich so von unserer Umgebung ab, daß uns der Glaube anderer nicht mehr das entscheidende Zeugnis für die Gegenwart Gottes sein kann. *Zu dem Menschen, der durch die Kraft der sittlichen Gedanken auf sich selbst gestellt und vereinsamt ist, muß Gott vernehmlicher sprechen.* Deshalb weist die christliche Gemeinde, die das Kind zu sich emporhebt, den Erwachsenen über sich hinaus. Sie weist ihn auf die Tatsache, die sie selbst als den Grund ihrer Existenz in steter Erinnerung behält, auf das persönliche Leben Jesu.

Wenn wir zu der sittlichen Freiheit erzogen sind, die uns die Macht gibt, uns selbst zu richten, so wird es uns bald unmöglich, uns in dem Glauben an Gott zu behaupten, in den wir als Kinder hineingewachsen sind. Die kindliche Anlehnung an die Personen unserer Umgebung wird uns unmöglich. Denn wir messen jetzt das geistige Leben der anderen an Idealen, deren Recht wir selbst einsehen. Wir stellen höhere Ansprüche an die Begründung des religiösen Glaubens. Denn wir haben an der sittlichen Einsicht erfahren, wie recht begründete persönliche Überzeugung beschaffen ist. Vor allem aber müssen wir in den Nöten des sittlichen Lebens empfinden, daß wir von Gott verlassen sind. Wenn wir uns sagen müssen, daß wir die Kräfte unserer Seele verdorben haben, und daß wir dem Guten im Wege sind, so wird der Gedanke, daß die Macht über alle Dinge uns trage und behüte, in uns entkräftet. Denn es drängt sich uns als eine unleugbare Wahrheit auf, daß unsere Triebe dem Zuge dessen zuwiderlaufen, was schließlich allein Macht haben kann. Dann sind wir aber in dem, was wir für uns selbst sind, von Gott verlassen. Man kann es freilich versuchen, auch in solcher Lage sich selbst zu behaupten. Wir können entweder die Gedanken von der Liebe Gottes, in denen sich die Glaubenszuversicht der Christen ausdrückt, dazu benutzen, um unsere eigene Erfahrung, in der wir nichts von Liebe Gottes verspüren, zu übertäuben. *Das ist |97| die Praxis, zu der die Menschen angeleitet werden, wenn man ihnen vorspricht, daß die entschlossene Aneignung christlicher Lehre ihnen helfen werde.* Wir können auch der Wahrheit die Ehre geben und auf den Glauben verzichten, daß ein Gott etwas mit uns zu schaffen habe, aber dabei doch den Glauben an die sittlichen Ideale und den Entschluß, für sie zu leben, festhalten. So steht es mit unzähligen Männern, die durch Bildung und Besitz zu geistigen Führern des Volkes berufen sind. Wir können uns endlich auch zu der Masse derer schlagen, die alles hinter sich werfen, was die Seele emporzieht, und können uns der Sorglosigkeit eines tierischen Lebens überlassen. Dieser Weg ist der gewiesene Ausgang auch für die, die das erste und das zweite tun. Denn das eine ist so unwahr wie das andere. Die Gedanken von der Liebe Gottes sind für uns bedeutungslos, wenn wir uns von dem gerichtet fühlen, was wir uns allein als göttliche Macht denken können. In dem Glauben an die sittlichen Ideale aber kann sich der schuldbewußte Mensch nur um den Preis aufrichten, daß er die Ideale fälscht und sich selbst betrügt. Er umgeht die Wahrheit, daß der Mensch das Gute nur wollen kann, wenn er sich selbst verleugnet, und daß er nur dann sich selbst verleugnen kann, wenn er im Innersten über alle Not hinaus ist, nicht aber, wenn er im Innersten durch das Schuldgefühl unglücklich und kraftlos ist. Es ist also dem Erwachsenen nicht möglich, sich so in der Hut Gottes geborgen zu fühlen, wie ein Kind, wenn ihm nicht eine andere Offenbarung zu teil wird, als dem Kinde.

Wir können uns aus der Gottverlassenheit des bösen Gewissens nur dann wieder aufrichten und uns zu Gott zurückfinden, wenn wir sehen können, daß Gott in seiner Offenbarung auf diese unsere Not Rücksicht nimmt. Diese Anschauung verschafft uns Jesus. Denn den Menschen, der sich um des Gewissens willen bei keiner bloßen Überlieferung religiöser Gedanken beruhigen kann, macht Jesus |98| durch seine Wirklichkeit in der Geschichte Gottes gewiß. Die Erkenntnis, daß Gott nichts anderes sein kann als die persönliche Lebendigkeit und Macht des Guten, läßt sich in jedem Menschen entwickeln, der überhaupt zum Bewußtsein des Guten gekommen ist. Mit diesem Zuge unseres Herzens zu Gott trifft die wunderbare Tatsache der Person Jesu zusammen. Während unser inneres Leben uns keinen Grund zu dem Vertrauen gibt, daß wirklich in allem, was geschieht, das Gute herrscht, so läßt uns Jesus an seiner Person die Lebensfülle und die sichere Kraft des guten Willens und damit die Macht des Guten über das Wirkliche anschauen. Wir erfahren an ihm, daß er uns erst die sittlichen Ideale, an denen wir uns und andere messen, deutlich und inhaltvoll macht. Deshalb können wir ihn nicht richten, sondern fühlen uns durch ihn gerichtet. Wenn wir ihn nicht kennen, so wird das böse Gewissen immer den Gedanken in uns befestigen, daß es keinen Gott gibt. Denn der Widerspruch zwischen dem, was wir sein sollen und sind, zwischen dem Drang nach Leben und dem Gefühl der Nichtigkeit läßt einen machtvollen Glauben an Gott nicht in uns aufkommen. Ist uns dagegen Jesus eine wirkliche Tatsache geworden, so läßt er uns erfahren, daß es eine Macht des Guten über das Wirkliche gibt, und daß wir von dieser Macht geschieden sind. In dieser Erfahrung entsteht dem sittlich reifen Menschen die neue Gewißheit von Gott, die durch sein Schuldgefühl nicht mehr aufgelöst, sondern bestätigt wird. Nicht um deswillen, was wir in uns selbst wahrnehmen, aber auch nicht auf Grund dessen, was uns andere sagen, glauben wir an Gott. Gegen die Wirklichkeit unserer sittlichen Not kommen keine Worte wohlmeinender Menschen auf, sondern nur eine Wirklichkeit, die ebenso unleugbar ist. Was wir aber um unsertwillen nicht können, das müssen wir um Jesu willen, den Gedanken fassen, daß Gott in dem Wirklichen herrscht, das uns bewußt ist. Uns können wir ohne Gott denken, ihn nicht. Durch dieselbe Kraft seines inneren Lebens macht er uns unsere sittliche Ohnmacht |99| und die Wirklichkeit Gottes klar. Darin besteht die Macht Jesu über persönliche Wesen, daß er sie, indem er ihnen nahe kommt, an ihrem eigenen Können verzagen und Gottes inne werden läßt. Diese Macht aber gebraucht Jesus, um die Menschen, denen er in solcher Weise Gott offenbart hat, aufzurichten. Er faßt alle seine Kräfte zusammen zu dem Berufswerk des Erlösers, das uns das selige Leben eines Menschen in der Gemeinschaft mit Gott offenbaren soll, aber zugleich sein Verlangen, uns zu helfen, und seine unbesiegliche Zuversicht, daß er es könne. Indem er dies den Menschen zeigt, die seine Macht an sich erfahren, erlöst er sie. Denn daraus entnehmen sie, daß der Gott, den sie zunächst als den Vater Jesu Christi und ihren Richter kennen gelernt haben, dennoch ihr Vater sein will.

Darin liegt die wirkliche Analogie des Christenglaubens mit dem Glauben des Kindes. *Es muß uns ebenso gehen wie dem Kinde, daß wir durch ein stärkeres persönliches Leben uns gänzlich bestimmen und über das, was wir durch uns selbst sind, emportragen lassen.* So wird die Forderung, daß wir werden sollen wie die Kinder, in uns erfüllt. Dagegen geschieht dies gewiß nicht, wenn wir die in unserer Umgebung herrschenden religiösen Vorstellungen in uns nachzubilden suchen. Denn während dies bei dem Kinde unwillkürlich erfolgt, ist es bei uns nur durch einen Gewaltakt möglich, den wir uns selbst antun. Bei dem äußerlich gleichen Erfolge würden wir also das Gegenteil des Kindessinnes betätigen. Dieser Kindessinn kann in uns nur entstehen, wenn wir dasselbe erleiden wie das Kind, wenn uns persönliches Leben begegnet, das uns zu grenzenlosem Vertrauen zwingt. Das findet aber der zu sittlicher Selbständigkeit erwachte Mensch nirgendwo sonst in der Welt. Nur an der Person Jesu kann er es erfahren. Wenn er an irgend etwas anderes sich so hingibt, so wirft er sein Vertrauen und sich selbst weg.

Wenn wir nun an der Tatsache, daß die Person Jesu |100| auf uns einwirkt, erkannt haben, daß Gott sich uns offenbart und uns seine Liebe zuwendet, so wird dadurch die Welt für uns verändert. Denn die Welt, in der uns das widerfährt, hat für uns nicht mehr die unbestimmte Weite eines grenzenlosen und rätselhaften Geschehens. Was wir an der Person Jesu erleben, verrät uns den Sinn der Wirklichkeit, in deren Zusammenhange die Person Jesu uns begegnet. Wenn wir den Sinn seines Lebens verstehen, so gewinnen unsere einzelnen Erlebnisse den Ausdruck von Bemühungen Gottes um unsere Seele. Die gesamte Welt aber wird uns eine zweckvolle Ordnung, die in der Person Jesu und seinem Werke an uns gipfelt. Aber in dieser neuen Weltanschauung findet das Denken des Christen, der an der Wirklichkeit Jesu Gottes gewiß geworden ist, dennoch nicht seinen Abschluß. Er hat nicht nur eine veränderte Anschauung von der wirklichen Welt, sondern auch die Anschauung von einer anderen Wirklichkeit, die sich in ihm und anderen durch das, was sie unter Gottes Einwirkung werden, gestalten soll.

Aber zu einem solchen Leben werden wir nur dann erhoben, wenn uns die Tatsache gegenwärtig bleibt, die uns allein in die Tiefe sittlicher Not und wieder zu der Erfahrung göttlicher Hilfe emporführen kann. Daß diese Tatsache die geistige Macht des Menschen Jesus ist, behaupten wir. Beweisen können wir es nicht. Wie sollte das auch möglich sein, da doch jeder es selbst erleben muß, daß die geistige Macht Jesu sein Selbstvertrauen zerbricht und ein Gottvertrauen in ihm schafft, das ihn neu macht. Wir können nur zeigen, wie ein Mensch innerlich umgestaltet wird, wenn er in der Einwirkung der Person Jesu auf ihn den Verkehr Gottes mit seiner Seele findet und versteht. Aber das Faktum, das wir als die Zuwendung Gottes zu uns erleben sollen, kann uns durch kein Produkt der Reflexion ersetzt werden.

So selbstverständlich das zu sein scheint, so ungeheuer schwer ist es uns doch, von der entgegengesetzten Vorstellung uns loszumachen. Auch wir Christen sind immer |101| wieder versucht, Jesus Christus als die Voraussetzung aufzufassen, aus der sich unser Verhältnis zu Gott mit logisch sicheren Schlüssen ableiten läßt. In Wahrheit sollen wir ihn als die unleugbar wirkliche Tatsache auffassen, die durch die Kraft ihres Inhalts uns davon überzeugt, daß Gott in ihr selbst sich uns zuwendet, um uns zu sich zu ziehen. Aber es ist unvergleichlich bequemer, diese Anschauung einer Tatsache beiseite zu lassen und vielmehr in Gedanken über Jesus Garantien dafür zu suchen, daß wir uns der Gnade Gottes versichert halten dürfen. Denn die Anschauung der Tatsache, die Wirklichkeit des persönlichen Lebens Jesu nötigt uns eine immer neue innere Arbeit auf. In der schmerzlichsten Erfahrung, die unseren Dünkel völlig niederschlägt, läßt sie uns die Macht Gottes empfinden. Ist es uns dagegen möglich, uns in Reflexionen über Christus festzusetzen, die uns sachliche Garantien dafür bieten, daß Gott mit uns sei, so eröffnet sich uns die Möglichkeit, daß uns der schmerzvolle innere Vorgang, in dem wir zu der Anschauung des auf uns wirkenden Gottes erhoben werden, erspart bleibt. Die Versuchung, dieser Aussicht zu folgen, ist immer mit der gewohnheitsmäßigen Aneignung der kirchlichen Lehren über Christus und sein Werk verbunden. Diese Lehren können an sich wohl begründete christliche Gedanken aussprechen. Sie werden aber trotzdem zu einer Macht der Versuchung, wenn sie die Anschauung der Tatsache hemmen, die wir als das Eingreifen Gottes in unser Leben und deshalb als den Grund unseres Glaubens an Gott erleben sollen. Dieselben Gedanken über Christus, die bei anderen ein Zeichen ihrer Erlösung sein können, werden uns verderblich, wenn wir uns zu der Meinung überreden lassen, wir müßten sie uns aneignen, um erlöst zu werden. Denn dann bleibt es uns verborgen, daß Gott allein uns hilft, daß die Vereinigung mit ihm uns selig macht, und daß wir nur dann mit ihm vereinigt sind, wenn wir in unleugbaren Tatsachen seine Macht als die Macht der Liebe verspüren, die uns sucht und das |102| Böse in uns überwindet. Wenn unser Herz nicht mehr dahin drängt, in Jesus Christus die Tatsache zu erfassen, in der sich uns Gott offenbart, so werden wir inmitten des größten Reichtums christlicher Vorstellungen bald dahin kommen, daß wir nicht nach Gott selbst verlangen, sondern nach Sicherheit vor Gott.

Diese Gefahr liegt aber in der Art, wie in den christlichen Kirchen das Bekenntnis zu der Gottheit Christi gebraucht wird, offen vor. Der Satz wird freilich nicht aufgegeben, daß die christliche Gemeinde an Jesus den Mittler habe, durch den sie Zugang hat zu Gott oder durch den ihr Verkehr mit Gott vermittelt ist. Aber was man hinzufügt, nimmt diesem Satze seine Bedeutung. Es wird nämlich als etwas Selbstverständliches hingestellt, wenn man das an Jesus haben wolle, so müsse man sich vorher zu seiner Gottheit bekennen. Diese Forderung, die so vielen aufrichtigen Menschen den Zugang zu Christus verlegt und so vielen ernsten Christen die Klarheit des Glaubens trübt kann ihr Unrecht nicht mehr verhüllen. Das Bekenntnis zu der Gottheit Jesu bedeutet doch offenbar das Bekenntnis, daß Jesus Gott ist. Diesen Gedanken aber sich anzueignen, einen Sinn in diesen Worten zu finden, ist dem Menschen sicherlich unmöglich, den Jesus noch nicht zu einem Bruch mit seiner Vergangenheit und zu einem Anfang einer neuen Existenz gebracht hat.

Wenn wir den Satz, daß Jesus Gott ist, verstehen sollen, so ist natürlich *erstens* nötig, daß wir Jesus selbst kennen. Lernen wir ihn nicht kennen und gebrauchen trotzdem die Vorstellung, daß er Gott sei, so haben wir daran nur die allgemeine Idee der Menschwerdung Gottes. Ein nicht ganz phantasieloser

Mensch wird auch damit schon etwas anfangen können, nämlich eine Weltanschauung, bei der er selbst nur die Rolle des Zuschauers spielt. Aber für die eigene persönliche Existenz des Menschen hat ein solches Spiel mit dem Gedanken der Menschwerdung Gottes und die dadurch beeinflußte Weltanschauung keine Be-|103|deutung. Man kann sagen, die Lehre, daß in Jesus Gott Mensch geworden sei, diene doch dazu, auf ihn aufmerksam zu machen. Das ist auch richtig, aber daraus folgt gerade nicht, daß wir, um Christen zu werden, uns das Bekenntnis zu jener Lehre aneignen könnten und müßten. Wir können dadurch nur angeregt werden, uns den Menschen anzusehen, der so auf andere gewirkt hat, daß sie den menschgewordenen Gott in ihm sehen konnten. Dann können wir vielleicht verstehen lernen, was die Seele Jesu bewegt, und können die Kraft des persönlichen Geistes empfinden, der in allen seinen Regungen die Macht des Guten offenbart, aber zugleich sich selbst in die Mitte der Geschichte zu stellen wagt. Den Inhalt solcher Erfahrungen müssen wir selbst vielleicht in den Gedanken fassen, daß Gott nichts anderes sein kann, als der durch Jesus auf uns wirkende persönliche Geist. Erst das, was wir an dem Menschen Jesus erleben, kann dem Bekenntnis zu der Gottheit Jesu einen bestimmten Inhalt geben. Und nur in dem, was als Tatsache auf uns wirkt, kann die uns erlösende Kraft liegen. Dagegen kann die Lehre von der Gottheit Jesu für sich niemand helfen. Wer nur diese Lehre und den Namen Jesu kennt, wenn er auch daneben charakterlos genug ist, anderen die Lehre nachzusprechen, wird dadurch gewiß kein Christ. Folglich ist es sinnlos, den Menschen zu sagen, wenn ihr durch Christus erlöst werden wollt, müßt ihr an seine Gottheit glauben. Es muß vielmehr heißen: wenn ihr durch Christus erlöst werden wollt, so müßt ihr an der Tatsache seiner Person erfahren, daß Gott mit euch verkehrt.

Zweitens ist zu einem wahrhaftigen Bekenntnis zur Gottheit Jesu nötig, daß wir Gott erkannt haben. Aber was Gott in Wahrheit sei, das wird uns erst klar, wenn wir an dem, was Jesus an uns wirkt, erfahren, daß Gott mit uns in Verkehr tritt. Bevor Gott in unserem inneren Leben mächtig wird und ein neues schafft, haben wir notwendig falsche Vorstellungen über ihn. Durch das Wunder seiner Erscheinung kann der Mensch Jesus die Zweifel an |104| der Wirklichkeit Gottes und die Wahnvorstellungen über Gott in uns überwinden. Wer infolgedessen die Tatsache des persönlichen Lebens Jesu als das machtvolle Einwirken Gottes auf ihn selbst empfindet, der hat eben daran den Anfang der Erlösung. In der Anschauung des in solcher Weise auf uns wirkenden Gottes und in der Unterwerfung unter ihn kommen wir von unserem bisherigen Wesen los. Bevor wir diese Macht des persönlichen Geistes erkannt haben, können wir nur unsichere und verworrene Gedanken über Gottes Wesen fassen. Dann können wir aber auch den Ausdruck Gottheit Christi noch nicht in seinem religiösen Sinne verstehen, sondern nur in dem Sinn irdischer Träume: Die Kirche darf also den Menschen, die sie den Weg der Erlösung führen will, nicht sagen: glaubt an die Gottheit Jesu, damit ihr erlöst werdet. Sie muß ihnen vielmehr sagen: bildet euch nicht ein, daß ihr das glauben und verstehen könnt; denn nur der Erlöste kann es. Wenn der Gottesname uns wirklich auf die Lippen kommt bei dem Gedanken an Jesus, so ist das die Wirkung davon, daß der heilige Geist Gottes in uns mächtig geworden ist, vgl. 1. Kor. 12, 3. Daß Jesus der Herr ist, wird uns offenbart, wenn wir durch die persönliche Kraft Jesu dazu gebracht sind, daß wir Gottes inne werden und uns ihm unterwerfen. In dem wirklichen Bekenntnis zur Gottheit Christi redet der Geist Gottes, den wir dadurch empfangen, daß Christus uns mit Gott verbindet. Ein schauerliches Zerrbild dieser heiligen Erkenntnis ist die Behauptung, man müsse an die Gottheit Christi glauben, damit man durch ihn erlöst werden könne.

Es wird jedoch nicht nur dadurch geschadet, daß das Bekenntnis zu einer bestimmten Lehre über Christus als Bedingung der Erlösung gefordert wird. Alles kommt darauf an, daß Jesus selbst durch sein persönliches Leben Macht über uns gewinnt. Dies wird aber auch durch den *Inhalt* der kirchlichen Lehren über das Werk und die Person Jesu leicht gehemmt. |105|

Dieser Nachteil ist deutlich zu bemerken an der Versöhnungslehre, welche die Reformatoren, abgesehen von den bekannten Änderungen der Theologie des Mittelalters entnommen haben. Nach dieser Lehre hat das geschichtliche Werk Jesu deshalb, weil in Jesus göttliche Natur war, die Kraft gehabt, in Gott die Hindernisse zu beseitigen, welche die Liebe Gottes gegen die sündige Menschheit aufhielten. Indem es dem durch die Sünde verletzten Gott eine Genugtuung beschafft, begründet es für uns die Gewißheit, daß uns Gott vergeben und damit in den Bereich seiner Gnade wieder aufnehmen *könne*. Dies ist nun allerdings das Höchste, das sich unter der Voraussetzung erreichen läßt, die aus irgend welchen Gründen angenommene und nicht näher bestimmbare göttliche Natur Jesu mache sein Werk zu einem Erlösungswerke. Diese unbestimmte Vorstellung von einer göttlichen Natur Christi kann uns gar wohl dazu dienen, einem für uns unbegreiflichen Vorgange, nämlich daß Gott seine Liebe den Sündern zuwendet, eine Art von Erklärung seiner *Möglichkeit* hinzuzufügen. Aber dazu kann uns der Gedanke daran, daß auf eine uns verborgene Weise in dem Menschen Jesus göttliche Natur gewesen sei, nicht verhelfen, die göttliche Vergebung als etwas *Wirkliches* anzuschauen. Dadurch allein aber wird unser Verlangen nach Erlösung gestillt.

Jene Versöhnungslehre war den Sozinianern gegenüber im Recht und darf auch heute noch den Anspruch erheben, daß sie gegen die rationalistischen Entstellungen des christlichen Versöhnungsgedankens eine wichtige Wahrheit in Schutz nimmt. Denn offenbar wird der christliche Glaube zu einem ohnmächtigen Dinge gemacht, wenn ihm zugemutet wird, aus der Erkenntnis, daß

Gottes Wesen Liebe sei, die göttliche Sündenvergebung als etwas Selbstverständliches zu folgern.[9] Und das geschichtliche Leben Jesu muß man |106| gänzlich mißverstanden haben, wenn man ihm nur dies entnimmt, daß Jesus eben jenes als eine den Menschen faßbare Wahrheit verkündigt habe. Es wird vielmehr jeder, der mit dem Werke Jesu ernstlich etwas anzufangen weiß, vor allem den Eindruck davontragen, daß die göttliche Sündenvergebung nicht etwas Selbstverständliches, sondern etwas höchst Wunderbares ist. Diesem Eindruck Folge zu geben, ist das nicht hoch genug zu preisende Verdienst jener Versöhnungslehre, bei welcher das Werk Jesu als die an Gott geleistete Genugtuung gedeutet wird, durch die für Gott die Möglichkeit beschafft sei, den sonst unmöglichen Akt der Sündenvergebung zu vollziehen.

Aber gerade diese Form, in der jene wichtige Erkenntnis, daß die göttliche Sündenvergebung nicht etwas Selbstverständliches sei, geborgen wird, ist dem Zwecke wenig entsprechend. Durch diese Form der Lehre wird erstens dem Menschen zugemutet, daß er einsehen könne, weshalb es für Gott möglich geworden sei, daß er ihm vergebe. Je mehr man sich aber dieser vermeintlichen Einsicht überläßt, desto mehr muß die Erkenntnis schwinden, daß die Vergebung für jeden, der sie empfängt, ein Akt unergründlicher Güte ist. Zweitens läßt die orthodoxe Versöhnungslehre den einzelnen Christen schließlich in derselben Lage wie der Rationalismus mit seiner Behauptung, Jesus habe nur verkündigt, daß Gott als der liebevolle Vater vergeben wolle. Die Vertreter der orthodoxen Lehre bemerken ganz richtig, daß der Sünder mit einer solchen Verkündigung nichts anzufangen weiß. Denn er wird sie einfach nicht glauben können. Der Verkündigung jenes Gedankens steht in ihm die unleugbare Wirklichkeit seines eigenen Schuldgefühls gegenüber. So leicht läßt sich der Mensch, der in seinem Schuldgefühl das Gericht des Ewigen empfindet, nicht bereden, eine Lehre anzunehmen, die ihm diese Wirklichkeit hinwegnehmen will. Er befindet sich in einem Zustande, der für ihn eine unleugbare Tatsache ist. Und nun sollte er um einer Lehre willen, die ihm andere vortragen, |107| aus der Wirklichkeit heraustreten können, in der er sich vorfindet, aus dem Gericht, dessen Recht er einsieht? Wohl hat auch Jesus von der Liebe des Vaters im Himmel geredet, die rückhaltlos bereit sei, den Reuigen zu vergeben. Aber er hat an niemand die schmachvolle Zumutung gerichtet, daß er das auf bloße Mitteilung hin für wahr halten solle. Er hat die Geschichte vom verlorenen Sohn nicht für Menschen, die ihn selbst nicht kannten, auf ein Blatt Papier geschrieben. Sondern er hat sie zu den Menschen geredet, die ihn sahen und an der Kraft seines persönlichen Lebens des Vaters im Himmel inne werden sollten, von dem er sprach. An der Einbildung, daß dem reuigen Sünder die bloße Lehre von der Vaterliebe Gottes helfen könne, läßt sich sehen, daß

---

[9] Die letztere Meinung hat man ebenfalls RITSCHL imputiert. Das ist wohl die verwegenste Entstellung, die man an seiner Theologie geübt hat.

Die Begründung unseres Verkehrs mit Gott durch die Offenbarung Gottes 81

im Rationalismus und in weiten Kreisen des liberalen Christentums unserer Zeit ebenso wie im Pietismus Gedanken katholischer Frömmigkeit wieder aufgelebt sind. Denn jene Einbildung entspricht der katholischen Praxis, bei der für das innere Leben des Christen, der nach Wahrheit und Wirklichkeit dürstet, nicht gesorgt wird, dagegen der jesuitische Verzicht auf ein eigenes inneres Leben in Ernst und Wahrhaftigkeit vorausgesetzt wird. Der Sünder, der nicht den Weg der Jesuiten betreten will, wird die Zumutung, daß er jener Lehre beifallen könne und solle, von ganzem Herzen verachten. Darin zeigt sich also bei der protestantischen Orthodoxie noch etwas von dem echten Triebe der Reformation, daß sie den Sozinianern gegenüber jenen rationalistischen Wahn aufs bitterste bekämpfte. Aber wie steht es denn nun mit der praktischen Wirkung der orthodoxen Lehre selbst? Sie verwirft die rationalistische Lehre, weil Gott unmöglich ohne weiteres vergeben könne. Sie fügt daher hinzu, daß zuvor durch das Tun und Leiden Christi der Gerechtigkeit Gottes eine Genugtuung beschafft sei, die es nunmehr für Gott möglich mache, den Sündern zu vergeben. Damit ist der Versuch gemacht, der Tatsache gerecht zu werden, daß dem aufrichtigen Sünder unmöglich die Vergebung Gottes als etwas Selbstverständliches |108| erscheinen kann. Aber der Sünder, dem durch das Gefühl seines sittlichen Unwerts der Lebensmut gebrochen ist, bleibt, wenn er die orthodoxe Lehre annimmt, genau in derselben Lage, in der ihn die rationalistische Lehre lassen würde. Mag immerhin jene Lehre richtig sein, daß Gott den Sündern die Hölle ersparen könne, weil Jesus die Qualen der Hölle stellvertretend erlitten habe. Daraus, daß Gott das allen Menschen gegenüber kann, wird kein seiner Not bewußt gewordener Sünder die Folgerung ziehen können, die seine eigene Bedrängnis zu stillen vermöchte. Er kann sich nicht sagen: weil Gott allen Menschen vergeben kann, vergibt er dir tatsächlich.

Was hat aber die orthodoxe Theologie getan, um diese Kluft zwischen der allgemeinen Möglichkeit der Vergebung und der tatsächlichen Vergebung Gottes, deren ich bedarf, zu überbrücken? Sie hat eine Lehre von der Heilsordnung dargeboten, in welcher erzählt wird, daß verschiedene Stufen göttlicher Gnadenhilfen dazu nötig seien, um einen Sünder dahin zu bringen, daß er sich das objektiv beschaffte Heil, d. h. die in der Lehre vom Werke Christi berichtete Befreiung Gottes von dem Zwange, uns verdammen zu müssen, zu seinem eigenen Besten aneigne. Mag auch diese Lehre wiederum richtig sein, so wird sie doch keinen, der sie befolgt, aus seiner eigenen sittlichen Not herausführen. Denn der Sünder wird sich immer wieder fragen müssen, ob denn das, was da erzählt wird, und ja wohl bei anderen stattfinden mag, auch bei ihm zutreffe. Die gehäuften Versicherungen, er werde dessen schon gewiß werden, wenn er nur die Lehre sich treulich aneigne und nach ihr zu leben suche, helfen ihm gar nichts. Der Christ, in dem noch eine Spur von ernstem Lebensdrange ist, wird sich nicht mit solchen Worten abspeisen lassen. Er verlangt nach einer Tatsache, die gegen die Tatsache seines inneren Gerichts aufkommen kann. Nichts kann ihm helfen, als die aus einem unleugbaren Ereignis zu ihm sprechende überzeugende Tatsache, daß Gott gerade ihm vergibt. Zu dieser Tatsache |109| hat die orthodoxe Theologie nicht den Weg eröffnet, sondern den Weg verlegt.

Es ist mir immer erstaunlich gewesen, wie fromme und für ihren evangelischen Glauben begeisterte Männer sich bei den orthodoxen Lehren von dem Werke Christi und von der Heilsordnung beruhigen konnten, die, selbst wenn man sie sich ruhig gefallen läßt, den Sünder schlechterdings nicht an das heranführen können, dessen er zu seiner Errettung bedarf. Es wäre das auch ganz unbegreiflich, wenn nicht dieselben Männer aus ihrer Bibel Jesus selbst gekannt hätten. Die Liebe zu ihm, die sie in ihren Liedern und ihrem Leben reichlich bezeugt haben, läßt vermuten, daß sie doch aus der Offenbarung seines inneren Lebens als eines wirklichen Elements der Geschichte den tatsächlichen Erweis der Vergebung Gottes vernommen haben.

Dagegen ist es ganz richtig, daß man die Vorstellung, durch das stellvertretende Strafleiden Jesu sei uns die Erlösung erworben, nicht fahren lassen will. Denn wenn der Gläubige einmal in der in Christus an ihn erfolgenden Kundgebung Gottes die göttliche Sündenvergebung als ihm zu teil gewordene angeschaut hat, so ahnt auch der Glaube, daß Gott nur durch die Tatsache der im Leiden vollendeten sittlichen Persönlichkeit Jesu mit den Sündern wieder in Verkehr treten konnte. Ja noch mehr. Der Gläubige sagt sich dann unwillkürlich im Rückblick auf das Werk Jesu: was wir hätten leiden sollen, leidet er. Man könnte es deshalb sogar auffallend finden, daß im Neuen Testament nicht öfter, als es geschieht, die Vorstellung gestreift wird, daß Christus unsere Strafe getragen hat. Denn die Not unseres Schuldgefühls nimmt schließlich immer wieder ihr Ende in der Erkenntnis: der eine Mensch, durch den wir Zugang haben zum Vater, hat, weil er wußte, daß uns nicht anders zu helfen sei, sich selbst geopfert und damit unsere Last auf sich genommen. In der so durch ihn gestifteten Gemeinschaft mit uns werden wir frei.

Aber alles wird verdorben, wenn mit dem kirchlichen |110| Satisfaktionsdogma jene Reflexion *zum Ausgangspunkt des Verständnisses Jesu und zum Grunde der Gewißheit der Sündenvergebung gemacht wird*. Der Mensch, der durch Christus Vergebung empfangen hat, wird immer wieder erfahren, daß die Zweifel, die sich aus seinem Schuldgefühl erheben, ihm diesen geistigen Besitz zu rauben suchen. Aber wenn er in Wahrheit in Jesus den ihm vergebenden Gott gefunden hat, so wird er auch in der Erscheinung Jesu die Hilfe gegen die Zweifel des bösen Gewissens finden. Er wird dann sehen, daß Jesus, indem er Vergebung spendete, zugleich alles tat, um das unverbrüchliche Recht der sittlichen Ordnung Gottes zu bestätigen. Das ist aber der Ansatz zu der Lehre von dem stellvertretenden Strafleiden Jesu. So wird dieser Gedanke in dem Menschen, der Vergebung von Jesus empfangen hat, hervorgerufen.

Er dient der Überwindung der Zweifel, die sich gegen die Realität der Vergebung immer wieder in dem Menschen erheben, der die Vergebung erlebt hat. Daß er dagegen dazu dienen könne, dem noch nicht erlösten die Gewißheit der Vergebung zu beschaffen, ist ein sonderbares Mißverständnis. Bei einem solchen Menschen kann jene Lehre, wenn er ihr folgt, nur falsche Vorstellungen über Gott erwecken. Er wird sich nach dieser Anleitung Gott als ein Wesen vorstellen, das überhaupt nicht vergeben, wohl aber mit dem Menschen in einen Rechtshandel eintreten kann.

Es ist nun interessant, zu sehen, wie auch bei Luther die Empfindung sich hervordrängt, daß die Lehre von der stellvertretenden Genugtuung das gar nicht ausdrückt, was dem Sünder die Vergebung Gottes beschafft. In dieser Lehre wird auf die Gedanken Bezug genommen, die sich das böse Gewissen des Sünders über Gottes Stellung zu ihm macht. Indem die Lehre von der stellvertretenden Genugtuung die Überwindung dieser Gedanken ausdrücken soll, bewegt sie sich selbst in den Vorstellungen, welche das böse Gewissen auf Gottes Verhältnis zu dem Sünder anwendet. Sie besagt, daß Christus eben das erbracht habe, was nach der Aussage des bösen Gewissens Gott von dem Sünder fordern müsse, bevor er vergeben könne. Wenn ein Mensch so zu denken beginnt, der vorher schon durch Christus die Vergebung Gottes empfangen hat, so haben bei ihm diese Vorstellungen ihr gutes Recht. Denn bei ihm wird darin die Erfahrung ausgedrückt, daß Christus allein ihn gegen die Zweifel schützt, die sich aus seinem Schuldgefühl gegen die Wirklichkeit der Vergebung erheben. Dagegen wirken jene Vorstellungen schädlich, wenn sie allein den Grund der Zuversicht, daß Gott vergebe, ausdrücken sollen. Denn dann fördern sie den dem Sünder sehr bequemen Wahn, daß die Spannung zwischen Gott und dem Sünder durch einen dem Verstande durchsichtigen Rechtshandel aufgelöst werden könne. Und sie verhüllen dann die Wahrheit, daß diese Spannung nur aufgelöst werden kann durch die Tat der Vergebung als eine unbegreifliche Offenbarung der persönlichen Liebe. Weil es sich so mit der Lehre von der stellvertretenden Genugtuung verhält, so hat Luther auf der einen Seite sie als ein Kleinod der Kirche vertreten und verteidigt. Auf der anderen Seite hat er aber auch ihren Mangel, die Anwendung juristischer Vorstellungen auf das Verhältnis Gottes zum Menschen, hervorgehoben.

Sehr lehrreich ist in dieser Beziehung die folgende Äußerung einer Predigt, welche erst in der letzten Ausgabe der Sommerpostille von 1543 steht: „Von der Buße hat bisher das ganze Papsttum nicht anders wissen zu lehren, denn daß sie stehe in dreien Stücken, die sie nennen: Reue, Beichte und Genugthuung; und doch von der keinem die Leute recht können unterrichten. *Und zwar das Wort satisfactio, Genugthuung, haben wir ihnen zu Willen lassen hingehen* (der Hoffnung, ob wir sie könnten mit Glimpf zu der rechten Lehre bringen), *doch mit dem Verstand, daß es heiße, nicht unser Genugthuung, son-*|112|*dern Christi*; damit er für unsere Sünde durch sein Blut und Sterben bezahlet und

Gott versöhnet hat. Weil wir aber bisher so oft erfahren und noch für Augen sehen, daß mit keinem Glimpf nichts bei ihnen zu gewinnen ist, und sie nur je länger je mehr fortfahren, der rechten Lehren zu widersprechen; so wollen und müssen wir uns auch rein von ihnen ausschälen und sondern, *und von ihren erdichten Worten*, so sie in ihren Schulen aufgeworfen, und jetzt nur suchen, ihre alte Irrtumb und Lügen damit zu bestätigen, nichts mehr wissen. Darumb soll auch dies Wort, Genugthuung, in unsern Kirchen und Theologia furder nichts und todt sein, und dem Richterampt und Juristenschulen (dahin es gehöret, und daher es auch die Papisten genommen) befohlen sein."[10] In diesen Worten ist klar ausgesprochen, daß für den Verkehr des Menschen mit Gott eine Gott geleistete Genugtuung zum Zweck der Herstellung seines Gnadenwillens für den Sünder überhaupt nicht in Betracht kommt, daß dieser aus dem Recht stammende Begriff durch die Vermittlung des katholischen Bußsakraments in die Theologie gekommen ist, daß endlich Luther denselben nur aus freundlicher Rücksicht auf die herrschende Vorstellungsweise für die Versöhnungslehre zugelassen, aber auch seine gänzliche Beseitigung in Aussicht genommen hat.[11] Es ist daraus deutlich zu erkennen, daß Luther den Begriff einer von Christus geleisteten Genugtuung trotz der Einsicht, daß derselbe einer verkehrten Anschauung über das Verhältnis des sündigen Menschen zu Gott entstammt, |113| dennoch verwendet hat, weil er sich mit dem schädlichsten römischen Irrtum in der eigenen Vorstellungssphäre desselben auseinandersetzen wollte. Er hätte auch sagen können, daß die Vorstellungen der Lehre, deren er sich mit der alten Kirche bediente, für den Menschen unbedenklich seien, der bereits auf andere Weise die Vergebung Gottes empfangen hat. Auf jeden Fall aber hat er die Inkongruenz der juristischen Vorstellungen, in denen die Lehre sich bewegt, empfunden und ausgesprochen.

Nach der sozinianischen und rationalistischen Lehre hat Christus die göttliche Sündenvergebung verkündigt, nach der orthodoxen Lehre hat er sie ermöglicht, in Wahrheit spendet er sie uns. Für das erste reicht es aus, in Jesus den Menschen zu sehen, der eine göttliche Wahrheit verkündigt; für das zweite genügt es, uns ein göttliches Wesen als mit ihm vereinigt vorzustellen, das etwas anderes ist als er selbst; das dritte können wir nur erleben, wenn wir in dem Christus, der uns eine zweifellose Tatsache ist, den auf uns wirkenden Gott erfassen. Die Vergebung Gottes können wir nur dadurch empfangen, daß

---

[10] E. A. 11, 306 [f.]

[11] HERMANN SCHULTZ, Die Lehre von der Gottheit Christi: communicatio idiomatum, Gotha 1881, 194, sagt in Bezug auf diese Stelle, Luther verwerfe darin das Wort satisfactio *überhaupt*, aber doch nur im Hinblick auf die Lehre von der Buße. Aber das erscheint mir eben das Bemerkenswerte daran zu sein, daß Luther hier das Wort in dem Sinne der von Christus geleisteten Genugtuung verwirft. (Anders ist es 24, 86, wo er mit Bezug auf das Urteil, das das Wort im Bußsakrament angerichtet hat, sagt: „Derhalben ich auch feind bin dem Wort gnugthun, wollte, es wäre nie aufkummen.")

er uns unsere Sünde zur Pein macht und uns doch zugleich das Unbegreifliche merken läßt, daß er selbst uns sucht und uns nicht aufgibt. Wenn wir nur ernstlich darauf hoffen, durch Christus die Vergebung Gottes zu empfangen, so müssen wir *erstens* nicht nach einer Lehre über ihn fragen, sondern uns ehrlich auf den Christus besinnen wollen, der sich uns als ein unwidersprechlich Wirkliches aufdrängt. Denn die Vergebung Gottes, die ein von uns erlebtes Werk Gottes an uns selbst sein soll, können wir nicht aus den Begriffen einer Lehre herausrechnen; sie muß sich uns als der Inhalt eines Faktums herausstellen, das uns in den Weg gerückt wird. Es kommt deshalb auch nicht darauf an, daß wir uns anstrengen, möglichst Hohes von Christus auszusagen. Solche Künste müssen wir ruhen lassen und einfach hören wollen, was uns die Überlieferung von ihm |114| zu sagen hat. Ist darin nichts, was als ein Wirkliches in unser inneres Leben eingriffe, so ist es sinnlos, noch zu fragen, ob und wie Christus uns die Sündenvergebung Gottes vermittle.

Was die einzelnen Menschen, an die die Überlieferung von Christus herankommt, dabei als ein Wirkliches berührt, ist naturgemäß individuell sehr verschieden. Aber jeder kann sich, wenn er nicht die Verbindung mit dem Erlöser verlieren soll, nur an das halten, was sich ihm selbst dabei als ein unleugbar Wirkliches darstellt. Denn wenn es überhaupt für ihn eine Erlösung in seinem inneren Leben gibt, so kann sie auf jeden Fall nur von dem erwartet werden, was in diesem inneren Leben als ein Wirkliches auftreten kann. Was nicht einmal die Kraft hat, in die innere Welt unseres Bewußtseins als ein unleugbar Wirkliches sich einzudrängen, ist auch nicht im stande, in dieser inneren Welt das Kraftzentrum eines neuen Lebens zu bilden.

Zweitens können wir nur dann sagen, daß Christus uns die Vergebung Gottes spendet, wenn er als die jeden Zweifel überwindende Offenbarung Gottes auf uns wirkt und dadurch uns erfahren läßt, daß Gott trotz unserer Sünde uns sucht. Die Vergebung Gottes ist nicht eine beweisbare Lehre, noch weniger eine Vorstellung, die man sich durch seinen Entschluß aneignen könnte. Sie ist ein religiöses Erlebnis. Es muß als eine unbegreifliche Wirklichkeit vor uns stehen, daß dasselbe Faktum, das den Schmerz über unsere Untreue und Willensschwäche steigert, dennoch uns als ein Wort Gottes an uns vernehmlich wird, das uns davon überzeugt, daß ihm an uns gelegen ist. Die Erscheinung Jesu kann uns dieser Ausdruck der Vergebung Gottes werden, sobald wir bei ihm so wie nirgends sonst die Nähe Gottes gespürt haben. Nicht durch eine langgesponnene dogmatische Reflexion kommen wir auf den Gedanken, daß wir durch Jesus die Vergebung Gottes empfangen. Wir werden dessen inne, sobald wir die Tatsache, daß zu unserer Existenz das Dasein dieses Menschen gehört, |115| religiös verstehen oder als ein Werk Gottes an uns auffassen können. Denn dann wird uns sein Tod, wie er ihn erlitten und in den Abendmahlsworten ausgelegt hat, das Wort Gottes, das unser Schuldgefühl überwindet.

Der Gott, der uns in Christus nahekommt, söhnt durch diesen Tod uns mit sich aus.

Unsere Sehnsucht, daß wir einmal einem persönlichen Leben begegnen möchten, das alles, was uns von ihm trennen könnte, in reines Vertrauen auflöst und uns dadurch eine Heimat gibt, ist das Verlangen nach dem lebendigen Gott. Das finden wir aber bei Jesus in jedem Moment, wo die Erinnerung an ihn uns die Furcht vor dem Verhängnis abnimmt und uns aus der Ratlosigkeit des bösen Gewissens rettet. Dann schwindet aus der Tiefe unserer Seele die Vereinsamung, in der sonst alle unsere Erlebnisse endigen. Wir sind nicht mehr verlassen, wenn sich uns das persönliche Leben Jesu aus seinen Spuren in der Geschichte in seiner Kraft offenbart.

So entsteht in dem, was Christus an uns wirkt, die Vorstellung von seiner Person, die nur in dem Bekenntnis zu seiner Gottheit richtig ausgedrückt werden kann.[12] Indem uns Jesus als der göttliche Akt der Sündenvergebung oder als die Kundgebung, durch die Gott mit uns in Verkehr tritt, verständlich wird, erkennen wir in seiner menschlichen Erscheinung Gott selbst, der uns zu sich heranzieht.[13] Daß |116| wir es bei einem solchen Ergriffenwerden durch die geschichtliche Gestalt Jesu mit Gott selbst zu tun haben, dieser Gedanke ist sicherlich bei jedem, den Christus erlöst, das Wichtigste in dem Bekenntnis zu der Gottheit Christi. Wir kommen auf diesen Gedanken nicht erst durch einen Schluß von dem, was wir an Christus erleben. Sondern das Erlebnis selbst ist so beschaffen, daß wir ihm einfach den richtigen Namen geben, wenn wir uns zu der Gottheit Christi bekennen. In dem, was Jesus uns antut, erfassen wir den auf uns gerichteten Ausdruck der Gesinnung Gottes, oder Gott selbst als auf uns wirkenden persönlichen Geist. Dies ist die Form, in der der mit Gott durch Christus versöhnte Mensch notwendig die Gottheit Christi bekennt, auch wenn er die Formel ablehnen sollte.

Weil in dem Bekenntnis zur Gottheit Christi einfach zusammengefaßt ist, was der Christ an Christus hat, den ihm zugewendeten und ihm zugänglichen Gott, deshalb ist es nicht möglich, daß dieses Bekenntnis jemals aus der Kirche

---

[12] Vgl. Luther E. A. 17, 265: „Wer nu Christum also erkennet, daß er ihm alle seine Sünd, Tod und Teufel hab hingenommen, umbsunst durch sein Leiden, der hat ihn recht erkennt als einen Sun Gottes." Vgl. 50, 175: „weil aber das ewige Leben niemand geben kann, ohne Gott allein, so muß unwidersprechlich daraus folgen, daß Christus wahrhaftiger natürlicher Gott sei." Bemerkenswert ist auch die Äußerung 47, 6, wo Luther sagt, es sei eine essentialis definitio, wenn man glaube, daß Christus das ewige Leben gebe.

[13] Vgl. Luther E. A. 20, I, 162: „Wo ich mir Christum also einbilde, so male ich ihn recht und eigentlich, ergreife und habe den rechten Christum, wie er sich selbs malet, und lasse alsdann alle Gedanken und speculationes von der göttlichen Majestät und Herrlichkeit aller Ding fahren, hange und klebe an der Menschheit Christi; da dann gar kein Schrecken, sondern eitel Freundlichkeit und Freude ist, und lerne also durch ihn den Vater erkennen. Dadurch gehet mir dann ein solch Licht und Erkenntnis auf, daß ich gewiß weiß, was Gott, und wie er gesinnet ist."

schwinde. Aber dieselben Worte, in denen der Glaube ausspricht, daß er in Jesus Gott als sein höchstes Gut findet, können auch in einem gerade entgegengesetzten Sinne gebraucht werden. Den richtigen Sinn des Bekenntnisses zu der Gottheit Christi kann man ja schlechterdings nur fassen, wenn man das Werk über sich ergehen läßt, das Gott durch Jesus an der Menschenseele ausrichtet, die zur Besinnung über sich selbst kommt. Aber wir können freilich auch ein Bekenntnis zur Gottheit Christi haben, bei dem uns diese Erfahrung mit ihrer inneren Arbeit erspart bleibt. Es ist das der Fall, wenn wir uns mit der Voraussetzung begnügen, daß hinter dem menschlichen Leben Jesu, auf wunderbare Weise mit ihm verbunden, die Substanz |117| der Gottheit stehe, aus deren Vorhandensein auf eine erlösende Kraft des Tuns und Leidens Jesu geschlossen werden könne. Es ist freilich nicht abzusehen, wie man mit innerer Wahrhaftigkeit diese Voraussetzung machen will, wenn ausdrücklich ausgeschlossen wird, daß man an dem persönlichen Leben des Menschen Jesus die erlösende Kraft Gottes erlebe. Aber wie leicht setzt man sich darüber hinweg, wenn man es nur sonst für wertvoll hält, das christliche Bekenntnis sich anzueignen. Wie es in der Seele eines Menschen aussieht, der ein Bekenntnis nachspricht, das nicht das seine ist, und als Tatsache behauptet, was er nicht als Tatsache erlebt hat, werden wir im nächsten Kapitel sehen. Hier soll gezeigt werden, daß eine solche Vorstellung von der Gottheit Christi uns das verschleiert, was Gott uns durch Jesus geben will.

Die Vorstellung, gegen die wir diese Anklage erheben, ist die des alten katholischen Dogmas. Aber ist das nicht auch die Lehre unserer Kirche? In der Tat hat die Reformation in dieser Beziehung keinen Wandel geschaffen. Die evangelische Theologie hat infolgedessen wenig dazu getan, den evangelischen Christen das sehen zu lassen, daß er mit jener altkirchlichen Vorstellung nicht auskommen kann. Allerdings hat es die rationalistische Kritik nicht daran fehlen lassen, die Widersprüche des alten christologischen Dogmas aufzudecken. Aber das hat ähnlich gewirkt, wie der preußische Kulturkampf auf die römische Kirche. Eine solche Kritik hat jene Reste einer vergangenen Gestalt des Christentums nicht aufgelöst, sondern hat ihnen eine neue Lebensberechtigung verliehen. Denn sie verkannte die Wahrheit des Gedankens der Gottheit Christi überhaupt und bewirkte deshalb, daß die Kräfte des Glaubens, die zu diesem Gedanken empordrängen, dem alten Dogma zuströmten, das doch wenigstens diese Wahrheit hochhält. Indem die rationalistische Kritik den Widersinn aufdeckt, in den sich das Dogma von den zwei Naturen in Christus verliert, läßt sie dem Dogma das zu gute kommen, was |118| in der Tat von jedem Gedanken des Glaubens gilt, daß er nämlich dem nichtreligiösen Denken als völlig widersinnig erscheinen muß, bis ihm sein wesentlicher Gehalt genommen ist. In dem Kulturkampf der Aufklärung gegen das Dogma war mit einem redlichen Drange nach Wahrheit eine erstaunliche Verständnislosigkeit für das Denken des Glaubens verbunden. Sein Druck hat deshalb der

evangelischen Gemeindeorthodoxie und ihren Führern ein ähnliches Gepräge
gegeben, wie der preußische Kulturkampf in katholischen Kreisen hinterlas-
sen hat, eine ernste religiöse Erhebung auf der einen Seite, eine Abstumpfung
des Wahrheitssinnes und eine naive Roheit des Parteitreibens auf der anderen
Seite.
    Es fällt mir nun nicht ein, eine Vermittlung zwischen der rationalistischen
Kritik und der durch sie empörten und verwirrten Gemeindeorthodoxie zu versuchen. Da gibt es keine Milderung des Gegensatzes. Denn jeder der beiden
Gegner bedarf des anderen, um sich durch seine Bekämpfung einen Lebens-
inhalt zu schaffen. Wir müssen versuchen, die Gegner auf einen ganz anderen
Boden zu versetzen, sie für Fragen zu interessieren, die in ihrem Parteitreiben
nicht auftauchen können. Dabei aber kann uns Luther helfen.
    *An Luthers Stellung in der christologischen Frage tritt nichts so stark her-
vor als seine begeisterte Treue für das alte Dogma.* Zeugnisse dafür aus Luthers Werken anzuführen, wäre ganz überflüssig. Es ist so, wie es A. HAR-
NACK ausgeführt hat, daß in dem Theologengeschlecht, über dessen Horizont
Luther sich erhob, keiner so mit dem alten Dogma der Kirche Ernst machte,
wie er. Für die anderen war das Dogma eine heilige Reliquie geworden, die
man verehrte, die aber für das innere Leben höchstens die Bedeutung hatte,
daß eine willkürlich schaltende Phantasie allerlei Wirkungen daran anknüpfen
konnte. Für Luther dagegen war darin ausgesprochen, was sein Glaube tatsächlich an Jesus Christus hatte, die Erlösung aus Not und Sünde. Aber indem
er diesen Sinn darin fand, hat er mit dem Dogma |119| Gedanken verbunden,
die den Urhebern und dem bisherigen Kultus des Dogmas völlig fremd waren.
    Diese Gedanken drängen sich bei Luther unwillkürlich hervor, weil er an-
ders als die alte Kirche über das Heil denkt, das uns durch Christus gebracht
ist. Er sucht und findet in der Person Jesu die Tatsache, daß Gott sich liebevoll
und siegreich ihm zuwendet, derselbe Gott, von dem er sich durch seine Sünde
geschieden fühlte, und dessen Macht ihm schließlich durch das Gefühl seines
eigenen Elends gänzlich verhüllt wurde. Das haben die Urheber des altkirch-
lichen Dogmas in der Person Jesu nicht gefunden; und zahllose Christen, auch
in unserer Kirche, in denen sich diese Geistesart fortsetzt, finden es auch nicht.
Sie meinen an der Person Jesu etwas ganz anderes zu haben, nämlich lediglich
die Sicherheit darüber, daß ihre Seligkeit zukünftig möglich werde, oder, im
besten Falle, die Sicherheit darüber, daß ihnen wieder ein Verkehr mit Gott
möglich werde. Das ist offenbar etwas Geringeres als das, was Luther von
Christus hatte. Denn wenn sich dem Menschen in einer Tatsache, die sein Erlebnis geworden ist, ein Verkehr Gottes mit seiner Seele erschließt, von dem
er vorher keine Ahnung hatte, so hat er etwas ganz anderes, als wenn er sich
nur lehren läßt, er dürfe jetzt darüber sicher sein, daß er Gott wieder finden
könne. Ersichtlich ist auch, daß er nur in dem ersteren Falle an Christus etwas
hat, was schlechterdings nur in der Form eines religiösen Erlebnisses besessen

werden, also nur für den Glauben vorhanden sein kann. Denn in der Vorstellung, daß der Menschheit die Bedingungen für einen Verkehr mit Gott beschafft seien, kann man sich auch vermittels philosophischer Erwägungen festsetzen, die auch den ganz Ungläubigen zugänglich sind. Ebenso ist unbestreitbar, daß der Mensch in das innigste Verhältnis zu der Person Jesu tritt, wenn er sich die Gewalt, mit der das persönliche Leben Jesu ihn zu Gott emporzieht, als das Nahekommen Gottes klar machen kann. Dagegen tritt uns die Person Jesu zurück, wenn wir in der mit ihr |120| verbundenen göttlichen Natur lediglich die Bedingung dafür gegeben denken, daß wir zur Gemeinschaft mit Gott kommen können. Wer bei Jesus nichts weiter sucht, haftet zwar an der unbestimmten Vorstellung von einer göttlichen Natur, deren Eintreten in die Menschheit ihm als Grund des Heils erscheint. Aber was die Seele Jesu bewegt hat, wird er nur als Vorbild verwerten können. Seine Lebenshoffnung kann er daran nicht heften. Denn Grund des Heils ist uns nur das, was in dem inneren Vorgang unserer Erhebung zu Gott als die uns rettende Macht wirkt.

Deshalb bedeutete die Stellung zu Jesus, deren Luther sich bewußt war, einen Fortschritt in der Entwicklung der christlichen Religion. Denn im Christentum kommen wir nur dann weiter, wenn die Person Jesu eine höhere und umfassendere Bedeutung für unsere eigene Art zu fühlen und zu denken gewinnt, und wenn der Gedanke unseres Glaubens die deutliche Spur seines Ursprungs in dem Ausdruck empfangen kann, der anderen als sinnlos erscheinen muß und in ihrem Munde zur Lüge werden müßte.

Zu den neuen Gedanken, die Luther infolgedessen mit dem Bekenntnis zur Gottheit Christi verbindet, kann man auch seine bekannte Forderung rechnen, daß die beiden Naturen in Christus, von denen das Dogma redet, inniger vereinigt zu denken seien, als das gewöhnlich geschehe. Das war ein Fehler, den nach seiner Meinung nicht nur Ketzer begangen haben, sondern „die höhesten Theologi". Von sich selbst bekennt er, er habe früher dafür gehalten, „ich thäte wohl, wenn ich Christi Gottheit und Menschheit von einander scheidete."[14] Ein Mann, der so zu Christus stand, wie Luther, und daneben die Formel der Zweinaturenlehre festhielt, mußte über diese Scheidung hinwegzukommen suchen und jene Forderung erheben. Er mußte gegen jede Christologie protestieren, „welche Gottheit und Menschheit in Christus so äußerlich verbunden denkt, daß |121| man die eine anschauen kann ohne die andere."[15] Aber die Anstrengungen Luthers, die Begriffe der göttlichen und menschlichen Natur in eine innigere Verbindung zu bringen, waren vergeblich.[16] Es konnte nicht

---

[14] E. A. 47, 362.
[15] Vgl. HERMANN SCHULTZ, Die Lehre von der Gottheit Christi: communicatio idiomatum, Gotha 1881, 201.
[16] Vgl. JULIUS KÖSTLIN, Luthers Theologie, 2. Aufl. Stuttgart 1901, 2, 146; HERMANN SCHULTZ, a. a. O., 204.

anders sein. Denn das, was Luther meinte, das wunderbare Erlebnis des Glaubens, daß Jesus uns nötigt, in ihm den uns erlösenden Gott zu sehen, läßt sich vermittels dessen nicht ausdrücken, was unser Verstand aus der Kombination jener beiden Begriffe einer göttlichen und menschlichen Natur machen kann. Wäre das möglich, so müßten wir dem Geheimnis auf den Grund sehen können, das wir nur als Tatsache erleben können. So lange es der Kirche noch nicht klar geworden war, daß das eben die Erlösung ist, diese Gewalt der Person Jesu an sich zu erfahren, war auch das Spiel mit jenen beiden Begriffen am Platze. Der beständige Reiz, die Vorstellung von dem Verhältnis der beiden Naturen zweckmäßiger zu gestalten, brachte dem Denken eine Befriedigung und täuschte dadurch über den Mangel hinweg, daß man die Tatsache, über deren Möglichkeit man nachsann, in ihrer Wirklichkeit nicht richtig erfaßt hatte. Auch die immer wieder hervortretende Vergeblichkeit solcher Versuche hatte unter diesen Umständen einen hohen Wert, denn sie erhielt den Eindruck lebendig, daß es sich um ein unergründliches Geheimnis handle. Luther dagegen hatte das Neue ergriffen, durch dessen Besitz jenes peinliche Wühlen in dem Unfruchtbaren wertlos wird. Es gehört aber zu seiner reformatorischen Bedeutung, daß er das Neue in die Formen des Alten kleidete und es so als einen verhüllten Keim den Generationen übergab, die erst in langer geistiger Arbeit die Denkformen der alten Kirche sich abgewöhnen konnten.

In den Formen des alten Dogmas läßt sich das, was |122| Luther in der Person Jesu gefunden hatte, nicht vollständig ausdrücken. Denn er hatte den persönlichen Gott gefunden, der in dem menschlichen Leben Jesu sich denen zuwendet, die durch die geistige Macht Jesu überwunden sind. Diese Erfahrung wird weniger ausgedrückt als verhüllt durch die Formel, daß sich mit der menschlichen Natur Jesu eine göttliche Natur verbindet. Aber das Neue drängt sich bei Luther doch deutlich darin hervor, wie er unzählige Male das beschreibt, was der Gläubige mit der Gottheit Christi meint. Selbstverständlich ist für ihn so gut wie für Athanasius die Gottheit Christi der Grund seines Heils. „Wird nu Christo die Gottheit entzogen, so ist keine Hilfe noch Rettung da wider Gottes Zorn und Gerichte."[17] „Wir müssen einen Heiland haben, der mehr sei dann ein Heilige oder Engel, denn wenn er nicht mehr, großer und besser wäre, so wurde uns nicht geholfen. So er aber Gott ist, so ist der Schatz so schweer, daß er nicht allein wegwieget und aufhebt die Sunde und den Tod, sondern auch gibt das ewige Leben. – Das ist unser christlicher Glaube, und drumb bekennen wir recht: ich glaube an Jesum Christum, seinen einzigen Sohn, unsern Herrn, der von Maria geboren, gelitten und gestorben ist. Bei dem Glauben, da halte fest, und laß Heiden und Ketzer immer klug sein, so wirst du selig werden."[18] „Wir Christen müssen das wissen: wo Gott nicht mit

---

[17] E. A. 45, 315.
[18] E. A. 47, 3–4.

in der Wooge ist, und das Gewichte gibt, so sinken wir mit unser Schüssel zu Grunde. Das meine ich also: wo es nicht sollt heißen, Gott ist für uns gestorben, sondern allein ein Mensch, so sind wir verloren."[19] Es wäre seltsam, wenn jemand angesichts solcher Worte, die sich ohne Mühe vermehren lassen, bezweifeln wollte, daß Luther in seiner Zuversicht zu Gott sich auf Christi Gottheit beruft. Aber ebenso sicher ist, daß Luther eine reichere Vorstellung von der Gottheit Christi hat als das altkirchliche Dogma. |123| An den folgenden drei Wahrnehmungen kann man sich dies klar machen.

Erstens begnügt sich Luther nicht mit der Vorstellung, daß göttliche Natur in Christus gewesen sei, die dem menschlichen Wirken Jesu das für unsere Erlösung nötige Gewicht verleihe. In einer Predigt über Joh. 14, 23–31, die sich erst in der letzten Ausgabe der Sommerpostille vom Jahre 1543 findet, lesen wir folgendes:[20] „denn das kann der Teufel noch leiden, so man allein an dem Menschen Christo hanget, und nicht weiter fähret; *ja er läßt auch die Wort reden und hören, daß Christus wahrhaftig Gott sei.* Aber da wehret er, daß das Herz nicht könne Christum und den Vater so nahe und unzertrennet zusammenfassen, daß es gewißlich schließe, sein und des Vaters Wort sei ganz und gar einerlei Wort, Herz und Wille; wie denn die unverständigen Herzen denken: Ja ich höre wohl, wie Christus den betrübten Gewissen freundlich und tröstlich zuspricht; wer weiß aber, wie ich mit Gott im Himmel daran bin? Das heißt denn, nicht einen einigen Gott und Christum, sondern einen andern Christum und einen anderen Gott ihm selbst gemacht, und damit des rechten Gottes gefeilet, welcher nirgends erfunden und ergriffen werden will, denn in diesem Christo." Hier redet Luther von solchen, die zwar anerkennen, daß Christus wahrhaftig Gott sei, aber trotzdem nicht im stande sind, in der Freundlichkeit des Menschen Jesus Gott zu ergreifen. Bei einem solchen Bekenntnis zur Gottheit Christi bleibe man dem Teufel verfallen.[21] Dagegen

---

[19] E. A. 25, 372.
[20] E. A. 12, 324.
[21] Von „lutherischer" Seite (vgl. THEODOR MEINHOLD, Der heilige Geist und sein Wirken im einzelnen Menschen, Erlangen 1890, 172) wird hierzu gesagt, die Lehre von den zwei Naturen sei für den christlichen Glauben keineswegs deshalb überflüssig, weil der Teufel sie dulde. Denn die Teufel glaubten auch an Gott, wir würden aber doch gewiß nicht sagen wollen, daß deshalb der Glaube an Gott für den Christen überflüssig sei. Wir erwidern darauf, daß allerdings der Christ einen solchen Glauben an Gott, wie ihn die Teufel haben mögen, nicht zu haben braucht, oder vielmehr nicht haben soll. Des Christen Glaube an Gott bedeutet, daß er, überzeugt durch Gottes Offenbarung, sich von einer allmächtigen Liebe umfaßt weiß. Darüber kann sich auch ein moderner Lutheraner aus Luthers großem Katechismus unterrichten. Sich zu der Gewißheit eines solchen Glaubens immer wieder durchringen, ist christliches Leben. Dabei kann uns ein Glaube, wie ihn auch die Teufel haben, gar nichts helfen. Denn die Teufel kommen mit diesem Glauben überhaupt nicht dazu, Gott in seiner vollen Wirklichkeit zu erfassen, weil sie der Vater nicht zum Sohne zieht. Sie stellen sich sicherlich unter Gott ein gewalttätiges, also teuflisches Wesen vor, gegen das

meint er, die Menschen seien aus der |124| Macht des Teufels errettet, die aus der freundlichen Rede Jesu entnehmen können, wie sie mit Gott im Himmel daran sind. Sie scheiden nicht zwischen dem Sinn und Willen Gottes und der geistigen Macht Jesu über sie selbst, weil sie eben in dieser den Gott erfassen, der sie sein Herz sehen läßt. *Wenn nun das Bekenntnis zu der Gottheit Christi überhaupt einen religiösen Sinn haben soll, so bedeutet es offenbar in jedem Fall eine Zusammenfassung Gottes mit dem Menschen Jesus.* Aber es genügt für Luther nicht, in der Weise des kirchlichen Dogmas, lediglich das göttliche Wesen mit dem mensch-|125|lichen Wesen Jesu verbunden zu denken. Das ist zwar auch eine Zusammenfassung Gottes und Jesu; aber eine solche, bei der es möglich ist, zwischen Gott selbst und dem persönlichen Leben des Menschen Jesus zu scheiden. Luther dagegen ist sich bewußt, gerade in der Macht des sich ihm offenbarenden Lebens Jesu über ihn den auf ihn wirkenden und sein Inneres ihm erschließenden Gott gefunden zu haben. In dieser Erfahrung weiß er sich erlöst. Er meint daher, daß man den rechten Gott verfehle, wenn man unter dem Wesen Gottes sich etwas anderes denke, als den persönlichen Willen, der aus der Erscheinung des Menschen Jesus auf uns wirkt. Daß man in der in Wort und Wille sich offenbarenden Person Christi die redende und handelnde Person des Vaters *findet und ergreift*, das erklärt Luther für das Kennzeichen der Erlösung. Gibt etwa die Zweinaturenlehre des Dogmas dazu die Anleitung, daß man in der den Menschen erwiesenen Gesinnung Jesu die Person des Vaters finde und ergreife? Ich denke, sie gibt vielmehr dazu die Anleitung, daß man von solchem Tun und Reden Jesu die göttliche Natur als das wertgebende Moment unterscheide. Das ist dem, was Luther ausdrücklich fordert, gerade entgegengesetzt. Dann ist doch aber klar, daß Luther in solchen und ähnlichen Worten über die in dem Dogma ausgesprochene Vorstellung von der Gottheit Christi sich erhebt. Daß Luther oft das Bekenntnis im Sinne des Dogmas ausspricht und gut katholisch die Zustimmung dazu als Bedingung der Erlösung bezeichnet, bestreite ich nicht. Aber ich bestreite, daß Luther niemals darüber hinauskommen soll.

---

sie sich mit Lust empören. Ohne Zweifel hat Luther mit jenen Worten sagen wollen, daß der Gedanke der Zweinaturenlehre, d. h. das kirchliche Dogma von der Person des Gottmenschen das innere Leben eines Erlösten noch nicht begründet. Das geschehe erst damit, daß wir in dem inneren Leben Jesu den Sinn Gottes als die auf uns gerichtete Liebe erfassen. Der Ausdruck dieser Erkenntnis war bekanntlich in dem Dogma nicht enthalten. Luther hat ihn allerdings, was ich meinem Gegner bereitwillig zugebe, an das Dogma gebunden. Es fragt sich aber, ob man wirklich jene erlösende Erkenntnis nur dann haben kann, wenn man sich vorher zu dem kirchlichen Dogma bekennt. Bejahen wird dies, wer noch an die katholische Art des Glaubens gebunden ist, die dem Menschen Jesus, der das Herz des Sünders bezwingt, keine Erlösungskraft zutraut, dagegen solche Kraft den Lehren zuschreibt, die jeder ohne Erneuerung des Herzens sich aneignen kann. Wir verneinen die Frage. Denn darauf beruht unsere Erlösung, daß wir in dem Menschen Jesus Gott finden.

Nicht immer, wenn Luther von der Gottheit Christi redet, hebt er diesen Hauptpunkt, an dem der richtige christliche Sinn des Gedankens hängt, hervor. Er redet vielmehr in der Regel von dem Bekenntnis zur Gottheit Christi, worin alles, was der Christ glaube, zusammengefaßt sei, ohne daß er jenen wichtigen Sinn des Gedankens besonders betont. Aber man muß doch geradezu entschlossen sein, |126| nicht sehen zu wollen, wenn man nicht zugeben will, daß für Luther das Finden Gottes in dem Menschen Jesus die Hauptsache ist. Man frage sich nur einmal, ob wohl ein Mann wie Athanasius die folgenden Worte hätte schreiben können: „Das ist der erste Hauptpunkt und fürnehmste Artikel, wie Christus im Vater ist: daß man keinen Zweifel habe, was der Mann redet und thut, daß das geredet und gethan heißt und heißen muß im Himmel, für allen Engeln; in der Welt, für allen Tyrannen; in der Hölle, für allen Teufeln; im Herzen, für allen bösen Gewissen und eignen Gedanken. Denn so man deß gewiß ist, daß, was er denket, redet und will, der Vater auch will: so kann ich alle dem Trotz bieten, was da will zürnen und böse sein. Denn da habe ich des Vaters Herz und Wille in Christo."[22] Nach der Vorstellung des Athanasius ist die das Heil schaffende Tatsache die Verbindung göttlichen und menschlichen Wesens in der Person Christi. Diese Vorstellung gibt Luther wahrlich nicht auf. Aber er vertieft und vollendet sie. Denn er redet nicht bloß vom göttlichen Wesen überhaupt, als von einer ihm sonst schon bekannten Sache, sondern er spricht die neue Erfahrung aus, daß ihm das persönliche Leben Jesu die Gewißheit und die Anschauung von göttlichem Wesen gibt, daß wir also Gott vor Augen und im Herzen haben, wenn der Sinn und Wille Jesu uns das Herz ergreift und uns als die Macht über alle Mächte des Unheils verständlich wird. Er bleibt nicht bei dem unbestimmten Gedanken stehen, daß mit dem Eintritt der Person Jesu in die Welt das Wesen der Gottheit in die engste Verbindung mit dem menschlichen Geschlecht oder der menschlichen Natur getreten sei. Sondern er mutet dem einzelnen zu, es zu erleben, daß in der Person Jesu der persönliche Gott selbst seine Liebe und seine Schöpferkraft an ihm betätigt. Nun ist aber freilich aus diesem Erlebnis jener Gedanke des altkirchlichen Dogmas auch abzuleiten. Denn wer so |127| zu Jesus steht, daß ihn die Wirklichkeit dieses Mannes in der Geschichte als das erlösende Einwirken des persönlichen Gottes auf seine eigene Seele berührt, der wird sich unwillkürlich dem Gedanken überlassen, daß göttliches und menschliches Wesen trotz ihres Gegensatzes in der Person Jesu geeinigt sind. Es kann daraus auch der Impuls entspringen, über den Vollzug dieser Einigung nachzusinnen. Von dieser Anregung hat Luther allerdings nicht viel gehalten. Er meint: „Wer aber an dem

---

[22] E. A. 49, 183–84.

Wort nicht hangen will, sondern klügeln und rechnen, wie sichs zusammenreime, daß Gott und Mensch Eine Person sei, der klügele immerhin und sehe, was er druber gewinne. Es sind ihr' viel druber zu Narren worden."[23]

Vielleicht ist Luther nicht ganz ohne Schuld daran, daß die von ihm so derb bezeichnete geistige Entwicklung sich auch in der evangelischen Kirche kräftig vollzogen und solche Gebilde gezeigt hat, wie die moderne Kenosislehre. Aber der Gedanke der Menschwerdung Gottes selbst hat auf jeden Fall bei ihm einen reicheren Inhalt als bei den griechischen Theologen, die über die Möglichkeit einer Verbindung von göttlicher und menschlicher Natur nachdachten und als die Norm für diese Spekulationen das Dogma formulierten. Luther ist sich auch des Vorzugs der von ihm erreichten Erkenntnis vor der unbestimmteren, die dem Dogma zu Grunde liegt, wohl bewußt. *Von der Papstkirche, die doch das Dogma treu bewahrt hat, sagt er trotzdem, sie habe nicht daran gedacht, „daß wir sollten Gott in Christo erkennen lernen."*[24] Die christologischen Ketzer, die die alte Kirche bekämpft hat, sind in seinen Augen noch nicht die schlimmsten. Die schlimmste Ketzerei sei vielmehr die, welche die Gesinnung Christi und Gottes voneinander scheidet.[25] |128|

Das *zweite* ist dies. Bekanntlich hat Luther immer wieder betont, daß wir nur dann an Christus glauben, wenn wir auf ihn unsere Zuversicht gründen und also durch ihn leben. Er sieht, „daß an Christum gläuben, nicht heiße (gläuben), daß Christus eine Person ist, die Gott und Mensch ist; denn das hülfe niemand nichts."[26] Dieser Satz soll natürlich nicht besagen, daß für Luther die Vereinigung von göttlichem und menschlichem Wesen in der Person Jesu wertlos sei. Denn er ist ja vielmehr der Überzeugung, daß wir, indem wir diese Vereinigung als eine Tatsache anschauen, nicht mehr in der Welt ohne Gott leben, sondern erlöst sind. Luther kann nur sagen wollen, es gebe eine Art des Glaubens an jene Vereinigung, die wertlos sei. Es fragt sich, wie das zu verstehen sei. Es kann so verstanden werden, daß nach Luthers Meinung ein Christ nicht nur dies glauben müsse, sondern dazu noch etwas anderes. Luther selbst leistet dieser Auffassung Vorschub. Auch an jener Stelle fährt er so fort: „sondern daß dieselbige Person Christus sei, das ist, daß er umb unsertwillen von Gott ausgegangen, und in die Welt kommen ist, und wiederumb die Welt verläßt, und zum Vater gehet. Das ist so viel gesagt: Das ist Christus, daß er für uns Mensch worden und gestorben, auferstanden und gen Himmel gefahren ist; von solchem Ampt heißt er Jesus Christus; und solches von ihm gläuben, daß wahr sei, das heißt in seinem Namen sein und bleiben." Da scheint doch klar ausgesprochen zu sein, zu dem Glauben, daß Christus eine

---

[23] E. A. 19, 15.
[24] E. A. 49, 126.
[25] E. A. 50, 197–98.
[26] E. A. 12, 163.

Person sei, die Gott und Mensch ist, müsse noch der Glaube treten, daß „dieselbige Person" ihr Amt für uns verrichtet habe. Aber wie oft auch Luther zu dieser Auffassung Anlaß geben mag, ganz kann damit sein Gedanke doch nicht getroffen sein. Denn wenn der rechte Glaube an die Gottheit Christi einer solchen Ergänzung bedürfte, so könnte er nicht das sein, was er nach Luthers Meinung ist, das wirkliche Erfassen Gottes in seinem auf uns gerichteten heil- |129|schaffenden Tun. *Gerade weil Luther so hoch von dem Glauben an die Gottheit Christi denkt, kann er ihn nicht in einer so äußerlichen Weise als ergänzungsbedürftig ansehen.* Es ist das auch deshalb nicht möglich, weil Luther bei seinem Glauben an die Gottheit Christi nicht nötig hat, dem Gedanken an die Person Christi noch eine besondere Rücksichtnahme auf sein Werk hinzuzufügen. Denn das, was ihm die Person Jesu bedeutet, der sich ihm zuwendende Sinn und Wille Gottes, ist ihm ja nicht anders anschaulich als in dem geschichtlichen Wirken Jesu, in seinem „Ampt". Daß Luther trotzdem das Vertrauen auf das Werk Christi als etwas Besonderes zu fordern scheint, ohne das der Glaube an die in der Person Christi geschehene Vereinigung der beiden Naturen nichts nütze, erklärt sich einfach daraus, daß es eben einen Glauben an die Gottheit Christi gibt, der seiner Art nach das den Menschen erlösende Vertrauen auf die Tatsache des Werkes Jesu ausschließt. Indem Luther diesen Glauben an die Gottheit Christi bekämpft, hebt er an ihm dieses Merkmal hervor, daß ihm das Vertrauen auf das geschichtliche Werk Christi als die erlösende Tat Gottes fehlt. Daraus folgt aber nicht, daß Luther immer beides in solcher Weise auseinanderhalte, erst der Glaube an die Gottheit Jesu, sodann das Vertrauen auf das Werk, das er vollbracht hat. Er tut das freilich oft genug, indem er einfach die mit dem Dogma verknüpfte Vorstellungsweise fortsetzt. Aber es ist nicht so leicht, ihm in dieser Haltung zu folgen. Man ist noch nicht mit ihm in Einklang, wenn man bereit ist, daraufhin, daß andere so gelehrt haben, in der Person Jesu Gottheit und Menschheit geeinigt zu denken und dann zweitens auch sich zu dem Vertrauen auf das Werk dieser Person zu entschließen.

Man darf nämlich nicht so leicht über einen Punkt hinweggleiten, der für Luther das tiefste innere Erlebnis bezeichnet. Luther fordert das Vertrauen auf das Werk Christi. Aber wie kommt denn ein solches Vertrauen auf Christus, durch |130| das der Mensch von sich selbst und von seiner Not loskommt, zu stande? Etwa so, daß man zuerst sich dazu entschließt, in Christus neben der menschlichen Natur göttliche Natur vorhanden zu denken, und dann den Entschluß hinzufügt, darauf zu vertrauen, daß das Werk dieses Mannes die Sünder erlöst habe? So meint man und schmückt das aus diesen Entschlüssen zusammengesetzte eigene Werk noch mit der Behauptung, daß es im Grunde ein Werk des heiligen Geistes sei. Luther dagegen hat mit einem solchen leeren und unwahrhaftigen Beginnen nichts zu schaffen. Das läßt sich, gottlob, erkennen. Man muß nur darauf achten, was Luther unter dem Vertrauen auf

Christus und sein Werk versteht, ohne das ihm der Glaube an die Gottheit Christi wertlos ist. Für ihn bedeutet dieses Vertrauen das Erlebnis der Erlösung selbst. Das kann es aber nur dann für uns bedeuten, wenn es nicht durch unser Vornehmen hergestellt ist, sondern wenn es in uns geschaffen ist, weil der Jesus, der als eine wunderbare Wirklichkeit vor uns steht, uns Gottes auf uns gerichtete Macht und Gnade hat fühlen lassen. Dann erleben wir die Entstehung dieses Vertrauens als die Versetzung in eine neue Existenz. Und nur dann folgt daraus, daß wir nunmehr darauf verzichten, durch unser Tun uns die Befriedigung des religiösen Verlangens nach der Gemeinschaft mit Gott zu erkämpfen. In der Bereitschaft zu diesem Verzicht sieht aber Luther gerade den Prüfstein des rechten Glaubens an die Gottheit Christi.

In einer Predigt über Matth. 7, 15–23, nach der Vermutung von *Enders* am 1. Mai 1525 in der Kirche zu Wallhausen gehalten, stellt er in dieser Weise den erlösenden und den vom Teufel geduldeten Glauben an die Gottheit Christi einander gegenüber. „Man findet ihr' viel, die da sagen: Christus ist ein solcher Mann, der Gottes Sohn ist, geborn von einer keuschen Jungfrauen, ist Mensch worden, gestorben, und vom Tode wieder auferstanden, und so fortan; *das ist alles nichts*. Daß er aber Christus sei, das ist, daß er für uns gegeben sei, ohne alle unsere Werke, ohne |131| alle unsere Verdienste uns den Geist Gottes erworben hat, und gemacht zu Kindern Gottes, auf daß wir einen gnädigen Gott hätten, mit ihm Herren würden über alles, was da ist in Himmel und Erden, und darzu das ewige Leben hätten durch den Christum! Das ist der Glaube, *und heißt Christum recht erkennen*."[27] Von jenem Bekenntnis zur Gottheit Christi, das nicht das Bekenntnis, durch ihn das ewige Leben zu haben, zum Inhalt hat, sagt Luther, das seien die Schafskleider der falschen Propheten. Ein solches Bekenntnis sei dem Teufel recht und werde von dem Papste geübt. Dem stellt er gegenüber, was das heiße, *Christum recht erkennen*, worunter er doch ohne Zweifel die Erkenntnis der Gottheit Christi versteht. Diese rechte Erkenntnis der Gottheit Christi ist ihm nur da vorhanden, wo sie identisch ist mit der Gewißheit, durch Christus einen gnädigen Gott zu haben, Herr zu sein über alle Dinge und das ewige Leben zu haben. Und sehr richtig verschärft er dies in dem folgenden noch zu dem Satze, daß nur da die rechte Erkenntnis Christi, d. h. der Gottheit Christi sei, wo man durch Christus gänzlich davon befreit sei, durch die eigenen Werke die Gemeinschaft mit Gott gewinnen zu wollen. Denn er weiß ja, daß der Papst auch von dem Werke Christi gar schön zu lehren weiß, daß uns dadurch das ewige Leben erworben sei. Dagegen meint er mit Recht, wenn Christus einen Menschen dahin gebracht habe, daß er in dem Verlangen nach Gemeinschaft mit Gott sich nicht mehr auf seine eigenen Werke, sondern allein auf das, was er in Christus findet, verlasse, so stehe ein solcher Mensch in der rechten Erkenntnis Christi.

---

[27] E. A. 13, 251–52.

Die Begründung unseres Verkehrs mit Gott durch die Offenbarung Gottes 97

Denn das können wir in der Tat nur dann, wenn wir selbst in Christus den persönlichen, sein Inneres uns erschließenden Gott finden und es so erleben, daß Gott mit uns verkehrt. Bevor wir zu dieser rechten Erkenntnis Christi gekommen sind, werden wir wohl notwendig immer darauf aus sein, selbst etwas anzustellen, was uns die Gemeinschaft mit Gott zu sichern scheint. |132|

So steht die reichere Auffassung der Gottheit Christi, die Luther gewonnen hat, in unlösbarer Verbindung mit dem neugewonnenen Verständnis der Rechtfertigung allein aus dem Glauben. Das eine kann nicht ohne das andere sein. Wenn wir meinen, bevor wir selbst in dem Menschen Jesus den uns erlösenden Gott gefunden haben, müßten wir uns zu der Gottheit Christi bekennen, so wollen wir unsere Seligkeit auf unser eigenes Werk gründen, geben also die Wahrheit der Rechtfertigungslehre Luthers auf. Es ist überhaupt ganz unmöglich, einem Menschen den Gedanken dieser Lehre klar zu machen, der nicht in dem, was er an dem Menschen Jesu erfährt, den Verkehr Gottes mit seiner Seele gefunden hat. Aber das ist vollends der gänzliche Abfall von diesem Gedanken, wenn man, um sich die Seligkeit zu sichern, die Schafskleider der falschen Propheten anzieht, d. h. sich zu der Gottheit Christi bekennt, bevor man in dem Menschen Jesus die Erlösung gefunden hat. Luther sagt an der oben angeführten Stelle schließlich: „Darum so warne ich euch aber einmal, und gedenkt daran, wenn ich nu todt bin, daß ihr ihre Lehre wohl ansehet, ob sie Christum recht predigen, das ist, ob sie für Gott keine Werk führen, alsdann so werdet ihrs finden."[28] *Die gegenwärtigen Leiter der evangelischen Kirche dagegen scheinen auf nichts so sehr bedacht zu sein, als dies eben einzuschärfen, daß man „für Gott ein Werk führen" müsse, nämlich ein Bekenntnis zur Gottheit Christi, das man verrichten soll, damit man selig werde.* In der Richtung der reformatorischen Gedanken Luthers liegt nur ein solches Bekenntnis zur Gottheit Christi, das aus dem Herzen eines Menschen kommt, den Jesus selig gemacht hat.

Das *dritte* ist dies. Zu Luthers Zeiten war bei allen, die Christen sein wollten, das Bekenntnis zu der Gottheit |133| Christi in der Regel etwas Selbstverständliches, wie etwa jetzt unter uns die Zustimmung zu dem Satze, daß sich die Erde um die Sonne drehe, bei den meisten zu finden ist. Luther selbst pflegt sich in den Ausdrucksformen dieses Gewohnheitsglaubens an die Gottheit Christi zu bewegen. Er verfährt daher in der Regel auch so, daß er einfach die Schriftstellen, die nach der traditionellen Auslegung die Gottheit Christi bezeugten, mit den Lehren der Väter zusammenstellt und daraus dann den Gedanken ableitet, daß Christus wahrer Mensch und wahrer Gott in einem sei. Aber er kommt doch auch darüber hinaus, in dem Gedanken der Gottheit Christi nur den Inhalt einer seltsamen Lehre zu sehen, die jeder, der es wolle, für

---

[28] A. a. O. 253.

wahr halten könne. Er faßt den Gedanken der Gottheit Christi auch religiös, d. h. als den Ausdruck der Tatsache, daß wir in Jesus Gott selbst finden, die Macht, die uns dazu bringt, trotz unseres Schuldgefühls und unserer Todesangst uns ihr frei zu unterwerfen. Seine Ausführungen sind oft von den Spuren der neuen Erkenntnis durchzogen, daß die Gottheit Christi für den Gläubigen mehr bedeute als die Gegenwart göttlicher Substanz in Christus. *Der eine persönliche Gott denkt, redet und handelt in und durch Christus.* So allein kann aber auch eine monotheistische Frömmigkeit, die sich auf sich selbst besinnt, den Gedanken der Gottheit Christi verstehen. Die Vorstellung, daß das Wesen Gottes eine Substanz sei, an der mehrere Subjekte teilhaben können, ist polytheistisch. Für den Monotheismus ist das Wesen Gottes notwendig die eine geistige Macht, die sich uns durch ihr Wirken an uns selbst als das Allgewaltige offenbart. Können wir uns selbst sagen, daß wir dieser einen Macht, die uns im Innersten bezwingt, allein in dem begegnen, was wir an der Person Jesu erfahren, so glauben wir an die Gottheit Christi.

Weil Luther den Gedanken der Gottheit Christi religiös versteht, so legt er in das alte Dogma, das er festhalten will, einen neuen Inhalt. Er will *erstens* in dem per-|134|sönlichen Leben des Menschen Jesus den persönlichen Gott selbst finden. Dabei braucht er sich eines Bruches mit dem alten Dogma nicht bewußt zu werden. Denn was er forderte, konnte ja in der Tat als der intensivste Ausdruck der Einigung von göttlicher und menschlicher Natur, die das alte Dogma bekannte, angesehen werden. Und Luther hat es tatsächlich so angesehen. Aber den ursprünglichen Sinn des Dogmas hat er doch damit verlassen. Nach diesem ursprünglichen Sinn handelt es sich nicht um die Erkenntnis des persönlichen Gottes in der menschlichen Erscheinung Jesu, sondern um die Voraussetzung göttlicher Natur hinter dieser Erscheinung. Die Vorstellung von der göttlichen Natur, die dabei gehandhabt wird, ist ganz unabhängig von dem, was wir an der Person Jesu erfahren, gebildet. Die Wirkungen auf uns, die der Vereinigung der göttlichen Natur mit der menschlichen folgen sollen, haben mit dem bewußten inneren Leben der Menschen nichts zu schaffen. *Zweitens* verbindet sich nach Luthers Meinung mit der wahrhaftigen Erkenntnis der Gottheit Christi unmittelbar der völlige Verzicht auf das Streben des Menschen, durch sein eigenes Tun sich zu erlösen. Das Verständnis der Gottheit Christi, das in dem Dogma ausgesprochen ist, schließt dagegen einen solchen Verzicht nicht ein. Vielmehr ist von Anfang an mit ihm die Vorstellung verbunden gewesen, daß der einzelne Mensch die von Gott geforderte Leistung vollbringen müsse, um sich in den Besitz der Güter zu setzen, die durch die Menschwerdung Gottes der Menschheit erworben seien. Es kann auch nicht anders sein. Es ist nicht etwa möglich, schon an die Aneignung der Gedanken des Dogmas jenen Verzicht zu knüpfen. Denn der Mensch, der nach Seligkeit verlangt, wird erst dann aufhören, sich selbst helfen zu wollen, wenn er weiß, daß ihm Gott geholfen hat. Diese Gewißheit ist mit Luthers Verständnis der Gottheit Christi verbunden; mit dem in dem Dogma enthaltenen nicht. *Drittens* ist mit Luthers Verständnis der Gottheit Christi ein Interesse an dem menschlichen Leben Jesu gegeben, das dem Dogma |135| gänzlich fehlt. In den Gedanken des Dogmas kann man sich bewegen, ohne sich um Jesus zu kümmern. Dagegen kann sich niemand so wie Luther zu der Gottheit Christi bekennen, ohne die Macht der Person Jesu an sich zu erfahren.

Ohne Zweifel ergibt sich aus jenen eigentümlichen Gedanken Luthers, daß bei ihm die Person Jesu für das innere Leben der Religion eine viel höhere Bedeutung hat, als dies auf dem Standpunkt des Dogmas der Fall ist. Bei Luther steht die Person Jesu in dem Mittelpunkt des religiösen Er-|136|lebnisses selbst. Jesus macht ihn Gottes gewiß, läßt ihn göttliches Wesen und Leben anschauen, wird ihm zur Erscheinung der Gnade Gottes, durch die Gott mit ihm in Verkehr tritt. Indem er sich zu Gott erhoben weiß, verspürt er die Kraft Jesu. Auf dem Standpunkt des Dogmas ist das anders. Da ist die Person Jesu nicht das Medium, durch das der Fromme des Wirkens Gottes auf ihn inne wird. Für den inneren Vorgang der Religion selbst, für die Erhebung des Herzens zu dem als gegenwärtig empfundenen Gott, kann da die Person Jesu nur insofern in Betracht kommen, als sie als Mahnung und Vorbild wirken kann. So wertvoll das auch ist, so ist doch damit die Person Jesu nur vor die Schwelle des Heiligtums gestellt, in dem der Verkehr der Seele mit Gott sich ereignen soll. Jeder wirklich fromme Mensch will in dem religiösen Erlebnis Gott selbst erfassen. Stellen wir uns also unter dem Wesen Gottes etwas anderes vor als die Herrschermacht der Person Jesu über unser Herz, so kommen wir in der religiösen Erhebung von Jesus los. Sollte das nun wohl die im Neuen Testament bezeugte religiöse Praxis sein? Oder ist es da nicht vielmehr so, daß Gottes Herrschaft und Christi Herrschaft in den Geistern ununterschieden das Höchste sind? Das in dem Dogma geforderte Bekenntnis zu der Gottheit Christi setzt aber gerade voraus, daß das Wesen Gottes etwas ganz anderes ist als die Macht Jesu über die Geister und uns, ganz abgesehen von der Person Jesu, feststehen soll. Durch das Dogma wird also die Person Jesu notwendig aus der Stellung innerhalb des religiösen Erlebnisses verdrängt, um derentwillen es allein einen Sinn haben kann, von der Gottheit Christi zu reden. Daraus ergibt sich das Urteil, daß in dem christologischen Dogma und in allen Gedankenbildungen, die auf diesem Stamme gewachsen sind, der Gedanke von der Gottheit Christi überhaupt nicht ausgedrückt ist, der zu dem Leben der christlichen Religion gehört, d. h. eine Form unseres Verkehrs mit Gott ist.[29]

---

[29] In den früheren Auflagen habe ich versucht, in den Zusammenhang dieser Ausführungen den Nachweis einzufügen, daß Luther an einigen Stellen in seiner Reflexion über die Entstehung des Glaubens den Menschen Jesus als die erfahrbare Tatsache, die den Glauben begründe, von dem Gedanken der Gottessohnschaft, in dem der Glaube sich ausdrücke,

Wenn wir nun aber die neuen über das alte Dogma hinausstrebenden Gedanken Luthers von der Gottheit Christi vertreten, so wird uns trotzdem eingewendet, das bei uns übliche Prädikat der Gottheit für Christus habe keinen klaren Sinn |137| und werde daher besser beiseite gelassen.[30] Darauf erwidere ich *erstens*, daß uns auf den Namen Gottheit Christi nicht viel ankommen würde.[31] Wir haben vielmehr daran das höchste Interesse, daß wir zu einem Verständnis der Person Christi kommen, das uns tatsächlich die Gewißheit unserer Erlösung, d. h. einen wirklichen Verkehr mit Gott trotz der Not und Sünde, mit der wir zu kämpfen haben, gewährt. Das haben wir erreicht, weil wir die Tatsache, daß die Gestalt Jesu richtend und segnend in unser Leben getreten ist, als den Akt, durch den Gott sich uns zu erkennen gibt und uns zu sich heranzieht, verstanden haben. Nun mögen unsere strengen Kritiker sagen, so viel sie wollen, es fehle uns noch das Wichtigste – wir haben durch den Menschen Jesus alles, dessen wir bedürfen, und wissen, daß das Verlangen nach Höherem ein Abfall vom Höchsten ist, eine Verleugnung Christi und eine Verhärtung gegen das Gute. Wir wissen, daß und wie wir in Christus mit dem Gott zusammentreffen, der uns getrosten Mut gegenüber der Welt, Freude an der sittlichen Forderung und damit ewiges Leben ins Herz gibt. Wer die Wirklichkeit dieses Gottes in Christus an sich erfahren hat, empfindet es als eine sonderbare Zumutung, daß er Gott in Christus *voraussetzen* müsse, um recht zu fahren.

---

unterschieden habe. JOHANNES GOTTSCHICK, Die Kirchlichkeit der sogenannten Kirchlichen Theologie, Freiburg 1890, 28, hatte mir darin beigestimmt. Aber nach dem Erscheinen von KARL THIEMES Schrift: Luthers Testament wider Rom in seinen schmalkaldischen Artikeln, Leipzig 1900, teilte er mir mit, daß er diese Auffassung aufgebe. Auch ich gebe THIEME und J. KÖSTLIN, der in der zweiten Auflage von „Luthers Theologie", 1901, ebenfalls meine Deutung jener Stellen bestritt, das zu, daß für Luther jene Unterscheidung von vornherein deshalb unwahrscheinlich ist, weil für ihn die Gottheit Christi auf Grund der Heiligen Schrift eine unerschütterliche Voraussetzung war, die er im Dogma formuliert sah. Ich habe mich deshalb jetzt mit dem Nachweis begnügen müssen, daß Luthers Verständnis der Gottheit Christi einem Christen dienen kann, dem nicht schon eine ihm überlieferte Lehre die Zuversicht seines Glaubens begründet, sondern allein eine Tatsache, die er selbst erlebt. THIEME sagt richtig, daß Luther das persönliche Leben Jesu nie ohne den Nimbus der Gottheit gesehen habe. Aber die Erkenntnis der Gottheit Christi bedeutet für Luther im Unterschiede vom Dogma das Erkennen des einen lebendig wirkenden Gottes in Christus. Im Unterschied von der in dem Dogma sich aussprechenden Denkweise ist sodann für Luther das charakteristisch, daß für ihn das Überwundenwerden durch die Person Jesu und die Erkenntnis des in ihm sich uns zuwendenden Gottes eine unteilbare Erfahrung ist, vgl. S. 143.

[30] Vgl. RICHARD ADELBERT LIPSIUS, Philosophie und Religion. Neue Beiträge zur wissenschaftlichen Grundlegung der Dogmatik Leipzig 1885, 308.

[31] Vgl. Luther E. A. 49, 122; 151. (An der göttlichen Kraft und den Worten Christi ist mehr gelegen als an dem göttlichen Namen.)

Zweitens aber müssen wir erklären, daß in der evangelischen Kirche keine andere Auffassung der Gottheit Christi berechtigt ist, als die von uns befolgte, daß wir also auf den Gebrauch des Namens, den uns die Gegner verwehren wollen, allein ein gutes Recht haben. Der allgemeine Satz, daß in der geschichtlichen Erscheinung Christi Gott zu uns gekommen sei, erfordert eine verschiedene Auslegung, je nachdem man sich die Erlösung vorstellt, die Christus gebracht habe. Wenn wir unter der Erlösung unsere Ausstattung mit Kräften unvergänglichen Lebens verstehen, von denen wir keine klare Vorstellung haben, und deren Erwerb sich nicht in uns bewußten Vorgängen unseres inneren Lebens vollziehen soll, so genügt es vollständig, wenn wir die erlösende Bedeutung Christi in dem Satze zusammenfassen, daß in ihm die Substanz der Gottheit gegenwärtig gewesen sei und auf die menschliche Natur zu ihrer Wiederherstellung und Bereicherung eingewirkt habe. Ein solcher Ausdruck genügt alsdann, weil die unklare Vorstellung von der Erlösung keine klarere Vorstellung von der Gegenwart Gottes in Christus erforderlich macht. Man bedenke doch, daß ATHANASIUS und GREGOR VON NYSSA im Verfolg jener altkatholischen Auffassung von der Erlösung ausdrücklich den Gedanken, daß die Erlösung die innere Befreiung des Sünders von der Last der Schuld sei, abweisen. Wenn sie so von der Erlösung dachten, so konnten sie sich freilich bei dem dürftigen Bekenntnis zu einer göttlichen Natur in Christus beruhigen. Sie haben auf ihrem Standpunkte die Ehre Christi gegenüber dem Arianismus gewahrt. Und das damalige Geschlecht konnte recht wohl eine Stärkung des Glaubens darin finden, wenn es sich in den Spekulationen über die Möglichkeit erging, wie göttliche Natur mit der menschlichen in Jesus Christus zusammen bestehen könne.[32] |139|

Den Reformatoren dagegen war eine andere Anschauung von der Erlösung klar geworden, und im Zusammenhange damit wurden sie notwendig auf eine

---

[32] Wenngleich auch damals schon es nicht an solchen gefehlt nat, welche die Notwendigkeit, auf diese Spekulationen einzugehen, als eine Last empfanden, die von glaubenslosen Häretikern der Kirche aufgebürdet sei. Vgl. HILARIUS Pict. de trinitate II, 2: „compellimur haereticorum et blasphemantium vitiis, illicita agere, ardua scandere, ineffabilia eloqui, inconcessa praesumere. Et quum sola fide explorari, quae praecepta sunt, oporteret, *adorare videlicet patrem et venerari cum eo filium, sancto spiritu abundare*, cogimur sermonis nostri humilitatem ad ea quae inenarrabilia sunt, extendere *et in vitium vitio coarctamur alieno*, ut, quae contineri religione mentium opportuisset, nunc in periculum humani eloquii proferantur." Ebendas. VII. 38: „Non relictus est hominum eloquiis de dei rebus praeterquam dei sermo. Omnia re liqua et arcta et conclusa et impedita sunt et obscura. Siquis aliis verbis demonstrare hoc, quam quibus a deo dictum est, volet, aut ipse non intelligit aut legentibus non intelligendum relinquit." Wenn unsere Gegner nun hiemit noch eine Äußerung AUGUSTINS von ähnlicher Aufrichtigkeit (de trinitate VII, 4, 9) vergleichen wollen, so müssen sie an ihrem Rechte zweifeln, uns die Abweisung einer Spekulation, welche von ihren eigenen klassischen Zeugen so beurteilt wird, als ein Zurückweichen von den höchsten Problemen oder gar als eine Entleerung des Christentums auszulegen.

andere Vorstellung von dem Sein Gottes in Christus gebracht. Sie hatten erkannt, daß man das Leben eines Erlösten nur führen könne, sofern man in irgend einem Maße eine Gewißheit von der Erlösung hat. Diese kann sich aber nicht an die dem eigenen Bewußtsein verborgene Ausstattung mit übernatürlichen Kräften knüpfen; wohl aber erwächst sie aus der Anschauung einer Tatsache, deren Verständnis unmittelbar eine Umgestaltung unseres inneren Lebens, eine Neuordnung unserer Stellung zu Gott in unserem eigenen Bewußtsein mit sich führt. Diese Erneuerung unseres inneren Lebens ist nach der Lehre der Reformatoren der Glaube, d. h. das durch das Verständnis Christi begründete Vertrauen des reuigen Sünders auf Gott. Mit dem Glauben in diesem Sinne ist die Gewißheit der Erlösung verbunden, denn er ist die Erlösung selbst. So heißt es in der Apologie (IV. 62)[33]: haec fides in illis pavoribus erigens et consolans accipit remissionem peccatorum, justificat et vivificat. *Nam illa consolatio est nova et spiritualis vita.*[34] Dieser Glaube aber bezieht sich, wie in der Apologie (IV. 50–52)[35] ausgeführt wird, immer auf eine promissio dei, d. h. auf eine Kundgebung, in der Gott mit dem Menschen in Verkehr treten will; wie die letztere auf den Glauben der Menschen rechnet, so kann auch dieser Glaube sich auf nichts anderes erstrecken, als auf die Kundgebung der gnädigen Gesinnung Gottes. Alle die verschie-|140|denen Punkte des Glaubensbekenntnisses bezeichnen nur insofern Gegenstände des Glaubens, als sie dazu zusammenwirken, den finis historiae, nämlich die remissio peccatorum hervorzubringen, d. h. sie müssen Ausdrucksmittel des gnädigen Willens Gottes sein, der das befreiende Vertrauen in dem Herzen des Sünders wecken will.

Wer also das Erlösungsbedürfnis der Reformatoren noch teilt, kann sich den wichtigsten Gegenstand des Glaubens, die Gegenwart Gottes in Christus nicht dahin auslegen, daß die göttliche Substanz mit menschlichem Wesen verbunden war. Denn auf eine Substanz kann man wohl rechnen – das paßt zu dem katholischen Erlösungsbedürfnis, welches Sicherheit sucht, aber nicht Gewißheit; – Vertrauen in sie zu setzen, ist dagegen nicht möglich. Diese eigentümliche, im sittlichen Verkehr von Personen wirksame Kraft kommt nur dadurch in uns, daß der Wille einer Person durch die freie Kundgebung seines Gehalts Leben weckend in unser Inneres eingreift.[36] Deshalb muß der evangelische Christ, der mit der Zuversicht eines Kindes zu seinem Gott stehen darf,

---

[33] Apologie der Augsburgischen Konfession IV: Quod fides in Christum iustificet, BSLK 172, 44-47.

[34] Vgl. Luther E. A. 7, 159: „Christus aber *durch den Glauben* erlöset von aller Ungerechtigkeit, machet uns wieder frei, zu leben göttlich und himmlisch das wir zuvor im Gefängnis der Ungerechtigkeit nicht vermöchten."

[35] Apologie, a.a.O., 170, 22-45.

[36] Vgl. hierüber auch MARTIN KÄHLER, Die Versöhnung durch Christum in ihrer Bedeutung für das christliche Glauben und Leben, Erlangen 1885, 26.

in dem Christus, dem er diese Stellung zu Gott verdankt, nicht etwa eine göttliche Substanz gefunden haben, sondern den lebendig wirksamen, die überwältigende Macht seines Inneren kundgebenden Willen des persönlichen Gottes. Wir haben in Jesus, wie ihn sein geschichtliches Werk uns zeigt, das Wollen Gottes vor uns, dem alles unterworfen ist, und erfahren es als die Macht, die die Geister bezwingt und befreit.

Nun hören wir freilich von unseren Gegnern, damit sei nicht die Gottheit Jesu ausgesagt; denn diese bekenne man nur, wenn man die Substanz der Gottheit in ihm voraussetze. *Lipsius* (a. a. O.) verlangt deshalb von uns, wir sollten nur von einer Offenbarung Gottes in Christus reden. Indessen dieser Ausdruck ist doch dem Mißverständnis ausgesetzt, als |141| meinten wir, daß uns Jesus eine Lehre von Gott vermittle. Das tut Jesus zwar auch; aber damit begründet er nicht unser Heil. Unser Erlöser ist er vielmehr dadurch, daß er selbst uns dazu zwingt, den in seinem Werke wirksamen Willen als den Sinn und Willen Gottes zu verstehen, der uns durch das Eingreifen Jesu in unser Leben nahekommt, um uns zum Verkehr mit sich heranzuziehen. Die Frage aber, ob man alsdann von der Gottheit Jesu reden dürfe, wenn man in der Erscheinung seines persönlichen Lebens den sich uns zuwendenden Gott gefunden hat – diese Frage wird danach entschieden werden, ob man sich Gott in seinem Wesen als Substanz vorstellt oder als persönlichen Geist, der sein Wesen durch die Energie des auf bestimmte Zwecke gerichteten und eine bestimmte Gesinnung hegenden Willens behauptet. Hat man die erstere Vorstellung von Gott, so wird man allerdings den Satz, daß göttliche Substanz in Christus sei, für den richtigen Ausdruck seiner Gottheit halten. Befolgt man dagegen die zweite, welche bekanntlich in der Heiligen Schrift allein vertreten und in der christlichen Gemeinde allein zulässig ist, so versteht es sich von selbst, daß man die Gottheit Jesu nur dahin auslegen kann, daß Sinn und Wille des ewigen Gottes uns in dem geschichtlich wirksamen Willen dieses Menschen entgegentritt.

Die andere Auslegung der Gottheit Christi ist auf jeden Fall eine Abirrung von dem christlichen Gottesgedanken. Sie war entschuldbar zu einer Zeit, wo die christliche Gemeinde der kümmerlichen Vorstellung von der Erlösung, an der sich die großen Väter des 4. Jahrhunderts genügen ließen, noch nicht entwachsen war. Sie ist erträglich, wenn man sie bei der Erörterung der freilich überflüssigen theologischen Frage, wie die Vereinigung von Gott und Mensch möglich sei, verwendet und wenn [man] damit wie Luther (vgl. oben S. 123 [Originalpaginierung]) die Erkenntnis verbindet, daß nicht sie der Gedanke ist, in dem der Erlöste lebt, und den der Teufel nicht leiden kann. Aber wenn in der evangelischen Kirche die Gemeinde des Herrn von ihren vermeintlich berufenen Führern dahin belehrt wird, |142| daß dies der einzig mögliche Ausdruck für seine Gottheit sei, dann wird zu Gunsten einer Vorstellung, die sich jeder ohne den erlösenden Glauben aneignen kann, die Erkenntnis unzugänglich gemacht, ohne die niemand zu einem christlichen Verkehr mit dem lebendigen Gott gelangt.

Ich zweifle freilich nicht daran, daß viele, die als Theologen an der unfruchtbaren Formel der Zweinaturenlehre begeistert festhalten, als Christen dennoch den auf sie wirkenden Gott in dem Menschen Jesus zu finden wissen. Die Unfähigkeit aber, diese Lebensäußerung des von Gott erweckten Glaubens als die Quelle der Erkenntnis von Christi Gottheit zu verwerten, erkläre ich mir daraus, daß man die Tatsache zu wenig beachtet, auf der doch bei jedem christliches Leben beruht, nämlich die Tatsache, daß wir gezwungen sind, uns das Eintreten Christi in unser Leben als eine Tat Gottes an uns zu deuten. Wenn wir uns nun das gegenwärtig halten, daß auf diese Weise der Vorsehungsglaube oder die fiducia dei, die allein Glaube zu heißen verdient, in uns entsteht, so wird es uns auch nicht schwer fallen, die Beurteilungsweise dieses Glaubens auf die geschichtliche Erscheinung Christi anzuwenden und den lebendig wirksamen Gott in ihm anzuschauen. Das aber wird uns sicherlich der theologische Gegner, sofern er ein Christ ist, zugeben, daß wir auf diese Weise in der denkbar stärksten Abhängigkeit von Jesus Christus stehen und daß wir das in ihm finden, in dessen Besitze man durch Haß und Verleumdung der Menschen nicht verbittert und geschädigt wird.

Das wollen wir gar nicht leugnen, daß unsere Vorstellung von der Gottheit Christi eine andere ist als die des Dogmas. Wir legen im Gegenteil auf diesen Unterschied den größten Wert. Der Unterschied ist, kurz gesagt, dieser. Die Vorstellung von der Gottheit Christi, die im Dogma ausgesprochen ist, läßt sich nur in der Form einer wissenschaftlichen Theorie behaupten. Dagegen in der religiösen Praxis, in der Erhebung des Herzens zu Gott wird sie notwendig abgestoßen. Das ist auch immer geschehen. Denn die religiöse Praxis, die neben |143| der ungebrochenen Herrschaft des Dogmas einherging, ist Mystik gewesen. Der Kultus des Menschen Jesus, der ebenfalls getrieben wurde, hatte mit der ehrfurchtsvollen Beugung vor Gott nichts zu schaffen, war also nur ein Beiwerk der Religion, durch das das Bekenntnis zur Gottheit Christi vielmehr aufgehoben, als bestätigt wurde. Das Entgegengesetzte ist bei unserer Auffassung der Fall. Denn wir können das erreichen, was Luther in Betreff des Vaters und Christi fordert: „in unserem Glauben und Herzen müssen sie gar eins sein."[37] Unsere Auffassung öffnet dazu den Weg, „daß einerlei Erkenntnis ist, damit er und der Vater erkennt wird."[38] Bei unserer Stellung zu Jesus wird es möglich, in dem religiösen Erlebnis des Christen Gott und Christus zusammenzufassen. Dagegen ist es uns nicht möglich, die Einheit Christi und Gottes, die wir im Glauben erleben, vermittels uns vorher feststehender

---

[37] E. A. 49, 126.
[38] E. A. 50, 175.

Vorstellungen von göttlichem und menschlichem Wesen zu konstruieren. Das können wir nicht, weil wir ja zu einer Erkenntnis göttlichen Wesens erst kommen, indem wir Gott in Christus erfassen. Gott ist für uns nichts anderes als der persönliche Geist, der in dem Dasein des Menschen Jesus uns geistig nahe kommt und uns zwingt, ihn als den Herrn zu denken, der uns selbst und den unendlichen Bereich unserer Lebensbedingungen in seiner Hand hält. Was verlieren wir aber damit, daß wir außer stande sind, der Tatsache, die wir in der Regung des Glaubens erleben, einen Halt durch eine wissenschaftliche Theorie zu geben, die jeder ohne Regung des Glaubens sich aneignen kann? Ohne Zweifel verlieren wir die Möglichkeit, dem Unglauben jene Tatsache zugänglich zu machen. Das ist aber kein Fehler. Denn dem Menschen, der der Person Jesu den Rücken kehrt, soll die wunderbare Tatsache, deren sich der Glaube erfreut, ein sinnloses Hirngespinst bleiben. Wer das unternimmt, was uns unmöglich ist, treibt eine Entheiligung des Göttlichen. |144|

Also gerade deshalb, weil wir in vollem Sinne an die Gottheit Christi glauben, müssen wir das Dogma von der Gottheit Christi als ein ganz unvollkommenes Gedankengebilde ablehnen. Luthers Versuch, den richtigen Gedanken von der Gottheit Christi mit dem Dogma zu verknüpfen, hat sich als unmöglich erwiesen. Denn bei denen, die Luther auch darin folgen wollen, ist nun gerade jener Gedanke geschwunden, und aus dem Dogma haben sich die Folgerungen entwickelt, die ihn unmöglich machen. Denn in diesen Kreisen wird geradezu der Satz zum Prinzip erhoben, daß man sich vorher zur Gottheit Christi bekennen müsse, bevor man das göttliche Werk der Erlösung durch den Menschen Jesus erleben könne. Luther dagegen hat zwar oft dasselbe ausgesprochen, hat aber damit immer die Behauptung verbunden, daß wir allein in Jesus Christus den lebendigen Gott finden. Ist das aber richtig, wie es denn richtig ist, so ist jener von der modernen Kirchlichkeit in alle seine Konsequenzen entwickelte Satz unhaltbar. Wenn ich von der Gottheit Christi reden soll, so muß mir doch Gott selbst vorher eine Realität geworden sein. Das wird er nur, wenn er über alles, was mich kraftlos und unselig macht, mich zu sich erhebt. Er tut das durch den Menschen Jesus. Indem aber diese Offenbarungstat Gottes über unser inneres Leben Macht gewinnt, werden wir erlöst. Folglich muten jene modernen Nachahmer Luthers dem Menschen zu, das als Bedingung der Erlösung anzusehen, was ihr Ertrag ist. Der Schaden ist wahrlich nicht gering. Denn die Menschen, die jener Weisung folgen, treiben mit dem Heiligsten ein Spiel. Sie reden von Gott als einer Wirklichkeit, bevor sie innerlich zu Gott erhoben sind. Dabei muß das Herz verdorren. Und sie verbergen sich dann die Grundwahrheit aller Religion, daß die Erlösung des sterblichen Wesens nichts anderes bedeuten kann, als die Erhebung zu einer Gemeinschaft mit dem ewigen Gott. Dieses Verhängnis wird durch die herrschende kirchliche Praxis über die gebracht, die fromm sein wollen. Oder tue ich damit wieder unseren Gegnern unrecht? Sie sagen es uns ja unablässig, |145| man müsse vorher wissen, daß

Christus wahrhaftiger Gott sei, bevor man durch ihn erlöst werden könne. (Vgl. LUTHARDT, [Zur Kontroverse über die Ritschl'sche Theologie,] Zeitschr. für kirchl. Wissenschaft und kirchl. Leben, 1886, S. 632–58.)

Trotzdem können wir uns zur Entschuldigung dieses Verfahrens folgendes vergegenwärtigen: Erstens wird der durch Christus zu Gott erhobene, in die Gemeinschaft mit Gott aufgenommene Mensch sich nachträglich immer sagen: „Das könntest du nicht durch ihn erfahren, wenn dir nicht Gott in ihm erschienen wäre. Ewiges Leben kann niemand geben als Gott allein." Wie leicht kann sich daran der Irrtum knüpfen, man müsse erst wissen, daß Christus Gott sei, bevor man ewiges Leben durch ihn haben könne. Zweitens sagt man sich mit Recht, daß wir in Christus etwas Unerschöpfliches finden, das eine immer neue Bedeutung für unser inneres Leben gewinnen soll. „Das, was ich glaube, geht immer über das, was ich erfahren habe, hinaus."[39] Wenn wir aber sagen, das innere Leben Jesu sei selbst die Macht der Erlösung, so kann der Schein entstehen, als werde etwas, was wir in unserer Erfahrung umfassen können, an die Stelle des Unermeßlichen gesetzt, das die Kirche in Christus findet. Damit allein kann ich es erklären und entschuldigen, daß man an diesem Hauptpunkte die richtige Lehre und Praxis von sich weist. Aber daß dabei ein Mißverständnis unterläuft, ist auch leicht zu zeigen. Denn gerade die geheimnisvolle Übermacht des göttlichen Wesens können wir allein an der Erscheinung des inneren Lebens Jesu kennen lernen. Der Mensch, der das erschöpfen zu können und dieser Tatsache Herr zu werden meint, kann es freilich nicht erfahren, daß Christus sein Herr wird. Aber wenn wir auch so das Verfahren unserer Gegner entschuldigen können, so wird doch dadurch unser Bedauern darüber nicht gemildert. Denn es verhüllt den Menschen die Wahrheit, daß es das wunderbare Erlebnis der Erlösung ist, wenn man an der Erscheinung Jesu den Verkehr Gottes mit der eigenen Seele erlebt. |146|

„Das ists nu, das ich gesagt habe, daß Gott nicht will leiden, daß wir uns sollen auf etwas anders verlassen, oder mit dem Herzen hangen an etwas, das nicht Christus in seinem Wort ist, es sei wie heilig und voll Geists es wolle."[40] In dem Verständnis des Christus, den wir, wenn wir den Herrn über unsere Seele suchen, im Neuen Testament finden können, berührt uns der Gott, der uns über Not und Sünde erhebt so, daß wir seiner gewiß werden; sonst nirgends. Deshalb kommen wir allein durch das Wort, das uns ein solches Verständnis ermöglicht, mit Gott in Verbindung und deshalb müssen wir die Person Christi selbst als die Kundgebung Gottes, in der er uns nahe kommen will, aufnehmen.

---

[39] ROBERT KÜBEL, Eine Kritik der kirchlichen Theologie, in: Theologisches Literaturblatt 12, 1891, 114.
[40] Luther E. A. 11, 27.

Hienach können wir uns nun zu der Forderung unserer Gegner wenden, auf Grund der Tatsache, daß uns Christus zu Gott bringe, müsse ein unmittelbarer Verkehr der Seele mit Gott stattfinden. Diese Forderung ist vor allem deshalb interessant, weil sie gerade erkennen läßt, wie entfernt die Anerkennung einer göttlichen Substanz in Christus von dem wahren Bekenntnis seiner Gottheit ist. Denn wenn man neben dem, was man durch Christus erfährt, nach einem unmittelbaren Verkehr der Seele mit Gott verlangt, so gibt man eben damit kund, daß man außer stande ist, in Jesus selbst Gott zu erfassen und zu empfinden. Wer aber das nicht kann, mag sich durch noch so antike dogmatische Formeln als rechtgläubig empfehlen – gläubig ist er nicht, weil er Gott in Christus nicht gefunden hat, sondern in der Weise, welche Luther in den oben (S. 125 [Originalpaginierung]) angeführten Worten den „unverständigen Herzen" zuschreibt, zwischen Gott und Christus scheidet. Wenn Gott dem einzelnen Menschen Christum nahe bringt, als die volle Kundgebung seines Innern an ihn, wenn er dadurch einer Seele Klarheit und Frieden gibt, so läßt er sie seine überweltliche Macht erfahren und befaßt sich so direkt und innig, wie möglich, mit ihr. Eine unmittelbarere Berührung der Seele mit Gott wird man |147| sich nur dann vorstellen wollen, wenn man sich seinen Gott nicht als persönlichen Geist, sondern als unpersönliche Substanz vergegenwärtigt. Der persönliche Geist verkehrt mit uns durch Erweisungen seines inneren Lebens; wenn er uns mit bewußter auf uns gerichteter Absicht seine Gesinnung fühlen läßt, fühlen wir ihn selbst.

Deshalb müssen wir den Gedanken, daß Gott der einzelnen Seele näher kommen könne, als dadurch, daß er sich in Christus finden läßt, gänzlich abweisen. Hierin tritt die Differenz zwischen uns und unseren Gegnern zu Tage. Sie stellen sich die Gottheit Christi so vor, daß sie ihn und sein Werk nur als Voraussetzung ihres Verkehrs mit Gott geltend machen können; diese Voraussetzung, meinen sie, sei zwar für alle die gleiche, aber jeder einzelne müsse dann für sich danach trachten, mit Gott in eine unmittelbare Berührung zu treten. Diese Gottessehnsucht ist ganz berechtigt, wenn man sich gewöhnt hat, anstatt auf Christus selbst, auf das christologische Dogma zu blicken. Aber sicher ist es, daß sie den Menschen ins Ungewisse führt. Und unbegreiflich ist es mir, wie man sich dabei auf Luther berufen kann. Luther hat in dem ihm offenbar gewordenen Christus des Neuen Testaments nicht bloß die vor Jahrhunderten beschaffte Voraussetzung für den Christenstand erblickt. „Es ist mir nicht allein ein alt Liedlein von einer Geschichte, so sich vor fünfzehen hundert Jahren hat zugetragen; es ist etwas mehr, dann ein Geschicht, so einmal geschehen ist, nämlich auch ein Geschenke und Gabe, so ewiglich bleibet."[41] Wenn es dann in demselben Zusammenhange heißt: „durch ihnen werden wir auch so tief gelehret, daß wir wissen, was Gottes Wille sei, und was Gott im

---

[41] E. A. 20 I, 114; 50, 241. E. A. 14, 228.

Herzen hab", so meint Luther damit nicht etwa eine Erkenntnis Gottes, die man abgetrennt von dem geschichtlich erlebbaren Faktum der Erlösung als eine allgemeine Wahrheit besitzen könne, sondern er meint, daß jeder, den dieses Faktum innerlich trifft und zur Be-|148|sinnung bringt, darin erfährt, was Gott gerade mit ihm vorhat und an ihm wirkt.[42] Ich brauche nicht in Erinnerung zu bringen, wie unzählige Male Luther wiederholt, daß jeder diese ihn in seiner besonderen Lage befreiende Erfahrung dadurch macht, daß ihm durch die Verkündigung des Evangeliums, die Gestalt Christi in seinen Weg tritt. Deshalb darf er sagen: „Alles, *was in uns* und von uns geschehen kann, das machet keinen Christen. Was denn? Allein das, daß man diesen Mann kenne, von ihm halte und sich zu ihm versehe, was er will von ihm gehalten haben."[43]

Wenn der Christ aber das an dem geschichtlichen Christus erfährt, daß er merkt, wie von da aus Gott selbst ihn ergreift und ihn seine speziellste Fürsorge spüren läßt, so wird er ungerührt bleiben, wenn ein anderer davon zu sagen weiß, daß Gott und Christus als von jenem geschichtlichen Ereignis abgelöste Gestalten in dem Bereiche seiner Phantasie auftreten und mit ihm verkehren. Luther hat die Sprache der katholischen Frömmigkeit, welche von solchen Erlebnissen mit dem Seelenbräutigam zu erzählen weiß, nicht nur gekannt, sondern auch bisweilen gebraucht, aber er hat sie, wie wir später sehen werden, ins Evangelische umgedeutet. Dadurch war dieser Mann so stark, daß er den Gott, der mit ihm redete, in der wirklichen Welt gefunden hatte und aufsuchte. Das andere Suchen und Finden Gottes, in der Welt der frommen Phantasie, hat er aus seinem Mönchsleben gründlich gekannt; aber er hat auch gewußt, daß dabei die Seele den Himmel stützt, der sie tragen sollte. „Gott hat seinen Sohn mit der menschlichen Natur vereinigt, damit wir in dem seinen freundlichen Willen gegen uns spüren und erkennen möchten;"[44] wer das weiß, wird bei der Rede Gottes, |149| die in dieser Tatsache laut wird, verbleiben und wird darauf verzichten, ihn auf andere Weise in seinem eigenen Innern zum Reden zu bringen. „Drum sage, ich will bleiben *bei seiner gemeinen Offenbarung* des Worts und der Werk Christi."[45] Als Mönch ist auch Luther

---

[42] E. A. 50, 241 sagt Luther, der Glaube, daß Christus vom Vater in die Welt gesandt sei, sei so viel als „alle Wort, so aus seinem Mund gangen sind, ungezweifelt dafur achten und hören, als hörest du jetzt gegenwärtig des Vaters Stimme vom Himmel mit dir reden".

[43] E. A. 12, 50.

[44] E. A. 14, 228.

[45] E. A. 20 I, 29.

Die Begründung unseres Verkehrs mit Gott durch die Offenbarung Gottes 109

in einen Winkel gekrochen und hat gedacht, Gott werde ihm „ein Eigenes machen."[46] Später ist ihm die Einsicht gekommen, daß zwar die Rotten „heimliche Stimm und Offenbarung" hören[47] wollen, daß aber der Christ aus offenkundigen Tatsachen die Rede seines Gottes vernimmt[48] Wohl hat auch Luther reichlich von dem Glauben Zeugnis gegeben, daß Christus in ihm wohne und wirke. Wir werden das Recht und den Wert dieses Glaubensgedankens unten in Kap. III erörtern. Aber daß Luther sich daraus als evangelischer Christ einen besonderen Verkehr mit dem erhöhten Christus gemacht hätte, wird niemand beweisen wollen. Er hat vielmehr gewußt, daß man den wirklichen Christus findet *und die direkte Einwirkung des erhöhten Christus darin erfährt*, daß man den geschichtlichen Christus versteht. Es ist nicht Luthers Meinung, daß der Christ, nachdem er aus dem geschichtlichen Werke Christi die nötige Lehre gezogen, nunmehr diesen Tatsachen den Rücken wenden dürfe, um ihren eigentlichen Ertrag in einem |150| besonderen Verkehr mit Gott oder mit dem erhöhten Christus in der heiligen Stille des inneren Lebens zu suchen. Er würde vielmehr mit einer solchen Praxis aus dem Bereiche der wirklichen Lebensmächte sich zu entfernen meinen. „Denn wer da Christi Leben und Wandel ließe fahren, und wollt ihn jetzt auf ein eigen Weise suchen, wie er im Himmel sitzt, der würde abermal feilen, Er muß ihn suchen, wie er gewesen und gewandelt hat auf Erden, da wird er das Leben finden, da ist er uns zum Leben, Licht und Seligkeit kommen, da ist alles geschehen, das wir gläuben sollen von ihm, daß es gar aus der Massen eigentlich gesagt ist: In ihm war das Leben; nicht daß er nu nicht sei unser Leben, sondern daß er nu nicht tu, das er dazumal tät."[49]

Trotzdem liegt etwas Richtiges in der Forderung, daß Gott sich zu jeder Seele in besonderer Weise wenden müsse, wenn er auch allen durch die gleiche Tatsache nahe tritt. Denn jeden von uns trifft die Erscheinung Gottes in Christus unter besonderen Verhältnissen. Nach dieser Besonderheit aber modifizieren sich notwendig die Dinge und Ereignisse, welche einem jeden das Verständnis Christi eröffnen. Da wir nun ebenso notwendig alle die Zusammenhänge, in denen die Einwirkung Christi auf unser Inneres von statten geht,

---

[46] E. A. 20 I, 414.
[47] E. A. 15, 151.
[48] Monachi celebrant patrum suorum Benedicti, Bernhardi legendas. Sed profecto Deus in genere cum quovis Christiano multo copiosius loquitur *et familiarius conversatur*, quam illi jactant de suis patribus. Imo si in manu mea res esset, non vellem, Deum mihi loqui de coelo, aut apparere mihi. Hoc autem vellem, et tendunt hoc quotidianae meae preces: ut in digno honore habeam et vere aestimem donum Baptismi, quod sum baptisatus, quod video et audio fratres, qui habent gratiam et donum spiritus si, qui consolari, erigere verba possunt, exhortari, monere, docere. Quam enim tu optas meliorem et utiliorem Dei apparitionem? opp. ex. lat. IV, 157–62 [Zitat 157]; cf. 57, 45; 51.
[49] E. A. 10, 189; vgl. 35, 170–71.

in den Vollzug des Aktes, durch den Gott mit uns in Verkehr tritt, mit einrechnen müssen, so ist es – aber auch nur in diesem Sinne – richtig, zu sagen, daß Gott mit dem einzelnen in besonderer Weise verkehre, oder daß Gott, wie es in neuerer Zeit mit Vorliebe ausgedrückt wird, mit dem einzelnen ein persönliches Verhältnis eingehe.

Von den Lebensverhältnissen, in denen der Christ den erlösenden Akt seines Gottes verspürt, kommt in erster Linie in Betracht sein Umfaßtsein von der Kirche. Gott kann sich nicht allen Menschen ohne Unterschied mitteilen. Wenn er die Lebensführungen aller in seiner Hand hat, so kann er doch sein Inneres nur denen aufschließen, die sich in der |151| Kirche, d. h. in der Gemeinschaft der Gläubigen befinden. Die Erfahrungen, wie das Evangelium anderen hilft, machen uns selbst geschickt, es aufzunehmen. Deshalb kommt uns, wenn Christen sich unser annehmen, Christus nahe. Der Satz, daß die Kirche die Mutter der Gläubigen sei, wird in seiner Wahrheit erst erfaßt, wenn man unter der Kirche sich nicht mehr die Anstalt denkt, die die namenlosen Kräfte der Erlösung in sich trägt, sondern mit Luther „ein christlich heilig Volk."[50]

In dem Zusammenleben mit Christen wird der Sinn für den durch Christus wirkenden Gott geweckt und das keimende Verständnis genährt. Haben wir selbst unseren Gott gefunden, und sind dadurch neue Menschen geworden, so sind wir mit christlicher Gemeinschaft nicht nur durch unsere Freude an ihr verbunden, sondern auch durch das Leben, das wir aus ihr haben. Diese unser neues Leben begründende Macht verleiht der christlichen Gemeinde den Mutternamen.[51] Und indem wir sehen, daß in ihr allein der Schöpfer und Erlöser auf Erden anzutreffen ist,[52] wird sie für uns ein Moment der Gottestat, durch die wir uns mitten in der Welt in Gottes Reich versetzt wissen. Aber die Gewißheit davon, daß sich Gott durch die Kirche zu uns wendet, können wir nur haben, sofern die Tätigkeit der Kirche dem Evangelium, in welchem Gott uns faßbar wird, den unserer besonderen Situation entsprechenden Ausdruck verleiht und in uns die Fähigkeit zu seiner Aufnahme entwickelt. Beides leistet die Kirche als die Gemeinde der Gläubigen, welche jedem ihrer Glieder das Wort von Christus erstens durch die direkte Verkündigung und zweitens durch christliches Leben zugänglich macht. Ohne das zweite kann das erste wenig nützen. Deshalb müssen wir, wenn wir im Verkehr mit |152| unserem Gott bleiben wollen, im Verkehr mit Christen bleiben, die uns ihre Strenge gegen sich selbst und ihre Liebe gegen andere fühlen lassen. Durch diesen sittlichen

---

[50] Vgl. außer dem großen Katechismus [gemeint wohl: „Von den Konziliis und Kirchen", WA 50, 628 ff.] E. A. 12, 50; 25, 354.

[51] Vgl. E. A. 46, 278: „Das tut Christus" (es handelt sich um die Wiedergeburt) „der dich in deinem Christentumb durch die Taufe und Wort Gottes in den Schoß der christlichen Kirchen, als unser lieben Mutter, leget."

[52] E. A. 23, 238.

Verkehr mit Christen werden wir in den Bereich der Erfahrungen aufgenommen, in deren Mitte uns immer von neuem klar werden muß, wie verloren wir wären, wenn nicht das persönliche Leben Jesu auch vor uns stände als etwas in der Welt Wirkliches. Daraus ist aber auch klar, daß eine Kirche wertlos und leblos ist, die nicht überall darauf gerichtet ist, eine solche Gemeinschaft sittlichen Verkehrs zu entwickeln. In den Ereignissen, in denen der einzelne Gläubige jene doppelte Einwirkung der Kirche erfährt, sieht er notwendig den besonderen Verkehr Gottes mit ihm, den kein anderer in völlig gleicher Weise erlebt. Und es ist natürlich hoch nötig, daß jeder sich diesen besonderen Verkehr Gottes mit ihm zur Gewißheit bringe.

Aber die Möglichkeit dazu schwindet in dem Maße, als man in der Kirche nicht das Organ des Evangeliums anschaut, das uns errettet, indem wir es verstehen, sondern die Hülle geheimnisvoller Erlösungskräfte, die uns erretten sollen, indem wir sie erleiden. Die Kirche in dem ersteren Sinne betätigt ihre erlösende Macht an uns, wenn gläubige Christen uns ihre Fürsorge zuwenden, die eben als Gläubige die Würde haben, den mit uns redenden Gott uns gegenüber zu vertreten, und deshalb auch die Kraft, uns das Himmelreich aufzuschließen,[53] Die Kirche in dem letzteren |153| Sinne dagegen soll durch die unbestimmten göttlichen Kräfte wirken, welche in dem geistlichen Amt und in den Tätigkeiten desselben vorausgesetzt werden. Hiebei verliert die Kirche notwendig die Bedeutung, ein Ausdrucksmittel der Rede des lebendigen Gottes zu sein. Sie selbst schiebt sich zwischen ihn und uns und leitet uns dazu an, einen stummen Götzen anzubeten, die in ihr verborgene Erlöserkraft.

Aber wir „haben einen Gott, der da redet und lebt, gibt uns sein gewisses Wort und wissen, wie er gegen uns gesinnet, und was wir uns zu ihm versehen sollen."[54] Unser Umfaßtsein von der christlichen Gemeinde, welche die Kunde von Christus auf tausendfache Weise in unser Herz trägt, wird uns, indem wir diese Kunde verstehen, selbst zu dem Zeugnis Gottes an uns, daß er uns seiner Gnade versichern will. Wer dieses an ihn gerichtete Zeugnis Gottes vernimmt, weiß damit, daß er in einen Bereich versetzt ist, wo die Gnade Gottes sich ihm fortwährend offenbaren will und unbeweglich bleibt, auch wenn er in Sünde fällt, „gleichwie die Sonne am Himmel täglich aufgehet, und nicht allein die

---

[53] Vgl. Luther E. A. 11, 347: „Wer den heiligen Geist hat, dem ist die Gewalt gegeben, das ist, dem, der ein Christ ist. Wer ist aber ein Christ? Wer da gläubet, der hat den heiligen Geist. Darumb ein jeglicher Christ hat die Gewalt, die der Papst, Bischofe, Pfaffen und Mönche haben in diesem Falle, die Sunden zu behalten oder zu erlassen." 16, 495: „Da sehet ihr, daß das Evangelium gemeine ist und nit allein dem Papst *und den Geistlichen* gesetzt [richtig: gesagt]. [...] Ich habe gleich so wohl Gewalt, die Sunde zu vergeben und absolviren, als der Papst, und den Gewalt sollen wir uns nit nehmen lassen, sondern darauf fußen und gründen. *Lassen wir uns den nehmen, so nimpt man uns Gott, sein Evangelium und den Glauben.*" 25, 364; 28, 27 ff.; 51, 387; 482–83.

[54] Luther E. A. 9, 203.

vergangene Nacht vertreibt, sondern immer fortfähret und leuchtet den ganzen Tag, ob sie schon ins Finster kömpt und mit dicken Wolken uberzogen wird."[55] Einen solchen Verkehr Gottes mit ihm zu sehen, ist allerdings des Christen eigenste Sache. Die „sonderliche Übung", in der auch Luther in seiner Klosterzeit den vermeintlichen Verkehr mit Gott reichlich genossen hatte, hat ihn nicht zum Christen gemacht. Denn allein das macht einen Christen, „daß er diesen Artikel mit dem Glauben fasse und wisse, er sitze unter dem Reich der Gnaden, da ihn Christus unter seine Flügel genommen und ohn Unterlaß Vergebung der Sünde schenket."[56] Es ist in der Tat so, wie Luther an der oben[57] angeführten Stelle sagt: der Christ kann es nicht einmal wünschen, daß Gott ihm be-|154|sonders erschiene oder vom Himmel her zu ihm besonders redete. Er empfängt die Offenbarung Gottes in dem Lebenszusammenhang der Gemeinde, dessen wesentlicher Inhalt das persönliche, im Evangelium anschauliche und durch das Leben der Erlösten ausgelegte Leben Jesu ist. Hat er wirklich darin Gott gefunden, so muß er sich von ganzem Herzen danach sehnen, daß der Gott, der ihm bereits erschienen ist, ihm immer näher komme, und daß er selbst in der wachsenden Klarheit und Festigkeit seines sittlichen Wollens immer tiefer erfahre, daß dieser Gott ihn erlöst.

Die Bedeutung, welche die Kirche als eine Gemeinschaft von Gläubigen für den Christen hat, muß unverstanden bleiben, wenn die falschen Ansprüche des kirchlichen Amtes den Gläubigen die priesterliche Würde nehmen, die Organe Gottes für ihre Brüder zu sein. Deshalb meint Luther in der soeben angeführten Stelle, daß jene hierarchischen Ansprüche den Christen nicht etwa nur in einem Rechte kränken, auf das er auch verzichten kann, sondern daß sie ihm Gott, das Evangelium und den Glauben nehmen. Die Zusicherung der Gnade Gottes wird dann an einzelne amtliche Akte gebunden und entbehrt der Gewißheit. Aber die Vergebung der Sünden soll nicht auf einen Augenblick gedeutet werden, „wenn die Absolutio gesprochen ist", sondern „es soll sein ein stetiger, ewiger Schatz und ewige Gnade, so allzeit wirke und kräftig sei."[58] Wenn so die Kirche die Offenbarungstat Gottes, den Christus, dessen Wirklichkeit und Macht in der heiligen Überlieferung vernehmlich ist, zu einem Elemente unseres gegenwärtigen Lebens macht, so beginnen die Ereignisse, die über uns ergehen, die Sprache Gottes zu reden. In erster Reihe alles, was direkt der Verkündigung des Evangeliums dient. „Darumb so erscheinet Gott mir durch sein Wort, item ich ergreif ihnen in der Taufe, item Gott erscheinet mir durch den Schulmeister, durch meine Eltern, durch Prediger, durch sein Wort, item in der Absolution."[59] |155|

---

[55] Luther E. A. 11, 320.
[56] Luther E. A. 11, 320.
[57] S. 149 [Originalpaginierung]
[58] Luther E. A. 11, 319.
[59] Luther E. A. 20 I, 27; 47, 222.

Aber das Licht, das dadurch in unser Inneres kommt, wirft seinen Schein notwendig auf alle unsere Lebensführungen.[60] In unseren Schicksalen erkennen wir alsdann das Andringen der ernsten Liebe Gottes, deren Wirklichkeit und deren Sinn uns durch Jesus Christus in seiner Wirksamkeit für das ewige Gottesreich gewiß gemacht wird. Dieselben Ereignisse, die den glaubenslosen Menschen in eine pfadlose Öde führen, schaffen dem Christen seinen Lebensweg zu dem wohlbekannten, aus den sittlichen Forderungen und Erlebnissen hervortretenden Lebensziele.

Das Erlebnis, das wir in dem Lichte Christi als ein Werk und Wort Gottes an uns verstanden haben, hat die Kraft, uns zur Freude am Ewigen und damit zu einem Leben im Ewigen zu bringen. Denn als ein Zeichen der liebevollen Fürsorge des Gottes, der nach seinem Wesen das Gute will, macht es uns selbst im Guten heimisch und ermöglicht uns die Selbstverleugnung, die uns durch die Teilnahme am Ewigen auferlegt wird. Wir können in dem Großen und Kleinen unserer Erlebnisse uns erfaßt und getragen wissen von einer Liebe, welche von der Macht des Ewigen, das in der sittlichen Forderung uns für sich beansprucht, nicht zu trennen ist. Darin fühlen wir uns vom Unendlichen berührt und genährt und haben eine Gewißheit davon, wie sie aller Mystik unerreichbar ist. Denn mit dem Ewigen, wie es sich auf unser inneres Leben bezieht, mit dem sittlichen Endzweck, hat die mystische Erregung, wie süß und gewaltig sie auch sein mag, nichts zu schaffen. Deshalb aber ist es der mystischen Frömmigkeit unmöglich, sich einer inneren Wahrheit zu versichern, die in dem Wechsel von Erregung und Ermattung nicht begraben werden kann. Wir aber sind Gottes und seines Verkehrs mit uns gewiß, weil niemand durch |156| historische Kritik das an der Überlieferung erlebbare Faktum uns entreißen kann, dessen Verständnis uns in allen Beziehungen unseres Lebens die Gottesnähe spüren läßt, und weil die innere Verwertung dieses Faktums uns zur Freude am Guten und dadurch zur Teilnahme am Ewigen erhebt. In dem Verständnis Christi und in der durch dieses Verständnis uns ermöglichten Deutung aller unserer Erlebnisse werden wir dessen gewiß, daß Gott uns berührt. Von der Mystik unterscheidet sich die Art, wie wir des Verkehrs Gottes mit uns inne werden, nicht etwa so, daß nur der Mystiker das Ergriffensein durch Gott in seinem inneren Leben zu verspüren meint. Diese Erfahrung ist selbstverständlich auch der Christen höchste Freude. Sie ist das so sehr, daß von ihnen gesagt werden kann: „wenn sie schon wüßten, daß kein Himmel, noch kein Höll, noch kein Belohnung wär, dennoch wöllten sie Gott dienen umb seinetwillen."[61] Unser Unterschied von der Mystik betrifft lediglich die

---

[60] E. A. 49, 90; 196: Gott sendet die Anfechtung, „daß er sich uns mehr offenbare, daß wir seine Liebe erkennen. Denn solche Anfechtung und Kampf sollen uns lehren erfahren (welches die Predigt nicht allein tun kann), wie gewaltig Christus ist, und wie uns der Vater wahrhaftig liebe".

[61] Luther E. A. 22, 133.

Art, wie wir der Berührung Gottes mit uns inne werden. Für den rechten Mystiker ist Gott das Ewige im Gegensatz zum Zeitlichen. Deshalb genießt er das Ergriffensein von Gott, wenn er unter dem erhabenen Eindruck des Ewigen steht, der ihn den Reiz einer wunderbaren Gemütsstille gegenüber der Unruhe des von der Welt genährten Lebens fühlen läßt. Wir kennen solche Erlebnisse auch und achten sie nicht gering. Wir glauben in ihnen die unbegreifliche Herrlichkeit Gottes zu merken. Aber den Verkehr Gottes mit uns, auf den uns alles ankommt, finden wir darin nicht. Denn für uns ist Gott nicht das Ewige selbst, das uns begeistert und demütigt; sondern es ist die Macht, die das Ewige und Zeitliche beherrscht und uns in der Zeit lebende Menschen zu einem Leben im Ewigen bringt. Ein Leben im Ewigen wird uns eröffnet, wenn wir das sittlich Notwendige verstehen; und es wird uns zu teil, indem wir das sittlich Notwendige mit freier Hingabe wollen. Die Macht, die einen Menschen zu diesem |157| Siege über die Trägheit des Fleisches bringt, ist sein Gott.

Nicht in dem Ewigen selbst, sondern in dem zeitlichen Vorgang, der uns ein Leben im Ewigen möglich macht, finden wir den Gott, der sich uns hilfreich zuwendet. Ob hiebei ein reicheres inneres Leben stattfinde als bei der dunklen Hingabe an das Unendliche, ob es mehr für den Menschen bedeute, im Ewigen zu leben oder vor dem Ewigen zu vergehen – darüber werden wir uns mit den Vertretern der Mystik niemals einigen. Aber nur jenes ist christlich, dieses nicht. Trotzdem muß die herrschende Theologie unserer Zeit mit der Mystik sich zu verbinden suchen, wenn sie nicht als allen religiösen Gehaltes leer erscheinen will. Denn wie auch die eigene Herzensstellung der Theologen zu Gott beschaffen sein mag – die theologische Theorie tut alles mögliche, um die Tatsache zu verhüllen, daß Gott jeden von uns allein in dem geschichtlich erlebbaren Christus so berührt, daß wir seiner Wirklichkeit gewiß werden und seine Liebe verstehen. Bevor von dem Erlöser die Rede ist, außer dessen Lebensmacht es für den Christen keinen Gott gibt, werden daher in dieser Theologie einem Gott, den man aus der Metaphysik und aus einzelnen Schriftworten zu kennen meint, Altäre errichtet. Zu diesem Götterbilde der Vernunft muß sich die Seele selbst emporringen. Jedem aber, der ein Sklave dieses Kultus geworden ist, tritt die Gestalt Jesu Christi in eine ferne Vergangenheit zurück. Der uns gegenwärtige Gott, der uns mit Gnade und Barmherzigkeit umfängt, ist Jesus Christus nur dann, wenn wir ihm allein die Ehre geben, daß seine Erscheinung, wie sie uns am Evangelium aufgeht, Gottes Nahekommen und Gottes Gegenwart für jeden einzelnen ist. Bis jetzt ist es ja in der deutschen Christenheit noch so, daß die in Amt und Würden stehende Theologie dem Volke, das seinen Luther nicht mehr kennt, sagen darf, dieses Bekenntnis zu dem Menschen Jesus als zu dem in die Geschichte eingetretenen und uns erlösenden Gott sei eine Entleerung des Christentums; sie selbst da-|158|gegen, welche das Bekenntnis der Reformatoren umgeht, die

Inspirationslehre der alten Dogmatik offen aufgibt und dann doch die alleinige Autorität für unseren Glauben, die Person Jesu Christi als solche nicht gelten lassen will, sei die Hüterin des Glaubens, weil sie mit einer klugen Kunst die widerstrebenden Elemente der Tradition noch notdürftig zusammenknüpft. Solange das Reich solcher Schriftgelehrten währt, mag auch die Mystik als ein Surrogat der christlichen Frömmigkeit ihren Wert behalten. Denn darin ist doch die Mystik auch wirkliche Religion, daß sie den Menschen mit Gott selbst zusammenführen will. Wer aber Jesum Christum und in ihm Gott gefunden hat, kann der Mystik entbehren. Denn in den engen Erfahrungen, auf die sie sich zurückzieht, findet das Leben des christlichen Glaubens keinen Raum.

In aller wirklichen Religion kommt es darauf an, daß man den Verkehr Gottes mit der eigenen Seele erlebt. Jeder fromme Mensch ist davon überzeugt, daß er sich das nicht selbst verschaffen kann, sondern daß Gott es ihm antut. Diese Tat Gottes ist die Offenbarung, von der überall die Wirklichkeit der Religion getragen ist.[62] Die Religion ist in dem Menschen geschaffen, der in diesem Erlebnis der Offenbarung steht. Die Teilnahme am göttlichen Leben, auf welche die religiöse Sehnsucht gerichtet ist, besteht darin, daß der Mensch dessen inne wird, er bedeute etwas für Gott, und Gott trete mit ihm in Verkehr. Wer diesen Sätzen nicht zustimmt, weiß nicht, was Religion ist. Mit allen, die dieses Verständnis der Religion kundgeben, fühlen wir uns innerlich verbunden, mögen sie schon Christen sein oder nicht. Christen aber können sie nur werden, wenn sie in der Überlieferung, die uns in der christlichen Gemeinde gegeben ist, das persönliche Leben Jesu auffassen lernen. Wenn sie es sehen lernen, so kommen sie dadurch sofort über die bloße Abhängigkeit von der Überlieferung hinaus und werden auf den |159| Boden eigener unleugbarer Erfahrung gestellt. Denn auf den Menschen, der es überhaupt sehen kann, wirkt dieses persönliche Leben so, daß es durch seinen Gehalt die Überlieferung beglaubigt. Wer es erfährt, wie die Kraft der Liebe und die aus innerem Frieden quellende Siegeszuversicht Jesu ihn erschüttert und demütigt, der wird in Jesus nicht mehr ein historisches Problem sehen, sondern eine Wirklichkeit, vor der er sich beugt. Darauf allein kommt es an, wenn ein Mensch ein Christ werden soll. Denn Jesus wäre nicht der Erlöser, wenn er nicht dem Menschen, der so von ihm selbst, von der Kraft seines inneren Lebens überwältigt wird, zu helfen vermöchte. Er erlöst uns aber, indem er uns zwingt, in seinem Dasein den Erweis der Wirklichkeit eines Gottes zu sehen, dessen Gegenwart ihn selbst in völliger Vereinsamung froh und zuversichtlich macht.

Daß wir inmitten eines uns unfaßbaren Unendlichen stehen, das uns erleiden läßt, was wir nicht ändern können, das können wir von uns selbst wissen.

---

[62] Vgl. meinen Vortrag „Der Begriff der Offenbarung", Gießen 1887.

Aber die Person Jesu allein kann einem Menschen die unbezwingliche Gewißheit geben, daß in der grenzenlosen Welt die Allmacht seines Vaters im Himmel waltet. Wenn aber Jesus so auf uns wirkt, daß wir ihn nicht ohne Gott denken können, so wird uns notwendig sein Dasein und sein Wirken auf uns als das Wirken Gottes an unserer Seele erscheinen. So offenbart sich uns Gott. In dem Menschen aber, dem es widerfährt, daß Gott in solcher Weise mit ihm in Verkehr tritt, entsteht ein neues inneres Leben. Er wendet sich zu Gott mit dem Bewußtsein, daß er damit etwas tut, was ihm vordem völlig unmöglich war; und er erfährt dabei immer wieder, daß der Gott, den er in Christus gefunden hat, ihn wunderbar neu macht. Über Gott und Christus, über sich selbst und die Welt lernt er Gedanken fassen, deren Sinn ihm früher völlig verborgen war, wenngleich er vielleicht ihren Ausdruck oft vernommen hatte. Beides aber hat darin seinen Grund, daß in dem persönlichen Leben Jesu das wahrhaft Übernatürliche in die Welt getreten ist und uns über die Welt emporzieht. |160| Dies, daß er allein unsere Bande lösen und uns aus Weltwesen zu Genossen göttlichen Lebens machen kann, wird uns nur verborgen, wenn wir uns, anstatt auf ihn zu blicken, der unbestimmten Vorstellung von einer „Influenz des Supranaturalen" überlassen. Eine Anschauung von dem wirklich Übernatürlichen haben wir dagegen dann, wenn wir die Kraft Jesu, uns Gottes gewiß zu machen, an uns erfahren. |161|

Kapitel III

Die Ausübung unseres Verkehrs mit Gott im religiösen Glauben und im sittlichen Wirken

Wie Gott uns innerlich nahe kommt durch eine Kundgebung seiner Liebe gegen uns, so wenden wir uns wiederum zu Gott durch eine Kundgebung unseres Innern an ihn. Diese Kundgebung des Menschen an Gott ist das Gebet. In der Regung des christlichen Gebetes kommt Gottes Absicht, uns zu sich heranzuziehen, zu ihrem Ziele. Wenn das Gebet in uns verstummt, so hat sich unser Inneres der Offenbarung verschlossen. Das Gebet ist der Ausdruck der menschlichen Bedürftigkeit gegenüber Gott, der befriedigten als Dankgebet, der unbefriedigten als Bittgebet. Daraus scheint sich die Regel zu ergeben, daß der Christ sich zu Gott wenden soll, indem er seine Not ihm vorträgt und für die erfahrene Hilfe dankt. Aber so selbstverständlich es sein mag, daß der Christ eine solche Gebetspraxis ausübt und solche Erfahrungen macht, so wenig ist doch damit der Verkehr des Christen mit Gott vollständig und richtig beschrieben.

Wenn das Gebet nicht nur der Angstruf eines ratlosen Menschen, sondern wirklicher Verkehr mit Gott sein soll, so muß es an die Tatsache anknüpfen, daß Gott sich uns zuwendet. Dem Christen steht es fest, daß er ins Leere schweift, wenn er außerhalb seiner geschichtlichen Wirklichkeit, in dem Bereiche seiner Phantasie, Gott zu finden und zu erfassen sucht. Dann kann aber auch in der Zuwendung des Christen zu Gott nicht die Bitte das erste sein. „Ehe denn du Gott anrufest oder suchest, muß Gott zuvor kommen |162| sein und dich funden haben."[1] Durch eigene Anstrengung kann man ein Beter werden, aber kein Christ.[2] Der Christ ergreift Gott, weil er von ihm ergriffen ist. Nur in dem durch diese Erfahrung entzündeten Gebet kann der Christ dessen gewiß sein, daß Gott ihn vernimmt und auf die Regung seines Innern antwortet. Die von der Not abgepreßte Bitte und die aus dem Wunsch des bedrängten Menschen erzeugte Vorstellung, daß ein allmächtiger Gott die Kette der Ursachen und Wirkungen zerreißen werde, sind nicht die Bestandteile, aus denen ein christliches Gebet entsteht. Es fehlt dabei das Wichtigste. Ein Gebet, das nichts weiter enthielte, wäre offenbar kein Verkehr mit Gott. Denn der Mensch steht dabei gar nicht in der Gegenwart Gottes. Er ist mit sich selbst, mit seinen Ängsten und Wünschen allein und wagt es aufs Ungewisse, ob er vielleicht mit der inneren Arbeit, in der er sich auf den Gegenstand des Wunsches konzentriert, etwas durchsetzen werde.

---

[1] Luther E. A. 10, 11.
[2] Luther E. A. 12, 135–36; 14, 335.

Unter einer Bedingung würde allerdings in unserem Verkehr mit Gott die Bitte das erste sein können. Könnten wir Gott sinnlich wahrnehmen, erfaßten wir seine Wirklichkeit in ihrem Zusammenhange mit anderen Dingen und würde er uns durch sein Verhalten gegen andere bekannt, so hätte es einen Sinn, zu sagen, daß der Verkehr mit ihm in Form unserer Bitte beginnen könnte. Wir würden dann mit ihm durch eine Bitte in Verbindung treten können, wie wir oft in solcher Weise mit einem Menschen anknüpfen. Aber Gott sehen wir nicht mit sinnlichen Augen; und die Erzählung dessen, was er an anderen getan habe, macht uns nicht mit ihm bekannt. Es hat also keinen Sinn, daß der Verkehr des Christen mit Gott mit einer Bitte beginnen soll. Nun ist freilich vielen Christen die Wirklichkeit Gottes etwas Selbstverständliches geworden. Das halten sie für einen Vorzug, für ein Zeichen unerschütterlicher Frömmigkeit. Es wird |163| ihnen dadurch möglich, ihr Gebet mit der Bitte zu beginnen und den Dank in Aussicht zu nehmen, wenn die Bitte Erfolg haben sollte. Aber zugleich geraten sie mit dieser unerschütterlichen Frömmigkeit unter die Menschen, deren Wesen Jesus von ganzem Herzen gehaßt hat, unter die Heuchler. Man vergegenwärtige sich nur, was das in Wahrheit bedeuten würde, wenn Gottes Wirklichkeit uns selbstverständlich wäre. Es würde heißen, daß alles, was sich in unserem Bewußtsein unwillkürlich regt, uns ebenso die Vorstellung Gottes aufdrängt, wie die Vorstellung einer wirklichen Welt. Mit der Wirklichkeit der Welt rechnen wir beständig, an sie ist unsere Furcht und unsere Hoffnung geknüpft. Wie müßte es in uns aussehen, wenn die Wirklichkeit Gottes dieselbe Gewalt über unser inneres Leben hätte, ebenso unser Empfinden bestimmte und die Grundlage unserer Entschlüsse bildete? Wir brauchen uns diese Frage nur vorzulegen, um zu sehen, daß die Voraussetzung, Gottes Wirklichkeit sei uns etwas Selbstverständliches, auch für einen Christen eine jämmerliche Fiktion ist. Wer darin befangen ist, kann sich Gott nicht nahen. Denn das kann man nicht in der Lüge, sondern nur in der Wahrheit. Aber auf jener Voraussetzung ruht die Meinung, daß der Christ sich seinem Gott zuwenden könne, indem er mit der Bitte beginnt.

Die Grundzüge der christlichen Frömmigkeit ergeben sich aus der Art, wie uns Gott in Christus erscheint und auf uns einwirkt. Der Gott aber, von dem wir uns ergriffen fühlen, wenn die Erscheinung Jesu unser Erlebnis wird, ist die Macht des Guten, die mit siegreicher Liebe die Schranken niederwirft, die uns selbst vom Guten trennen. Deshalb kann die christliche Frömmigkeit nur in dem Bereiche der sittlichen Erfahrung des Menschen entstehen. Gott und alles, was er uns geben will, bleibt uns fern und dunkel, wenn wir nicht unter dem Druck unserer Pflicht, unter dem Zwange der Arbeit und unter der Zucht von Personen stehen, an die wir mit Ehrfurcht denken.

Nach der Predigt Jesu kommt der Mensch zu einem Zu-|164|sammenleben mit seinem Gott in einem Reiche Gottes, das Jesus bringt, das aber auf jeden Fall nur da ist, wo lautere Liebe in Personen auflebt und an Personen wirksam wird. Denn nur in solcher Liebe und solchem Wirken herrscht Gott. Damit ist doch gesagt, daß nur in dem inneren Zuge zu diesem Reiche Gottes eine Hinwendung zu Gott stattfinden und die Erfahrung seiner Güte genossen werden kann. Dieser Gedanke Jesu, so einfach und klar er ist, hat die kirchliche Lehre nicht so, wie er es beanspruchen darf, beherrscht. Sein Recht ist ihm vielmehr wesentlich geschmälert worden durch das Gewicht einer mystischen Tradition, nach der der Mensch zum Anschauen und zum Genusse Gottes durch ein Verhalten kommen soll, das in keiner notwendigen Verbindung mit dem sittlichen Wollen steht. Den mit dieser Vorstellung belasteten Gemütern scheint der Gedanke Jesu der Wärme, d. h. des Reizes der Phantasie zu entbehren, in dem für sie die Gewähr der Wahrheit liegt. Und doch sollte für jeden, dem es Ernst ist um die Wahrheit, die Zustimmung zu jenem Gedanken nicht schwer sein. Im Grunde weiß doch jeder Christ, daß die sittliche Forderung das Recht hat, alles andere in ihm zu überwältigen. Darin liegt aber der Hinweis darauf, daß er den Verkehr mit Gott nicht neben der Hingabe an das Gute, sondern nur in ihr suchen kann. Denn jede andere Regung wird ja dadurch als ein Haften am Zeitlichen erwiesen, daß sie den Ansprüchen weichen muß, die ein ewiges Gesetz an unser Selbst macht. Die Teilnahme an dem Leben eines überweltlichen Gottes, eine wirkliche Erhebung über die Welt wird uns daher nur zu teil, wenn unser Inneres sich nach diesem Gesetze gestaltet. Wir müssen leben wollen in dem Ewigen, das dem Menschen verständlich ist, im Sittlichguten. Sonst ist das Verlangen nach Gott ohne Wahrheit; wir suchen dann überhaupt nicht Gott selbst, sondern seine Hilfe in zeitlichen Dingen. Ohne die schmerzlichen Kämpfe, die das Lebenwollen im Ewigen dem Kinde der Welt auferlegt, wird Gott nicht gesucht; und ohne die Freude an der Herrschaft des Ewigen über das Zeitliche in |165| den sittlichen Werken und Ordnungen wird Gott nicht gefunden.

In anderer Form haben die Reformatoren dieselben Gedanken vertreten in ihrer Lehre von der Buße und in dem Grundsatz, daß das Leben in dem sittlichen Beruf ein wesentlicher Bestandteil der christlichen Vollkommenheit sei. Denn wenn in jener Lehre ausgesprochen wird, daß der christliche Glaube nicht von unversuchten Leuten, sondern nur von denen verstanden werde, denen die Angst des Gewissens bekannt ist, so ist damit gesagt, daß wir allein in der Not des sittlichen Lebens die gewisse Erfahrung davon haben können, daß Gott uns hilft. Die Klarheit über diesen Hauptpunkt darf man sich nicht durch die Erörterungen darüber trüben lassen, ob die Buße, als die Erfahrung sittlicher Not, dem Glauben voraufgehe oder aus der Regung des Glaubens folge. Auf jeden Fall kann sich Gott nur den Menschen offenbaren, denen er das Gute klar macht und die er unter den Zwang der Wahrheit stellt, daß das Gute allein Macht hat, und daß sie Sünder sind. Daraus aber ergibt sich, daß der Christ nur innerhalb der Beschäftigung mit seinen sittlichen Aufgaben sich zu Gott wenden und die Hilfe Gottes erfahren kann. Eine Ergänzung findet die Lehre der Reformatoren von der Buße als einem notwendigen Bestandteil des Christenlebens in ihrem Grundsatz, daß das Leben im bürgerlichen Berufe der christlichen Vollkommenheit nicht hinderlich, sondern notwendig sei. Auch wenn dieser Grundsatz nicht in den bekannten Stellen der Bekenntnisschriften ausgesprochen wäre,[3] so würden zahllose Ausführungen Luthers dafür zeugen, wie sehr er bemüht gewesen ist, ihn einzuprägen.

Unablässig schärft er ein, „daß Gott ihm will gedienet haben in gemeinem Leben und Ständen, nicht mit Fliehen derselben."[4] Und der Grund dafür ist, daß der Christ gerade in seiner Berufsarbeit, durch die er anderen nützlich |166| und dienstbar wird, ein geweihter Priester und Bischof ist, also mit seinem Gott verkehrt.[5] Mit der Zurückziehung von dem weltlichen Berufe hört auch die Teilnahme an dem ewigen Werke Gottes auf, und wertloses, weil willkürliches und von aller Ehrfurcht vor dem Notwendigen verlassenes Menschenwerk tritt an dessen Stelle. „Denn wer ists gebessert, daß du in ein Kloster gehest, machest dir ein sonders, und nicht willt leben wie die andern? Wem hilfet deine Kappen, saursehen, hartes Lager? Wer kompt dadurch zu Gottes Erkenntnis, oder zu Trost des Gewissens, oder wer wird dadurch gereizet zur Liebe des Nähesten? Ja, wie kannstu darin dem Nähesten dienen und die Liebe, Demut, Geduld, Sanftmut erzeigen, so du nicht willt unter den Leuten leben?" „Dagegen ist christlich Leben, des Glaubens und seiner Früchte, {nach Gottes Wort} also geordnet, daß es alles zu Erhaltung der Liebe und Einigkeit dienet, und furdert zu allen Tugenden."[6] Ihre volle Bedeutung erhalten diese Sätze Luthers erst dann, wenn wir ihren Zweck, das katholische Ideal christlicher Frömmigkeit zu beseitigen, in Betracht ziehen. Bei den Gegnern galt die Regel, daß alles, was den Menschen an die Welt binde, also auch die Arbeit im Beruf, ihn von Gott trenne und deshalb aus dem Leben des vollkommenen Christen möglichst schwinden müsse. Indem nun Luther im Gegensatz dazu zur christlichen Vollkommenheit die Arbeit im weltlichen Beruf rechnete, so hat er sicherlich nicht gemeint, daß der Christ vollkommener werde, wenn er sich durch diese Arbeit dem Verkehr mit Gott zeitweilig entziehen lasse. Sein Gedanke ist vielmehr notwendig der gewesen, daß der Mensch sich gerade in solcher Beugung unter die sittliche Forderung dem Göttlichen zuwende. In keinem anderen Punkte zeigt sich die geniale Intuition, mit der Luther den ursprünglichen Sinn des Evangeliums erfaßte, und die Größe seines Werkes so deutlich wie in diesem, wo ihn keineswegs |167| eine klare Einsicht

---

[3] Vgl. E. A. 26, 8 f; 27, 49. A. C. 8, 25.
[4] E. A. 9, 81.
[5] Vgl. E. A. 21, 283.
[6] E. A. 9, 280–89 [Zitat 282]; vgl. 10, 26; 413–14.

in den neutestamentlichen Grund seiner Gedanken, nämlich die Predigt Jesu vom Reiche Gottes geleitet hat.[7]

Im Mittelalter hatte sich das Verlangen nach Gott entweder an dem Gedanken des Unendlichen oder an dem zu sinnlichem Verkehr einladenden Phantasiebilde des sich erniedrigenden Gottes genährt. In beiden Fällen hatte die Frömmigkeit notwendig den Zusammenhang des Menschen mit der Welt und damit die sittlichen Aufgaben, soweit sie nicht eine Umdeutung in die asketische Abtötung der Natur zuließen oder sich als Nachfolge des armen Lebens Christi empfahlen, möglichst von sich abgestreift. Innig und gefühlswarm vermag diese Art von Frömmigkeit die einzelnen Menschen zu fesseln und zu berauschen. Aber unvermögend ist sie, die Menschen untereinander anders als durch die zufällige Gleichartigkeit der Gefühle zu verbinden. Infolgedessen können ihre Erlebnisse nicht in dem Gedanken vollendet werden, dessen ewiges Recht sie erkennen, und damit fehlt ihnen der Nerv der Gewißheit. Durch das immer neue Anfachen der Gefühlserregung an jenen Gedanken und Bildern wird diese Frömmigkeit in der Stille gepflegt, ohne jemals den Menschen in den Bereich des Ewigen zu erheben, durch das er sich mit allen Menschen verbunden weiß. Der Ausdruck, mit welchem Ritschl dieses katholische Christentum zu charakterisieren pflegt, daß nämlich dabei ein eingebildetes Privatverhältnis zu Gott erstrebt werde, ist also in der Tat sehr bezeichnend.[8] Aber er trifft die Hauptsache nicht. Es muß hervorgehoben werden, daß diese Frömmigkeit deshalb nicht Verkehr mit Gott sein kann, weil sie Abkehr vom Wirklichen ist. Sie gebraucht die Phantasie nicht, um sich das Wirkliche als ein Erlebnis zu vergegenwärtigen, |168| sondern um sich darüber hinwegzusetzen. Sie ist daher leere Phantasiefrömmigkeit.

Luther hat nun die Reize dieser katholischen Frömmigkeit wohl gekannt. Er ist jedoch nicht „in einen Winkel gekrochen" und ist nicht nur äußerlich, sondern mit ganzem Herzen in dem Berufe verblieben, in den sein Gott ihn gestellt hatte. Denn er wußte, daß nur in dem Bereiche des sittlich Notwendigen, wo alle Menschen sich in gleicher Weise im Ewigen zusammenfinden sollen, Gott für ihn zugänglich sei. Das Unvergängliche der Predigt Jesu von dem Reiche Gottes ist damit wieder entschleiert und eine Erneuerung der Christenheit in ihrem tiefsten Leben angebahnt. Wir entziehen uns demnach dem sinnlichen Zauber jenes „Privatverhältnisses zu Gott". Wir fühlen uns in unserer Hinwendung zu Gott nicht von den Menschen isoliert, sondern auf den Verkehr mit ihnen angewiesen. Wir meinen auch die Teilnahme Gottes für unser individuelles Dasein suchen zu dürfen, aber nur für dasjenige darin, was

---

[7] Vgl. ALBRECHT RITSCHL, Die Lehre von der Rechtfertigung und Versöhnung, 3. Bd., 2. Auflage, Bonn 1883, 11.

[8] Freilich hat sich RITSCHL dadurch auch dem von seinen Gegnern reichlich ausgebeuteten Mißverständnis ausgesetzt, als ob für seinen Glauben die Fürsorge Gottes für den einzelnen nicht vorhanden wäre.

der sittlichen Gemeinschaft angehört, nicht aber für dasjenige, was ihr fremd bleiben will und deshalb vom Ewigen ausgeschlossen ist. Weder im Widersittlichen, noch im sittlich Gleichgültigen können und wollen wir mit Gott zusammentreffen. So halten wir uns, obgleich wir wiederum mit Luther der Meinung sind, Gott wolle sich „eines jeglichen insonderheit annehmen, als wär nur einer allein und sonst keiner auf Erden."[9]

Damit ist nun aber erst die Form des persönlichen Lebens |169| bezeichnet, in der allein ein Verkehr mit Gott stattfinden kann. Solange wir in einer geistigen Tätigkeit begriffen sind, die in uns selbst außer Beziehung zum sittlich Notwendigen steht, halten wir uns auch von Gott innerlich fern. Denn das Gute oder sittlich Notwendige ist nichts anderes als der Ausdruck des Ewigen, wie wir von ihm beansprucht und zur Teilnahme an ihm aufgefordert werden. Also können wir sicherlich nur in der Unterwerfung unter das sittliche Gebot uns dem Gott zuwenden, der uns zu einem Leben im Ewigen verhelfen will. Aber diese sittliche Haltung des Menschen, die Anerkennung, daß alles in ihm sich dem Guten beugen soll, ist nur die Voraussetzung für den religiösen Akt, in welchem wir mit Gott verkehren, nicht dieser Akt selbst. Der Mensch, der das Gute denkt und will, tritt damit in die innere Verfassung, die ihm den Gott, der auf ihn wirkt, vernehmlich machen kann. Aber dennoch ist es nicht die sittliche Tätigkeit für sich allein, in der wir zu Gott empordringen. Denn der Notwendigkeit des Guten können wir innewerden und können ihr zu folgen suchen, ohne Gottes dabei zu gedenken.

Die Erhebung des Herzens zu Gott pflegen wir Andacht zu nennen. Es ist damit richtig ausgedrückt, daß eine innere Vergegenwärtigung Gottes, ein bewußtes Hinlenken der Gedanken auf ihn gemeint ist. Aber es fragt sich, wie wir es wirklich dazu bringen. Wir wenden uns nur dann wahrhaftig zu Gott, wenn wir die Wohltat gebrauchen, in der wir die Einwirkung Gottes auf uns erfahren. „Der Dank und Wohlthat macht das Bitten kühne und stark [...]; sonst ist das Gebet kalt, faul und schwer, wenn das Herz nicht zuvor entzündet ist mit Kohlen der Wohlthat."[10] Die Wohltat aber, die dieses Feuer in uns entzündet, ist die Tatsache, daß Gott uns in Christus nahe kommt. Keine andere menschliche Tätigkeit hat in unserem Verkehr mit Gott eine Stelle, als daß wir diese Wohltat Gottes verstehen und gebrauchen. |170| Wenn irgend einem anderen menschlichen Akte jene religiöse Bedeutung zugeschrieben wird, so

---

[9] E. A. 36, 42. Luther hat diesen Ausdruck von Augustin. Aber aus dieser kräftigen Vorstellung von der Liebe Gottes leiten sie beide eine sehr verschiedene religiöse Praxis ab. Augustin folgert daraus den mystischen Verkehr mit Gott, der nur in der Abscheidung von der Welt genossen werden kann; erst danach will er sich, das göttliche Geheimnis im Herzen, der Welt in Liebe zuwenden. Luther dagegen knüpft an dieselbe Vorstellung einen Verkehr mit Gott, bei dem der Christ alle seine Beziehungen zur Welt als Kundgebungen Gottes aufnimmt und verwertet.

[10] E. A. 7, 130.

wird die glühendste Andacht zu einer Art von Verleugnung Gottes. Denn sobald wir mit dem, was wir selbst anfangen, Gott zu erreichen und auf ihn einzuwirken meinen, stellen wir uns unausbleiblich unter dem Namen Gottes ein Wesen vor, das zur Welt gehört und deshalb wie ein Weltwesen benützt werden kann.

Der innere Vorgang aber, der uns der Wohltat unseres Gottes, durch die er uns zum Verkehr mit sich erhebt, mit Freude innewerden läßt und ihre Kraft über alle Beziehungen unseres Lebens verbreitet, ist der *Glaube*. „Es ist nicht vonnöthen, daß du dies oder jenes thust. Thu unserm Herr Gott nur so viel Ehre und nimm es an, was er dir gibt und gläub', was er dir zusagt."[11] „Gotte [und den verstorben Heiligen] darfestu kein Gutes thun, sondern nur Gutes holen, suchen, bitten und empfahen durch den Glauben von ihm."[12] „Mit keinem andern Werk mag man Gott erlangen oder verlieren, dann allein mit Glauben oder Unglauben, mit Trauen oder Zweifeln; der andern Werk reichet keins nit bis zu Gott."[13] Alle die eigenen Veranstaltungen einer anspruchsvollen Frömmigkeit werden wertlos vor der Erkenntnis des wirklichen überweltlichen Gottes. „Der Glaube muß alles thun, was zwischen uns und Gott geschehen soll."[14] Alles andere Tun des Menschen wird in Anspruch genommen durch das Sittengesetz, das ihn an die Menschen weist; liebe deinen Nächsten wie dich selbst. Der Glaube allein geht auf Gott, die Liebe auf den Nächsten. Kaum ein anderer Grundsatz kehrt bei Luther so oft wieder, wie diese kurze Schilderung des christlichen Lebens.[15] |171|

Sobald wir einmal den Gedanken des überweltlichen Gottes erfaßt haben, den wir nicht in unseren Dienst zwingen können, sondern von dessen Gnade wir leben, kann uns die Einsicht nicht schwer fallen, daß ein Verkehren mit ihm nichts anderes sein kann, als ein Empfangen und Verwerten dessen, was er uns gibt, indem er uns innerlich nahe kommt. Es ist nicht nur die Scheu vor dem Heiligen, wodurch uns alsdann eine andere Form der Frömmigkeit, die durch menschliches Vornehmen zu Gott empordringen will, verboten wird, sondern sie wird uns vor allem ferngehalten durch die Freude an Gottes Gabe, die etwas unvergleichlich anderes ist, als alles, was menschliche Anstrengung erringen kann. Aber der Satz, daß der Glaube der Verkehr des Christen mit Gott sei, bedarf trotzdem einer Erläuterung. Denn der Glaube, in dem uns die

---

[11] E. A. 18, 20.
[12] Ebendas. 10, 25; 49, 343: „Hie wollen wirs umkehren, und dem armen Mann, unserm Herrn Gott, Guts thun, von dem wirs sollten empfahen."
[13] Ebendas. 16, 142.
[14] Ebendas. 10, 26; 15, 163; 349.
[15] Vgl. ebendas. 15, 547 f.; 47, 254; 51, 403; 9, 273; 11, 55; 350; 13, 90; 16, 332. – 15, 548 erinnert er daran, daß seine Zuhörer eben dies schon oft gehört hätten. Und 11, 349 schärft er ein: „Siehe ja darauf, daß die Werk, die du thust, nicht auf Gott, sondern auf deinen Nähisten gerichtet sind."

Erkenntnis der göttlichen Dinge aufgeht, scheint zwar die Voraussetzung für den Verkehr mit Gott zu bilden; aber wenn nun der Christ jener Erkenntnis folgt und sich dem Gott, der ihn ergriffen hat, tätig zuwendet, so scheint dies doch einer anderen Tätigkeit anzugehören, die wir als Gebet vom Glauben unterscheiden. Zur Entscheidung hierüber liegt in Luthers Erkenntnis vom Glauben alles Nötige vor.

Wir müssen vor allem den Einwurf beseitigen, daß doch auch der Glaube, wie alles andere, wodurch der Mensch Gott zu nahen sucht, ein menschliches Werk sei. Müßten wir dies von dem Glauben, den wir meinen, ohne Einschränkung zugeben, so würden wir auch mit ihm den Versuch machen, Gott mit menschlichen Mitteln zu erfassen. Und doch sollte dies gerade aus dem Verkehr des Christen mit Gott beseitigt werden. Bekanntlich hatten die Reformatoren bei ihren Gegnern die Meinung vor sich, der Glaube sei ein menschliches Werk neben anderen, die ebenso notwendig seien, um ihn mit Gott zu vereinigen. „Sie denken [aber nicht weiter, denn], Glaube sei ein Ding, |172| das in ihrer Macht stehe zu haben oder nicht zu haben, als ein ander natürlich, menschlich Werk; darumb, wenn sie in ihrem Herzen ein Gedanken zuwege bringen, der da spricht: Wahrlich, die Lehre ist recht, und ich gläub', es sei also; sobald meinen sie, der Glaub sei da. Wenn sie dann nu sehen und fühlen an ihn' selbs und an den andern, daß kein Anderung da ist, und die Werke nicht folgen, und bleiben wie vorhin im alten Wesen, so dünket sie, der Glaube sei nicht genug, es muß etwas mehr und großers da sein."[16] Also Luther kennt einen Glauben, den der Mensch selbst dadurch erzeugt, daß er die Zustimmung zu irgendwelchen Lehren in sich zuwege bringt. Einen solchen Glauben nennt Luther wertlos, weil derselbe uns nichts gebe.[17] Dasselbe gilt von dem Fürwahrhalten der Erzählungen der Heiligen Schrift. Auch das ist „ein natürlich Werk ohne Gnade"[18]; auch Türken und Heiden bringen es zu stande. Luther liebt es, hervorzuheben, wie leicht ein solcher Glaube sei. Sagt er doch selbst von der Gegenwart des Leibes und Blutes Christi im Sakrament: „Man ist leichtlich dazu beredet, daß man diesen Artikel gläube."[19]

Man könnte versucht sein, zu meinen, daß dieses Urteil wohl zu Luthers Zeit berechtigt gewesen sei, aber auf unsere Verhältnisse nicht mehr passe, weil es jetzt ungleich schwerer sei, solche Dinge für wahr zu halten, als damals. Aber auch, wenn wir in dieser Beziehung einen Unterschied zwischen uns und dem Zeitalter Luthers einräumen, so bleibt doch jenes Urteil in seinem Rechte. Denn ohne Zweifel kann man es auch jetzt noch unternehmen, daß

---

[16] Luther E. A. 13, 301.
[17] Ebendas. 11, 201; 15, 539. 48, 5 heißt es: „Wenn du den Glauben hältst allein fur einen Gedanken an Gott, so kann mir der Gedanke ebensowenig das ewige Leben geben als eine Mönchskappe."
[18] Ebendas. 10, 142.
[19] Ebendas. 11, 198.

man sich die Überzeugung von der Möglichkeit und Wirklichkeit solcher Dinge, |173| wie die Gegenwart von Leib und Blut Christi in den Abendmahlselementen, mit den Mitteln menschlicher Kunst und Wissenschaft erkämpft. Gegenüber einer solchen uns immerhin erreichbaren Überzeugung ist der Glaube Luthers unvergleichlich schwerer; er war es nicht nur damals. Denn er ist der menschlichen Kraft schlechthin unerreichbar. Keine noch so tiefe Einsicht kann ihn begründen; kein noch so kräftiger Wille kann ihn aufrichten. „Der rechte Glaub, da wir von reden, läßt sich nicht mit unsern Gedanken machen, sondern er ist ein lauter Gottes Werk, ohn alles unser Zutun, in uns."[20] Ist doch ein Glaube gemeint, der aus dem Menschen ein neues Wesen macht, der also schlechterdings nicht als das eigene Werk des nicht erneuerten Menschen erlebt werden kann.[21] Fragt man nun aber, was denn das für ein Glaube sei, den der Mensch als Gottes Werk in ihm ansehen müsse, so empfängt man an vielen Stellen durch Luther eine Antwort, welche durchaus geeignet ist, auf den Standpunkt zurückzuführen, von dem er sich losringen will.

Sehr häufig (vgl. z. B. 10, 142) erteilt Luther die Auskunft, der rechte Glaube sei nicht ein bloßes Fürwahrhalten von Lehren oder historischen Berichten, sondern er sei mit der festen Überzeugung verbunden, daß das alles zu unserem Heile geschehen sei und gelte. Es ist klar, daß auf diese Weise dem Werke des Fürwahrhaltens noch eine neue Anstrengung sich anzufügen scheint, die eben jene Überzeugung hervorbringen soll. In dieser verkehrten Gestalt hat sich Luthers Gedanke auf die lutherische Orthodoxie vererbt. Indem sich hier die Lehre festsetzt, der Glaube bestehe aus notitia, assensus und fiducia, wird die Zustimmung oder das Fürwahrhalten als ein Werk behandelt, das vor der fiducia verrichtet werden kann und dessen Ursprung alsdann ent-|174|weder lediglich in dem bloßen Willensentschluß oder in irgendwelchen verständigen Überlegungen zu suchen ist.[22] Hat man sich aber einmal eingebildet, daß der Glaube in solcher Weise seinen Gegenstand erfassen könne, so

---

[20] Ebendas. 13, 302; 50, 241 : „Aber sich bloß an Christum hängen durch den Glauben [...], das ist nicht Menschen, sondern Gottes Werk." 63, 126 : „Denn wie niemand ihm selber kann den Glauben geben, so kann er auch den Unglauben nicht wegnehmen."

[21] Ebendas. 8, 226; 284; 10, 173–44; 216.

[22] QUENSTEDT erklärt daher, das erste Moment des Glaubens finde sich auch bei den Häretikern, das zweite nur bei den Orthodoxen, das dritte nur bei den Wiedergeborenen; das nachfolgende Moment schließe immer das voraufgehende ein, aber das Umgekehrte finde nicht statt. Es ist klar, daß dabei ein nicht mit fiducia verbundener, also nicht durch den sich offenbarenden Gott gewirkter assensus als für den Glauben notwendig gedacht wird. Besser lautet die Definition bei BAIER: „assensus cum fiducia, seu fiducia cum assensu conjuncta; ex quibus actibus velut unitis constat, et nunc illius, nunc hujus nomine appellatur, altero semper connotato" (vgl. HEINRICH SCHMID, Die Dogmatik der evangelisch-lutherischen Kirche. Dargestellt und aus den Quellen belegt, 6. Aufl. Frankfurt 1876, 303 f.). Aber auch hier fehlt die Hauptsache, daß nämlich der assensus im Glauben immer nur als

wird auch das Vertrauen, das den Glauben vollendet, notwendig den Charakter eines menschlichen Werkes tragen. Die Anstrengung des assensus wird in diesem sonderbaren Vertrauen fortgesetzt. Wenn nun auch hinzugefügt wird, daß der ganze Verlauf in der Einwirkung Gottes auf den Menschen begründet sei, so hat doch diese Behauptung für das innere Leben des Glaubens, das sich nach der Vorschrift jener Lehre in menschlichen Anstrengungen vollziehen soll, keinen Wert. Der Glaube wird dabei trotzdem ebenso als eine menschliche Leistung erlebt, wie die guten Werke der Katholiken trotz der Lehre von der gratia operans.

Luther selbst hat anders darüber gedacht, wie aus seiner scharfen Trennung des von Gott erweckten und des von Menschen gemachten Glaubens hervorgeht. Er begnügt sich nicht bloß, den Ursprung des Glaubens in der Einwirkung Gottes zu behaupten, sondern er beschreibt die inneren Vorgänge, die der Gläubige selbst als ein Werk Gottes in ihm auffassen muß. Vollständiger, als er es sonst zu tun pflegt, |175| hat er jenen Gegensatz zwischen dem seligmachenden und dem wertlosen Glauben in folgenden Worten dargestellt: „Denn so der Glaub der Art ist, daß ihn Gott schafft und erweckt im Herzen, so vertrauet der Mensch in Christum; ja er ist auch also kräftig auf Christum gegründet, daß er der Sunde, dem Tode, der Höll, dem Teufel und allen Widersachern Gottes den Trotz beut, furcht sich auch vor keinem Unglück, wie hart und grausam es immermehr dahergehe. Und das ist die Art des rechten Glaubens, welcher gar ungleich ist, dem Glauben der Sophisten, Jüden und Türken, der allein mit menschlichen Gedanken fällt auf ein Ding, *nimpt ihm für* und gläubt, daß dem oder diesem also sei. Aber Gott hat mit solchem Wahn nichts zu schaffen; es ist Menschenwerk, und ein solcher Wahn kömpt von Natur, von dem freien Willen des Menschen, daß sie darnach sprechen können und andern nachsagen: Ich gläub, daß ein Gott sei, daß Christus *fur mich* geboren, gestorben und auferstanden sei; aber was es ist, und wie kräftig solcher Glaub sei, da wissen sie nichts von."[23]

Es ist bemerkenswert, daß Luther hier auch jenes „für mich" in den möglichen Inhalt des falschen Glaubens einrechnet. Vor allem aber ist zu beachten, daß er weit entfernt ist, die Zustimmung zu Lehren und Berichten, welche der Mensch sich abzwingt, als den Anfang oder die Vorstufe des rechten Glaubens zu schätzen, denn „Gott hat mit solchem Wahn nichts zu schaffen". Er fordert nicht etwa zu einem solchen Werke auf, damit man alsdann weiterkomme, sondern er warnt davor in dringenden Worten: „Darumb hütet euch fur dem gemachten und gedichten Glauben; denn der rechte Glaub ist nicht ein Werk des Menschen, und derhalben mag auch der erdichte und gemachte Glaub im

---

ein Moment der von Gott durch die Tatsache, in welcher er sich offenbart, geweckten fiducia in Betracht kommen kann, wenn er nicht ein leeres Menschenwerk sein soll, das den Glauben hindert.

[23] E. A. 15, 540; vgl. 16, 442; 23, 522.

Tod den Stich nicht halten, er wird von der Sünde, von dem Teufel und von den höllischen Schmerzen uberwunden und gar umbgestürzt. Der rechte Glaub aber ist ein ganz Ver-|176|trauen im Herzen zu Christo, und diesen erweckt allein Gott in uns. Wer den hat, der ist selig; wer ihn nicht hat, der ist verdampt."²⁴ Wohl ist auch Luther bisweilen dem Gewichte einer Überlieferung erlegen, die dem Autoritätsglauben, der Unterwerfung unter unverstandene Lehre die Kraft zutraute, dem Menschen das Himmelreich zu eröffnen. Wenn er aber aus dem eigenen Glauben heraus redet, in dem er sich durch Gott zu Gott erhoben weiß, dann weiß er davon zu zeugen, daß man zu dem rechten Glauben nicht durch Werke und Lehren kommt²⁵ und daß uns der durch unseren Entschluß entstandene Autoritätsglaube gar nichts helfen kann, weil die den wirklichen Glauben schaffende Offenbarung Gottes nur auf den wirkt, der sie versteht.²⁶

Hat Luther nun damit, daß er das Werk entschlossener Zustimmung zu Lehren und Berichten nicht als Glauben gelten lassen wollte, sagen wollen, der christliche Glaube habe es überhaupt nicht mit einer objektiven, von ihm selbst unterschiedenen Tatsache zu tun, sondern er sei etwa die freie Regung des Göttlichen in der Menschenseele? Ganz gewiß hat er das und Ähnliches nicht gemeint. „Der Glaub weidet sich aber nicht, denn allein von dem Wort Gottes." „Denn wo nit Zusagung Gottes ist, da ist kein Glaub."²⁷ Es ist seine Meinung von der Sache, die in der Apologie (IV, § 50 bis 52 [vgl. oben Anm. 35]) niedergelegt ist, wenn daselbst die promissio Dei und die fides des Menschen die correlata genannt werden, die aufeinander angewiesen seien.²⁸ Darauf allein hat es Luther abgesehen, daß er den Glauben frei halte von „dem Wahn der Werke". Aber umso enger knüpft er den Glauben an die Tatsache, durch welche die schaffende Kraft des All-|177|mächtigen, der aus nichts alles machen kann, den in der Welt verlorenen Menschen ergreift, um ihn zu seinem Kinde und zum Herrn über die Welt zu machen. Jene Tatsache war für Luther ebenso wie für uns die geschichtliche Gestalt Jesu, die unsere Verlorenheit uns klar macht und doch als die promissio Dei, als die befreiende Offenbarung Gottes auf uns wirkt.

Aber wenn man nun so den Glauben an eine objektive Tatsache bindet, so scheint doch das Zugeständnis unvermeidlich zu sein, daß wir, wenn es zum Glauben in uns kommen soll, zu eben dieser Tatsache in ein Verhältnis treten müssen, das nicht Ablehnung, sondern Zustimmung ausdrückt. Damit ständen

---

²⁴ Ebendas. 15, 542.
²⁵ Ebendas. 14, 46.
²⁶ Ebendas. 11, 176.
²⁷ Ebendas. 27, 154–55.
²⁸ Vgl. E. A. 12, 178: „Also ist auf unser Seiten nichts denn der Glaub alleine, und auf seiner Seiten *allein das Wort und Zeichen*."

wir nun wieder auf dem Standpunkt jener orthodoxen Lehre, die offenbar zwischen die notitia oder die Kenntnisnahme von dem historischen Bericht und die fiducia oder die religiöse Verwertung der berichteten Tatsache den assensus einschiebt als die notwendige Anerkennung der berichteten Tatsache. Es kann keinem Zweifel unterliegen, daß dieser Gedankengang auch unter uns noch so einhellig befolgt zu werden pflegt, daß die verschiedensten theologischen Richtungen sich darin zusammenfinden.[29] Vergleichen wir damit die Ausführung über den Glauben in der Apologie (a. a. O.), so läßt sich ein wesentlicher Unterschied nicht übersehen. In der Apologie nämlich ist nur die Rede von dem Bekanntwerden der Tatsache, an der sich der Glaube entzündet, und von der Verwertung ihres Inhalts, worin der Glaube besteht, also nur von notitia und fiducia. Die Notwendigkeit einer besonderen Zustimmung zu der Tatsache als solcher, abgesehen von ihrer Bedeutung für den durch sie geweckten Glauben, wird gar |178| nicht in Betracht gezogen. Vor den Reformatoren stand offenbar der Grund des Glaubens als eine zweifellose Tatsache, die, wenn sie dem Menschen kund werde, *in ihrem Inhalte* die Kraft habe, das neue Leben des Glaubens in ihm zu wecken.[30] Der Begriff des assensus als des Aktes, der *vor diesem Erlebnis* vollzogen werden müsse, ist in die evangelische Lehre allerdings nicht ohne Luthers Autorität aufgenommen worden. Denn Luther hatte viele Gedanken der alten Kirchenlehre bewahrt, ohne zu zeigen, wie solche Gedanken in dem von Gott geschaffenen Glauben entstehen. Gedanken aber, die in solcher Weise als Gegenstand des Glaubens geltend gemacht werden, rechnen natürlich auf jenen Akt des assensus. Aber Luther selbst hat doch auf die Lehre der Scholastiker noch nicht zurückgegriffen, nach welcher der assensus der grundlegende Akt ist, mit dem sich die fiducia oder die spes zu verbinden hat. Stärkere Impulse in dieser Richtung hat Melanchthon gegeben. Seine Schüler haben dann die evangelische Lehre durch die offene Wiederanknüpfung an die Scholastiker bereichert. Ohne eine Ahnung von der Bedeutung dieses Schrittes knüpft J. GERHARD[31] an die Definition des Thomas von Aquino an: ad fidem duo requiruntur: 1. ut homini credibilia proponantur; 2. assensus credentis ad ea, quae proponuntur. Aber freilich schaltet er dabei mit einer Vorstellung von dem Gegenstande des Glaubens, welche die scholastische Vorstellung vom Glauben notwendig nach sich

---

[29] Vgl. EDUARD KÖNIG, Der Glaubensact des Christen nach Begriff und Fundament, Erlangen 1891. In diesem Buche wird der Satz verfochten, die Reformatoren hätten keinen anderen Begriff vom Glauben gehabt, als die katholische Kirche. FRANZ HERMANN REINHOLD FRANK, Der Subjektivismus in der Theologie und sein Recht, in: Neue kirchliche Zeitschrift 2, 1891, 555, rühmt dennoch an dieser Schrift deren „echt evangelische Gesinnung und Zielsetzung".

[30] Vgl. Luther E. A. 48, 5: „Wir sagen, das heiße der Glaube, *wenn ich sehe*, was der Glaube für sich hat, das er ergreifet und fasset"; ebenso 12, 249.

[31] Loci ed. Preuß III, 354.

ziehen mußte. Es ist nämlich, wie er sagt, die coelestis doctrina, die man nicht nur kennen, sondern der man auch zustimmen müsse, um zur fides zu gelangen. Darin hat er ohne Zweifel recht. Denn wenn sich auf eine *Lehre* die fiducia des Glaubens beziehen soll, so kann die fiducia nur entstehen, nachdem man jener Lehre zugestimmt hat. |179|

Der Lutheraner hat also jenen Begriff des der fiducia voraufgehenden assensus für seine Lehre vom Glauben deshalb nötig, weil er überhaupt nicht mehr dasselbe Glaubensobjekt vor Augen hat wie Luther. Und der Schein, dessen man sich auch heute nur schwer erwehrt, als wäre der der fiducia voraufgehende assensus unentbehrlich für das Zustandekommen des Glaubens, entsteht ebenfalls auf dem tiefgewurzelten Vorurteil, der Glaube beziehe sich auf eine Lehre von göttlichen Dingen. Wie stark diese Verkümmerung des Glaubensbegriffs bei der Konstituierung der lutherischen Kirche durch Melanchthon mitgewirkt, hat *Ritschl* nachgewiesen.[32] Auch Luther hat sich nicht immer in seiner befreienden Erkenntnis, daß der rechte Glaube Gottes Werk und Gabe sei, behauptet, sondern hat daneben die Vorstellung, daß der Glaube ein Fürwahrhalten vorgeschriebener Lehren sei, fortzuführen vermocht.[33] Es ist daher nicht zu verwundern, daß diese altgewohnte Denkweise jenen neuen Gedanken, der Anstrengung kostete, bald gänzlich verdrängte. In der Konkordienformel steht bereits die Verleugnung des eigentümlichen Gedankens Luthers als das Selbstverständliche. Hier heißt es (Sol. decl. V, 20),[34] das Evangelium sei eine Lehre, die da lehre, was der Mensch glauben solle, daß (d. h. damit) er Vergebung der Sünden erlange. Hier ist also der Glaube nicht das durch Gottes Offenbarung in dem Menschen geweckte Vertrauen, sondern eine Zustimmung zu Lehren, die der Mensch sich abgewinnt und die durch Vergebung belohnt wird. Wie sehr auch daneben behauptet werden mag, daß der Glaube ein Werk des Heiligen Geistes sei, unausbleiblich wird dennoch ein solcher Glaube zu einem Werke, das der Gläubige als seine eigene Leistung ansieht. |180|

Hiervon also müssen wir uns rein losmachen. Wir nehmen damit keine Neuerung vor, sondern beseitigen nur einen Gedanken, dem der reformatorische Gedanke vom Glauben immer widersprochen hat. Der christliche Glaube bezieht sich zunächst überhaupt nicht auf eine Lehre, sondern auf eine Tatsache, die fest und sicher in dem Leben des Menschen steht, der zum Glauben

---

[32] Vgl. ALBRECHT RITSCHL, Die Entstehung der lutherischen Kirche, in: Zeitschrift für Kirchengeschichte 1, 1877, 89 ff. und dazu JOHANNES GOTTSCHICK, Die Kirchlichkeit der sogenannten Kirchlichen Theologie, Freiburg 1890, 12 f.

[33] Vgl. z. B. E. A. 8, 190 ff.; 11, 268; 19, 9 („Aus solchen Sprüchen, die keinem Menschen noch Engel mögen zugeeignet werden, muß ich glauben, daß er wahrhaftiger Gott sei"); 29, 340; 51, 122.

[34] [Konkordienformel, Solida Decalaratio V. Vom Gesetz und Evangelium BSLK 958, 11-28.]

berufen ist. Demgemäß ist die notitia allerdings eine Vorbedingung des Glaubens. Die Tatsache, auf die er sich bezieht, weil sie ihn begründet, muß irgendwie in unseren Gesichtskreis getreten sein. Aber es ist wahrlich nicht ein Bekenntnis zu der rettenden Macht dieser Tatsache, sondern ein Bekenntnis zu ihrer Ohnmacht, wenn man behauptet, es sei alsdann eine menschliche Anstrengung nötig, die sich der Tatsache bemächtigen und sie zum Grunde des Glaubens machen müsse. Wer ihre Gotteskräfte nicht kennt, also der Ungläubige, wird allerdings so über die Entstehung des Glaubens urteilen. Der Gläubige aber steht notwendig in der Gewißheit, daß die durch die Tatsache wirksame Macht ihn überwältigt habe. Nur indem er dessen gewiß ist, hat er die Wirklichkeit der Gottesmacht, auf die sich der Glaube bezieht, vor Augen. Also jenes Urteil über die Entstehung des Glaubens ist nicht etwas vom Glauben Verschiedenes; sondern es ist das ein Ausdruck des Glaubens selbst, der auf andere Weise die Wirklichkeit seines Gegenstandes überhaupt nicht aussprechen kann. Wenn aber eine Tatsache mit solcher Macht auf unser Inneres wirkt, daß sie uns zum Zeugnis für die Wirklichkeit des uns rettenden Gottes wird, so gewinnt sie uns Vertrauen ab. Deshalb ist aller christliche Glaube Vertrauen auf ein selbsterlebtes Ereignis. Erwägungen über die Glaubwürdigkeit eines Berichts oder Untersuchungen über die Wahrheit einer Lehre sind nicht im stande, dem Glauben seinen Gegenstand zu liefern; wenigstens nicht dem Glauben, der selbst ein Erlebnis der göttlichen Hilfe und nicht ein menschliches Werk sein will.

Das Ereignis aber, das mit einem solchen Gewichte in unserem Leben auftritt, ist die Tatsache, daß uns das Bild |181| Christi durch das Neue Testament zugeführt und durch das Leben in christlicher Gemeinschaft ausgelegt wird. Es wäre absurd, bei dieser Tatsache von einer Anstrengung zu reden, die zu ihrer Feststellung erforderlich wäre. Indem aber von allem anderen, was wir erlebt haben, dies sich als dasjenige absondert, was uns den Mut des Glaubens an die Fürsorge eines Gottes verleihen kann, wird der Zweifel, ob die Gestalt Jesu so, wie sie dabei auf uns einwirkt, der Sage und nicht der Geschichte angehöre, von vornherein ausgeschlossen. Die Evidenz der geschichtlichen Wirklichkeit Jesu gründet sich für den Gläubigen immer auf die Bedeutung, die die Kunde von Jesus für ihn gewonnen hat. Erst nachdem er sich diese als eine zweifellose Tatsache seines Lebens zu Herzen genommen hat, tritt dasjenige, worin sich die geschichtliche Wirklichkeit Jesu bezeugt, klar und anschaulich für ihn hervor. Der assensus zu dem geschichtlich Berichteten, der überhaupt innerhalb des Glaubens seine Stelle hat, geht also nicht der fiducia vorher als ein Werk des Menschen, sondern als eine Wirkung der den Glauben begründenden Tatsache ist er mit der fiducia verbunden. Eine anders bewirkte Zustimmung zu dem Urteil, daß die Person Jesu der Geschichte der Menschheit angehört, würde sich mit dem religiösen Glauben nicht zu einer Einheit verbinden können. Denn das durch geschichtliche Forschung festgestellte Urteil würde nur Wahrscheinlichkeit beanspruchen. Dem christlichen Glauben aber ist es gewiß, daß Jesus gelebt hat als der Mensch, der mit seiner Botschaft eines Reiches Gottes den Menschen die Möglichkeit eines ewigen Lebens eröffnet und der zugleich sich bewußt war, daß das Dasein seiner Person in ihrem Leben und Sterben für alle, die nicht an ihm vorübergingen, dieses Reich Gottes verwirklichen werde. Die Gewißheit, daß dies nicht die Züge eines Ideals sind, mit denen man eine sagenhafte Gestalt geschmückt hat, sondern die wirklichen Ansprüche eines kraft- und friedevollen Menschen, geht aus historischer Forschung nicht hervor. Eine Geschichtsbetrachtung, die sich in dieser Gewißheit bewegt, entsteht vielmehr |182| nur in denen, denen in der Kunde von einem solchen Menschen eine geistige Macht erschienen ist, die durch ihre Gewalt über die Seele, die nach der Wahrheit ihres Lebens sucht, die Vorstellung beseitigt, sie sei selbst ein Gebilde der Bedürftigen.

Ebensowenig kann sich mit dem Glauben eine solche Zustimmung zu der geschichtlichen Wirklichkeit Jesu verbinden, die lediglich dem menschlichen Entschluß entsprungen wäre. Denn eine solche Leistung trotziger Willensschwäche ist das gerade Gegenteil der Unterordnung unter Gott, die in dem wirklichen Glauben stattfindet. Wollen wir diese beiden Abwege vermeiden, so müssen wir ein Doppeltes festhalten, nämlich *erstens*, daß der Glaube das Vertrauen auf ein Ereignis ist, das uns die Deutung abgewinnt, daß Gott sich durch dasselbe unser annehmen will, und *zweitens*, daß für uns dieses Ereignis zunächst die Tatsache ist, daß wir der Einwirkung der christlichen Gemeinde, ihrem Leben und ihrer Verkündigung unterstellt sind. Indem wir aus unserer Umgebung die Zeugnisse christlichen Glaubens und christlicher Liebe empfangen, werden wir auf Christus selbst hingewiesen und auf das Verständnis seiner Person vorbereitet. Wir gewinnen dabei, trotz aller Trübungen des menschlichen Verkehrs durch die Sünde, den Ausblick auf geistige Güter, die dem reifsten Denken ebenso wie dem kindlichen Gemüte das vollkommene Leben des Geistes offenbaren. Diese Erfahrungen allein machen freilich niemanden zu einem Christen. Aber die Bedürftigkeit, zu der sie uns erheben, setzt uns in den Stand, daß wir die Person Jesu nicht als ein Problem, das uns Mühe macht, sondern als die Tatsache unseres eigenen Lebens auffassen können, die uns frei macht. Durch die an sie geknüpften geschichtlichen Wirkungen, die im Verkehr mit der christlichen Gemeinde auch uns erreichen, wird das Verlangen nach dem vollkommenen Leben des Geistes in uns geweckt. Dem mit diesem Verlangen nach dem Unmöglichen behafteten Menschen erscheint die Gestalt Jesu nicht mehr als ein unwirkliches Idealbild, sondern als die geschichtliche Tatsache, die, wunderbar und unbegreiflich, unser Verlangen |183| rechtfertigt. Die Ideale der freien Liebe zum Guten und des inneren Friedens gegenüber der Welt, die über dem Leben der christlichen Gemeinde leuchten, begründen nicht unseren Glauben an Gott; aber sie versetzen uns in die innere Verfassung, in welcher wir von der geschichtlich überlieferten Gestalt Jesu so berührt werden, daß sie unser Vertrauen auf sich zieht als eine Offenbarung Gottes. In seinem Anfang und in seiner weiteren Entwicklung ist der christliche Glaube nichts anderes als Vertrauen zu Personen und zu Mächten des persönlichen Lebens. In dem Pietätsverhältnis zu Christen entsteht das Verständnis für Gottes Gabe und Gottes Hilfe; und dem, der dazu erzogen ist, wird das Bild des wunderbaren persönlichen Lebens, das uns die Evangelien darbieten, zu einer eindringlichen Mahnung, ihm zu vertrauen als dem Zeugnis von einem Menschen, dessen Dasein in unserer Welt uns Gottes gewiß macht. Wenn uns einmal die Augen dafür aufgegangen sind, was es für uns bedeutet, daß er für uns vorhanden ist, und was wir sein würden ohne ihn, so bemerken wir auch die Lebensfrische des geschichtlichen Bildes Jesu und die Ohnmacht des Zweifels an seiner geschichtlichen Treue. Nur für denjenigen ist solcher Zweifel stark, der innerlich noch nicht so gestellt ist, daß diese Erscheinung der Geschichte sein Vertrauen wecken könnte. Aber es gibt auch kein Mittel menschlicher Kunst und Wissenschaft, das ihn von diesem Vertrauen dispensieren und ihm auf andere Weise die Zustimmung zu Christus als der Offenbarung Gottes ermöglichen könnte. Durch solche Mittel würde vielleicht eine Art von Glauben *gemacht*. Aber eines Glaubens, der als Gottes Werk in uns *entsteht*, können wir uns nur bewußt sein, wenn seine Wurzel das Vertrauen ist, in welchem wir uns durch die Erscheinung Jesu überwältigt wissen. In solchem Vertrauen atmet unser eigener freier Wille, und doch erleben wir es als das Werk und die Gabe eines Stärkeren.[35] Indem daher Luther einen |184| Ausdruck für den Glauben sucht, der kein Menschenwerk ist, sondern in dem wir uns durch Gott zu Gott erhoben wissen, findet er auch keinen anderen, als den kindlich einfachen: ein herzliches Vertrauen zu Christus.[36]

Die Frage aber, wie es denn gekommen sei, daß die Nachfolger Luthers von dieser befreienden Erkenntnis gewichen sind und sich wieder mit einem menschlichen Gemächte unter dem Namen des Glaubens belastet haben, beantwortet sich leicht, wenn wir erstens bedenken, daß doch auch Luther die althergebrachte Auffassung des Glaubens als eines menschlichen Werkes nicht gänzlich aufgegeben hatte (vgl. oben S. 182 [Originalpaginierung]). Dazu kommt zweitens die schonungslose kritische Kraft jener neuen Erkenntnis des wahrhaftigen Glaubens. Einem Glauben, der nichts anderes sein will, als Vertrauen zu Christus, werden notwendig diejenigen Elemente der Überlieferung gleichgültig, die ihrer Natur nach ein Heilsverlangen, das auf Vergebung der Sünden und auf ein Leben in geistiger Freiheit gegenüber der Welt

---

[35] Vgl. E. A. 35, 239: „Wir ehren Gott allein durch den Glauben und Gott herrscht in uns durch den Glauben". [kein Zitat, sondern eine sehr freie Kompilation aus einem längeren Zusammenhang].

[36] Vgl. z. B. E. A. 47, 12.

gestellt ist, nicht befriedigen können. Vor dem Ernste eines solchen Heilsverlangens weichen also die Wunder, von denen das Neue Testament berichtet, zurück; denn bei keinem von ihnen können wir sagen, es müsse da sein, um uns dazu gegenwärtig zu helfen. Während dies in den Schatten tritt, wird der eine Grund des Heils umso heller, die Person Jesu selbst, die ganz und gar für das Reich Gottes lebt und mit der Gewißheit, Sünder zu Gott gebracht zu haben, stirbt. Es ist nicht der zweifelnde Verstand, sondern es ist der Glaube, der diese Scheidung bewirkt. Wer Jesum selbst als den Grund seines Heils gefunden hat, bedarf jener Wunder nicht. Luther hat nun bekanntlich kein Bedenken getragen, dies auszusprechen. „Wenn gleich die Wunderwerk Christi nicht wären und wir nichts davon wüßten, hätten wir dennoch noch genüg an dem Wort, ohn wilchs wir nicht könnten das Leben haben."[37] |185|

„Jene sichtbare Werk sind allein Zeichen [...] für den unverständigen, ungläubigen Haufen, und umb dere willen, so man noch erzu bringen muß, wir aber, die schon solchs wissen und dem Evangelio gläuben, was dürfen wir derselben für uns?" „Darumb ist nicht Wunder, daß sie nu aufhört, nachdem das Evangelium allenthalben erschollen und verkündigt ist denen, die zuvor nicht von Gott gewußt haben, die er hat müssen mit äußerlichen Wundern erzuführen und, als den Kindern, solche Äpfel und Birn furwerfen."[38] „Und was wäre es, ob er gleich ein Schock oder zwei sehend oder hören gemacht, ja von Toten aufgeweckt hätte? Denn solche Zeichen sind allein darum geschehen, damit die christliche Kirche gegründet, eingesetzt und angenommen würde mit der Taufe und Predigtampt, damit sie einzusetzen war."[39] Deutlicher kann man es doch nicht aussprechen, daß jene Wunder für die Zeit, wo sie geschehen, und zwar für die Ungläubigen die Bedeutung hatten, sie auf Christus hinzuweisen, daß sie aber nicht mehr dieselbe Bedeutung haben für die Gläubigen und für uns, die wir sie nicht sehen, sondern nur von ihnen hören. Für uns gilt ohne Zweifel, daß die Erzählung der Wunder Christi nicht so tröstlich ist, wie die Worte Christi;[40] „denn ich bin nicht so gewiß der Gnade in den Mirakeln, andern erzeiget, als wenn ich helle klare Worte fur mich habe. Es ist mir auch tröstlicher, zu hören solche freundliche Vermahnungen und Lockungen, denn von den Mirakeln predigen."[41]

Ein deutliches Beispiel davon, wie in dem Glauben Luthers die Person Christi selbst als das eine, der persönlichen Erfahrung faßbare Wunder die von anderen berichteten Wunder zurückdrängt, bietet eine Besprechung des Weihnachtswunders: „Darumb siehet man, daß die lieben Apostel Paulus, Johannes und Petrus und Christus selbst |186| schier mit keinem Wort gewähnen von

---

[37] E. A. 51, 327.
[38] E. A. 12, 236–37.
[39] E. A. 19, 169.
[40] E. A. 15, 289.
[41] E. A. 15, 290.

der Mutter, der Jungfrauen; denn es liegt nicht die größeste Macht daran, daß sie Jungfrau ist, sondern da liegts alles an, darum auch alles ander geschehen ist, daß wir wissen, wie das Kind umb unserwillen da ist, fur uns tritt und stehet, unser Herr und Gott ist, der uns erhalten und schützen will."[42] Und zwar haftet das Interesse seines Glaubens nicht daran, daß dieses Kind geboren ist, sondern an der Person Christi in ihrem Lebenswerke, oder an demjenigen, was Christus als Mann getan hat: „die Schrift machet nicht viel Wesens von der Geburt und Kindheit Christi. [...] Darumb auch die Evangelisten wenig schreiben von seiner Kindheit, sondern eilen zu dem dreißigsten Jahr, zu beschreiben sein Ampt, dazu er kommen ist." „Und da (nämlich bei der Taufe Christi) gehet auch das Neu Testament an, und nicht an der Kindheit Christi." „Und Summa Summarum, in der Tauf gehet das Amt an, *da wird er unser Christus, unser Heiland,* darumb er ist kommen".[43]

Luther will diese Wunder nicht verachtet wissen, er macht auch von ihnen den üblichen allegorisierenden Gebrauch;[44] aber es ist ihm klar, daß sie nicht der Grund und Gegenstand des Glaubens sein können, in welchem er sich erlöst weiß. Es ist eben unvermeidlich, daß man diesen Bestandteil der Überlieferung von Christus, sobald man in dem Vertrauen auf Christus selbst die Erlösung gefunden hat, dahingestellt sein läßt; denn ob Jesus viele oder wenige oder gar keine Kranken geheilt und Tote auferweckt hat, das kann allerdings das Vertrauen zu dem Mann, der die Sünder der Gnade Gottes gewiß macht und dem Menschen die Furcht vor dem Verhängnis abnimmt, weder stärken noch schwächen.

Wer nun aber die richtige Beobachtung macht, daß viele der anschaulichsten Züge des geschichtlichen Bildes Jesu an Erzählungen von seinen Wundertaten haften, wird natürlich |187| geneigt sein, das in der Überlieferung Verbundene auch im Glauben zusammenzufassen, also die Wunder deshalb, weil sie von Jesus berichtet sind, ebenso als Gegenstand des Glaubens anzusehen wie seine Person. Es gehört eine sehr ernste Besinnung auf den wirklichen Grund des Glaubens dazu, um in dieser Beziehung die Wahrheit gegenüber den Ansprüchen einer natürlichen Pietät zu behaupten. Dies wird zur Erklärung der Tatsache zu berücksichtigen sein, daß der Begriff des von Gott erweckten Glaubens, wie ihn Luther gehabt hat, der evangelischen Theologie wieder entschwunden ist, wenn auch nicht der evangelischen Kirche. Die Überzeugung von der historischen Treue jener Wundererzählungen kann sich natürlich an den Glauben anschließen, ohne seine Reinheit und Kraft irgendwie zu beeinträchtigen. Obgleich der innere Vorgang des wirklichen Glaubens in keiner Weise von jener Überzeugung abhängt, so wird es doch den meisten,

---

[42] E. A. 15, 155.
[43] E. A. 15, 238–39 ; 35, 208.
[44] E. A. 15, 290.

denen die Person Jesu zum Grunde eines neuen Lebens geworden ist, wie eine Störung ihres Glaubens vorkommen, wenn dieses in gesunder Pietät erwachsene Zutrauen zu der Überlieferung ihnen angetastet wird. Aber dieses für viele natürliche und für jeden Christen aller Rücksicht werte Verhalten ist nicht ohne schwere Gefahr für die Klarheit des Glaubens und für die Reinheit des Gewissens. Denn wenn das innere Leben des Christen niemals den Ernst und die Tiefe gewinnt, daß in ihm der Glaube und das Fürwahrhalten jener Erzählungen auseinandertreten, so wird auch der Glaube, „den Gott erweckt im Herzen", durch ohnmächtige menschliche Bemühungen verunreinigt. Sobald nämlich jenem Fürwahrhalten die Würde zu teil wird, als der wichtigste Bestandteil, nämlich als der Anfang des Glaubens behauptet zu werden, so treten auch die schädlichen Folgen einer solchen Begründung des Glaubens in menschlichem Vornehmen zu Tage. Ein Glaube, dem ein solches von dem Vertrauen auf Gott durchaus verschiedenes Element innewohnt, wird nicht als ein Werk Gottes erlebt, so viel auch behauptet werden mag, daß Gott ihn bewirke. |188|

Es wird mir entgegengehalten, um von dem innern Leben Jesu ein anschauliches Bild zu empfangen, müsse man vorher an die Wunder glauben. Denn die Gesinnung Jesu offenbare sich gerade in der Art, wie er die Wunder tue.[45] Wäre das richtig, so wäre nicht Christus unser Erlöser, sondern wir selbst hätten uns durch unseren Entschluß zu erlösen. Kein Wunder, das uns von anderen erzählt wird, hat an sich die Kraft, so auf uns zu wirken, daß es uns als etwas unleugbar Wirkliches vor die Augen tritt. Darauf aber kommt es an, daß etwas, das nicht erst durch unser Glaubenswollen für uns zur Tatsache gemacht wird, sondern einfach Tatsache ist, uns gegenübersteht. Das allein kann für uns zum Grunde eines Glaubens werden, in dem wir wirklich erlöst, d. h. über das, was wir waren und aus uns selbst hervorbringen konnten, hinausgebracht werden. Das kann uns die Person Jesu leisten, weil uns die klare, unser Gewissen packende Anschauung von ihr aus der Überlieferung entgegentreten kann, selbst wenn wir die Wunder für Sagen halten. Ich kann mir sogar denken, daß jemand dann einen recht lebhaften Eindruck von der Gewalt Jesu bekommt, wenn er zu sehen meint, daß die Legende seine geschichtliche Erscheinung dicht umnebelt hat, und daß dennoch die Herrlichkeit seines inneren Lebens alle diese Hüllen durchbricht. Jemand, der dies wahrzunehmen meint, hat damit auf jeden Fall einen festeren Grund des Glaubens als ein anderer, der an die Auferweckung Jesu glauben will, damit er eine weltüberwindende Tatsache unter den Füßen habe. Bei jenem Einwurf wird der wahre Grund und die rechte Art des Glaubens verkannt, weil man sich einbildet, man könne und

---

[45] ADOLF OPPENRIEDER, Durch welche Darstellung Jesu Christi wird nach der Lehre Ritschlscher Schule der christliche Glaube erzeugt und durch welche nach Anweisung der heiligen Schrift? in: Neue Kirchliche Zeitschrift 2, 1891, 312-349.

dürfe nicht eher an Jesus selbst herantreten, bevor man im stande ist, so etwas, wie die Auferweckung Jesu, für wahr zu halten. Wie zweifelhaft uns auch die Überlieferung vorkommen mag, ihr wesentlicher Inhalt, die geistige Macht der Person Jesu, hat die Kraft, |189| sich an unserem Gewissen als eine unleugbare Tatsache zu erweisen. Daran liegt alles.

Der orthodoxe Glaubensbegriff wird sich aber immer einstellen, wo die Menschen, die zur Religion zu halten scheinen, mit äußeren Vorteilen bedacht werden. Denn dann ist es eine lockende Aufgabe für die Selbstsucht, sich die Teilnahme an der Religion möglichst leicht zu machen. Das Rezept ist immer das gleiche. Man nimmt äußerlich an ihr teil und hält sie sich innerlich fern. Die Art zu denken und zu handeln, die daraus entsteht, liefert die Formen für die Weltherrschaft und für die Verweltlichung der Religion. Im Katholizismus sind diese Formen reicher entwickelt; der Protestantismus hat im Grunde nur eine Werkstätte für ihre kunstmäßige Zubereitung, die systematische Theologie. Diese Disziplin hat auch im Protestantismus in der Regel nicht im Dienste der Religion gestanden, sondern im Dienste der Verweltlichung der Religion. Sie webt den weiten Mantel, der allen das Unterkriechen ermöglicht, die die Schrecknisse der Religion entweder nicht kennen oder sie vermeiden wollen, aber von der Religion in menschlichem Sinne leben möchten. Der Schein von Wissenschaftlichkeit, mit dem sie sich zu schmücken wußte, ist im Schwinden, seitdem auch in der Theologie eine Wissenschaft auf dem Plan ist, die die anderwärts erarbeiteten Gesetze der Wahrheitsforschung mit Ernst befolgt. Auch die Versuche, ihr diesen Schein durch eine möglichst erhabene Terminologie zu retten, werden daran nicht viel ändern. Aber die Gesinnung, die in ihrem Verfahren waltet, ist in der Kirche zu einer Riesenblüte gediehen. Das ist der Wunsch, sich dadurch an der Religion zu beteiligen, daß man der Heiligen Schrift oder der Überlieferung des Christentums überhaupt die Gedanken der Religion entnimmt. Auf solche Weise wird die Teilnahme an der Religion im Protestantismus erleichtert. Um wirklich an ihr teilzunehmen, müssen wir dessen aber gewiß werden, daß Gott mit uns selbst verkehrt. Das widerfährt niemandem „sine magna concussione animae". Wir müssen dazu die besondere |190| Situation, in der wir uns gegenwärtig befinden, mit Ernst und Wahrhaftigkeit durchleben. Wenn das richtig ist, so hat die Theologie zu zeigen, daß es sich im Christentum um eine Auseinandersetzung mit unserer eigenen gegenwärtigen Existenz handelt, und wie uns das möglich werde, wenn wir als ihr wichtigstes Element die Erscheinung Jesu in Betracht ziehen. Das ist die Aufgabe der systematischen Theologie, mit der der Religion gedient wird. Dadurch wird die Wahrheit festgestellt, daß wir nicht durch die Zufuhr fremder Gedanken Christen werden, sondern durch die Offenbarung Gottes an uns selbst. Sie allein kann uns als ein selbsterlebtes Ereignis innerlich umgestalten. Aber wir scheuen uns vor der Einsicht, daß die Sache uns selbst so nahe angeht. Und diese Scheu findet in den Systemen der Theologie

eine willkommene Hilfe. Denn der hier erhobene Anspruch, daß wir die Gedanken anderer zum Verkehr mit Gott erhobener Menschen zu einem System göttlicher Wahrheit verknüpfen können, öffnet uns den Ausweg, auf dem wir der Religion entrinnen und den Schein der Religion bewahren können.
Es wird freilich immer eingeschärft, daß man selbst durch den Geist Gottes erneuert sein müsse, um solche Gedanken fassen zu können. Aber in dem Verfahren, das der systematische Theolog zu befolgen pflegt, wird diese Erkenntnis verleugnet. Sie besagt doch, daß diese Gedanken in der denkbar innigsten Verbindung mit der Persönlichkeit stehen, in der sie entstehen. Sie sollen Regungen eines neuen persönlichen Lebens sein, das aus der Offenbarung Gottes die Kraft empfängt, solches zu denken. Dann ist aber schon das Vornehmen, aus ihnen ein System zu machen, falsch. So, wie sie wirklich der werdenden Persönlichkeit des Christen offenbart werden, sind sie Stückwerk. Folglich muß die theologische Arbeit, die dennoch aus ihnen ein System macht, sie entstellen. Der Name systematische Theologie ist trotzdem am Platze. Denn es soll allerdings ein System klar gestellt werden, nämlich die Zusammengehörigkeit der Offenbarung, des Glaubens und der Erzeugung jener Gedanken.
|191| Wenn wir aber aus den Gedanken selbst, zu denen der durch Gottes Offenbarung erneuerte Mensch befreit wird, ein System machen, dessen Zusammenhänge wir begreifen, so ziehen wir sie in die Region hinab, über die sie uns erheben sollen. Schon hieran läßt sich sehen, wie in der systematischen Theologie die Tendenz waltet, die Teilnahme am Christentum so zu erleichtern, wie es dem Sünder recht ist, aber der Wahrheit widerstreitet.

Noch mehr aber trägt hierzu etwas anderes bei, das man sich zur höchsten Ehre anzurechnen pflegt. Das ist die Art, wie in der evangelischen Dogmatik die Schrifttreue geübt wird. Es sind in dieser Beziehung im einzelnen erfreuliche Änderungen eingetreten, in denen den Fortschritten der Exegese Rechnung getragen wird. Aber die Hauptsache ist doch geblieben. Man versteht die Schrifttreue so, daß man die in der Heiligen Schrift bezeugten Gedanken in möglichster Vollständigkeit der Dogmatik einzufügen sucht. In diesem Punkte dürfte zwischen RITSCHL und seinen Gegnern volle Einmütigkeit bestehen. Aber es läßt sich doch nicht verkennen, daß diese Aufgabe immer dazu führen wird, einen Glauben zu legitimieren, der nichts weiter ist als die bereitwillige Aufnahme fremder Gedanken. Denn wo lebt denn der Christ, der sich mit Recht anmaßen könnte, daß er die Gedanken eines Paulus wie seine eigenen hege? Ich denke, wir lesen alle den Apostel mit der Empfindung, daß er oft anders denkt und eine andere Energie des Glaubens hat, wie wir. Dann dient aber die Dogmatik, die sich vornimmt, die Gedanken des Apostels in möglichster Vollständigkeit zu verarbeiten, der Korruption. Denn bei einer solchen Fassung der theologischen Aufgabe werden wir um der Schrifttreue willen uns auch das aneignen wollen, was uns fremd geblieben ist. Dann wird aber der

Meinung Vorschub geleistet, daß dies eben den christlichen Charakter herstelle, wenn man sich in die Gedanken anderer Christen eingewöhnt. Wo aber diese Meinung sich festsetzt, stirbt die Sehnsucht nach wahrhaftigem Leben ab. Wer sich in der Religion durch die |192| Zufuhr fremder Gedanken zu helfen meint, wird bald vergessen, daß ihm hier vor allem nottut, eigene Gedanken zu haben. Es klingt so schön, wenn wir in der Theologie die möglichst vollständige Aufnahme aller Schriftgedanken als Aufgabe festhalten. Aber die unvermeidliche Folge davon ist, daß wir uns mit einem äußerlichen Anschluß begnügen lernen. Die wahre Schrifttreue ist etwas ganz anderes. Wir sind wirklich auf dem Wege der Apostel, wenn wir in unserer Lage Gottes und seiner Gnade auf dieselbe Weise gewiß werden, wie sie in ihrer Lage, durch die Person Jesu. Dann haben wir denselben Glauben wie sie und können zu ihren Gedanken emporwachsen. Die Gedanken, in denen sich ihr Glaube bewegt, werden uns dann nicht eine Vorschrift sein, der wir äußerlich nachzukommen suchen, sondern ein Mittel, uns selbst innerlich zu klären. Eine Hilfe sollen sie uns sein bei dem, was uns wirklich obliegt, daß wir unseres eigenen Glaubens leben, aber nicht eine Satzung, die uns das eine, was not tut, aus den Augen rückt.

Es wird immer dabei bleiben, daß viele, die am Christentum teilhaben möchten, das durch einen Glauben zu erreichen suchen, der nach der Vorschrift verfährt: füge dich in die Gedanken von Christen, so bist du ein Christ. Das wird ihnen leicht und gibt ihnen den Schein, auf den sie Wert legen. Solchen Menschen zu wirklichem Christentum zu helfen, ist ungeheuer schwer. Man mag ihnen noch so viel sagen, wie die evangelische Theologie treulich tut, der Mensch müsse selbst ein anderer werden, damit er ein Christ werde. Damit wissen sie doch nichts anzufangen. Denn das, worin sich das Anderswerden zeigen soll, das Lebenkönnen in den Gedanken der Heiligen, haben sie durch die Lüge ihres Glaubens vorweg genommen. Aber das wenigstens kann und soll die Theologie vermeiden, daß sie nicht selbst durch ihr Verfahren die Anleitung zu dem Glauben gibt, der sich das Christentum erleichtert, indem er das Erlebnis der Religion umgeht.

Wir fragten, warum trotz des gewaltigen Ringens Luthers |193| doch auch in der evangelischen Kirche das bereitwillige Aufnehmen fremder Gedanken als Anfang des Glaubens und des Christentums angesehen wird. Die Erklärung liegt vor allem darin, daß durch eine solche Vorstellung vom Glauben auch denen die Teilnahme am Christentum ermöglicht wird, die sich nicht die Last auferlegen wollen, in der Religion Gott selbst zu suchen.

Nur wenn nichts anderes Glaube genannt wird, als das Vertrauen, das Christi Bild in uns erweckt, und der neue Sinn und Mut, der daraus entsteht, ist der Begriff des von Gott verliehenen Glaubens sicher gestellt. Denn das alles erleben wir als eine Wirkung Christi und verstehen es als eine Gabe des Gottes, der sich durch Christus an uns wendet. Wenn es also richtig ist, daß sich der

Verkehr des Christen mit Gott in einem Vorgange vollziehen muß, in dem wir uns durch Gott zu Gott erhoben wissen, so entspricht der richtig verstandene Glaube dieser Bedingung. Es ist nicht wahr, daß der Glaube in dieser Beziehung durch mystische Erregungen irgend welcher Art, in denen sich der Fromme auch von Gott ergriffen fühlt, überboten werden könne und müsse. Auf diese Meinung gerät man freilich, wenn man nicht den von Gott erweckten Glauben im Auge hat, sondern das vom Menschen bewirkte Fürwahrhalten von Lehren und Berichten. Es ist daher wohl zu verstehen, daß sich in der evangelischen Kirche vielfach eine so lebhafte Sympathie mit der Mystik regt. Denn der gesunde religiöse Trieb, das Verlangen nach einem Leben mit Gott schlägt diese Richtung ein, weil der Glaube, den man kultiviert, ein ohnmächtiges menschliches Bemühen zu sein pflegt, also nichts weniger als ein Leben mit Gott. Diese Liebhaber der Mystik bieten also im verkleinerten Maßstabe dasselbe Schauspiel, wie die großen Scholastiker: von dem Werke ihres Glaubens wollen sie ausruhen in einer mystischen Frömmigkeit. Hiervon loszukommen ist nur möglich, wenn man den Glauben an Christus wieder so würdigen lernt, wie Luther es vermocht hat, daß wir nämlich in ihm den Verkehr mit Gott selbst erreichen, nicht nur eine |194| Vorbedingung dazu. Es wird also darauf ankommen, in dem Glauben, der in dem oben dargelegten Sinne als Vertrauen auf die geschichtliche Erscheinung Jesu entsteht, den innern Gehalt nachzuweisen, der ihn als den wirklichen Verkehr mit Gott erkennen läßt.[46]

Der Christ kann mit Gott nur verkehren, indem er sich ihm gänzlich unterwirft. Jede innere Regung, in der er Gott etwas anderes geben wollte, als diese Anerkennung seiner Ehre, oder jede Art von Gleichstellung mit Gott muß dem Christen als eine Abkehr von seinem Gott gelten. Zu unserem Gott sind wir nur dann hindurchgedrungen, wenn wir uns in unserer Lebenstiefe von ihm abhängig wissen. Dann kann aber der Verkehr mit ihm nur darin bestehen, daß wir diese Abhängigkeit erleben. Denn jedes Bemühen, einen anderen Verkehr mit Gott in sich zu entwickeln, schlägt notwendig in den Versuch um, Gott gegenüber sich so selbständig zu machen, daß man ihn in Wahrheit verleugnet. Ich glaube daher, wir dürfen als an etwas Unbestrittenes an den Satz anknüpfen, das Ideal der christlichen Frömmigkeit sei ein innerer Zustand, in dem alles getilgt ist, was sich in uns der Abhängigkeit von Gott entziehen möchte, in dem also das unvertilgbare Verlangen nach Leben durch die Erfahrung von Gottes Macht über uns zur Ruhe gebracht ist. Dieser Satz, obgleich auch der Mystik nicht fremd, steht doch in einem inneren Zusammenhange mit der christlichen Erkenntnis von Gottes Wesen. Jener Gedanke vom Wesen der Frömmigkeit läßt sich nämlich nur durchführen, wenn man an einen Gott

---

[46] Vgl. die ausgezeichnete Schrift von KARL WILHELM FEYERABEND, Evangelischer Heilsglaube, nicht "Glaube und Glaube", Riga 1895.

denkt, der, wie Luther sagt, eitel lauter Liebe ist,⁴⁷ oder dessen Natur lauter Wohltätigkeit ist.⁴⁸ Die Aufgabe der gänzlichen Hingabe an Gott setzt ja doch offenbar die Gewißheit voraus, daß die Freude an persönlichem Leben, also die Liebe, kein untergeordnetes Moment in dem Leben |195| Gottes ist, sondern vielmehr die Einheit seines Lebens und Wirkens ausmacht. Nur in dieser Gewißheit kann sich der persönliche Geist in seinem innersten Lebenstriebe Gott unterordnen. Sehen wir uns dagegen genötigt, uns irgend etwas bestimmtes anderes, oder eine uns verborgene unnennbare Macht als das Beherrschende in Gott zu denken, so würde die Aufgabe völliger Hingabe an ihn zur Phrase. Es gibt nur einen Weg, diese Hingabe zu vollziehen, und deshalb nur einen Weg zu Gott, das ist die Erfahrung, daß der überwältigende Eindruck seiner Liebe und Treue uns zu dem Vertrauen erhebt, daß wir bei ihm geborgen sind.⁴⁹ Bei einem so begründeten Vertrauen stehen wir mit unserm innersten Leben in der Abhängigkeit von Gott. Nicht durch Furcht und Schrecken werden wir zu Gott gebracht, sondern durch ein Wohltun, das uns ganz und gar gefangen nimmt, weil es unser Verlangen nach Leben wunderbar erhöht und zugleich wunderbar zur Ruhe bringt. Mit Gott in Verkehr zu treten, ist daher nur so möglich, daß dies Vertrauen in uns Macht gewinnt. „*Nu ist zum Vater kommen* nicht, mit Füßen gen Rom laufen, auch nicht, mit Flügeln gen Himmel steigen; sondern mit herzlicher Zuversicht auf ihn sich verlassen, als auf einen gnädigen Vater; wie das Vater Unser anfähet. *Je mehr solch Zuversicht im Herzen zunimpt, je näher wir zum Vater kommen.*"⁵⁰

Wenn wir mit Gott verkehren wollen, müssen wir ihn kennen lernen, wie er ist in seiner schaffenden Kraft. Die aber enthüllt sich uns in dem, was Gottes Offenbarung an uns wirkt. Wir erleben, daß der Eindruck seiner Offenbarung in dem Menschen, der in der Welt gemächlich dahinstirbt, ein wunderbares Verlangen nach Leben weckt, daß die Gewalt seines Wortes unsere Verzagtheit in Zuversicht und die |196| Selbstverachtung des Sünders in die mutige Freude am Guten umwandelt. Darin aber lernen wir die schaffende Allmacht Gottes kennen, wie sie etwas vollkommen Neues zum Dasein bringt, das innere Leben des erlösten Menschen. Eine solche Neuschöpfung Gottes füllt nicht einen Moment, sondern das ganze Christenleben aus; und sie wird in ihrer Wirklichkeit nur dadurch fest ergriffen, daß zu jener Erfahrung des Glaubens ein Urteil des Glaubens über sich selbst, welches er auf Christus gründet, hinzukommt.

Also ein Verkehren, nicht mit einem Phantasiebilde von Gott, sondern mit dem wirklichen Gott geht nur so von statten, daß man sich durch ihn zu einem

---

⁴⁷ Vgl. z. B. E. A. 18, 311–16.
⁴⁸ Vgl. z. B. ebendas. 7, 168; 12, 354; 15, 532 ; 43, 45–46.
⁴⁹ Vgl. Luther Opp. var. arg. IV, 229: „Cum Deus coli non possit, nisi tribuatur ei veritas et universae bonitatis gloria, sicut vere tribuenda est."
⁵⁰ Luther E. A. 7, 71–72.

neuen, in dem tiefsten Lebensbedürfnis befriedigten Menschen machen läßt: Die Regung dieses neuen, mit dem Bewußtsein seines göttlichen Ursprungs verbundenen Lebens ist Verkehr mit Gott. Das aus Gott stammende Leben des Christen ist aber nichts anderes als der Glaube, in dem er mit neuem Sinn und Mut seiner Sünde gedenkt und sein Kreuz lieben lernt.[51] Luther kann nur deshalb in unablässiger Wiederholung sagen, daß Gott von uns nichts weiter verlangt als Trauen und Glauben,[52] weil er weiß, daß die Lebendigkeit des Glaubens der wirkliche Verkehr des Menschen mit Gott ist. Diese Bedeutung aber kann der Glaube nur dann haben, wenn er erstens nicht durch menschlichen Entschluß, sondern durch den Eindruck der Offenbarung Gottes hervorgerufen wird und wenn er zweitens nicht ein Fürwahrhalten von Lehren ist, sondern das durch Gott geweckte Vertrauen auf ihn selbst. Sehr häufig haben die Reformatoren den Inhalt dieses Glaubens unvollständig |197| ausgedrückt, indem sie nur die Gewißheit der Sündenvergebung hervorheben, wie z. B. in dem oben angeführten Satze der Apologie. Daß aber nach ihrer Meinung das Leben des Glaubens, das ein Leben mit Gott ist, weiter greift, kann man schon aus der Augsburgischen Konfession ersehen, wo gesagt wird, daß die Erkenntnis des gnädigen, die Sündenvergebung verleihenden Gottes in dem Vertrauen auf die Fürsorge und Vorsehung Gottes, also im Vertrauen auf seine Hilfe gegenüber der Welt sich fortsetzt.[53]

Es ist ein hohes Verdienst RITSCHLS, daß er hierauf wieder hingewiesen hat,[54] denn es folgt daraus als Meinung der Reformatoren, daß man eine Gewißheit der Sündenvergebung nur dann haben kann, wenn man sich der Einwirkung des gnädigen Gottes in dem Vertrauen auf seine Hilfe in jeglicher Lebenslage unterstellt. Die Gewißheit der Sündenvergebung ist freilich insofern das erste im christlichen Glauben, als der sittlich gereifte Christ sich sie als die Voraussetzung für alle anderen Erfahrungen der Gnade Gottes klar machen kann und soll. Aber daß die Gewißheit der Sündenvergebung *zeitlich* das erste in dem Leben des Glaubens sei, ist nicht nötig. Noch weniger ist es richtig, sie von dem übrigen Leben des Glaubens zu trennen. Der Komplex von Tatsachen, der schließlich unser Umfaßtsein von der christlichen Gemeinde ausmacht, bedeutet für uns die Kundgebung Gottes, daß er uns die Sünden

---

[51] Vgl. Ap. C. IV, 62–63: „Haec fides in illis pavoribus erigens et consolans accipit remissionem peccatorum, iustificat et vivificat. Nam illa consolatio est *nova et spiritualis vita*. – Adversarii nusquam possunt dicere, quomodo detur spiritus sanctus." Ebendas. 68: „Haec diximus hactenus ut modum regenerationis ostenderemus." [Apologie der Augsburgischen Konfession IV: Quod fides in Christum iustificet, BSLK 172, 44-4]
[52] Vgl. z. B. E. A. 10, 26; 108; 13, 205; 16, 12; 16; 17, 358; 19, 12; 51, 362; 52, 307.
[53] C. A. XX, 24: „Jam qui scit se per Christum habere *propitium* patrem, is vere novit deum, scit *se ei curae esse*." [BSLK 79, 16 f.]
[54] ALBRECHT RITSCHL, Die Lehre von der Rechtfertigung und Versöhnung, 2. Auflage, Bonn 1882/83, Bd. 1, § 26 und Bd. 3, § 25.

vergeben wolle. Dann kann aber auch nicht unsere Aufgabe sein, uns die Gewißheit der Sündenvergebung als etwas Besonderes neben den anderen Gütern des Glaubens zu erkämpfen. Die Tatsachen, die in unserem Umfaßtsein von der christlichen Gemeinde gipfeln, begründen die Gewißheit der Sündenvergebung. Aber sie tun dies durch den Inhalt, der überhaupt den Christen der Wirklichkeit und Gnade Gottes gewiß macht. Dieser In-|198|halt der Tatsachen, durch die uns Gott zu sich erhebt, ist eben so beschaffen, daß er den Menschen, dem er die Zuversicht zu der Liebe und Fürsorge Gottes ins Herz gegeben hat, auch die Vergebung Gottes erfahren lassen wird, wenn die Zeit gekommen ist. Es versteht sich ja von selbst, daß dieselben Tatsachen, die uns überhaupt von der Liebe Gottes überzeugen, auch die Bereitschaft Gottes, uns unsere Sünden zu vergeben, darstellen müssen. Durch die objektiven Mächte, die auf ihn einwirken, befindet sich der Christ in einer Lage, in der er Zugang hat zum Vater. Also in dem Verständnis dieser seiner tatsächlichen Lage erblickt er notwendig auch die Tatsache, daß Gott bereit ist, ihm seine Sünden zu vergeben. Ist also unser Glaube das Verständnis des durch jene Mächte zu uns redenden Gottes, so ist die Sündenvergebung in den Grund des Glaubens gelegt und hat für den Glauben dieselbe Festigkeit und Beständigkeit wie dieser selbst.

Das wird verkannt, wenn einem besonderen Bußkampf des Menschen die Aufgabe gestellt wird, die Gewißheit der Sündenvergebung zu erringen. Diese Gewißheit kann so, wie sie dem Christen eignet, nur entstehen, wenn wir uns vielmehr zu Herzen nehmen, was Gott bereits an uns getan hat. Eine solche Verbindung der Sündenvergebung mit dem Grunde des Glaubens hat Luther gelehrt, nachdem er als Mönch erfahren hatte, daß das Trachten nach *der* Vergebung, deren Zeichen infolge des Bußkampfs in dem eigenen Innern des Menschen auftreten sollen, erfolglos ist. Nur aus dem Verständnis der Offenbarung Gottes soll der Christ die Sündenvergebung entnehmen wollen. „Wo du nicht die Vergebung im Wort suchest, wirst du umbsonst gen Himmel gaffen nach der Gnade oder (wie sie sagen) nach der innerlichen Vergebunge."[55] Dieses Wort wird an uns herangebracht durch die Faktoren der Erlösung, die in der christlichen Gemeinde zusammengefaßt sind. Sie sollen dem Christen seine Sünden |199| und die Folgen derselben drohend vergegenwärtigen, aber nicht, um ihn auf kürzere oder längere Zeit in Reue und Verzweiflung festzuhalten, sondern um ihm die Gnade Gottes, die trotz seiner Sünde über ihm waltet, in ihrer Wirklichkeit klar zu machen.[56] Denn wer in der christlichen Gemeinde ist, der steht bereits unter der Vergebung der Sünden.[57] Der Ungläubige freilich kann das verkennen, was die christliche Gemeinde an ihm

---

[55] E. A. 31, 171.
[56] Vgl. E. A. 31, 182–83 (1530).
[57] Vgl. E. A. 22, 20 f.: „Ich glaub, daß da sei in derselben Gemeine, und sonst nirgend, Vorgebung der Sund, daß außer derselben nit helf, wie viel und groß die gute Werk immer

wirkt; aber „der solls mit der Zeit auch wohl erfahren, wie gar gewiß ihm seine Sunde itzt vergeben sind gewest, und ers nicht hat wöllen gläuben."[58] Wenn dagegen der Gläubige der Vergebung inne wird, die ihm zu teil wird, so stellt sie sich ihm nicht dar als ein einzelner durch die kirchlichen Amtsträger erfolgender Akt: man soll sich hüten, „daß man nicht die Vergebung deute allein auf einen Augenblick, wenn die Absolutio gesprochen ist."[59] Er sieht die Vergebung der Sünden in dem ganzen Königreich Christi, „das da ewig währet ohn Aufhören. Denn gleichwie die Sonne nichts deste weniger scheinet und leuchtet, ob ich schon die Augen zuthue, also stehet dieser Gnadenstuhel oder Vergebung der Sünde immerdar, ob ich schon falle. Und wie ich die Sonne wieder sehe, wenn ich die Augen wieder aufthue, also hab ich die Vergebung der Sünde wieder, wenn ich aufsehe und wieder zu Christo komme. Darumb soll man die Vergebung nicht so enge spannen, wie die Narren träumen."[60] Darin, daß wir durch die Taufe und durch christliche Erziehung zu der Gemeinde gehören, die Christus |200| mit seiner Liebe deckt, haben wir die Tatsache vor uns, daß Gott uns vergeben will.

Es kommt aber dann recht sehr darauf an, daß wir unseren Zusammenhang mit der christlichen Gemeinde nicht einfach als eine Gestaltung unseres Lebens, die schätzenswerte Folgen gehabt habe, hinnehmen, sondern als eine Kundgebung Gottes an uns verstehen. Tun wir dies, so stellen wir uns damit freilich in eine Abhängigkeit von der christlichen Gemeinde, der bekanntlich Luther im großen Katechismus dahin Ausdruck gibt, daß auch er die Gemeinde unsere Mutter nennt. *Ritschl* hat, indem er sich dieses Gedankens als des Grundsatzes, den jede kirchliche Theologie gegenüber sektiererischen Bestrebungen zu vertreten habe, annahm, vielfach auch von „kirchlichen" Theologen unserer Zeit den Vorwurf hören müssen, das sei ein Rückfall in katholische Denkweise. Trotzdem sollte es nicht schwer fallen, einzusehen, wie sich der von RITSCHL vertretene und von Luther überkommene Gedanke von dem katholischen unterscheidet. Nach der katholischen Auffassung kommt es darauf an, daß man die Abhängigkeit von der Kirche erleidet und sich zu der von der Kirche geforderten Gesetzeserfüllung anregen läßt; nach der von RITSCHL befolgten Auffassung kommt es darauf an, daß man die Abhängigkeit von der christlichen Gemeinde im Lichte der Erkenntnis Christi *als den Ausdruck der uns zugewandten Gnade Gottes versteht*. Wenn wir diese innere Stellung zur christlichen Gemeinde gewonnen haben, so sind wir auch im stande, die Vergebung der Sünde als ein beständiges Gut, das uns verliehen ist, als die Sonne,

---

sein mugen, zur Sund Vorgebung. Aber inner derselben nit schade, wie viel, groß und oft gesundiget werden mag, zur Vorgebung der Sunde, *wilche bleibt, wo und wie lange dieselben einige Gemeine bleibt."*
[58] E. A. 31, 172.
[59] E. A. 11, 319.
[60] E. A. 14, 294; derselbe Vergleich 11, 320–21 und 40, 312–13.

die über uns leuchtet, als das Gewölbe, das über uns gespannt, und als die Decke, die über uns gebreitet ist, anzusehen.[61] Luther hat alle diese Bilder gebraucht, um auszudrücken, daß die uns geschenkte Vergebung eine beständige sei, in den Grund des Glaubens eingeschlossen und deshalb jeder Regung des Glaubens innewohnend. |201|

Die Art, wie sich uns Gott in Christus zuwendet, erhebt uns zum Verkehr mit Gott, weil die Erkenntnis dieser Tatsache uns in den Stand setzt, unserem Schuldgefühl die Gewißheit der Versöhnung entgegenzustellen. Deshalb sollen wir uns nicht betragen, als wäre das noch nicht an uns geschehen, sondern wir sollen die Augen öffnen für das, was Gott an uns getan hat. Wir sollen Gott täglich um Vergebung bitten als den Vater, „der nicht nach der Schärfe mit uns handelt, sondern kann uns wohl etwas zu gut halten und viel versehen."[62] Dann scheint aber die Vergebung für den Christen etwas Selbstverständliches zu sein. Und doch ist die Vergebung für den, der sie wirklich erfährt, eine überraschende Offenbarung der Liebe. Diese Erwägung in ihrem unleugbaren Recht hat viel Verwirrung angerichtet. Es kann dann leicht so scheinen, als müsse der Christ, um Vergebung zu erlangen, sich vorher alles dessen entschlagen, was ihm als Zeugnis der Liebe Gottes gegenwärtig ist. Aber ist es denn wirklich in dem Verkehr zwischen Personen so, daß erst alle Bande des Vertrauens zerrissen sein müssen, bevor der eine die Vergebung des anderen erfahren kann? Es ist sicherlich ganz anders. Auch in unserem Verkehr mit Gott kann die überzeugende Kraft seiner Offenbarung unsere Sünde und die Not des Schuldgefühls überdauern. Dann erfahren wir in jedem einzelnen Falle dennoch aufs neue, daß Gott stärker ist als unser Herz. Der Eindruck, daß ihn trotz seiner Sünde die Liebe Gottes sucht, wird dem Christen nie veralten, sondern wird ihm immer wieder die Pforten eines neuen Lebens öffnen. Der Christ soll daher gewiß nicht, um dem Ernst der Schuld gerecht zu werden, und um danach Vergebung erlangen zu können, zuvor den Glauben an die Gnade Gottes von sich abstreifen und den Eindruck des auf ihm lastenden Zornes absichtlich zu erzeugen suchen. Aber die Wirklichkeit, in die ihn Gott gestellt hat, soll er aufrichtig durchleben und den Forderungen stille halten, in die diese |202| Wirklichkeit gefaßt ist. Gerade dann kann es auch mit ihm dahin kommen, daß er unter der Last seiner Schuld in der Aussicht, die ihm ein verdorbenes Leben in den unabwendbaren Folgen der Sünde eröffnet, das Walten des Zornes Gottes erkennt. Wenn er darin verbleibt und innerlich abstirbt, so verfällt er allerdings dem Gerichte des Zornes Gottes, der ein Gott der Lebendigen und nicht der Toten ist. Wenn dagegen in solcher Lage die Gnade Gottes in Christus Macht über sein Herz gewinnt, so erlebt er das als den wunderbaren Vorgang der Erlösung, als die Errettung vor dem

---

[61] Vgl. E. A. 14, 213; 50, 249; opp. ex. lat IV, 143.
[62] E. A. 12, 186.

Zorn Gottes. In die Empfindung, daß er von Gott verworfen sei, sich gewaltsam hineinzuarbeiten, kann nie die Aufgabe des Christen sein.

Aber freilich vermag sich erfahrungsmäßig kein Christ in der reinen Höhe der Kindeszuversicht zu Gott gleichmäßig zu behaupten. Auch wer vor groben Sünden bewahrt bleibt, wird doch, je kräftiger er das Gewicht der sittlichen Forderungen empfindet, desto mehr das Selbstgericht erleben, das ihm seine sittliche Bedürftigkeit vor Augen hält. Es ist auch unvermeidlich, daß die Not des Lebens zuweilen unsere Stimmung so stark beherrscht, daß die ermattete Seele ihren bisherigen Erwerb an christlicher Lebensfreude fahren läßt. Es gilt daher auch von dem gefördertsten Christen: „wiewohl nicht noth ist, daß er ganz und gar ohn Furcht sei. Denn es bleibt immer Natur in uns, die ist schwach und kann nicht ohn Furcht des Todes und des Gerichts Christi bestehen."[63] LUTHER ist zwar keineswegs der Meinung, daß jeder dieselben inneren Kämpfe durchmachen müsse wie er. „Gott hie die Maaße hält, daß er einem jeglichen nach seiner Person sein Kreuz auflegt, darnach er stark ist und tragen kann."[64] So sagt er, daß Gott seine hohen Heiligen bisweilen angreift und übt mit der desertio gratiae „da des Menschen Herz nicht anders fühlet, denn als habe ihn Gott mit seiner Gnade ver-|203|lassen und wolle sein nicht mehr, und wo er sich hinkehre, siehet er nichts als eitel Zorn und Schrecken. Aber solche hohe Anfechtung leidet nicht jedermann und verstehet sie auch niemand, ohn wer sie erfähret."[65] Auch das sagt sich Luther, daß solche inneren Kämpfe in mangelhafter christlicher Erkenntnis ihren Grund haben können; sie wurden erlebt „sonderlich in der Blindheit und Finsternis des Pabstthumbs, da sie wenig rechtes Trosts gehabt haben."[66] Vor allem aber hat Luther in diesen Zuständen zwar ein Leiden gesehen, dem ein ernster Christ nicht entgehen kann, aber nicht eine Leistung, die er vollbringen soll. Nur in einem gedankenlosen Genußleben wird ein solches Leiden gänzlich fehlen können. „Darumb sind solche furchtsamen Leute je näher bei ihrem Heil, denn die Ruchlosen, Hartsinnigen, die sich weder fürchten noch trösten des Tages."[67]

Wie wir aber nicht um die Anfechtung bitten sollen, sondern um die Bewahrung vor ihr,[68] so ist es auch sinnlos, sich die Anfechtung, in der die Gewißheit der Gnade Gottes schwindet, als Aufgabe zu stellen. Bei jeder ernsten Frage nach dem Grunde der Glaubenszuversicht und bei jeder ernsten Erkenntnis der Pflicht tritt dem Christen der Kontrast zwischen seiner Unwürdigkeit und der rückhaltlosen Liebe Gottes vor die Seele. Aber mit bewußter Absicht soll der Christ nicht auf diese Empfindung der Reue, sondern immer

---

[63] E. A. 10, 77.
[64] E. A. 9, 87.
[65] E. A. 11, 21.
[66] E. A. 9, 87.
[67] E. A. 10, 76.
[68] E. A. 9, 88.

nur auf die positiven Aufgaben des christlichen Lebens gerichtet sein. In *ihrem* Lichte allein erwächst aus dem lässigen Unbehagen des Sünders eine wahrhaftige Reue. Der sündige Wille bringt durch *sein* Vornehmen eine solche Reue überhaupt nicht zu stande.[69] Deshalb bedeutet auch die Buße nicht irgend eine absichtliche Kasteiung, sondern „eigentlich |204| eine Besserung und Änderung [EA 11: Änderung und Besserung] des ganzen Lebens."[70] Ebenso, „wenn du beichten willt, so trachte darauf, daß du vielmehr sehest und denkest auf dein zukünftiges, denn auf das vorige Leben". „Denn es ist bald vergeben, das du vor gesündigt hast. Drumb mußtu darauf sehen, wie du ein ander Leben anfahest, und daß du bei dir fühlest, daß dich des vorigen Lebens verdrieße und du sein satt bist."[71] In diesem Streben wird und soll der Christ die Erfahrung machen, daß er durch die bloße Spannung seines Willens sich nicht helfen kann, sondern daß er aus der Erfahrung der Liebe Gottes seine Kraft zieht. „*Dieß* Verzweifelen und Gnadsuchen soll nicht ein Stund oder eine Zeit währen, und dann aufhören; sondern all unser Werk, Wort, Gedanken, dieweil wir hie leben, soll nicht anders gericht sein, denn dahin, daß man allzeit in sich selbst verzweifle, und in Gottes Gnaden, Begierde und Sehnung bleibe."[72] Dagegen das Verharrenwollen in der Verzweiflung der Reue und in der Furcht wegen der Sünde nennt Luther einen Mißbrauch dieser Furcht. Wer sich so mit den Sünden herumschlägt, „machts nur je länger je ärger, und man gehet immer so in eim Zweifel dahin."[73] In der absichtlichen Reue, die der Sünder durch seinen eigenen Entschluß direkt hervorbringen will, enthüllt Luther das falsche Streben des Menschen, sich Gott gegenüber selbst zu rehabilitieren.[74] Er sagt, daß der die Furcht und Reue unweislich gebrauche, „der sie nur mehret und drinnen bleibet, als wollt er dadurch sich von Sünden reinigen; aber es wird nichts daraus."[75] Dagegen soll sich der Christ vergegenwärtigen, |205| was ihm Gott gegeben hat. Es ist Gottes Fügung, daß er sich in dem Bereiche der christlichen Gemeinde befindet, wo er mit Christus zusammentrifft und durch die unübersehbaren Einflüsse christlicher Denkweise und Sitte zum Verständnis Christi erzogen wird. In diesen Tatsachen soll der Christ die Erklärung Gottes über seine gnädige Absicht mit ihm zu verstehen suchen. Im Hinblick darauf soll er nicht meinen, wenn er in Sünde fällt, „daß darumb Gott

---

[69] E. A. 27, 392.
[70] E. A. 11, 290.
[71] E. A. 11, 211.
[72] E. A. 15, 442.
[73] E. A. 17, 434; vgl. 49, 12: „Wer nu das künnte lernen und wohl ins Herz fassen, wie Christus mit seinem Munde redet und zeuget, daß ihm wider und leid sei, wenn eins Christen Herz traurig oder erschrocken ist, der wäre wohl dran."
[74] Vgl. meinen Aufsatz „Die Buße des evangelischen Christen", Zeitschrift für Theologie und Kirche 1, 1891, 28-81; hier: 37 ff.
[75] E. A. 10, 76.

gar von ihm gewichen und ihn verstoßen wolle als ein untuchtig Werkzeug"; sondern er soll sich dessen zu trösten suchen, „daß er ist in dem Reiche Christi, der Gnaden, welches viel mächtiger ist, denn die Sünde."[76]

In dem Glauben, der durch seinen objektiven Grund den Charakter des Versöhnungsglaubens empfängt, wenn dieser Charakter sich auch nicht von Anfang an und nicht in jedem Moment zur Gewißheit der Sündenvergebung ausgestaltet, sind wir zu Gott erhoben. Bei dem Christen aber, der das verstanden hat, wäre es ein wunderlicher Einfall, wenn er sich nun doch einen besonderen Verkehr mit Gott erdenken und durch ein besonderes Vornehmen ihn dann vollziehen wollte. Er kriecht nicht in den Winkel einsamer Kontemplation, um die göttlichen Dinge wie ruhende Gebilde anzuschauen.[77] Sondern er sucht Gott so anzuschauen, wie er |206| als der allmächtige, Leben schaffende Gott wirksam ist. Deshalb begibt sich der Christ, wenn er sonst in der von Gott selbst eröffneten Verbindung mit ihm verbleiben will, in die Erfahrungen, durch die sich jener Glaube über alle Beziehungen seines Lebens ausbreitet und sich als die Kraft Gottes, die einen neuen Menschen schafft, bewährt. „*Durch den Glauben* wirstu erfahren die Gewalt und Barmherzigkeit des Vaters, und ihn ein Tröster und Lebendigmacher empfinden."[78] „Das heißet nit einen Gott haben, so du äußerlich mit dem Mund Gott nennest, oder mit den Knieen und Geberden anbetest; sondern so du herzlich ihm trauist und dich alles Gutis, Gnaden und Wohlgefallens zum ihm vorsiehst, es sei in Werken oder Leiden, in Leben oder Sterben, in Lieb oder Leid."[79] „Einen Gott haben, heißt so viel als Gott vertrauen."[80] „Mit dem Herzen aber an ihm hangen ist nichts anders, denn sich gänzlich auf ihn verlassen."[81]

Was sollte wohl eine Kontemplation des lebendigen Gottes bedeuten, wenn nicht ihn haben, seine Kraft empfinden und mit dem Herzen an ihm hangen, „weil er das einige ewige Gut ist, als der ein ewiger Quellbrunn ist, der sich

---

[76] Ebendas. 12, 318; vgl. 16, 139.

[77] E. A. 15, 186 [-190]: „Die Geistlichen, sonderlich die in den Klöstern stecken, berühmen sich, daß sie ein beschaulich Leben führen, wissen wohl so viel von eim beschaulichen Leben, als die Gans vom Psalter. Drumb laß das gehen, unser Herr Gott hat dir nicht befohlen, *daß du solltest sitzen und uppig trachten in Himmel hinauf, wie sie sich lassen dunken, daß dasselbige ein beschaulich Leben sei*" „Der Glaub ist ein solch Ding, daß er allenthalben rechtfertig macht. Das ist das rechte beschauliche Leben." „Drumb geschieht solches ohn alle Werk, dazu ist es nicht mein, sondern Gottes Werk, gehört nichts dazu, denn das Wort, das macht im Herzen den Glauben." „Das ist ein recht beschaulich Leben; es sind nicht fliegende Gedanken, sondern ein gewiß Erkenntnis". Vgl. 43, 41 f.

[78] E. A. 15, 329 f.

[79] E. A. 16, 131; vgl. 11, 337.

[80] E. A. 52, 301.

[81] Großer Katechismus I, 15; vgl. § 28. [BSLK 563, 12 f.]

mit eitel Güte übergeußt, und von dem alles, was gut ist und heißet, ausfleußt?"⁸² Anstatt sich jener andern Kontemplation zu überlassen, in der er sich nur mit seinen eigenen Phantasien beschäftigen würde, soll der Christ das Leben des Glaubens leben, der in der Berührung mit Gott durch sein Wort als ein allmächtiges Ding in uns entsteht.⁸³ Indem wir diesen Glauben auf jegliche Lebenslage anwenden, und aus ihm heraus unsere Anschauung von dem All der Dinge gewinnen, empfangen wir von Gott und antworten ihm durch die Freude an seiner Kraft, die uns wunderbar erneuert und der Welt |207| gegenüber zu freien Menschen macht. Die rechte Kontemplation ist das Leben in der „Freiheit eines Christenmenschen."⁸⁴

Eine Hinwendung zu Gott, die nicht zugleich eine neue Verwertung dessen einschließt, was wir in der Welt erfahren und sind, richtet sich nicht auf den in Christus offenbaren Gott, sondern auf den verborgenen Gott der Mystik. Das ist also eine Frömmigkeit, der in der evangelischen Kirche niemand anheimzufallen braucht. Sie entspricht der katholischen Denkweise, die sich darin gegen die Weltstellung auflehnt, in der uns Gott für sich haben will. „Wenn nu ein Mann ein Weib hat [und mit fröhlichem Herzen seine Arbeit tut], oder ein Weib mit ihrem Kind umbgehet, und sein wartet; das soll nicht ein rein Herze heißen, darumb, daß solches alles nicht geschehen kann ohne Gedanken, die daran haften. Man muß ja täglich auf Nahrung, Geld, Arbeit und ander Ding denken; da sind ja noch Kreaturen, welcher man (wie sie sagen) gar los sein soll, daß die Gedanken nichts Anders seien, denn daß man sitze und spekulire in Himmel, und dichte nichts Anders, denn nach Gott". „Also haben uns die Blindenleiter geführt, und unzählig viel Bücher von solchem Spekuliren vollgeschrieben, wie man der Kreaturen solle los werden."⁸⁵ An dem Ideal dieser Frömmigkeit gemessen, hat auch Christus, wie Luther richtig bemerkt, keinen vollkommnen Verkehr mit Gott gehabt; dann sein Beruf band ihn an die Welt: „wo blieb denn dieweil sein Herz und Gedanken blos an Gott?" „Mit keinen äußerlichen weltlichen Sachen und Wesen zu thun haben; sondern, von dem allen abgesondert, in geistlicher Beschaulichkeit leben: solches heißt nicht dem Glauben ähnlich und gemäß gedeutet und gelehret, sondern wider den Glauben."⁸⁶ Also in einer Weltflucht dieser Art sieht Luther nicht nur den Abfall von sittlichen Pflichten, sondern er meint, daß dadurch auch der Glaube oder der rechte Verkehr mit Gott gehindert werde.

Wohl kennt auch der Christ eine Weltflucht, ohne die er |208| nicht zu Gott kommt; wenn das Christentum nicht teilnähme an der weltflüchtigen Tendenz jeder echten Frömmigkeit, so wäre ja auch die Überflutung der Kirche durch

---

⁸² Ebendas. § 25. [BSLK 565, 41 – 566,2]
⁸³ E. A. 15, 432.
⁸⁴ Vgl. E. A. 8, 141.
⁸⁵ E. A. 51, 290 f.
⁸⁶ E. A. 12, 150; vgl. 9, 81; 280–81; 10, 416.

die Mystik unerklärlich. Luther ist sich im Gegenteil dessen bewußt, daß er eine tiefere Deutung und kraftvollere Durchführung der christlichen Weltverleugnung gefunden hat, als die alte Kirche. Die Vollendung der weltflüchtigen Tendenz der Religion hängt gerade damit zusammen, daß das Evangelium nach dem Verständnis Luthers uns in den Stand setzt, inmitten unseres Zusammenhanges mit der Welt und in kräftigem Eingehen auf ihn unseren Gott zu finden und uns des Verkehrs mit Gott als dem, der uns selig macht, zu erfreuen. Deshalb fordert Luther allerdings zunächst die treue Arbeit in dem weltlichen Beruf als etwas, was zu dem priesterlichen Amt des Christen, also zu seinem Verkehr mit Gott gehört.

Daraus ergibt sich der Gegensatz gegen die katholische Art der Weltflucht. „Das heißt auch nicht die Welt verlassen und fliehen (wie sie ihnen träumen); sondern du seiest in welchem Stand, Leben und Wesen du wollest (denn du mußt ja etwo sein, weil du auf Erden lebst), so hat dich Gott nicht von den Leuten, sondern unter die Leute geworfen, denn es ist ein jeder Mensch umb des andern willen geschaffen und geboren. Wo du nu (sage ich) und in welchem Stand du erfunden wirst, da sollt u die Welt fliehen."[87] An dieser Stelle führt Luther die rechte Weltflucht darauf hinaus, daß der Christ, indem er in den Ordnungen der Welt und im Genuß ihrer Güter lebt, dennoch nicht an sie sein Herz hängt,[88] |209| sondern sie braucht, um sich zu einem ewigen Gute zu fördern. An einer anderen Stelle sagt er: „Siehe, das ist der Welt absterben und ohn Furcht sein, sich umb nichts bekümmern, denn was Gott will haben, nichts reden, denn was ihm gefället, das ich weiß, das seine Wort sind; also lebe, und diese Werk thu, die ich weiß, daß es seine Werk sind, *daß ich in allem meinem Leben, was ich innerlich und äußerlich lebe, sicher bin, daß es sein sei*; also bin ich von der Welt abgeschieden und bin doch in der Welt."[89] Also die rechte Weltflucht erkennt Luther darin, daß der Christ nach einem ewigen Gut sich sehnt, das in der Welt nicht zu finden ist; und darin, daß er trotzdem in allem,

---

[87] E. A. 8, 272; vgl. 50, 248. Heilig werden heißt, der Welt entnommen werden. Aber „der heiligste Stand oder Leben auf Erden ist nichts anderes als der gemeine Christenstand". Cfr. 29, 327.

[88] Vgl. 35, 220: „Derhalben ist die Welt einem Christen ein lauter Nacht und Finsterniß, welches der Glaube machet, der allein an dem Blut Christi hanget, und sonst nichts ansiehet noch achtet." Also, wenn der Christ die Frage nach dem Grunde seiner Lebenshoffnung erhebt, so versinkt ihm die Welt in Finsternis. Das ist die Weltflucht des Glaubens, daß er dann Christum allein als den Helfer erkennt und aufsucht. Vgl. die Schilderung der inneren Unabhängigkeit des Christen vor der Welt, 35, 247.

[89] E. A. 15, 412. Hier findet sich auch der Satz: „Niemands ist weniger in der Welt, denn ein Christ, und niemands ist mehr weltlich, denn ein Christ." Dieser Satz würde sich zu einer Zusammenfassung der soeben ausgeführten Gedanken Luthers vortrefflich eignen. Aber gerade hier hat sich Luther in der Ausführung der zweiten Satzhälfte den Hauptgedanken entgleiten lassen. Er fährt nämlich so fort: „Das ist, die Welt siehet mehr auf ihn, und der Teufel ficht mehr wider ihn, denn wider die Heiden."

was er hier, „in gemeinem Leben und Ständen", tut und leidet, Gott sucht und findet. Das erstere macht uns zu Fremdlingen in dieser Welt; aber von der inneren Gebundenheit an die Welt, die durch das Verlangen nach einem überweltlichen Gute nur noch gesteigert wird, macht uns das zweite frei. Das erstere ist gewissermaßen der weltflüchtige Naturtrieb aller echten Religion; das zweite ist das innere Loskommen von der Welt, das unser Glaube bewirkt, indem er den Christen in seinem weltlichen Leben Gott finden läßt. Von der Welt sind wir nur dadurch wirklich abgeschieden, daß wir sie recht „brauchen" lernen, d. h. daß wir sie im Glauben beherrschen.

Indem der Christ auf solche Weise von der Welt loskommt, fehlt ihm freilich der Ruhm, den die weltflüchtigen |210| Frommen in dem gewöhnlichen Sinn sich selbst geben und ohne große Mühe von den Leuten empfangen: „Dieser lebt nicht, wie der gemeine Mann pflegt zu leben, drumb muß er ein heiliger Mann sein."[90] Denn „die Wahrheit nicht so scheinet und gleißet, weil sie sich der Vernunft nicht eben machet. Als, daß ein gemeiner Christen mit den andern das Evangelium höret, gläubet, das Sacrament brauchet, daheim in seinem Haus mit Weib und Kindlein geistlich [EA: christlich] lebt, das scheinet nicht als die schöne treffliche Lüge eines heiligen Carthäusers oder Waldbruders, der da, von den Leuten abgesondert, will ein heiliger Gottesdiener sein."[91] Aber die größere Tiefe und Kraft der Weltverleugnung liegt ohne Zweifel in der Leistung des Glaubens, der es fertig bringt, unter der tatsächlichen Übermacht der Welt sich frei von ihr zu fühlen, und die Schranken und Leiden, die sie uns auferlegt, als Förderung und Segen zu erleben. Denn tiefer kann man sich nicht scheiden von dem, was die Welt dem natürlichen Menschen ist: der Grund seiner Lebenshoffnung, der Herr, dem er sich beugt, und die sinnlose Gewalt, vor der er zittert. Aber auch schwerer ist diese Weltüberwindung des christlichen Glaubens sicherlich als die Weltverachtung, „die sich der Vernunft eben macht", d. h. die ganz und gar dem einleuchtenden Gedanken folgt, daß Gott etwas anderes ist als die Welt. Diese Leistung kann der Mensch vollbringen, jene nicht. „Versuche es nur mit Ernst und im rechten Kampf des Gewissens, so wirstu es wohl erfahren."[92] Diese innere Freiheit gegenüber der Welt und diesen Frieden, „der das Herz kann stillen: nicht zu der Zeit, wenn kein Unglück vorhanden ist, sondern mitten im Unglück"[93] behaupten wir nur in schwerem Kampfe. Muß doch deshalb Luther von sich selbst bekennen: „Zu Zeiten glaube ich, zu Zeiten glaube |211| ich nicht; zu Zeiten bin ich fröhlich, zu Zeiten bin ich traurig."[94] Aber dennoch kann er von

---

[90] E. A. 20, I, 18.
[91] E. A. 9, 81; vgl. 49, 303–306.
[92] E. A. 12, 153; vgl. 16, 165; 18, 300; 19, 17–18.
[93] E. A. 11, 352.
[94] E. A. 19, 76.

dieser weltfreien Stimmung des Glaubens sagen: „Das ist denn ein rechter beständiger Friede, der da ewig bleibt und unüberwindlich ist,"[95] weil diese innere Verfassung schlechterdings nicht durch menschliche Überlegung begründet wird, sondern allein durch die in unvergänglicher Kraft stehende Offenbarung Gottes. „Wie des Gottlosen Freude das Herz nimmer recht erfähret, also ist das Trauern eines Christen auch nimmer recht im Grunde des Herzen."[96] Aus der Summe dessen, was die Welt uns schenkt und nimmt, können wir den Grund zu einer solchen allem Leid überlegenen Freude nicht herausrechnen. Wir verschaffen uns ihn nicht selbst; aber wir empfangen ihn, indem wir Gott in Christus finden.

Also der Lockung, in möglichstem Absehen von der Welt die Gemeinschaft mit einem Gott zu suchen, der sich der einsamen Seele in dem Bereiche ihrer Phantasie enthüllt, können wir uns erwehren. Denn die innere Freiheit von der Welt wird auf solche Weise zwar erstrebt, aber nicht erreicht. Den Verkehr mit Gott aber, seine Einwirkung auf uns und unsere Zuwendung zu ihm, haben wir darin, daß wir die Kraft, in der wir die Welt überwinden, von ihm hinnehmen und alsdann mit Freude und Dank gebrauchen. In der Berührung mit dem lebendigen Gott erfahren wir notwendig seine schaffende Kraft. Deshalb wird unser Verkehr mit ihm erst darin vollendet, daß wir der Welt gegenüber erfahren, was Gott aus uns macht. Wäre unser Gott ein ruhendes Etwas, so könnten auch wir in weltvergessener Betrachtung die Seligkeit des Verkehrs mit ihm genießen. Weil er aber die lebendige durch den ganzen Zusammenhang unseres Lebens auf uns eindringende Kraft ist, so müssen wir uns in diesem Zusammenhange durch ihn emporheben lassen, wenn wir die Seligkeit eines wirklichen Verkehrs mit ihm genießen wollen. In |212| unserer dankbaren Freude an dem, was Gott aus uns macht, vollendet sich die Zuwendung zu ihm. Diese normale Haltung der christlichen Frömmigkeit hat Luther in seiner Schrift „von der Freiheit eines Christenmenschen" klassisch dargestellt.[97] RITSCHLS Verdienst aber ist es, daß er dieses Ideal christlicher Frömmigkeit als den praktischen Grundgedanken der Reformation wieder hervorgezogen und die ihm entsprechende Erneuerung der Theologie, die von den Reformatoren unvollendet gelassen ist, wieder aufgenommen hat.

Luther schildert in jener Schrift das durch die Erlösung begründete innere Leben des Christen. Es ist in seinem wesentlichen Bestandteil nichts anderes, als die christliche Freiheit, d. h. der Glaube.[98] Von diesem Glauben sind ausgeschlossen alle speculationes, meditationes, et quidquid per animae studia geri potest; es ist lediglich die cognitio Christi Jesu, das Verständnis Christi,

---

[95] E. A. 11, 35; 50, 231.
[96] E. A. 15, 108; vgl. 7, 116.
[97] Vgl. ALBRECHT RITSCHL, Die Lehre von der Rechtfertigung und Versöhnung, Bd. 1, 2. Auflage, Bonn 1882, 181 f.
[98] Vgl. Luther opp. var. arg. IV, 226 „Haec est christiana illa libertas, fides nostra."

mit dem das sacrosanctum Dei verbum, das evangelium Christi uns reich und selig macht.[99] Durch *diesen* Glauben sind wir in die wunderbare Gemeinschaft mit Christus getreten, durch die unsere Sünde etwas zu seiner Person Gehöriges wird, und seine Stellung zu Gott und zur Welt die unsere. Das Nehmen und Geben, worin diese Gemeinschaft besteht, vollzieht sich in unserem Verständnis der Person Christi, d. h. in dem Glauben, den er in uns weckt, und wir auf ihn gründen.[100] Die Güter aber, die wir auf solche Weise empfangen, bilden die innere Verfassung des Gläubigen, in welcher er sich zu Gott und zur Welt in dieselbe Stellung gebracht sieht, wie Christus. Indem wir in Christus Gott erkennen, der uns mit sich versöhnen will, werden wir selbst emporgehoben, zu der priesterlichen Würde Christi. Per spiritum fidei, d. h. in den inneren |213| Regungen, die jenes Verständnis Christi in uns weckt, erwächst uns der Mut, Gott so zu nahen, daß wir in ihm wahrhaftig den Vater sehen, der sich unser annimmt.[101] Sofern uns Gott in Christus gegenwärtig und faßlich wird, haben wir diesen priesterlich freien Verkehr mit ihm. Indem nun Luther diese priesterliche Gewalt des Gläubigen für das wichtigste Gut, das wir durch Christum haben, erklärt,[102] so schickt er ihrer Darlegung dennoch die Schilderung der königlichen Gewalt des Gläubigen voraus und leitet sie wiederum in die letztere über. Dasselbe Verständnis Christi, dieselbe fides, die uns Gott gegenüber zu Priestern macht, erhebt uns zu Königen über die Welt. Denn der Gläubige, der es verstanden hat, daß sich Gott in Christus ihm zuwendet, lebt in diesem Verkehr mit Gott nur so, *daß er die dadurch eingetretene Veränderung seines gesamten Daseins erlebt*. Seine priesterliche Tätigkeit hat notwendig den Inhalt, daß er dasselbe, was er in der Welt der Dinge erleidet, in seinem inneren Verkehr mit Gott geistig beherrscht, weil er es trotz fühlbarer Bitterkeit als Gottes Werk und Gabe zu seiner Seligkeit versteht und gebraucht. So wenig diese geistige Königsmacht des Gläubigen, die im Unterliegen herrscht und in überwältigender Drangsal frei und kräftig ist, dem Menschen außerhalb der Gottesnähe des Glaubens erreichbar wird, so wenig kann man in dieser Gottesnähe sich befinden, ohne in der wunderbaren Regung einer solchen Macht sich als eine neue Kreatur der Welt gegenüber zu fühlen und zu betätigen. Jeder andere vermeintliche Verkehr mit Gott und Christus, der nicht dies ist, was Gott in Christus aus uns machen will, entbehrt der Demut, in der sich die Seele wirklich Gott ergibt. Wenn wir uns also nur in dem Sinne dem Erlöser zuwenden, daß wir unser menschliches Mitgefühl mit ihm in Liebe und Leid erregen, so ist es wirklich nicht zu viel gesagt, wenn Luther die Anleitung

---

[99] Ebendas. 221–23.
[100] Deshalb ist auch die Ehe nur ein geringes Abbild einer solchen Gemeinschaft. Vgl. ebendas. 227.
[101] Ebendas. 232.
[102] Ebendas. 231.

|214| dazu puerilia et muliebria deliramenta¹⁰³ nennt. An Stelle dieser schwächlichen Künste, die immer eine praktische Verleugnung der Gottheit Christi sind, sollen wir Gott in Christus erkennen und durch die gänzliche Unterwerfung unter ihn zu freien Menschen werden.¹⁰⁴

Aber obgleich dies beides in dem Verkehr des Christen mit Gott untrennbar zusammengefaßt ist, so können wir doch in jedem Moment das Ganze vorwiegend nach dem einen oder nach dem anderen benennen. Unser Verkehr mit Gott ist in erster Linie gänzliche Unterwerfung unter seine Majestät. Dieser Akt aber ist uns nur möglich, wenn Gott uns seiner selbst und seiner Gnade gewiß macht, oder wenn er uns in der geschichtlichen Gestalt Christi gegenwärtig und verständlich ist. Denn nur in freudiger Hingabe können wir uns völlig unterwerfen. Diese Gemütsrichtung, „welche in der absichtlichen Unterordnung unter Gottes Fügung die Kompensation für allen Druck des Lebens findet", hat RITSCHL in der Niedrigkeit nachgewiesen, in die sich Jesus von Herzen, d. h. mit Freude begibt.¹⁰⁵ Diese religiöse Niedrigkeit und Demut, wie Luther übersetzt hat, wird *erstens*, obgleich mit dem Bewußtsein freiester Entscheidung verbunden, doch als ein Zustand erlebt, in den uns Gott versetzt. Denn die Lust an Gott, die der Unterordnung unter seine Fügung Wahrheit verleiht, wird nur dadurch erregt, daß Gott uns durch den tatsächlichen Erweis seiner Liebe ein objectum amabile wird.¹⁰⁶ „Eine stille demütige |215| Wohnung Gottes" wird unser Herz nur dann, wenn wir im stande sind, in Gott den Vater zu erkennen: „denn wenn ich dahin komme, daß ich das erkenne, so lasse ich ihn walten wie er will, und lasse ihn ganz alles allein sein."¹⁰⁷ Wer anders als in dieser von Gott selbst gewirkten Regung sich ihm unterwerfen oder demütig sein will, bringt es nur zu einer heuchlerischen Demut und bleibt Gott innerlich fern.¹⁰⁸ „Denn wie groß und mehr man sich martert zum ewigen Leben, je weniger man das erlangt. Es muß gedemütigt sein und muß allein

---

¹⁰³ Ebendas. 233; vgl. Kritische Gesamtausgabe [WA] I, 341; E. A. 10, 155; 11, 154–55.

¹⁰⁴ Das Thema von de libertate christiana findet sich noch vollständig ausgeführt E. A. 15, 262–64; 35, 246–47 und 51, 398. Sehr oft wird der Gedanke von der geistigen Weltherrschaft des Gläubigen wieder aufgenommen. Vgl. z. B. 10, 257; 8, 141; 11, 207; 12, 282; 14, 338; 35, 130–32. Dagegen redet Luther von der priesterlichen Macht der Gläubigen in der Regel in *dem* Sinne, daß sie die Macht empfangen haben, anderen das Himmelreich aufzuschließen.

¹⁰⁵ Vgl. Lehre von der Rechtf. u. Vers., 2. Aufl., 3, 587.

¹⁰⁶ Vgl. Apologie der C. A. IV, 129. [Apologie IV. Von der Rechtfertigung. Von der Liebe und Erfüllung des Gesetzes, BSLK 186,2]

¹⁰⁷ Luther E. A. 12, 288.

¹⁰⁸ Daher kommt es, daß nur die falsche, „gemachte" Demut sich selbst zu sehen meint. „Rechte Demut weiß nimmer, daß sie demütig ist." „Die Demut ist so zart und kostlich, daß sie nicht leiden kann ihr eigen Ansehen." 45, 236 ff. Sie ist ein Gottesgeheimnis, 8, 78.

den Geist Gottes begehren. Wer sich mit Werken will selig machen, der ists Teufels ewig."[109]

Zweitens ist die Demut, in der wir mit Gott in der rechten Verbindung stehen, immer zugleich ein dementsprechendes Verhalten gegenüber der Welt, in dem die von Gott empfangene Seligkeit genossen wird.[110] Denn die freudige Hingabe an den lebendigen Gott bedeutet die willige Unterwerfung unter die Gesetze und Fügungen, in denen er uns wirksam in unserer Lebenstiefe umfaßt und beeinflußt. Nur wer in dem Wohlsein die ernste Forderung Gottes, in dem Unermeßlichen seine allmächtige Weisheit und in dem unverständlichen Leid seine Liebe findet, ist wirklich demütig. Denn nur dann ist der Mensch in dem, was er wirklich ist, Gott unterworfen. Aber damit hat er zugleich diejenige geistige Herrschaft über die Welt, die ihn an dem Reiche Gottes teilnehmen und selig werden läßt. Deshalb hat Luther an der oben angeführten Stelle (E. A. 12, 288), nachdem er die Demut als das Gott gegenüber stille und gelassene Herz beschrieben hat, sofort hinzugefügt: „Dahin muß es kommen, daß das Herz erkenne Gottes Ehre, Gottes Gewalt, Gottes Weisheit. *Denn so |216| läßt es Gott alles walten*; es weiß, daß es alles Gottes Werk sind, darumb kann es sich für keinem Ding fürchten." „*Also wächst in dem Menschen ein unverzagter Trotz gegen allem, das auf der Welt ist*; denn es hat Gott und alles was Gottes ist, thut alles, was es nur thun soll und fürchtet sich nicht."[111] Es ist nur eine andere Richtung derselben Kraft, wenn die Demut den Menschen auf der Höhe des Erfolgs und im Genusse irdischer Güter davor bewahrt, die innere Freiheit der Kinder Gottes mit einer falschen Selbständigkeit zu vertauschen. Indem dabei der Druck der Welt, der den Menschen in ein enges Selbstvertrauen zu bannen droht, überwunden wird, erweist sich die Demut wiederum als ein wirklicher Verkehr mit dem Leben schaffenden und befreienden Gott.[112]

Ein anderer Ausdruck für die innere Unterwerfung, in der wir mit Gott verkehren, ist die Furcht Gottes. Sie ist für den Christen nicht ein momentanes Entsetzen vor der geheimnisvollen Macht über sein Leben.[113] Aus dieser Erregung kann sich die Kreatur in ihrem Lebenstriebe immer wieder in ein ruhiges Vergessen Gottes zurückziehen. Die christliche Gottesfurcht ist vielmehr die tiefe und freudige Anerkennung Gottes, als des allein mächtigen und lebendigen, die als dauernde Stimmung in uns bestehen kann und soll. „Also

---

[109] Ebendas. 16, 468.

[110] Vgl. RITSCHL, a. a. O., 592.

[111] Ebenso beschreibt er (E. A. 11, 337) das gründlich demütige Herz, das Gott haben will, so daß es nichts anderes sei als Trauen und Zuversicht zu Gott haben, ohne dessen Hilfe und Errettung alleine der Mensch nichts vermöge.

[112] Vgl. meinen Artikel „Demut" in der Realenzyklopädie für protest. Theol. u. Kirche. 3. Aufl., IV, 571–576.

[113] Mit dieser Furcht ist verbunden das optare non esse deum, var. arg. I, 69.

muß man die Furcht in der Schrift verstehen, daß es nicht deute auf [ein] Furcht oder Schrecken, so ein Augenblick währet; sondern daß es sei das ganze Leben und Wesen, das da gehet in Ehren und Scheu für Gott."[114] „Das wir heißen nach der Schrift die Furcht Gottes ist nicht ein |217| Schrecken noch Zagen, sondern eine Scheu, die Gott in Ehren hat, welche soll allzeit bei einem Christen sein, gleichwie ein frommes Kind seinen Vater furchtet."[115] Also die christliche Gottesfurcht ist die Ehrfurcht des Kindes vor dem Vater, in dessen mächtiger Fürsorge es sich geborgen fühlt.[116] Der Christ fürchtet sich vor dem in Christus erkannten Vater „nicht umb der Pein und Straf willen, wie sich die Unchristen und auch der Teufel furcht"; sondern er hat dabei die segnende Macht Gottes selbst vor Augen, aus deren Bereich er herauszutreten sich scheut, „wie sich ein frommes Kind furchtet, daß es seinen Vater nicht erzurne, und etwas tue, das ihm nicht möcht gefallen."[117] Hieran erkennen wir wiederum, daß der Verkehr des Menschen mit Gott nur als eine von Gott selbst in ihm erweckte Regung stattfinden kann. Denn die Schrecknisse zwar, die uns die unentrinnbare Abhängigkeit von einer unheimlichen Macht bereitet, kann sich jeder selbst verschaffen. Sie fehlen auch in keinem Christenleben, weil kein Christ vollkommen ist.[118] Jene Furcht Gottes dagegen, die sich auf Gott selbst richtet, und deshalb wahrhaftiger Verkehr mit ihm ist, entsteht nur in der Seele, die in dem Zusammenhang der christlichen Gemeinde durch christliche Erziehung, Sitte und Verkündigung die befreiende Kraft des Evangeliums erfährt. Vollendet aber wird sie, wenn wir in Christus den Gott gefunden haben, der auch den in tiefem Schuldgefühl gegen ihn verhärteten Menschen wieder zu sich heranzieht. Das innere Erbeben vor der heiligen Macht des Guten kann aus dem Verkehr des Menschen mit Gott nicht schwinden. Wenn wir aufhören, Gott zu fürchten, haben wir die innere Verbindung mit ihm ver-|218|loren. Der Verkehr des Christen mit Gott kommt über die innere Spannung zwischen Furcht und Liebe nicht hinaus.[119]

In seiner Zusammenfassung der beiden höchsten Gebote des Alten Testaments hat Jesus die normale Richtung des menschlichen Gemütes auf Gott Liebe zu Gott genannt. Daß trotzdem Jesus sowohl wie die Apostel in den

---

[114] E. A. 34, 174.
[115] E. A. 18, 349.
[116] E. A. 57, 56.
[117] E. A. 51, 365; vgl. 16, 187.
[118] Sine timore inferni nullus est nec esse debet, nisi sit perfectissimus. Ideo iustorum timor semper est mixtus sancto et servili, sed proficiunt de servili magis magisque ad sanctum, donec nihi nisi deum timeant. Opp var. arg. 1, 73.
[119] Vgl. Luther E. A. 11, 248: „Wir haben Propheten im Lande hin und her, die lehren die Leute allzufreidig trotzen, und reden mit der hohen Majestät, als mit einem Schusterknecht; denselbigen frechen und stolzen Geistern soll man auch beileibe nicht folgen." Vgl. ebendaselbst 194.

Zeugnissen von ihrem Verkehr mit Gott jenen Ausdruck so selten gebrauchen, läßt erkennen, daß sein Gebrauch leicht zu Irrungen führen kann.[120] Namentlich ist es in dieser Beziehung lehrreich, daß in den Briefen des Neuen Testaments so selten von einer Liebe zu Christus geredet wird. Der Grund für die Vermeidung dieses Ausdrucks ist in folgendem zu suchen. „In jener Formel ist nicht entschieden, ob man sich Christus gleichstellt oder sich ihm unterordnet. Der Glaube an Christus aber schließt das Bekenntnis seiner Gottheit und seiner Herrschaft in sich, lehnt also die Möglichkeit der Gleichstellung mit ihm ab."[121] Wenn im Neuen Testament das ehrfurchtsvolle Vertrauen zu Gott der bevorzugte Ausdruck für den Verkehr mit ihm ist, so hat das ohne Zweifel den Grund, daß der Mensch gerade in einem solchen Verhalten die Forderung der Gottesliebe erfüllt. Wenn wir nicht im allgemeinen über die Liebe zu Gott spekulieren, sondern uns an die besondere Form halten, die ihr durch das Wesen des in Christus offenbaren Gottes vorgeschrieben wird, so ist es nicht schwer zu erkennen, daß die Liebe zu Gott der richtig verstandene Glaube ist. Die hohe Forderung der |219| Gottesliebe soll uns nicht entschwinden; aber sie soll auch nicht durch eine willkürliche Deutung dazu mißbraucht werden, ein Spielen der menschlichen Phantasie mit ihren Bildern heilig zu sprechen.

Was Lieben heiße, hat, Luther gelegentlich so definiert: „Lieben heißt, ein gut Herz tragen und alles Gutes gönnen, von Herzen freundlich, gütig und süße sein gegen einem Jeglichen, nicht lachen zu seinem Schaden oder Unglück."[122] Es versteht sich von selbst, daß wir die Liebe in diesem Sinne wohl den Menschen, aber nicht Gott zuwenden können. Wäre damit die Bedeutung der Liebe erschöpft, so könnte die Liebe sich nur indirekt auf Gott richten, indem wir in der willigen Hilfsbereitschaft gegenüber dem Nächsten uns Gottes Zweck und Werk aneignen. Die Gottesliebe wäre dann nur in der Form der Nächstenliebe auszuführen, wie Luther es vielmals ausspricht. Er legt sich die Frage vor: „Wie die Liebe des Nähesten sei des Gesetzes Erfüllung, so wir doch auch Gott über alle Ding, auch über den Nähesten lieben sollen? Antwort: das hat Christus selbs auf gelöset, da er Matth. 22 spricht: Das andere Gebot sei dem ersten gleich; *und macht aus der Liebe Gottes und des Nähesten gleiche Liebe.* Und das darumb: Aufs erst, daß Gott unser Werk und Wohlthat nichts bedarf, sondern hat uns damit zu dem Nähesten geweiset, daß wir demselben thun, was wir ihm thun wollten. Er darf nicht mehr, denn daß man ihm gläube und fur Gott halte. *Denn auch seine Ehre predigen und loben und danken darumb geschieht auf Erden, daß der Näheste dadurch bekehrt und zu Gott gebracht*

---

[120] Vgl. ALBRECHT RITSCHL, Die Lehre von der Rechtfertigung und Versöhnung Bd. 2, 2. Auflage, Bonn 1883, 99–100.

[121] Ebendas. 3, 552. Es ist merkwürdig, daß RITSCHL trotz dieser richtigen Erkenntnis unter der Gottheit Christi nur etwas verstehen wollte, was sich auch als Prädikat der christlichen Gemeinde denken lasse.

[122] E. A. 43, 152.

werde. Und heißet doch auch alles Gottes Liebe, und geschieht auch Gott zu Liebe, aber allein dem Nähesten zu nutz und gut." „Da soll man Gott finden und lieben, da soll man ihm dienen und Guts thun, wer ihm Guts thun und dienen will; daß also das Gebot von der Liebe |220| Gottes ganz und gar herunter in die Liebe des Nähesten gezogen ist."[123] Deshalb meint Luther in einer paradoxen Wendung, daß Gott viel lieber seines eigenen Dienstes entbehren wolle, als des Dienstes am Nähesten;[124] und dringend schärft er ein, wenn man ein Werk an sich finde, daß man Gott zu gut tun wolle und nicht allein dem Nächsten, so solle man es für böse halten.[125] Hieran hat er nun auch schon seinen Gegensatz gegen das verführerische Ideal der mystischen Gottesliebe geknüpft: „Damit ist nu den schlipfrigen und fliegenden Geistern gewehret [...], die Gott allein in großen, herrlichen Dingen suchen, trachten nach seiner Größe und bohren durch den Himmel und meinen, ihm zu dienen und zu lieben in solchen ehrlichen Stücken; dieweil feilen sie sein und lassen ihn hie unten auf Erden in dem Nähesten furubergehen, darinnen er will geliebet und geehret sein." „Denn er hat darumb sich der göttlichen Gestalt geäußert und die knechtische Gestalt angenommen, auf daß er unser Liebe gegen ihm herunterzöge und auf den Nähesten hefte, so lassen wir dieselben hie liegen und gaffen dieweil in den Himmel, und wollen große Gottes Liebe und Dienst furgeben."[126]

Aber Luther kennt trotzdem auch eine Liebe zu Gott, die es direkt mit ihm selbst zu tun hat, die Freude an Gott.[127] Die Liebe überhaupt ist Freude an persönlichem Leben. Die Freude an der Förderung des Nächsten ist Nächstenliebe; die Freude an der Förderung durch Gott ist Gottesliebe. Wie wir jene an der Not des Nächsten erweisen sollen, so bewährt sich diese an der eigenen Not. Die Freude an Gott, das „schmecken und empfinden, wie süß der Herr sei", „das alles bringet der versuchte Glaube am Ende der Anfechtung. |221| Denn so lange der Streit und die Anfechtung währet, ist der Glaube in der Arbeit und ist alles hart und sauer, empfindt noch schmecket keine Süßigkeit in Gott. Sobald aber die böse Stund furuber ist, so wir deß erharren und bleiben, so kömpt die Süßigkeit Gottes, da wird Gott dem Herzen so lieblich und gefällig und süß, daß es nicht mehr begehrt, denn mehr streiten und Anfechtung versuchen."[128] Also die Liebe zu Gott entsteht in der Erfahrung, daß Gott, indem er uns persönlich nahe kommt, uns innerlich über unsere Not erhebt, in Kampf und Leiden uns Frieden und Seligkeit finden läßt.[129] Diese Förderung

---

[123] E. A. 8, 65–66; vgl. 10, 109; 15, 40–41; 22, 332; 17, 260–63.
[124] E. A. 13, 168; vgl. 14, 155.
[125] E. A. 14, 59; 10, 25, 146; 17, 152.
[126] E. A. 8, 66.
[127] Vgl. E. A. 17, 257–60; 5, 205 (herzlich Wohlgefallen, Lust und Liebe an ihm).
[128] E. A. 14, 77.
[129] Vgl. E. A. 9, 38: „Die Liebe zu Gott ist nichts anderes, denn dankbar sein für [EA umb] die empfangene unaussprechliche Wohltat.".

ist eine unendliche; denn sie hilft uns nicht in diesem und jenem, sondern macht uns ganz und gar zu anderen Menschen. In der Freude daran lieben wir Gott so, wie er geliebt sein will.

Zum Gegenstand eines Gebotes aber kann die so geweckte Gottesliebe deshalb werden, weil sie notwendig unser Verhalten dahin regelt, daß wir uns willig in das von Gott Geforderte und Auferlegte fügen. „Eine rechte Liebe Gottes [...] ist im Herzen so gesinnet [...]: Herr Gott, ich bin deine Kreatur, mach es mit mir, wie du willt, es gilt mir gleich, ich bin ja dein, das weiß ich."[130] Beides zusammen aber, die von Gott erweckte und die von uns geforderte Gottesliebe, ist offenbar nichts anderes, als der Glaube in seiner Wahrheit, als ein wirklicher Verkehr mit dem lebendigen Gott. Nach einer längeren Ausführung über die Unmöglichkeit, daß der Mensch, der Gott nur so lieben könne, wie der Dieb den Henker, das höchste Gebot erfülle, sagt Luther: „Also wie Gott genug hat *an meinem Glauben*, daß ich ihn im Herzen liebe als einen milden Gott und barmherzigen Vater, von dem ich gerne hör sagen: also will er auch, daß ich alle meine Werke herunter wende, nur auf den Nächsten."[131] Für diese |222| Gleichsetzung der Gottesliebe mit dem Glauben sprechen ferner die zahllosen Stellen, an denen Luther sagt, Gott verlange nichts weiter von uns, als Trauen und Glauben, oder der Glaube gehe auf Gott, die Liebe auf den Nächsten. Eben deshalb, weil die Liebe zu Gott die durch sein Nahekommen erregte Freude an Gott ist, kann Luther sagen, daß die Liebe zu Gott nicht sowohl aus dem Glauben folge, sondern vielmehr das Wichtigste im Glauben selbst sei. „Nu ist droben gesagt, daß solch Zuversicht und Glaub bringt mit sich Lieb und Hoffnung; ja *wenn wirs recht ansehen*, so ist die Lieb das erst oder je zugleich mit dem Glauben. Denn ich mocht Gotte nit trauen, wenn ich nit gedächt, er wolle mir gunstig und hold sein, dadurch ich ihm wieder hold und bewegt werd, ihm herzlich zu trauen und alles Gutis zu ihm vorsehen."[132] Die christliche Gottesliebe lebt also nicht in der Betrachtung einer unwirksamen Schönheit. Sie entsteht in der Erfahrung, daß der lebendig

---

[129] E. A. 51, 290.

[129] E. A. 46, 243; vgl. dagegen 44, 73; 47, 23, wo er es gerade tadelt, daß auch Bernhard vor Gott in Christus geflohen sei und den menschlich zärtlichen Verkehr mit der Gottesmutter aufgesucht habe.

[129] Vgl. auch E. A. 43, 43.Wohltat [der Erlösung und Vergebung der Sünden durch Christi Blut und Tod]."

[130] E. A. 14, 172 f.; 16, 426.

[131] E. A. 17, 260.

[132] E. A. 16, 131. Dieselbe Zusammenfassung E. A. 5, 204: „Denn Christum kann niemand lieben, er glaube denn an ihn und tröste sich sein." „Also will der Herr von uns auch gehalten sein, daß wir *ihn lieben und unser Herz auf ihn setzen sollen.*" Dies ist auch von FRANK anerkannt; vgl. FRANZ HERMANN REINHOLD FRANK, System der christlichen Sittlichkeit, Bd. 1, Erlangen 1884, 232. Was soll es dann aber heißen, wenn er ebendas. S. 240

wirksame Gott, indem er uns seine Liebe erweist und verständlich macht, unser trotziges und verzagtes Herz in ein demütiges und getrostes umwandelt. Die Seligkeit, die aus dieser wahrhaftigen, weil geistigen, Berührung mit Gott erwächst, ist die Freude an Gott, in der wir ihn lieben. Diese |223| rechte Gottesliebe ist daher weit verschieden von der Zärtlichkeit, in der die natürliche Neigung zu fremder Eigentümlichkeit aufflammt. Aus dem Banne dieser natürlichen Liebe sollen wir die Freiheit der geistigen Persönlichkeit retten. Die Gottesliebe dagegen entsteht in dem Gefühl der Freiheit, zu der uns Gottes Tat befreit.

Damit scheint nun in Widerspruch zu stehen, daß Luther doch auch die Farben der natürlichen Liebe zum Bilde der christlichen Gottesliebe bisweilen verwendet. Wenn er damit zurückgesunken wäre in die Praxis der Papisten und Rottengeister, „mit ihren Gedanken und Träumen mit Gott zu handeln",[133] so wäre dieser Tribut an die Mächte der Vergangenheit auch bei ihm nichts Auffallendes. Sagt er doch von dem Propheten der katholischen Christusliebe: „Sankt Bernhard (welchen ich seher lieb habe, als der unter allen Skribenten Christum auf das Allerlieblichste prediget), folge ich in dem, wenn er Christum prediget, und in dem Glauben, darinnen Sankt Bernhardus gebetet hat, bete ich auch zu Christo."[134] Aber man kann eben nicht sagen, daß Luther sich durch diesen Mann, dem er in solcher Weise zugetan ist, für die Liebe zu Gott und Christus, die nur ein Mönch pflegen kann, hätte gewinnen lassen. Er hat an jener Stelle sogleich hinzugefügt, er folge dem ehrwürdigen Manne in alle den Stücken nicht, die den im weltlichen Berufe stehenden Christen als unvollkommen erscheinen lassen würden.[135] Aber vor allem hat Luther den Vergleich der Liebe zu Gott und Christus mit der Brautliebe so ausgeführt, daß man deutlich sieht, wie die Anregung durch die innige, aber weichliche Frömmigkeit Bernhards nur Luthers eigene Gedanken in Bewegung bringt, die er dem treuen Verständnis der Offenbarung entnimmt. |224|

---

berichtet, man habe uns „neuerdings" einreden wollen, daß die persönliche dankbare Christusliebe ein katholisches Residuum in der evangelischen Kirche sei? Es hat doch der unaussprechliche Gegner, welcher gemeint ist, wie auch FRANK weiß, die „persönliche dankbare Christusliebe", welche Freude an Christus und Vertrauen auf ihn bedeutet, nicht bekämpft, sondern nur diejenige, welche nach Luthers Ausdruck unter die Kategorie der puerilia et muliebria deliramenta fällt. Folglich tritt FRANK mit dieser namenlosen Polemik gegen RITSCHL von der Erkenntnis wieder zurück, die er S. 232 mittels einer Erinnerung an Luther erreicht hatte.

[133] E. A. 51, 290.
[134] E. A. 46, 243; vgl. dagegen 44, 73; 47, 23, wo er es gerade tadelt, daß auch Bernhard vor Gott in Christus geflohen sei und den menschlich zärtlichen Verkehr mit der Gottesmutter aufgesucht habe.
[135] Vgl. auch E. A. 43, 43.

Luther will von keiner anderen Kontemplation etwas wissen, als die jeder Christ zu üben schuldig ist. Der Glaube ist das rechte beschauliche Leben.[136] Er vergleicht zwar die Liebe des Glaubens zu Gott nicht nur mit der Liebe des Kindes zur Mutter, sondern auch mit der der Braut zum Bräutigam; aber das, worauf es ihm bei diesen Bildern ankommt, ist lediglich die Kraft der Liebe[137] und die Zuversicht, mit der sich der Gläubige an Christus wenden kann, als an den Erlöser, dessen Reichtum auch der seine ist.[138] Weil es sich bei der Liebe zu dem Bräutigam Christus um den Erwerb der Güter handelt, die Christus seiner Gemeinde verliehen hat, nicht aber um den Austausch sinnlicher Zärtlichkeit zwischen Christus und der einzelnen Seele, so nennt Luther *die christliche Gemeinde die Braut Christi*: „wir alle in diesem Glauben sind Eine Braut, Eine christliche Kirche dieses Bräutigams Jhesu Christi."[139] Die Brautliebe zu Christus, die Luther meint, ist nichts anderes als der Glaube, der sich ganz auf ihn verläßt und mit Freude auf das eingeht, was er will. „Er will haben, daß ich aus Grund des Herzens sage: Ich bin dein. *Diese Verbindung aber und Vermähelung geschieht durch den Glauben, daß ich mich frei auf ihn verlasse, er sei mein.*"[140] Eine noch so zarte Liebe zu Christus, die etwas anderes sein wollte, als die dankbare Zuversicht zu dem in dem Erlöser uns zugewendeten Gott (vgl. die oben angeführte Stelle 9, 38), würde Luther zu der von Menschen erfundenen Andacht rechnen, |225| die nach Fleisch riecht.[141] Er kennt eine Liebe zu Gott und Christus, die der durch Christus auf uns wirkende Gott in uns entzündet, indem er uns frei und selig macht. Gerade der Ernst dieser Erfahrung gibt ihm aber die Kraft, die kontemplative Liebe, die ein Werk des Menschen ist, zurückzuweisen mit den bittersten Worten: „Es ist eine lautere Heuchelei, wenn einer in einen Winkel kriechen will, und gedenken: Ei, ich will Gott lieben: Ei, wie lieb hab ich den Gott, er ist mein Vater! O wie günstig bin ich ihm und dergleichen mehr".[142] Wie bald unter den Epigonen Luthers

---

[136] E. A. 15, 187.
[137] Vgl. E. A. 15, 189 und 14, 15.
[138] Vgl. E. A. 15, 543.
[139] Ebendas. 547. Luther schließt auch diese Ausführungen über die Liebe zu dem Bräutigam Christus mit der charakteristischen Wendung: „In diesen zweien stehet das ganz christliche Leben. Gläube an Gott und Christum, seinen Sohn; hilf deinem Nähisten: das lehret das ganze Evangelion." Vgl. 46, 154; 50, 253; 35, 209.
[140] E. A. 14, 229; vgl. ALBRECHT RITSCHL, Geschichte des Pietismus. Bd. 2: Der Pietismus in der lutherischen Kirche des 17. und 18. Jahrhundert, Bonn 1884, 32; Bd. 3, Bonn 1886, 212.
[141] Vgl. E. A. 46, 247.
[142] 14, 172; vgl. 35, 334: „Es wird Niemands die Gottheit schmecken, denn wie sie will geschmecket sein, nämlich daß sie in der Menschheit Christi betrachtet werde; und wenn du nicht also die Gottheit findest, so wirst du nimmermehr Ruge haben. Darum laß sie immer anhin spekuliren und reden von der Beschaulichkeit, wie *Alles mit Gott buhle*, und

eine Richtung aufkam, die in dieser Beziehung den Reformator zu dürftig fand und sich an pseudoaugustinischen Schriften des Mittelalters sättigte, hat RITSCHL so nachgewiesen, daß seine Gegner wohl im ganzen darüber schelten, aber ihn im einzelnen nicht widerlegen werden.[143]

Es ist deutlich, daß Luther eine Verirrung kennt, die gerade den kräftigsten Ausdruck für die Regung des Glaubens, die Liebe zu Gott und Christus, dazu mißbraucht, um etwas gänzlich Nichtiges damit zu bezeichnen. Dieses gänzlich Nichtige ist das „beschauliche Leben", die kontemplative Liebe zu Gott und Christus, in der Luther die höchsten geistigen Genüsse des Mönchsleben kennen gelernt hatte. Es ist natürlich für einen phantasievollen Menschen nicht schwer, sich die Person Christi so zu vergegenwärtigen, daß das Bild eine Art von sinnlicher Deutlichkeit gewinnt. Dann ist der Boden für die kontemplative Liebe zu Christus geschaffen. Man glaubt, ihn selbst zu schauen, und fängt |226| infolgedessen an, mit ihm zu verkehren. Aber das, womit wir in solcher Weise verkehren, ist gar nicht er selbst, sondern ein Gebilde unserer eigenen Phantasie. Man wende nicht dagegen ein, daß doch die Phantasie von dem geleitet und befruchtet sei, was durch den geschichtlichen Christus der Seele gegeben ist. Das wird allerdings vielfach bei der Pflege der kontemplativen Liebe der Fall sein. Es ist sogar richtig, daß jeder Christ, der durch die erfahrene Liebe Gottes an Christus gebunden ist, ein solches Bild in sich entstehen sieht. Als ein Erzeugnis des durch Christus in ihm geschaffenen inneren Lebens ist ihm auch dieses Bild etwas Heiliges. Aber die Möglichkeit, mit Christus zu verkehren, verschafft es ihm nicht.

Denn *erstens* ist nicht in diesem Bilde Leben, sondern in dem geschichtlichen Christus. An ihm verspüren wir die Macht, die uns Gottes gewiß macht und sich selbst als Gottes Wirken auf uns bezeugt. Wenn nun auch infolge dieses Erlebnisses ein Bild von Christus in uns entsteht, so sollen wir es doch nicht von diesem seinem Grunde ablösen und ihm selbständige Erweisungen göttlichen Lebens zutrauen. Ein solches Vornehmen wäre nichts anderes als eine Flucht des Menschen vor Gott. Nicht das Erzeugnis unserer Phantasie, sondern das Bild Jesu, das er selbst in dem von ihm geschaffenen Glauben in der Überlieferung des Neuen Testaments ausgeprägt hat, hat Macht über uns. Aus ihm allein ergreift uns die Macht des Erlösers, so daß wir den Gott voll Liebe und Treue, der uns auf solche Weise in unserer irdischen Verlorenheit aufsucht, in ihm erkennen müssen. Freilich kann ich auch von meinem verstorbenen Vater sagen, daß Gott in dem, was er mir durch ihn erwiesen, mich gesucht und mich reich gesegnet hat. Aber sicherlich würde ich darin die Hand Gottes nicht gemerkt haben, wenn nicht auf dem Wege christlicher Erziehung

---

einen Vorschmack des ewigen Lebens gebe, und wie die geistlichen Seelen ein beschaulich Leben anfangen. Aber lerne du mir Gott nicht also kennen."

[143] Vgl. ALBRECHT RITSCHL, Geschichte des Pietismus, Bd. 2,1, IV. Buch, Bonn 1884, 3-93.

Gott in dem geschichtlichen Christus mir erschienen wäre und mich in meinem inneren Leben befreit hätte. Von diesem uns überlieferten Christus können wir sagen: in deinem Lichte sehen wir das Licht. Denn |227| seine Erscheinung ist für uns das Faktum, das uns diese Welt zu einer Welt Gottes macht. Das können wir von keiner anderen Erscheinung sagen. In ihm allein tritt uns der Gott entgegen, in dessen Erkenntnis wir erst die göttliche Bedeutung anderer Tatsachen für unser Leben sicher verstehen können.

Aber das alles erscheint nun doch denen, die den mönchischen Kultus des Phantasiebildes von Christus betreiben, als viel zu dürftig. Sie wollen, wie sie sagen, mit dem ihnen persönlich gegenwärtigen Christus ein persönliches Verhältnis haben. Deshalb wenden sie uns ein, der geschichtliche Christus sei durch viele Jahrhunderte von uns getrennt; nur seine Nachwirkungen berührten uns unmittelbar; für ihn hätten wir daher nur die kühle Dankbarkeit, die wir vergangener Menschengröße widmen. Darauf erwidern wir, daß das eben die Einrede des Unglaubens ist, dessen stumpfes Auge allerdings nur das natürlich Geschichtliche sieht, aber nicht den Gott, der uns eben darin gegenwärtig ergreift. In dem Moment, in welchem das Verständnis des geschichtlichen Christus uns den lebendigen Gott anschauen läßt, denken wir gewiß nicht daran, daß uns viele Jahrhunderte von dem irdischen Leben Christi trennen. Das ist die rechte Gegenwart Gottes im Herzen, wenn wir erfahren, wie seine Kundgebung an uns durch Christus uns die Welt und unsere Sünde unter die Füße bringt. Und das ist die Gegenwart Christi, die wir in dem rechten Verkehr mit Gott *erfahren* können, wenn uns seine geschichtliche Erscheinung als das Wichtigste in der Welt ans Herz dringt. Eine andere Gegenwart Gottes und Christi können wir Christen nicht *erfahren* und nicht erfahren wollen.

Man erinnert freilich an die Lieder von dem „süßen Jesus", die doch auf eine ganz andere Gegenwart Jesu und auf einen viel innigeren Verkehr mit ihm zu deuten scheinen. Nun, Luther hat auch davon geredet, was es heiße, „die Süßigkeit Gottes schmecken". Darunter versteht er aber nicht etwa einen absonderlichen Genuß, den wir noch neben der inneren |228| Erlösung, die uns das Verständnis der Offenbarung Gottes in unseren Nöten verschafft, erkämpfen müßten. Sondern er meint damit gerade dieses Erlebnis des kämpfenden Glaubens.[144] Gott wird ihm süß – das bedeutet für den Christen, daß er in dem Vertrauen auf ihn nichts mehr fürchtet, also durch ihn sich aller Not entnommen weiß.[145] In derselben Weise müssen wir dann auch das Reden von dem „süßen Jesus", wenn es bei Luther vorkommt, auslegen. Es ist damit die Freude an Christus dem *Erlöser* ausgedrückt. Es liegt dem die Erfahrung zu Grunde, daß die Erkenntnis dessen, was er in seiner wirklichen geschichtlichen Erscheinung für uns ist, uns zu neuen Menschen macht. Nicht aber kann

---

[144] Vgl. E. A. 14, 77–78.
[145] Vgl. ebendas. S. 85; vgl. 15, 107.

damit bei Luther ein zärtlicher Phantasieverkehr mit dem „Schönsten der Menschenkinder" gemeint sein. Wenn wir Gott oder Christus in unserer Phantasie aufsuchen, ziehen wir uns ja gerade aus der Wirklichkeit zurück, in welcher Gott mit uns zusammentreffen will. Diese Flucht vor dem lebendigen Gott hat Luther nicht als einen Gottesdienst gepriesen. Die Meinung, daß Luther solch ein persönliches Verhältnis zu dem erhöhten Christus gepflegt habe, ist irrig. Meines Wissens gibt es keinen Satz, wo Luther so etwas bekundete. Dagegen gibt es zahlreiche Ausführungen, wo Luther die Herrschaft des erhöhten Christus in den Seinen weit über alles Fühlen hinaushebt und als den Gegenstand eines Glaubensgedankens kennzeichnet.[146] |229|

Freilich kann man einwenden, das innere Leben des Menschen gehöre doch sicherlich auch zu der Wirklichkeit, die ihn etwas angeht; es sei sogar der wichtigste Bestandteil der Wirklichkeit. Mithin dürfe man auch ein Zusammentreffen der Seele mit Gott, das lediglich in ihrem inneren Leben stattfinde, als das wichtigste Erlebnis der Frömmigkeit in Anspruch nehmen. Aber unser inneres Leben besteht in der Verarbeitung und Verwertung unserer Beziehungen zu der wirklichen Welt, vor allem zu anderen Menschen und zu dem geschichtlichen Zusammenhange, aus welchem unsere Existenz hervortritt. Das Bewußtsein überhaupt ist nur wirklich als die ordnende Macht seiner Zustände. Demgemäß ist auch das innere Leben des persönlichen Geistes, das durch den Gedanken eines unbedingten Wertes begründet wird, nur wirklich

---

[146] Um eine kleine Auswahl zu bieten, mache ich auf einige Ausführungen über die folgenden Themata aufmerksam: Christum aufsuchen E. A. 48, 316, 321; 10, 189. Christum aufnehmen 7, 156–157; 12, 73–74; 15, 155; 16, 432. Christum anziehen 7, 39–42; 316; 50, 136. Christum haben 16, 494; 10, 256; 14, 335. Christi Leben in uns 8, 39; 11, 5; 16, 435. Das Wohnen Christi im Herzen 9, 272–74; 12, 162; 288; 313; 49, 313. Christi Herrschaft in uns 16, 470; 8, 193; 10, 12; 12, 179; 203; 15, 25–32; 188; 230; 22, 66; 18, 39; 11, 80; 12, 47; 16, 318; Eine Kuche mit Christus und Braut Christi 10, 145; 11, 204–206; 231; 14, 257; 15, 135–36; 155; 374; 490; 494; 543–44; 554. Gemeinschaft mit Christo 10, 256; 51, 361; 474. An diesen Ausführungen ist deutlich genug zu sehen, daß Luther sehr fern von demjenigen gewesen ist, was man in unserer Zeit als ein persönliches Verhältnis zu Christo zu preisen pflegt. Luther erkennt die christliche Gemeinde auch nur da an, „wo solche Leute sein, die es fur Wahrheit halten, daß Christus so nahe bei uns sei, daß er durch das Wort und die Sakrament mit uns rede und handele, ohne daß ichs nicht sehe, und doch das Geberde, das do gestift ist, sehe ich wohl" (E. A. 20, I, 510) Aber dies „für Wahrheit halten" folgt für ihn aus der Bedeutung, welche die im Glauben verstandene geschichtliche Erscheinung Jesu für ihn gewonnen hat. Alle jene Worte, mit denen Luther ausspricht, wie nahe Christus den Seinen ist, sollen nicht besagen, daß der Christ diese Nähe verspüre, wie die Nähe eines ihm sinnlich gegenwärtigen Menschen. Sie sind nicht der Ausdruck einer mit sinnlicher Evidenz sich aufdrängenden Erfahrung, sondern der Ausdruck eines Glaubensgedankens. Dieser Gedanke aber geht aus der Erfahrung hervor, die wir an dem geschichtlichen Christus machen.

in der geistigen Herrschaft über die durch die jedesmalige Weltstellung bedingte Situation. Darin müssen wir Gott finden; und wir Christen finden ihn zunächst in der Erscheinung Christi, und danach in allen Ereignissen, die zum Aufbau unseres inneren Lebens beitragen. Wer nach einem anderen inneren Leben verlangt, will sich aus der Wirklichkeit in das Reich seiner Einbildungen zurückziehen. |230| Für andere Fromme mag das gestattet sein. Dem Christen ist es verboten. Für ihn liegt in der wirklichen Welt die über sein Schicksal entscheidende Macht. Von den geschichtlichen Beziehungen zu Christus kann der Ungläubige geringschätzig reden; der Gläubige sieht darin die allmächtigen Arme, mit denen ihn Gott an sein Herz hebt. Der evangelische Christ, auch wenn er den Genüssen der kontemplativen Liebe zu Christus nachgeht, wird doch bei einigem Besinnen nicht leugnen wollen, daß er etwas unvergleichlich Höheres erlebt, wenn ihm der in der wirklichen Welt für ihn vorhandene Christus zu der rettenden Erscheinung Gottes wird, als wenn er in unbestimmten Gefühlen der Gottesnähe hängen bleibt, oder sich durch ein Phantasiebild von Christus erregt. Die lebenschaffende Kraft, deren wir täglich bedürfen, kommt nicht aus dem Gebilde unserer Phantasie, sondern sie dringt aus der Wirklichkeit an uns heran, in die uns Gott gestellt hat, die wir verstehen und beherzigen sollen.

Zweitens nimmt die kontemplative Liebe zu Christus, die Christus als den lebendig gegenwärtigen zu schauen meint, das vorweg, was der Christ von einer jenseitigen Vollendung erhofft. Der Christ lebt im Glauben und nicht im Schauen. In ihm kann das Verlangen mächtig werden, abzuscheiden und bei Christo zu sein. Er weiß also, daß er ihn jetzt noch nicht in anschaulicher Gegenwart hat. Das Bild, das wir uns jetzt von Christus machen können, trägt nur schwache Spuren der Herrlichkeit, die wir einst an ihm sehen werden. Wir hängen uns daher nicht an dieses Bild, sondern daran halten wir uns, daß der geschichtliche Christus die Kraft hat, uns die Seele frei zu machen, so daß wir Gottes inne werden können. Dieses Werk Christi an uns erfüllt uns mit dem Verlangen, daß wir Christus einmal näher kommen möchten. Wenn andere behaupten, daß sie schon gegenwärtig mit Christus verkehren und an dem Christus, den sie schauen, mit ihrer Liebe hangen, so haben wir davon den Eindruck, daß sie sich die christliche Zukunftshoffnung verderben. Was der Christ gegenwärtig schauen kann, führt immer über |231| sich hinaus. Nicht in einer Anschauung gipfelt das Glaubensleben der Christen, sondern in Gedanken, die in eine unermeßlich reiche Zukunft hinaus weisen.

Drittens verzichtet die kontemplative Liebe zu Christus darauf, das in ihm zu finden, wodurch allein er unser Erlöser ist, den Weg zum Vater. Gewiß können alle, die ihrem Bilde von Christus ihre Liebe zuwenden, daneben die richtige Stellung zu Christus finden. Aber in der Regung jener Liebe selbst lassen sie sich nicht von Christus leiten und erlösen. Diese Liebe zu Christus hat mit dem, was er selbst an uns wirken will, nichts zu schaffen. Anstatt durch ihn zu dem Gott erhoben zu werden, der uns demütigt, aber auch in dem Vertrauen auf seine Liebe frei macht, bleiben wir dabei in zärtlichen Gefühlen, die uns natürlich und leicht sind, an demjenigen hangen, was uns gegeben ist, um uns weiter zu führen. Ob wir dabei das Bild Jesu mit dem Prädikate der Gottheit schmücken, tut nichts zur Sache; denn sobald wir in ihm etwas anderes suchen als den Weg zu dem allmächtigen Willen der uns in unserem wirklichen Leben frei machenden Liebe, so verbleibt unsere Seele bei dem Menschlichen in Jesus und kommt nicht zu Gott. „Wiewohl Christus selbst Gott ist wahrlich, und genug ist, wer sein Zuversicht auf ihn setzet, *doch führet er uns immer zum Vater*; auf daß nicht jemand *an der Menschheit hangen bleibe*, wie die Jünger thäten vor seinem Leiden, und nicht zur Gottheit über die Menschheit gedenke. Denn wir müssen *Christum nach der Menschheit einen Weg, ein Zeichen, ein Werk Gottes sein lassen, durch welches wir zu Gott kommen.*"[147]

Aber trotzdem, glauben wir denn nicht, daß Christus lebt und herrscht? Wenn wir es aber glauben und Ernst machen mit diesem Glauben, müssen wir dann nicht annehmen, daß wir mit ihm verkehren können? Und wenn wir es können, |232| wer will dem Christen wehren, danach zu trachten? Wenn wir uns nun anschicken, dieser einfachen und höchst eindringlichen Erwägung zu folgen, so müssen wir erst recht darauf bedacht sein, daß wir Treue halten und auf der Bahn des Glaubens bleiben. Das darf uns nicht befangen machen, daß um uns her in der Kirche und zwar oft von Christen, denen wir herzliche Ehrfurcht zollen, gesagt wird, das sei das wichtigste, daß jeder ein persönliches Verhältnis zu dem lebendigen Heiland gewinne und mit ihm verkehre. Wenn wir ihnen ohne weiteres folgen wollten, würden wir der Menschen Knechte. Wir müssen vielmehr fragen, wie unser eigener Glaube darauf kommt, sich Jesus Christus als lebendig und gegenwärtig vorzustellen.

Unser Glaube ist die Gewißheit davon, daß in dem geschichtlichen Christus Gott uns berührt, und die innere Hingabe an den Gott, der sich so uns offenbart. Also die Regung dieses Glaubens hat für uns die Bedeutung, daß Gott mit uns verkehrt und wir mit ihm. Aber Gott ist uns nur deshalb gegenwärtig, weil wir in ihm den Vater Jesu Christi sehen. Sein Wesen wird uns undeutlich und seine Wirklichkeit ungewiß, sobald wir uns ohne Christus in der Welt zurechtfinden wollen. Der machtvolle Eindruck von dem auf uns wirkenden Gott bleibt uns nur dann, wenn wir von Christus ergriffen sind. Von einer unendlichen Macht können wir uns auch ohne Christus abhängig wissen. Aber ohne ihn würden wir uns nicht zu der Gewißheit erheben, daß in dieser Macht des Wirklichen der Wille Gottes lebt, der das schwächliche Verlangen des Menschen nach den Gütern des persönlichen Lebens stark macht und zu seinem Ziele führt. Dazu kommen wir nur, wenn wir in dem inneren Leben Jesu

---

[147] E. A. 7, 73.

der Macht begegnen, die uns innerlich überwindet, indem sie uns an allen unseren Göttern verzagen, aber ihr vertrauen läßt. Wir sehen uns vor Gott gestellt, weil wir uns das persönliche Leben Jesu nicht als der Vernichtung anheimgegeben denken können. Gott ist für uns der in der Macht des Wirklichen lebende Wille, der die Person Jesu und ihre Lebens-|233|hoffnungen mit der Liebe eines Vaters beschirmt. Ist aber die Vollendung Jesu das eigentliche Werk Gottes, so muß derselbe Glaube, dem Gott gegenwärtig ist, den Gedanken fassen, daß Jesus jetzt, befreit von den irdischen Schranken, lebt und vollendet ist. Er ist jetzt vollkommen das, was er sein wollte. Er wollte aber unser Erlöser sein durch die Macht seines persönlichen Lebens über das unsere. Darauf beruht es, daß der Christ in allem, was ihn diese Macht empfinden läßt, die Hand Christi sieht und davon überzeugt ist, daß der erhöhte Herr darum weiß, wie nahe oder wie fern wir ihm stehen.

Aber auch als der Erhöhte bleibt Christus unser Mittler. Deshalb muß auch der in Glauben begründete Gedanke, daß Christus jetzt lebt und herrscht, sich den Mitteln einordnen, durch die wir zu Gott geführt werden. Wem dieser Gedanke nicht dazu dient, der hat ihn sicherlich nicht als einen Gedanken seines eigenen Glaubens, sondern als etwas von anderen Entlehntes, womit er Mißbrauch treibt. Wenn sich dagegen unser Glaube an Gott als den Vater Jesu Christi darin vollendet, so wird unsere Zuversicht zu der Macht dessen gestärkt, was mit dem Leben Jesu in die Geschichte gekommen ist. Mit allem, was das persönliche Leben in uns zu unterdrücken sucht, steht diese Heilsmacht in beständigem Kampf. Über die Momente aber, in denen wir keine Erfolge dieses Kampfes sehen, trägt uns der Gedanke hinweg, daß der Herr, der überwunden hat, dennoch mit seiner menschlichen Teilnahme dabei ist. Hat einmal der Gedanke in uns Wurzel gefaßt, daß er unsere Sache zu der seinigen macht, und daß wir zu ihm gehören, wie die Glieder zum Haupt, so macht er der eigentlichen Macht der Erlösung, dem persönlichen Leben Jesu freie Bahn. Aber alles bleibt dem Ziel untergeordnet, daß wir dadurch zu Gott kommen, in dessen Nähe wir die Kraft empfangen, die Welt zu überwinden und im Ewigen zu leben. Mit ihm wollen wir verkehren. Das Mittel dazu ist, daß wir uns an den geschichtlichen Christus halten und der Zuversicht leben, daß der Erhöhte bei uns ist. |234|

Dazu kommt aber noch ein Zweites. Von einem Verkehr mit dem erhöhten Christus kann zwar keine Rede sein. Das ist auch im Neuen Testament, abgesehen von den Visionen, nicht der Fall. Mit Gott können wir verkehren, weil er in bestimmten Tatsachen, deren Inhalt die Macht hat, den Glauben in uns zu schaffen, uns berührt und uns sich offenbart. Gott ist uns offenbar, der erhöhte Christus ist uns verborgen. Es ist lediglich ein Glaubensgedanke, daß er mit seinem menschlichen Mitgefühl und seiner Macht sich an unserem Kämpfen und Überwinden beteiligt. Eine Tatsache, die diesen Glauben durch ihre zweifellose dem noch Ungläubigen sich aufdrängende Wirklichkeit erzeugen könnte, kennen wir nicht.[148] Es ist nicht wohlgetan, die Auferweckung uns heute Lebenden als eine solche Tatsache zu nennen. Denn sie ist uns von anderen berichtet. Es ist ebenso zwecklos, auf die Macht sich zu berufen, die der Geist Christi in der Geschichte erweist. Das ist für diesen Zweck ein trauriger Notbehelf. Denn die Wahrnehmungen an dem großen Gang der Weltgeschicke oder an dem Sterbelager eines Christen, die den *Gläubigen* erquicken, haben wahrlich nicht die Macht, dem Auge eines *Menschen* den erhöhten Christus zu enthüllen. Um hierin Erweisungen des erhöhten Christus sehen zu können, müssen wir schon den Glauben haben, in dem der Gedanke entsteht, daß Christus lebt und herrscht. Also nur in einem Gedanken des auf seiner Höhe stehenden Glaubens erfassen wir das Wirken des erhöhten Christus auf uns.

Anders stehen wir zu dem Gott, der sich uns durch den geschichtlichen Christus offenbart. Denn die Spuren des persönlichen Lebens Jesu in der Geschichte können als eine wirkliche Tatsache an den Menschen herantreten, bevor er glaubt, oder auch, nachdem die Kraft des Glaubens in ihm erloschen ist. Weil der unsichtbare Gott durch eine solche |235| Tatsache an den Menschen herankommt, um ihn seiner gewiß zu machen, deshalb können wir sagen, daß er mit uns verkehrt. Er reicht mit dieser seiner Offenbarungstat hinab in den Bereich unserer irdischen Erfahrung. Von dem erhöhten Christus können wir das nicht sagen. Deshalb darf auch der Gläubige die Schranken nicht überfliegen wollen, die ihm in der Zeit des kämpfenden Glaubens inmitten der irdischen Erfahrung gezogen sind. Er muß sich eingestehen, daß der erhöhte Christus ihm noch verborgen ist. Er kann zwar als einen Gedanken seines Glaubens aussprechen, daß Christus in ihm lebt. Aber falls er sich nicht wie Paulus auf Visionen berufen kann, darf er nicht sagen, daß er den Verkehr des erhöhten Christus mit ihm *erfahre.*[149]

Von dem regelmäßigen bewußten Leben in den Schranken der irdischen Erfahrung gilt auch für den Gläubigen: „sofern ich aber noch im Fleische lebe, lebe ich im *Glauben* an den Sohn Gottes." Aber gerade, wenn wir uns diese Schranke unserer jetzigen Erfahrung eingestehen, gewinnt unsere Zukunftshoffnung den Inhalt, der den irdischen Gütern die Herrschaft über unser Herz streitig machen kann. Das persönliche Leben Jesu hat so auf uns gewirkt, daß es uns in der Macht des Wirklichen die Liebe Gottes sehen läßt, die das, wovon wir gänzlich abzuhängen schienen, zu einem Mittel unseres ewigen Lebens macht. Haben wir aber das an Jesus erlebt, so erfüllt uns der Gedanke, daß er

---

[148] Vgl. HEINRICH HOFFMANN, Eins ist not. Ein dritter Jahrgang Predigten, meistens über freie Texte, Halle 1895, 153 f.

[149] Es ist eine von keinem namhaften Exegeten vertretene Behauptung, daß in den Worten Kol. 3, 3, „euer Leben ist verborgen mit Christus in Gott" von einem Verkehr mit dem erhöhten Herrn die Rede sei. Es ist damit der Gedanke des Glaubens ausgesprochen, daß das Leben des Christen infolge seiner Verbindung mit Christus seinen verborgenen Grund und die Anwartschaft auf zukünftige Herrlichkeit in Gott hat.

in Vollendung lebt und herrscht, mit der Sehnsucht, daß wir ihn einmal anders sehen möchten als in dem Spiegel der Geschichte und anders als mit den Augen des aus dem Irdischen sich emporringenden Geistes. Das ist der Inhalt der christlichen Zukunftshoff-|236|nung, den der Mensch schon jetzt verstehen kann. Wenn wir erfahren haben, wie es uns befreit, wenn uns die Züge der Person Jesu als etwas göttlich Wunderbares klar werden, so kann die Aussicht, daß wir diese Macht einmal in ungehemmtem und unmittelbarem Verkehr von Person zu Person erfahren sollen, uns der Befangenheit durch irdische Nöte und Genüsse entreißen. Ob der Christ, wie in der urchristlichen Gemeinde, auf die Wiederkunft des Herrn wartet oder sich darauf freut, zu ihm hinaufgenommen zu werden, wie es bei uns sein wird, ist gleichgültig. Aber jeder Christ hat diese anschauliche Fülle der Zukunftshoffnung für sein inneres Leben nötig. In diesem jenseitigen, aber uns verständlichen und unser Herz packenden Gute liegt eine Macht, deren wir inmitten der Irrungen und Trübungen des irdischen Christenlebens nicht entbehren können. Was uns Gott in Christus schenkt, soll uns so befriedigen, und froh machen, daß wir die Angst um unser Leben los werden und deshalb in wahrer Gerechtigkeit leben lernen. Dazu gehört aber auch, daß dem Glauben der Ausblick auf das jenseitige Gut der persönlichen Gemeinschaft mit Jesus gewährt ist. Wenn der Christ so erlebt, wie das Verlangen nach dem erhöhten Herrn uns emporzieht, und wie die Zuversicht auf die jenseitige Gemeinschaft mit ihm uns entlastet, aber auch verpflichtet, so versteht er, daß Christus um unserer Rechtfertigung willen auferweckt ist.

Dies ist das Verhältnis zu dem erhöhten Christus, in das wir wirklich durch unseren Glauben eingeführt werden. Wir haben es im Glauben, aber nicht in der Erfahrung. Die befreiende Kraft des aus dem Glauben erwachsenden Gedankens, daß wir in solcher Weise mit Christus verbunden sind, gewinnen wir nicht, wenn wir den Gedanken lediglich aus einigen Schriftstellen aufnehmen und wenn wir dann gar darauf ausgehen, seinen Inhalt zu einem Gegenstand der Erfahrung zu machen und das, was jetzt nur ein Glauben sein kann, in ein Fühlen umzuwandeln. Zu beiden aber wird in der herrschenden Theologie unserer Zeit die Anleitung gegeben. Die meisten |237| bringen es infolgedessen doch nur dazu, die Worte eines Kultus zu gebrauchen, zu dem ihre Phantasie nicht ausreicht. Aber etwas anderes wird mit erschreckender Sicherheit erreicht. Die Wahrhaftigkeit wird abgestumpft, und die Leute lernen vergessen, daß es das Wichtigste und das Schwerste ist, des Verkehrs mit dem lebendigen Gott gewiß zu werden.

Auf der anderen Seite ist es auch verderblich, in der Theologie genauere Bestimmungen über das Leben des erhöhten Christus zu erstreben, durch die der sinnlichen Derbheit der Vorstellung gesteuert werden soll. Auch wenn das noch so zart geschieht,[150] so werden wir doch dadurch von der Hauptsache abgelenkt, daß wir die möglichst anschauliche Vorstellung des persönlichen Lebens festhalten sollen, das wir an dem geschichtlichen Christus als die uns erlösende Macht kennen gelernt haben. Es kommt nicht darauf an, daß wir das Unfaßliche, wie Jesus als der Erhöhte allmächtig herrsche, mit negativen Sätzen umgeben, sondern darauf, daß die Anschauung seiner Person uns zu Gott erhebt. cfr. Col. 1, 15.

Alle die besprochenen Formen der Frömmigkeit erhalten einen christlichen Sinn erst dadurch, daß sie auf eine Betätigung des Glaubens hinaus geführt werden, den Gott durch seine Offenbarung in uns weckt, damit wir in diesem Glauben neue Menschen seien. Damit wird von verschiedenen Seiten her klar gemacht, daß wir nicht in demjenigen, was wir selbst beginnen können, mit Gott verkehren, sondern in dem Empfangen und Genießen dessen, was Gott uns gibt. Er zieht uns eben dadurch zu sich heran, daß er uns zu Herren über die Dinge macht, die uns ohne seine Hilfe niederdrücken und unselig machen. Indem er uns in seiner Offenbarung, d. h. in seiner Zuwendung zu uns verständlich wird, entnehmen wir von ihm die Kraft zu einem solchen Verhalten. Wie dieses Empfangen in unserer bewußten Zuwendung zu Gott, in dem Verstehen seiner Kundgebung stattfindet, so verbleiben wir |238| in der Gemeinschaft mit Gott, indem wir die empfangene Gabe gebrauchen. Das Empfangen, um das es sich hier handelt, ist von dem Gebrauch des Empfangenen gar nicht zu trennen. Wäre die göttliche Gabe eine uns unbekannte Kraft, die mit verborgener Naturgewalt auf uns einwirkte, so wäre erstens das Empfangen derselben sicherlich kein Verkehr mit Gott. Von jenem Widerfahrnis, das uns etwas Unfaßbares erleiden lassen soll, müßten wir vielmehr den Verkehr mit Gott, an dem wir mit unserem eigenen persönlichen Willen beteiligt wären, unterscheiden. Zweitens aber wäre auch der Gebrauch einer solchen Gabe sicherlich etwas anderes als ihr Empfang. Indem wir dagegen durch das Verständnis der Offenbarungstat Gottes in die rechte innere Abhängigkeit von Gott kommen, so empfangen wir damit eine Gabe, die wir nur besitzen, indem wir sie gebrauchen. Denn so zu Gott gestellt werden, das bedeutet die Klärung und Befreiung des inneren Lebens, den neuen Sinn und Mut, den Luther Glauben nennt. Diese Gabe aber, der Glaube, ist immer Leben und Tat dessen, der sie empfängt. Wir können uns in der inneren Verfassung des von Gott erweckten Glaubens nicht befinden, ohne die geistige Tätigkeit auszuüben, in der wir uns die Klarheit darüber erkämpfen, daß in der Gestaltung unserer gegenwärtigen Situation die Liebe Gottes uns emporheben will. Eine Grenze zwischen dem Empfang der göttlichen Gabe und dem Gebrauch derselben ist hierbei offenbar nicht zu ziehen. Der Glaube ist doch nur dann unser Eigentum, wenn

---

[150] Vgl. besonders ALEXANDER SCHWEIZER, Die christliche Glaubenslehre, 2. Aufl. Leipzig 1877. 2, 226.

er sich auf unsere eigene Wirklichkeit erstreckt. Indem er aber diesen Inhalt gewinnt, sind wir auch in der Ausübung des Glaubens begriffen. Wenn wir nur umso intensiver mit Gott verkehren, je reicher wir durch ihn gemacht werden, oder je mehr wir von ihm empfangen, so erhellt, daß die Anwendung unseres Glaubens auf alle Beziehungen unseres Lebens, je kräftiger sie uns in die Welt unseres Wirkens stellt, desto mehr uns auch mit Gott zusammenführt. Wir werden ihm nicht ferne gerückt, wenn wir uns im Vertrauen auf seine väterliche Vorsehung in der Welt zurechtfinden, |239| sondern gerade dabei treten wir vor sein Angesicht. Wir verzichten nicht auf die Freude des Verkehrs mit Gott, wenn wir die Sorgen, die uns beschieden sind, als das von ihm auferlegte Kreuz geduldig auf uns nehmen; sondern gerade darin werden wir vor ihn als den Grund eines Friedens geführt, der über allen Sinnen schwebt. Daß wir, um mit Gott zu verkehren, der Welt entrückte Gespenster werden müßten, ist eine nur zu natürliche menschliche Einbildung. Gottes Weg, der uns zu ihm führt, führt uns dagegen in die Wirklichkeit, in der er uns für sich geschaffen hat und in der er uns zu freien und seligen Menschen machen will.

Wenn aber die Freude an der Gabe Gottes und die dankbare Betätigung der uns dadurch verschafften inneren Freiheit uns mit Gott zusammenführt, so liegt auch die sittliche Tätigkeit des Christen innerhalb seines Verkehrs mit Gott. Sie ist für den Christen nicht ein Dienst, zu dem ihn Gott von sich fortschickt, sondern sie ist ihm ein Gottesdienst. Diesen von Luther unermüdlich bezeugten Charakter der christlichen Sittlichkeit haben wir uns klar zu machen. Schon oben (S. 163–165 [Originalpaginierung]) haben wir gesehen, warum der Christ nur in dem Wollen des Guten mit Gott verkehren kann. Er muß in dem Ewigen leben wollen, sonst ist seine Zuwendung zu dem Gott, der den Menschen zu ewigem Leben bringen will, ohne innere Wahrheit. Ebenso aber haben wir dort daran erinnert, daß das Wollen des Guten an sich noch nicht als Verkehr mit Gott gedacht werden kann. Wenn nun das tätige Eintreten des Christen für die sittlichen Aufgaben ihn doch nur in die innere Verfassung versetzt, in der er Gott finden kann, so scheint diese Tätigkeit, zumal sie notwendig in der Richtung auf die Welt erfolgt, nicht selbst Verkehr mit Gott sein zu können, also diesen Verkehr zu unterbrechen. Die christliche Sittlichkeit scheint dann also ein besonderes Lebensgebiet neben der christlichen Frömmigkeit zu sein. Es kommt dazu, daß der Christ im Verkehr mit Gott seine Abhängigkeit von Gott erlebt, während ihn die Vergegenwärtigung der sittlichen Aufgabe zum Bewußtsein seiner Frei-|240|heit bringt. Trotzdem muß uns vor einer solchen Scheidung die Erinnerung daran bewahren, daß wir nur dann in innerer Unterwerfung mit Gott verbunden sind, wenn sein Wille in unserem Wollen lebt. Denn dann kann der Mensch die väterliche Herrschaft Gottes oder den Verkehr mit Gott nur in der inneren Haltung erleben, in der er auf die Erfüllung des Gebotes der Nächstenliebe gerichtet ist. In einer solchen Haltung muß der Eindruck überwunden sein, daß in ihr die Last des Gesetzes getragen werde. Sie muß vielmehr als ein das Herz erfreuendes Empfangen von Gott erlebt werden. Aus der Predigt Jesu vom Reiche Gottes ergeben sich notwendig die Sätze des ersten Johannesbriefes, daß, wer rechte Liebe hat, eben darin in einem Verkehr mit Gott steht, Gott erkennt, und in ihm verbleibt. Aber diesen Zeugnissen für die Einheit des Christenlebens folgen wir nur damit, daß wir sie in ihrer Wahrheit zu verstehen suchen. Ein solches Verständnis dieser Wahrheit, das ihn zu einer klaren theologischen Formulierung befähigt hätte, hat nun Luther, so oft auch sein Nachdenken darauf zurückgekommen ist, niemals erreicht.[151] Dennoch liegt eine Reihe kraftvoller Gedanken Luthers vor, die uns auf den richtigen Weg zur Lösung der Aufgabe bringen können.

Schon in der Schrift von der Freiheit eines Christenmenschen sind die Ausführungen des zweiten Teils über die sittliche Tätigkeit des Christen bei weitem weniger klar und sicher als die großartige Schilderung der Güter des Glaubens im ersten Teile. Anfänglich wird sogar die Notwendigkeit der guten Werke für den Christen aus seiner irdischen Mangelhaftigkeit abgeleitet.[152] Aber am meisten verweilt Luther auch |241| hier, wie später immer wieder, bei dem Gedanken, daß die guten Werke die Früchte des Glaubens seien.[153] Hiermit läßt sich nun in der Tat die Frage, welche Bedeutung die sittliche Tätigkeit des Christen für seinen Glauben oder für seinen Verkehr mit Gott habe, befriedigend beantworten. Nur muß man dabei über die merkwürdige Einseitigkeit hinwegkommen, in der Luther bei der Ausführung jenes Gedankens befangen bleibt.

Wenn vollkommenes sittliches Handeln, das wirkliche Wollen des Guten, eine Frucht des Glaubens ist, so muß der Glaube dem Menschen die Kraft verleihen, sich der sittlichen Forderung freudig zu unterwerfen. Hierüber hat Luther volle Klarheit gehabt. Er behauptet nicht nur, daß rechte Liebe dem natürlichen Menschen unmöglich sei,[154] sondern er weiß auch zu sagen, was den Menschen von dem sittlich Guten scheidet. „Nu ist dieß die Summe von dem Gesetz: Du sollst freundlich, süße und gütig sein von Herzen, Worten und Werken, und wenn man dir schon dein Leben nähme, so leide es dennoch mit

---

[151] Luther hat dies selbst mehrfach ausgesprochen; vgl. E. A. 15, 392; 417–19; 49, 327; 13, 198; 18, 58–61.

[152] Vgl. opp. var. arg. IV, 235: „Si fides omnia facit, et sola ad iustitiam satis est, cur ergo praecepta sunt bona opera? Otiabimur ergo et nihil operabimur fide contenti?" Respondeo: „Vere quidem sic se haberet res ista, si penitus et perfecte interni et spirituales essemus, quod non fiet nisi in novissimo die; donec in corpore vivimus, non nisi incipimus et proficimus, quod in futura vita perficietur. Ad hanc partem pertinet, […] Christianum esse omnium servum et omnibus subjectum."

[153] Ebendas. 241–43.

[154] Vgl. E. A. 13, 176; 46, 262.

Güte, und danke deinem Herrn."[155] Dieses Gesetz aber erfüllt der Mensch nur dann, wenn er das Werk tut um der Lust willen, die er im Werke hat.[156] Sonst ist sein Herz nicht dabei. Das Gesetz aber will das Herz haben und wo es nicht von Herzen geschieht, da gilt es vor Gott nicht[157]. Frei soll das Gesetz erfüllt werden; frei aber bedeutet hier: „ohn alles Fürnehmen, etwas dadurch zu erlangen."[158] Nur die Verwirklichung des Guten selbst, die Erweisung von Liebe, soll gewollt werden. Wer die guten Werke zu seinem eigenen Nutzen wendet, der tut schon kein gutes |242| Werk.[159] Damit ist klar herausgestellt, daß das Gesetz von dem Menschen das Unmögliche verlangt. Denn wie sehr der Mensch auch anerkennen mag, daß das sittliche Gebot ein Recht auf rücksichtslose Befolgung hat, in seinem geheimsten Begehren folgt er doch seinem Lebenstriebe, der ihn zwingt, auf die Umstände Rücksicht zu nehmen und Nutzen und Schaden seines Verhaltens zu berechnen. Indem er aber die Befriedigung seines Lebenstriebes der Welt, an die er in Furcht und Verlangen gebunden ist, abzugewinnen sucht, wird ihm die Liebe, die „frei umsonst" erwiesen werden soll, zu einer unverständlichen Aufgabe. Was der Mensch unter diesen Umständen aus dem Gebot der Liebe macht, das liegt in dem Streben vor, sich die Liebe Gottes durch die Erfüllung seiner Gebote zu erkaufen. Die sittliche Verderbnis dieses Strebens deckt Luther schonungslos auf. Eine Gesetzeserfüllung, die in diesem Sinne erfolgt, ist die reine Heuchelei. Mit den guten Werken, die als ein Gott geleisteter Dienst unsere Seligkeit begründen sollen, wenden wir uns vom Guten ab und machen uns unselig. „Findestu an dir ein Werk [...], davon du meinest, du dürfest sein zur Seligkeit, da tritt mit Füßen auf, da segne dich fur als fur allen Teufeln, und ruge nit, bis daß du aus solchem Wesen und Werk kommst, und strebe danach, daß dein Leben ja nit dir, sondern allein deinem Nächsten not, nutz und dienlich sei. *Vermaledeiet sei, der ihm selb lebet und wirket*, so Christus selb nit hat wöllen seinen Willen thun, noch ihm selb leben."[160]

Was befreit aber den Menschen von dem Banne des Naturtriebes, der ihn zwingt, für sich selbst zu leben? Gäbe es nicht eine solche Befreiung, so könnte der Mensch zwar das sittlich Notwendige erkennen, aber er würde es nur als eine Macht, die ihn von sich stößt, kennen lernen. Über dieses Los ist aber nach Luthers Meinung der Mensch erhoben, der Jesum Christum gefunden und ihn als Gottes Kundgebung |243| an die sittlich ohnmächtige Kreatur verstanden hat. Denn die Erlösung, die aus solchem Verständnis Christi folgt, vermag auch den natürlichen Widerstand gegen das Gute zu beseitigen. Daß

---

[155] E. A. 13, 177.
[156] E. A. 10, 94; 12, 285.
[157] E. A. 14, 174.
[158] E. A. 12, 348.
[159] E. A. 7, 176; 295–96.
[160] E. A. 14, 59.

der Mensch zu reiner Liebe erlöst werden müsse durch die Gnade Gottes, dieser Gedanke war, wenn auch verkümmert, ein Bestandteil der kirchlichen Überlieferung, in der Luther aufgewachsen war. Aber bisher war diese Behauptung nur durch Untersuchungen darüber ergänzt worden, wie sich die erneuernde Gnade zu dem freien Willen des Menschen verhalte. Die Einsicht, daß solche Untersuchungen notwendig ergebnislos sein müssen, war damals noch nicht vorhanden. Auch Luther hat sie nicht besessen; vor der Beschäftigung mit dem notwendig Unfruchtbaren schützte ihn einfach die Tatsache, daß er ein offenes Auge für die wirklichen Nöte eines ernsten Menschen hatte und die Mächte klar erkannte, die hierin Befreiung schaffen. Er hatte keine Zeit für die einfältige Frage, wie unbeschadet der Freiheit des menschlichen Willens die Erneuerung durch die Gnade möglich sei, weil er zeigen konnte und mußte, wie diese Erneuerung tatsächlich geschehe. Den Anfang zu diesem Nachweise hat er gemacht und hat damit den Weg beschritten, auf dem es für die evangelische Theologie wirkliche Erkenntnisse gibt, deren Erwerb freilich schwerer ist, als das ziellose Hin- und Herreden über jenes scholastische Problem.

Wenn nämlich der Trieb, in dem der Mensch die Befriedigung seines Lebensbedürfnisses sucht, es ihm unmöglich macht, sich der sittlichen Forderung aufrichtig zu unterwerfen, und wenn zugleich die jugendliche Phrase der Mystik von der Ausrottung dieses Triebes in ihrer Unwahrheit erkannt ist, so kann die sittliche Befreiung nur darin gesucht werden, daß das menschliche Individuum in seinem Verlangen nach Leben vollkommen befriedigt wird. Wenn man das Gute nur dann tut, wenn man es „ohn Furcht der Straf und ohn Gesuch des Lohns"[161] tut, so muß der sittlich freie Mensch |244| innerlich so gestellt sein, daß er über Furcht und Verlangen hinauskommen kann. Dazu gehört vor allem, daß er sich vor der Welt nicht fürchtet[162] und an der Welt nicht hängt.[163] Denn so lange wir in dieser Gebundenheit verbleiben, suchen wir notwendig unser Eigenes. Reich und kräftig müssen wir also werden, um den Nächsten lieben zu können.[164] Aber nur ein stilles und friedliches Herz hat die rechte Kraft zu wirken.[165] Ist es möglich, daß ein Mensch fröhlich in Gott und satt in seiner Gnade wird,[166] so empfängt er den inneren Reichtum, aus dem heraus er frei für andere leben kann. „Du mußt den Himmel haben und schon selig sein, ehe du gute Werk thust".[167]

---

[161] E. A. 10, 96.
[162] E. A. 16, 216.
[163] Vgl. E. A. 8, 266 und 47, 24.
[164] Vgl. E. A. 11, 181.
[165] E. A. 9, 72–73.
[166] E. A. 7, 169.
[167] E. A. 7, 174.

Die wirklich guten Werke geschehen „frei umbsonst, als von denen, [...] die schon die Seligkeit und das Erbe Gottes durch den Glauben haben."[168] Ein solches Gefühl vollkommener innerer Befriedigung ist nun für den Christen möglich, sofern er versteht, daß Gott sich in Christus an ihn wendet. Der Moment, in dem wir auf solche Weise in den Verkehr mit Gott eintreten, verschafft uns die innere Freiheit, in der wir für uns nichts weiter begehren, als das, was wir empfangen haben.[169] Darin erweist sich der christliche Glaube als die Kraft zu sittlichem Handeln. Er ist als wahrhaftiger Verkehr mit Gott mit einer Lebensfreude verbunden, in der wir uns als Erlöste fühlen können. Denn wir haben in ihr einen Bereich des Friedens, zu dem wir uns aus |245| aller Unruhe flüchten können. Wir betreten ihn jedesmal, wenn an unserer augenblicklichen Situation uns auch die Tatsache bemerklich wird und zu Herzen dringt, daß Christus für uns vorhanden ist. Denn wir verstehen es, daß uns in dieser Tatsache die Macht über alle Dinge segnend berührt. Unter einer solchen Berührung aber vergeht der Bann der Welt, gegen den der natürliche Mensch sich vergeblich auflehnt, der Zwang, ihre Gaben als die ausschließlichen Mittel zum Leben in Betracht zu ziehen. Das ist die Erlösung, daß Christus eine Lebensfreude in uns schafft, deren Glanz auch aus dem kummervollen Auge hervorbricht und der Welt von einer ihr unbegreiflichen Kraft Kunde gibt. Die erlösende Macht aber ist die Tatsache, daß es in unserer Welt einen Menschen gibt, dessen Erscheinung uns in jedem Augenblick zu dem gewaltigen Gotteswort werden kann, das uns unseren Nöten entreißt, und in dem Gefühl, daß Gott uns für sich haben will, uns gegen die Welt und gegen unseren eigenen Naturtrieb freistellt. In dem Menschen, der in solcher Weise reich und stark gemacht wird, kann an die Stelle der „geschöpften Liebe", die an dem liebenswürdigen Reiz der Dinge haftet, die „quellende Liebe" treten, die aus ihrem inneren Reichtum dem Bedürftigen und Unliebenswürdigen mitteilt.[170] Die Erlösung im christlichen Glauben kann den Menschen dazu bringen, daß er anhebt „zu börnen in göttlicher Liebe".[171] Es ist nicht zu viel gesagt, wenn die Augustana (Art. 20, 36)[172] gegenüber dem Vorwurf, daß die Evangelischen die guten Werke hinderten, von der evangelischen Lehre rühmt, sie zeige im Gegenteil, wie wir gute Werke tun können. Denn die sittliche Forderung der Liebe können wir nur in dem Momente der religiösen Erhebung erfüllen, also in der Regung des Glaubens. Der nicht unrichtige, aber

---

[168] E. A. 10, 213.
[169] Vgl. E. A. 15, 42–43: „Wenn du weißt, wie du durch Christum einen gnädigen gütigen Gott hast, der dir deine Sünde will vergeben, und derselbigen nimmermehr gedenken, und bist nu ein Kind der ewigen Seligkeit, ein Herr über Himmel und Erden mit Christo; so hastu nichts mehr zu thun, denn daß du zufahrest und dienst deinem Nächsten."
[170] E. A. 18, 282–86.
[171] E. A. 11, 339.
[172] [BSLK 81, 8-12].

zu unbestimmte Satz der alten Kirche, daß die Gnade Gottes den Menschen erneuere, indem sie ihn mit |246| göttlichen Kräften erfülle, wird jetzt durch den vollen Ausdruck der wirklichen Erfahrung des Christen ersetzt: „Die göttliche Geburt ist nu nichts anders, denn der Glaube."[173]
Also, daß und wie der Glaube die Kraft zu sittlichem Wollen gewähre, vermag uns Luther zu zeigen. Damit ist aber der volle Inhalt des Gedankens, daß das gute Werk die Frucht des Glaubens sei, noch nicht dargelegt. Denn wenn dieser Gedanke recht hat, so muß in dem christlichen Glauben nicht *nur die Kraft zum sittlichen Wollen liegen, sondern auch der Antrieb dazu.* Das eigene Interesse des Glaubens muß sich in der sittlichen Tätigkeit befriedigen. Sonst wäre das gute Werk nicht die Frucht, in der die eigenen Triebe des Glaubens zu ihrem Ziel kommen. Das Interesse des Glaubens aber ist in den Worten ausgesprochen: wenn ich nur dich habe, so frage ich nichts nach Himmel und Erde; es geht einzig auf den Verkehr mit Gott. Ließe sich also nicht erweisen, daß dieses Verlangen, wenn wir es richtig verstehen, uns zu sittlicher Arbeit treibt, so wäre auch zuzugeben, daß die sittliche Tätigkeit des Christen seinen Verkehr mit Gott unterbreche, eben weil sie nicht als eine Regung des Glaubens entstände.

Hat Luther auch einen solchen *Antrieb zum sittlichen Tun deutlich gemacht*? Am häufigsten führt Luther die Freude, die der Gläubige an der Erfüllung der göttlichen Gebote hat, auf die Dankbarkeit gegen Gott und Christus zurück. Das kann so gedeutet werden, als ginge der Inhalt seiner Gebote an sich den Glauben nichts an, sondern nur die Tatsache, daß dieser Inhalt von Gott vorgeschrieben ist. In dieser verkehrten Vorstellung hat sich aber Luther nicht festgesetzt. Denn dann erschiene das gute Werk, das an sich dem Christen fremd wäre, als eine Gott erwiesene Vergeltung. Aber gerade davor warnt Luther. Wir sollen nicht dieses oder jenes Werk tun, um Gott für seine |247| Liebe zu vergelten, „sondern allein an Christum glauben, daß man trete aus dem verlorenen Wesen."[174] Gott will für sich nichts weiter, als daß wir ihm vertrauen und annehmen, was er gibt.[175] „Gotte [und den verstorben Heiligen] darfestu kein Gutes thun, sondern nur Gutes holen."[176] Trotzdem sagt er auch, der Dank sei das Opfer und einige Werk, das wir gegen Gott tun sollen und können.[177] Es kommt eben darauf an, den Dank richtig zu verstehen. Die soeben dargelegten Gedanken Luthers führen auf diese Forderung. Aber in dieser Beziehung hat nun Luther, soviel ich weiß, nicht das Nötige getan. Ich

---

[173] E. A. 10, 216; 7, 178; 47, 375.
[174] E. A. 47, 19.
[175] E. A. 10, 108; 13, 205; 18, 20; 19, 12; 51, 362; 52, 307.
[176] E. A. 10, 25.
[177] E. A. 8, 90.

kenne keine Ausführung bei Luther, in der er das Dankesmotiv gegen die Auffassung schützte, es bedeute das Verlangen, Gott eine Vergeltung darzubringen, ihm Gutes zu tun. Daß das in der späteren evangelischen Ethik bei der regelmäßigen Verwendung des Dankesmotivs geschehen sei, wird man auch nicht sagen können. Wir danken aber Gott nur dann recht, wenn wir durch das, was er uns in Christus darreicht, uns mit ihm verbinden lassen. In der freudigen Zuwendung zu Gott besteht der rechte Dank. Auch menschlichen Personen danken wir noch nicht damit, daß wir ihnen die Wohltat zu vergelten suchen. Eine solche Vergeltung kann immer den Sinn haben, daß wir uns mit ihnen abfinden, also von ihnen loskommen wollen. Wir sind nur dann darauf aus, ihnen zu danken, wenn wir anfangen, für das zu erglühen, was ihre Liebe suchte, für persönliche Gemeinschaft mit ihnen selbst. Wir erweisen ihnen nur dann wirklich Dank, wenn wir es uns Anstrengungen und Opfer kosten lassen, mit ihnen in innere Gemeinschaft zu kommen.

In der Form eines solchen Dankes muß daher auch die sittliche Arbeit des Christen von statten gehen. Der Christ muß in ihr Gott selbst suchen, in den liebevollen Verkehr mit dem Nächsten muß er sich in der Meinung begeben, daß er |248| Gott dabei näher komme. Dann allein hat es einen Sinn, sein Tun Dank gegen Gott zu nennen. Zugleich aber ist klar, daß eine so entstehende sittliche Tätigkeit wirklich Frucht des Glaubens ist. Sie geht aus dem eigenen Triebe des Glaubens hervor und hat ihre Stelle in dem Leben der Religion selbst oder in dem Verkehr des Christen mit Gott. Für das evangelische Christentum ist es aber eine Lebensfrage, ob es wirklich so bei dem sittlichen Tun des Christen zugeht. Denn der evangelische Grundsatz lautet dahin, daß der Glaube selbst, dieses neue Verhältnis des Menschen zu Gott, die Erlösung bedeutet. Diese Behauptung läßt sich offenbar nur halten, wenn die sittliche Kraft und Freiheit, zu der wir erlöst werden sollen, aus dem Glauben erwächst oder als die Fortsetzung des religiösen Erlebnisses zu verstehen ist. Geht das nicht an, so darf man auch nicht sagen, es sei das die Erlösung, wenn Gott durch seine Offenbarung den Sünder dazu bringt, an sich selbst zu verzagen und ihm zu vertrauen. Wenn solcher Glaube uns wirklich zu neuen Wesen machen soll, aus in der Welt verlorenen zu erlösten Menschen, so müssen die eigenen Triebe des Glaubens sich in einem Wollen vollenden, in welchem die alte Ohnmacht gegenüber der Welt und dem Gesetz überwunden ist. Das religiöse Erlebnis muß in dem sittlichen Wollen seine eigene Vollendung erreichen. Einen solchen Zusammenhang zwischen Religion und Sittlichkeit hat das evangelische Christentum wenigstens behauptet, indem es das sittliche Verhalten des Christen den Dank für die erfahrene Gnade nannte. Ohne diesen Gedanken müßte man sich die Erlösung wieder so vorstellen, wie es die römische Kirche tut. Die beiden Gedanken, die dort nebeneinander herlaufen, stellen sich dann unvermeidlich ein. Erstens wird die göttliche Macht, die dem

Christen ein weiches Herz und einen starken Willen gibt, nicht in dem religiösen Erlebnis gesucht, in dem wir von Gottes Wirken an uns überzeugt würden, sondern in unnennbaren Kräften, die gegenüber dem inneren Leben des durch Gottes Offenbarung befreiten Geistes etwas Äußeres |249| bleiben. Die Erlösung ist dann ein magischer Vorgang, aber nicht der neue Sinn und Mut, der in dem Christen anfängt, wenn er in Christus mit Gott zusammentrifft. Zweitens kommt man, wenn man das sittliche Wollen nicht als eine Äußerung des religiösen Verlangens verstehen kann, im Christentum immer auf die Vorstellung, daß der Mensch, nachdem er die Hilfe der Gnade Gottes erfahren hat, nunmehr aus sich heraus, als ein gegen Gott selbständiges Wesen das Gute vollbringe. Gegen jene magische und diese synergistische Vorstellung hat das evangelische Christentum einen Schutz gefunden, indem es in dem Verlangen des Glaubens, Gott zu danken, die Erfüllung des Gesetzes erkannte, den Willen, der das Wunder vollbringt, sich selbst zu verleugnen.

Aber hier liegt nun noch eine Aufgabe, in deren Verfolgung die evangelische Theologie vielleicht durch den mächtigen Eindruck der Persönlichkeit Luthers gehemmt ist. Der Dank, mit dem wir uns an Gott wenden, wäre Undank, wenn er etwas anderes ausdrückte als Verlangen nach Gemeinschaft mit Gott. Wenn also das sittliche Verhalten des Christen sich als Dank gegen Gott gestalten soll, so fragt sich, ob wir uns klar machen können, daß in dem sittlichen Verhalten des Christen das religiöse Verlangen nach Gott sich ausspricht. Luther hat nun allerdings den religiösen Sinn der christlichen Sittlichkeit in seinen verschiedenen Färbungen so mannigfaltig dargestellt, wie er es bei seinem reichen inneren Leben erfahren hat.[178] Aber er hat das gelegentlich getan. Eine besondere theologische Aufgabe hat er nicht daraus gemacht. Die gelegentliche Berührung jener wichtigen Tatsache des christlichen Lebens wurde dagegen völlig in den Schatten gestellt durch die gewaltige Anschauung, |250| mit der er der bisherigen Auffassung der christlichen Sittlichkeit am wirksamsten entgegentrat.

„Gleichwie ein lebendig Mensch sich nicht kann erhalten (enthalten), er muß sich regen, essen und trinken, und zu schaffen haben, und nicht möglich ist, daß solche Werk können außen bleiben, weil er lebet; daß man ihn nicht darf heißen und treiben, solche Werk zu thun, sondern wenn er nur lebendig ist, so thut ers: also auch bedarf man nicht mehr darzu, daß man gute Werk thue, denn daß man sage: Gläube nur, so wirstu alles von dir selbs thun."
„Drumb darf man nicht fragen, ob man gute Werk thun solle, sie thuen sich ungefordert."[179] Das ist der wichtigste von Luthers ethischen Gedanken. Zu

---

[178] Vgl. KARL THIEME, Die sittliche Triebkraft des Glaubens. Eine Untersuchung zu Luther's Theologie, Leipzig 1895. Es ist ein hohes Verdienst dieses Buches, zum ersten Male gezeigt zu haben, in welcher Fülle von Anschauungen Luther diesen inneren Vorgang der sittlichen Befreiung durch den Glauben erfaßt hat.

[179] E. A. 12, 175–76, andere Stellen bei THIEME a. a. O. S. 88, 243–45, 262–63.

diesem Gedanken kehrte er am liebsten zurück, wenn er das Problem der guten Werke erwog. Das an sich dem Menschen Unmögliche, die Erfüllung des Gesetzes, erfolgt von selbst, wenn er im Glauben ein neues inneres Leben, eine neue Natur mit göttlichen Trieben empfangen hat. Dann braucht man allerdings nicht danach zu fragen, wie es zugehe, daß die herzliche Zuwendung des Christen zu Gott in ein Wollen und Vollbringen übergeht, das auf die Welt und die Menschen gerichtet ist. Die Reflexion auf eine Verknüpfung geistiger Vorgänge scheint man nicht nötig zu haben, wenn das sittliche Handeln mit Naturnotwendigkeit aus dem inneren Leben des Erlösten hervorbricht. Wenn der Glaube die Kraft zu guten Werken gibt, so gibt er damit auch den Antrieb. Zwischen Kraft und Antrieb zu unterscheiden, wie wir es getan haben, hat deshalb bei dem Christen keinen Sinn. In der Seligkeit, die der Glaube mit sich bringt, liegt beides zugleich.[180]

Aber ist damit wirklich der innere Zusammenhang zwischen christlichem Glauben und christlicher Sittlichkeit ausreichend beschrieben? Doch nur wenn das sittliche Handeln des |251| Christen die mühelose Äußerung seiner inneren Klarheit und Kraft wäre. Aber in Wahrheit ist es, soweit es aus bewußtem Wollen hervorgeht, ein Kampf mit der immer wachsenden sittlichen Aufgabe. Nur wenn das Leben des Christen im ganzen ein Kampf ist, hat es Momente eines mühelosen Vollbringens. Solche Momente bleiben aber dem Christen an ihm selbst verborgen. Andere freuen sich an der unwillkürlichen Äußerung seiner Wahrhaftigkeit und Liebe. Er selbst kann eine solche Offenbarung des Geistes Gottes nur an anderen wahrnehmen. Ohne Zweifel hat Luther recht, wenn er in dem Wohltun, das unwillkürlich von dem Gläubigen ausgeht, seine höchste und wirksamste sittliche Leistung erblickt. Aber diese Macht sittlicher Schönheit wird nur dem zu teil, der an sich arbeitet und sich mit seinen Pflichten plagt. Die frei von Herzen kommende Güte ist nur möglich als eine Frucht des Glaubens. Aber diese Frucht reift nur an einem Glauben, der das bewußte Leben des Menschen in eine ernste sittliche Arbeit zusammendrängt. Wenn also eine besondere Art sittlichen Verhaltens aus dem Glauben erwächst, so ist das doch etwas ganz anderes als ein Naturprozeß. Aus geistigen Erlebnissen und geistiger Arbeit entsteht die Frucht des Glaubens. Es muß daher möglich sein, sich klar zu machen, wie der religiöse Besitz des Christen in die zwingende Erkenntnis der sittlichen Aufgabe und in das herzhafte Wollen, die Dinge anzufassen und den Bedürftigen zu dienen, übergeht. Es muß sich zeigen lassen, inwiefern das sittliche Wollen des Christen wahrhaftiger Dank, d. h. durch Gott erregtes Verlangen nach Gott, also ein Bestandteil des religiösen Erlebnisses ist.

Aber wenn wir zeigen wollen, wie das sittliche Wollen und Vollbringen des Christen innerhalb seines Verkehrs mit Gott liegt, so müssen wir gegen ein

---

[180] Vgl. THIEME, a. a. O. S. 271.

gewichtiges Bedenken aufkommen können. Soll denn etwa der Christ die innere Teilnahme an seinem Werke, an dem Objekt seiner Arbeit, an dem Nächsten, dem er dient, in sich ausrotten? Luthers Meinung wäre das gewiß nicht. Er hat die Christen, die das |252| allumfassende Gebot der Gottesliebe so verstanden haben, für närrische Heilige erklärt und ihnen das Beispiel Christi entgegengehalten, der in herzlicher Liebe mit Menschen verkehrt, an Kreaturen sich gefreut und vor dem Tode sich entsetzt habe.[181] In der Gleichgültigkeit gegen die Welt, zu der sich Mönche und Nonnen stimmen, sieht Luther eine jämmerliche Entstellung des Menschen, die das Gegenteil der Vollendung ist, zu der Gott uns bringen will.[182] Mit Recht hat K. THIEME[183] der früheren Darstellung in diesem Buche den Vorwurf gemacht, daß dieser mystischen Verzerrung des sittlichen Ideals nicht genügend vorgebeugt sei. Aber das Mittel, das er dazu vorschlägt, halte ich für einen theologischen Mißgriff, der freilich oft begangen wird und als Gegenwirkung in der christlichen Gemeinde immer wieder die Mystik hervorruft.

„Soll der Christ seinen Nächsten *lieben*, so muß es innere und äußere Betätigungen des Christen geben, bei denen er nicht Gott, sondern den Nächsten meint."[184] Das ist THIEMES Hauptgedanke. Er will zeigen, „daß sich das Gebot, Gott zu lieben von ganzem Herzen, von ganzer Seele und von ganzem Gemüte, mit herzlichster Nächstenliebe verträgt". Wir dürfen uns nun wohl gegenseitig zutrauen, daß wir als Christen von einem Zusammenbestehen der Gottes- und Nächstenliebe überzeugt sind. Es fragt sich aber, wie sie zusammen bestehen. THIEME meint, das sei nur möglich, wenn es Momente gebe, in denen nicht die Liebe zu Gott das innere Leben des Christen erfüllt, sondern der Gedanke an den Nächsten, die Teilnahme an seiner Not, die Freude an seiner Existenz und seinem Gedeihen. Gottesliebe und Nächstenliebe sollen danach miteinander abwechseln. Der Verkehr mit Gott kann nicht immer dauern. Er wird notwendig unterbrochen durch die Ansprüche, die unsere irdische |253| Umgebung an unsere Teilnahme macht. Gott gönnt uns die Freude an der Welt, vor allem die Freude am Nächsten. Den Verkehr mit der Welt dagegen unterbricht der Christ möglichst regelmäßig durch Momente religiöser Selbstbesinnung, in denen er sein Verhältnis zu Gott wieder neu erlebt und ausdrücklich zum Bewußtsein bringt. Durch die Erfahrung des evangelischen sowohl wie des katholischen Christen wird es, wie THIEME mit Recht sagt, bezeugt, daß Gott zwei Arten des Verhaltens von uns haben will, die sich nicht aufeinander zurückführen lassen und durch deren Wechsel das christliche Leben seinen Rhythmus empfängt.

---

[181] E. A. 34, 259–61; 51, 290.
[182] E. A. 51, 438–39.
[183] THIEME, a.a.O. 20; 298.
[184] THIEME, a. a. O. 26.

Aber kann dieser Rhythmus darin bestehen, daß in dem wachen Leben des Bewußtseins auf Momente des bewußten Verkehrs mit Gott solche folgen, die von aller bewußten Beziehung auf Gott entleert sind? THIEME sieht es so an und beruft sich dabei auf jene gegen die römische Art der Andacht gerichteten Worte Luthers. Aber, wie mir scheint, gerät THIEME hier vielmehr in die Gefahr, sich auf die Seite der Gegner Luthers zu stellen. Was Luther in jenen Worten bekämpft, ist doch nichts anderes als eine künstliche Art der Andacht, eine Frömmigkeit, die die Natur ausrenken zu müssen meint, um den Zugang zu Gott zu gewinnen. Die religiöse Kontemplation, von der Luther in den verächtlichsten Ausdrücken redet, ist ihm nicht etwa deshalb widerwärtig, weil der Christ sich dabei zuzeiten in die Stille begibt, um sich in der Betrachtung vor Gott zu sammeln. Denn er selbst hätte nicht leben können, wenn er nicht im Kämmerlein den Druck seiner Lasten losgeworden wäre und immer neue Kraft zum Überwinden empfangen hätte. Ein Greuel ist ihm jene Kontemplation deshalb, weil sie von Menschen erfunden und aus ihrem Herzen gewachsen ist, weil dabei Gott und sein Geschöpf nicht erkannt, d. h. die Wirklichkeit, in die Gott den Menschen gestellt hat, verachtet und verleugnet wird.[185] Die Phantasiefrömmigkeit, die zum Himmel zu |254| fliegen meint, indem sie die Welt aus dem Herzen zu werfen sucht, sitzt nach seinem derben Ausdruck im Drecke. Aber diese Art von Frömmigkeit ist doch nun einfach die religiös energische Durchführung des Gedankens, den THIEME für richtig hält und auch bei Luther zu finden meint. Wenn nämlich die sittliche Arbeit wirklich den Verkehr mit Gott unterbricht, so wird sie auch dem Menschen fremd werden, der etwas davon gemerkt hat, daß es sich lohnt, um Gottes willen alles zu opfern. Wenn er sich durch ein Gebot an solche Arbeit fesseln läßt, so ist doch sein Herz nicht dabei. Kurz, wenn das religiöse Verlangen in ihm mächtig wird, so wird es ihn zu der Praxis der Mönche ziehen. In den Ansprüchen der Welt an seine Teilnahme muß er dann die Macht empfinden, die ihn von Gott trennen will. So hat Luther nicht empfunden. Dann war er aber auch sicherlich völlig geschieden von dem Mönchswort: wer mit Menschen umgeht, zu dem können die Engel nicht kommen. Wenn in seinem Herzen noch etwas von dem Sauerteig dieses Gedankens gewesen wäre, so wäre daraus bei ihm gewiss der Wille geworden, die Welt zu fliehen, um dem Himmel nahe zu kommen. Luthers herzhafte Freude an der Welt war also nur dadurch möglich, daß er sie als *religiös* berechtigt empfand. Die Freude an der Welt kann aber der fromme Mensch nur dann als religiös berechtigt empfinden, wenn er erfährt, daß der Verkehr mit der Welt selbst religiöse Bedeutung hat.

Deshalb ist es falsch und gewiß nicht in Luthers Sinne, wenn THIEME meint, bei dem Christen müsse der Verkehr mit Gott durch Momente sittlicher Arbeit oder Momente des Verkehrs mit der Welt unterbrochen werden, in denen

---

[185] E. A. 43, 38–47.

nichts von einem Suchen und Finden Gottes sei, sondern nur Hingabe an die Welt. Sowie die evangelische Frömmigkeit so verstanden wird, hat sie der Mystik, d. h. der katholischen Frömmigkeit gegenüber Unrecht. Sie trüge dann den Makel, den Trieb der Religion um der Welt willen zu hemmen. Das will sie sicherlich nicht. Die evangelische Stellung zur Welt muß daher so gemeint sein, daß der sittlich geordnete Verkehr |255| mit dem Sichtbaren als eine notwendige Bewegung in dem Verkehr mit dem unsichtbaren Gott erlebt wird. Gott fordert allerdings zwei Arten des Verhaltens von uns, die sich nicht aufeinander zurückführen lassen. Wir sollen uns erstens der Offenbarung zuwenden, die wir empfangen haben. Wir sollen uns zweitens nach der Offenbarung Gottes ausstrecken, die jenseits der sittlichen Selbstverleugnung liegt. Das sittliche Verhalten des Christen ist nicht etwas anderes neben seiner Religion, sondern eine eigentümliche Form seines religiösen Verhaltens.

Das klar zu machen, ist eine hochnötige Aufgabe. Sie nicht erledigt zu haben, ist ein theologischer Mangel bei Luther, den wir ihm nicht zum Vorwurf machen wollen, den wir aber auch nicht verkennen dürfen, wie es THIEME tut. Es reicht nicht aus, zu sagen, daß aus der Seligkeit, die der Christ in seinem Glauben gewonnen hat, die Nächstenliebe von selbst quillt. Es muß vielmehr gezeigt werden, wie wirklich der Glaube selbst seine eigenen Triebe in dem energischen Willen der Nächstenliebe sammelt. Wer wirklich selig ist im Glauben, der will gewiß von Gott nicht los. Ein Verhalten, das nicht ein Suchen Gottes wäre, würde sich nicht als eine Äußerung seines innersten Triebes verstehen lassen, sondern nur als ein rätselhafter Abfall von ihm. Es muß also klar gemacht werden, inwiefern denn der Trieb des im Verkehr mit Gott seligen Menschen die Richtung auf das, was ihn selig macht, in der herzlichen Hingabe an den Nächsten verfolgt. Wie mir scheint, wird der eigentliche Sinn der christlichen Sittlichkeit erst damit erfaßt. Dadurch wird eine christliche Ethik, zu der die Reformation die Bahn gebrochen hat, überhaupt erst möglich.

Es reicht aber auch nicht aus, eine Reihe von religiös gefärbten Motiven zusammenzustellen, die bei dem christlichen Handeln mitwirken. Ohne Zweifel ist das auch eine wichtige Aufgabe. Es ist ein Verdienst THIEMES, veranschaulicht zu haben, in welcher Fülle solche Motive in Luther walteten. Tritt der Mensch im Glauben in die rechte innere Stellung zur Wirklichkeit, so dringt ihm auch die |256| Fülle dessen, was Gott ihm durch sie sagen will, zu Herzen. Aber diese Motive werden irreligiös, wenn sie vereinzelt und nicht beständig auf das eine Grundmotiv zurückgeführt werden, daß der Christ mit seinem Gott zusammen sein und von ihm empfangen will. Denn wenn der innere Vorgang sich nicht so gestaltet, so bereitet sich der Christ eine Selbständigkeit gegenüber Gott, in der er sich von Gott scheidet. So ist es auch bei dem einfachsten dieser Motive, bei dem der religiöse Sinn am sichersten zu stehen scheint, bei der Anregung, Gott zu danken für die empfangene Wohltat. Wenn das etwas anderes ist als ein Ausdruck des Verlangens nach Gott selbst, so machen wir dabei Gott zu einem Wesen, das uns gleichsteht und dem gegenüber wir unsere Unabhängigkeit behaupten wollen. Gesteigert wird der irreligiöse Charakter des Verhaltens, wenn unter solchen Umständen der Gedanke hinzutritt, man wolle Menschen deshalb wohltun, weil sie zu Gott gehören. Denn religiös ist das „um Gottes willen" nur dann, wenn es heißt, daß ich in der Not des Nächsten die Nähe des Gottes merke, dessen heilige Macht mich zittern läßt, und bei dem ich Sättigung für meinen Hunger nach Kraft und Leben suche. Dagegen wird das „um Gottes willen" zu einem Mittel der Gottlosigkeit, wenn es nicht durchglüht ist von der Empfindung, daß es sich hierbei um mich selbst und um die unentrinnbare Macht über mein Leben handelt. Wenn das fehlt, so nimmt der Gedanke die Wendung, daß ich Gott berücksichtigen will. Das heißt aber an Gott denken, ohne zu bedenken, was er für mich ist, das höchste Gut und die Macht, von der ich ganz und gar abhänge. Wenn ich das bedenke, mich also religiös verhalte, so wird es mir nicht einfallen, Gott berücksichtigen zu wollen, sondern ich werde mit ganzem Herzen ihn allein suchen und ihm mich unterwerfen. Es ist also klar, wie leicht die scheinbar religiösen Motive des Verhaltens zu einer Verleugnung Gottes werden. Hier, wie auch sonst, liegt immer die Gefahr nahe, daß in dem Gebrauch der Mittel zur Religion die Religion selbst begraben wird. |257|

Wir müssen gänzlich mit der Vorstellung brechen, als würde der Christ in seinem sittlichen Verhalten zu einer Tätigkeit gedrängt, die etwas anderes wäre als eine Äußerung des in dem Glauben waltenden Triebes, der zu seinem eigenen Ziel drängt. Wenn man jene Vorstellung festhält, so ergibt sich die Formel: Glaube und Liebe. Richtig ist aber die Formel: durch Liebe wirksamer Glaube. Jenes ist der katholische Gedanke, der eine große Vergangenheit hat. Dieses ist der wahrhaft christliche Gedanke, der eine unermeßliche Zukunft hat. Nach dem Apostel Paulus ist er bald verschollen.[186] Den Reformatoren ist er wieder in den Gesichtskreis getreten. Jetzt stellt er der Christenheit die dringende Aufgabe, die Eigentümlichkeit des christlich sittlichen Verhaltens schärfer herauszuarbeiten.

Wenn wir nun die Frage zu beantworten suchen, wie aus dem Glauben das sittliche Verhalten hervorgeht, so wissen wir jetzt, wie das zu verstehen ist. Das sittliche Verhalten muß als eine Bewegung erkannt werden können, die nicht etwa bloß aus dem religiösen Erlebnis folgt und dieses ablöst, sondern die selbst zu dem Verkehr des Christen mit Gott gehört.

Fragen wir also, wodurch es für Christen wie Paulus und Luther unmöglich wurde, die Vollendung des religiösen Erlebnisses in dem Genuß der momentanen Gefühlserregung und Stimmung zu sehen. Sie müssen bemerkt haben, daß es nicht der Wahrheit entspreche, wenn der Mensch, in dem sich nichts

---

[186] Vgl. HANS VON SODEN, Die Ethik des Paulus, in: Zeitschrift für Theologie und Kirche 2, 1892, 109-145, hier 115.

weiter regt als diese inneren Vorgänge, mit Gott zu verkehren meint. Sie haben nicht nach einer Ergänzung des Verkehrs mit Gott durch etwas anderes gesucht, als ob der Mensch zu fromm werden könnte. Sie haben vielmehr das allein gesucht, daß sie den wahrhaftigen Verkehr mit Gott selbst erreichten. Ihr Gedanke ist also: Der Mensch hat nur dann Gott selbst gefunden, wenn ihm in der Erregung durch |258| das, was er als Gottes Offenbarung erfaßt, sein eigenes Dasein in der Welt ernst und wichtig und der Nächste wirklich seinem Herzen nahe wird. Damit erst, daß diese Impulse in uns entstehen, es mit den Dingen ernst zu nehmen und dem Nächsten zu dienen, empfangen wir von Gott das höchste Gut, die Erhebung in göttliches Leben, ein Leben in und mit Gott. Indem wir uns in solcher Weise der Welt und den Menschen zuwenden, wenden wir uns Gott selbst zu, und kommen zu einem Leben, das uns mit ihm gemeinsam ist. Also durch das herzliche Verlangen nach Gott, das durch seine Offenbarung entzündet ist, wird der Christ in den Verkehr mit der Welt, in die Arbeit und in den Dienst des Nächsten getrieben. Wie gewaltig die Freude an der Welt und wie innig die Liebe zu Menschen sein kann, lernt der Christ dann auch erst kennen, wenn ihm in dem Verlangen nach Gott allein alles untergegangen ist.

Warum kann es aber nicht wahr sein, daß man mit Gott selbst verkehrt, wenn der Vorgang, den man sich so deutet, nicht der Anfang einer herzhaften Zuwendung zur Welt und eines kräftigen Wirkens ist? Wenn der Mensch sich wirklich wohl fühlt bei Gott, so ist er selig in Hoffnung. Was Gott uns ist, können in wir keiner Gegenwart ermessen. Die Erquickung, das erhöhte Leben, das er uns spendet, führt uns immer zu dem Eindruck, daß wir noch auf der Schwelle eines verborgenen Glückes stehen. Damit eröffnet sich für unsere Lebenshoffnung eine unermeßliche Weite. Gott gibt uns eine Zukunft. Zugleich aber werden wir seiner inne als der Macht, die in den Tatsachen waltet und in den wirklichen Beziehungen unseres Daseins uns umfaßt. Dann wird uns aber die Wirklichkeit, in der wir stehen, reich und verheißungsvoll. Die Spannung, in die wir versetzt werden, läßt uns daher mit Ernst und Verlangen in die Tiefe der Dinge und Verhältnisse blicken. Was Gott mit uns vorhat, dringt darin an uns heran. Deshalb ist das Schwelgen in der Gefühlserregung und das Überfliegen der Wirklichkeit in einem bloßen Phantasieverkehr mit Gott dem wirklich |259| frommen Menschen zuwider. Das echte religiöse Verlangen kleidet sich in die weniger großartige Art, die Wirklichkeit, in die man gestellt ist, mit Ernst und Wahrhaftigkeit zu durchleben. Der Gott suchende Mensch wird den Zwang der Verhältnisse, den er sich klar machte, nicht bloß erleiden, sondern als den Ruf Gottes an ihn verstehen. Er empfängt darin seinen Beruf. Das Bewußtsein von diesem Beruf, den Gott gibt, ist wahrer Verkehr mit Gott. Dasselbe gilt von der Arbeit in der Bahn und Ordnung des Berufes. Denn sie ist getragen von der Zuversicht, Gott darin zu finden, ist also innere Zuwendung zu Gott.

„Wie Luther den Gegensatz zwischen der Herrschaft über alle Dinge, die wir durch den Glauben an Gottes väterliche Leitung üben, und zwischen der Knechtschaft unter alle Dinge, die wir in der Liebe auf uns nehmen, dadurch ausgleicht, daß er zeigt, wie die christliche Liebe in ihrer Freiwilligkeit und Freudigkeit, in ihrer Unabhängigkeit von den Rücksichten auf Verdienst, Dank, Erfolg, Würdigkeit, d. h. in ihrer Universalität und quellenden Art das Gepräge der Freiheit und der Ähnlichkeit mit Gottes Liebe an sich trägt und deshalb trotz ihres formellen Gegensatzes zum Glauben ein Bleiben in Gott und seiner Liebe bedeutet, so führt er auch oft aus, daß wir gerade durch die Liebe uns als Götter beweisen, weil wir in ihr der göttlichen Natur, die Liebe und Wohltätigkeit nicht zu ihrem Attribut hat, sondern selber ist, entsprechen, ihre Werkzeuge sind, in ihrer überweltlichen Kraft das vollbringen, wozu keine Kreatur im stande ist."[187] Das sind ohne Zweifel Luthers Gedanken. Aber eine Antwort auf unsere Frage liegt in ihnen nicht. GOTTSCHICK zeigt richtig, wie Luther auf diese Weise das religiöse Erlebnis und die sittliche Energie als die zwei Formen desselben ewigen Lebens im Christen sich klar macht. Dagegen würde es falsch sein, wenn wir meinten, auf diese Weise den Über-|260|gang aus dem religiösen Erlebnis in das sittliche Wollen uns verdeutlichen zu können. Man könnte das nur annehmen in der Meinung, daß uns im Moment der sittlichen Entscheidung das geistige Gut, das jenseits der Entscheidung in der Betätigung der sittlichen Energie liegt, völlig deutlich sein, unser Gefühl packen und uns emporreißen könne. Die menschliche Sittlichkeit, wie wir sie kennen, zeigt uns aber auch bei dem Christen eine andere Erfahrung. Sie bleibt, auch wenn sie in einzelnen Richtungen immer mehr ein müheloses Vollbringen des Guten wird, im ganzen ein Kampf. Die Aufgabe, unsere momentane Situation in allen ihren Beziehungen sittlich zu bewältigen, geht immer über unsere bisherige Leistungsfähigkeit hinaus. Denn das Gut, das uns durch das Vollbringen des Guten zufallen soll, liegt jenseit des Horizontes unserer Neigungen und deshalb unseres praktischen Verständnisses. Die sittliche Aufgabe, vollständig erfaßt, macht daher immer wieder den Eindruck des Unmöglichen. So muß es ja auch sein, wenn das sittliche Gesetz unser Dasein erhöhen, wenn die enge Pforte des Gesetzes uns in ein Leben einführen soll, dessen Herrlichkeit wir noch nicht kennen. Wie das darin liegende Problem des sittlichen Lebens durch den religiösen Glauben überwunden wird, kann uns nur völlig deutlich werden, wenn wir sehen, wie der Glaube zum Impuls sittlicher Entscheidung wird. Um dazu zu gelangen, knüpfen wir an eine bekannte religiöse Gedankenreihe an.

Das Leben des Christen ist „nichts anderes, denn ein Harren, Warten und Verlangen, daß da offenbaret werde, das in uns ist, und daß wir das begreifen,

---

[187] JOHANNES GOTTSCHICK, Katechetische Lutherstudien I. Die Seligkeit und der Dekalog (Fortsetzung), in: Zeitschrift für Theologie und Kirche 2, 1892, 438-468, hier: 455.

das uns schon begriffen hat, wie St. Paulus [Philip. 3] sagt: Ich jage ihm nach, ob ich's auch ergreifen möchte, nachdem ich von Christo Jesu ergriffen bin; das ist, daß ich doch sehe, was mir für Güter in dem Schrein des Glaubens gegeben sind."[188] Diese Worte beziehen sich zunächst auf die Sehnsucht des Christen nach |261| der Offenbarung der Seligkeit, die er schon hat, die er aber doch erst nach dem leiblichen Sterben erfahren kann. Aber im folgenden führt Luther aus, daß der Christ, der so zuversichtlich nach der jenseitigen Seligkeit ausschaut, in dem gegenwärtigen Leben die Kraft der Gnade erfahren soll, die er durch die Erweckung des Glaubens besitzt. „Solches Warten aber und übrigs Leben nach der Taufe geschiehet darumb, daß er durch uns den Leib casteie, die Kraft seiner Gnade beweise im Streit wider das Fleisch, Welt und Teufel." (176) Durch die Verneuerung, die der Glaube sei, geschehe es, „daß ein neu Mensch, neu Art, neue Creatur da werde, die da ganz anders gesinnet, anders liebet, anders lebt, redet und wirkt, denn vorhin" (178). Die Worte von der Wiedergeburt bezeichnen nach seiner Meinung die *Art des Glaubens*, „daß der Mensch auf einmal die Gnade ganz empfähet und selig gemacht wird" (179). Diese Gnade aber kann und soll der Gläubige erfahren. „Es ist gar ein groß, stark, mächtig und thätig Ding umb Gottes Gnade; sie liegt nicht, wie die Traumprediger fabulieren, in der Seelen, und schläft oder läßt sich tragen, wie ein gemalt Brett seine Farbe trägt. Nein nicht also, sie trägt, sie führet, sie treibet, sie zeucht, sie wandelt, sie wirkt alles im Menschen, und läßt sich wohl fühlen und erfahren. Sie ist verborgen, aber ihre Werk sind unverborgen." (179) Der Gläubige aber, der diese Erfahrung wirklich gemacht hat, wird immer wieder nach ihr verlangen. Der Christ „hat kein höher Freud, denn an diesem Schatz, daß er Christum erkennet". *Deshalb* ist des Christen Geist „ein unruhiger Geist in der höchsten Ruhe, das ist, in Gottes Gnade und Friede, daß er nicht kann still noch müßig sein."[189] Das dem christlichen Glauben innewohnende Motiv zur Tätigkeit besteht in dem Verlangen, sich unter die Situation zu beugen, in der wir Gottes wirksame Kraft an uns erfahren.

Diese Situation ist immer ein Leiden. „Darumb ge-|262| schiehts auch, daß die so recht gläuben, müssen viel leiden und sterben, auf daß die Gnade ihr Art und Gegenwärtigkeit beweise."[190] Deshalb ist die Ungeduld gegenüber dem Kreuz, das Bestreben, den natürlichen Ansprüchen der Welt an unsere Teilnahme auszuweichen, dem Glauben zuwider. Denn in der bequemen Ruhe, die auf solche Weise gewonnen wird, können zwar unsere eigenen Phantasien über die göttlichen Dinge aufblühen. Aber die Kraft des erlösenden Gottes, den wirklichen Verkehr mit ihm erfahren wir nur in der getrosten Beugung unter das Notwendige. Im Sterben kann das Wort des Lebens seine Kraft

---

[188] E. A. 7, 174. [Nachfolgende Belegstellen in Klammern im Text.]
[189] E. A. 49, 113.
[190] E. A. 7, 180.

zeigen. „Das ist die Ursach, warumb Gott allen Gläubigen das Kreuz auflegt, daß sie die Kraft Gottes schmecken und versuchen, die sie gefasset haben durch den Glauben."[191]

Ganz dasselbe gilt nun noch in höherem Maße von der Unterwerfung unter das sittlich Notwendige. Zunächst ist mit der Not, die der Moment uns auferlegt, die sittliche Forderung, die er stellt, aufs engste verbunden. Auf der anderen Seite gehört die Pflicht auch für den Christen zu dem Kreuz, das er zu tragen hat. Wie der Glaube auf das Unsichtbare geht, so führt uns auch das Gebot der Liebe auf das Gebiet des Unsichtbaren,[192] vor dem die Natur in uns zurückbebt. Die Selbstverleugnung, die gerade von ihm verlangt wirkt, ist auch für den sittlich Geförderten nichts Selbstverständliches. Bei der Lösung jeder sittlichen Aufgabe durchschreiten wir einen Moment, in dem wir zwar die Notwendigkeit des Guten einsehen, aber uns zugleich eingestehen müssen, daß wir uns noch nicht in ihm heimisch fühlen, sondern daß es uns kalt und unheimlich vorkommt. Durch diese innere Not trägt uns unser Glaube. Er sagt |263| uns, daß derselbe Wille, der uns jetzt an der Forderung der Pflicht erfahren läßt, wie fern wir ihm sind, uns in Jesus Christus als die Macht über alle Dinge verständlich wird, die uns zu sich erheben will. Indem uns aber unser Glaube vor diese Tatsache stellt, läßt er uns auch in dem dunkeln Pflichtgebot die Hand des erlösenden Gottes ergreifen, der uns nur deshalb die fremde Erhabenheit des Notwendigen und Ewigen fühlen läßt, damit wir sehen, wie unverstanden noch der Reichtum vor uns liegt, den er uns verleihen will. Für den Christen wird daher die das natürliche Gefühl verletzende Härte der Pflicht zu einer Verheißung noch verborgener Güter, die in unendlicher Fülle vor ihm liegen. Die Freude aber, mit der wir in der sittlichen Forderung des Augenblicks den in Jesus Christus offenbaren Gott wiedererkennen, macht uns sittlich frei. Denn sie einigt unseren Lebenstrieb, das Verlangen nach Seligkeit, mit der unausweichlichen Erkenntnis von der Notwendigkeit des Guten. In dem Kampfe mit der sittlichen Aufgabe, die immer größer ist, als wir selbst, erfahren wir, daß die Berührung mit Gott in dem Glauben, der von ihm geweckt ist, und der sich auf ihn verläßt, uns über uns selbst hinausbringt. *Die Gewißheit, daß wir von Gott ergriffen sind, macht uns die scheinbare Vernichtung aller Lebensfreude durch die Pflicht zu einer Verheißung des Lebens.*

In diesem Sterben und Auferstehen verkehren wir mit dem lebenschaffenden Gott. Dann muß aber der Glaube, dessen einziges Interesse ist, so von Gott zu empfangen, um seiner selbst willen nach sittlicher Tätigkeit verlangen. Das Kreuz, das in einer schmerzlichen Gestaltung irdischer Verhältnisse besteht, sucht der Glaube nicht auf; sondern, wenn es da ist, folgt er in der Übung der

---

[191] E. A. 51, 474; vgl. 15, 432: „Der Glaube ist ein allmächtig Ding, wie der ewig Gott selbs ist; darumb will ihn Gott auch bewähren und prüfen.
[192] E. A. 51, 374. Opp. ex. lat. IV, 136: clausis igitur oculis abdidit se in tenebras fidei, in quibus invenit aeternam lucem.

Geduld seinem Verlangen, mit Gott zu verkehren. Die Forderung dagegen, daß wir aus der augenblicklichen Situation die sittliche Aufgabe vernehmen sollen, umklammert uns immer. Ebenso unablässig drängt dann der Glaube darauf, daß er in dem sittlichen Ver-|264|halten von Gott empfange.[193] So können wir uns klar machen, daß das gute Werk wirklich die Frucht des Glaubens ist. Der Glaube hat das Gute lieb, weil er Gott darin findet, Gottes erlösende Kraft in dem sittlichen Kampfe erfährt. Auf die Frage also, ob nicht die sittliche Tätigkeit des Christen seinen Verkehr mit Gott unterbreche, dürfen wir jetzt antworten: im Gegenteil, sie gehört selbst zu unserem Verkehr mit Gott. Denn sie gestaltet sich für den Glauben zu der Erfahrung von der lebendigmachenden Kraft Gottes. Mit Gott verkehren wir aber nur in einem solchen Empfangen. Es ist freilich selbstverständlich, daß alle, die eine mystisch gestimmte Frömmigkeit befolgen, dieses Hineinziehen der sittlichen Tätigkeit in den Verkehr mit Gott trockenes Moralisieren nennen werden. Aber bei einiger Besinnung werden sie doch zugeben müssen, daß wir nicht inniger mit Gott verkehren können, als indem wir erleben, daß uns seine tatsächliche Berührung zu einem Leben im Ewigen bringt. Die dankbare Freude an Gott, die wir dabei empfinden, ist die wahrhaftige Liebe[194] zu Gott und der einzige Gottesdienst, durch den er recht geehrt wird. Wer diese Freude hat, der feiert den Sabbat und hat den Frieden Gottes, der Friede bleibt in aller Unruhe.[195]

Dies ist nun der Punkt, in dem wir die Darstellung der christlichen Frömmigkeit notwendig weiterführen müssen, als es Luther getan hat. Die obige Ausführung darf zwar den Anspruch machen, mit Luther in wesentlichem Einklang zu sein. Denn sie ist nichts weiter als die gründliche Explikation des Gedankens, daß das gute Werk die Frucht des Glaubens ist. So darf das gute Werk nur dann genannt werden, wenn sich in ihm der Trieb des Glaubens, Gott selbst |265| zu finden, befriedigt. Aber es läßt sich allerdings nicht verkennen, daß Luther insofern in der Bahn der katholischen Überlieferung bleibt, als er von dem Hervorgehen der guten Werke aus dem Glauben viel zu unbestimmt zu reden pflegt. Es war ja ein gewaltiger Fortschritt, eine kräftige Hinwendung zur Wirklichkeit, daß der katholische Ausdruck, die Gnade wirke in dem Menschen die rechte Liebe, durch den neuen ersetzt wurde, aus dem Glauben gehe die Liebe hervor. Denn das Werk der Gnade in dem Menschen ist eben der von Gott erweckte Glaube. Die wirkliche Erneuerung, die der Christ erlebt, wird dadurch deutlicher gemacht. Aber wenn wir auf dem Wege Luthers weiterkommen wollen, so müssen wir nun auch die inneren Vorgänge in klarer Rede zu entfalten suchen, in denen das Leben des Glaubens sich zu

---

[193] THIEME macht den Einwand, daß eine Nächstenliebe, die nichts anderes sein wolle, als Gottesliebe, überhaupt nicht dazu komme, dem Nächsten sich herzlich zuzuwenden. Ich meine, der Nächste wird uns erst dadurch wahrhaft teuer, daß wir Gott bei ihm suchen.
[194] Vgl. E. A. 12, 285; 16, 177; 182–83.
[195] Vgl. E. A. 8, 83; 7, 132–33.

sittlicher Tätigkeit ausbreitet. Infolge davon, daß Luther diese Aufgabe nur unvollkommen gelöst hat, ist auch in seiner Kirche die schädliche Vorstellung weiter gewachsen, daß eine unpersönliche Kraft, die nun eben im Glauben stecken soll, dem Menschen die Fähigkeit gebe, das Gute zu wollen. In Wahrheit ist es dagegen der in dem geschichtlichen Christus uns berührende persönliche Gott, dessen Verständnis uns die Kraft und den Antrieb zu sittlichem Wollen gibt.

Wenn dieser Erkenntnis Folge gegeben wird, so wird die christliche Gemeinde darauf angewiesen, nicht in irgend einer Lehre über Christi Person und Werk, sondern in Christus selbst sich den Grund der Erlösung zu vergegenwärtigen. Als Ertrag des christlichen Glaubens werden alsdann die geistigen Güter verstanden, in deren Besitze der Mensch wirklich ein neues Leben von unerschöpflichem Reichtum gewinnt. Die christliche Theologie aber muß dadurch in der einzig gesunden Reinigung ihrer Tradition gefördert werden. Denn je mehr die gewaltige Tatsache, daß wir in unserem Glauben mit Gott verkehren, unsere Gedanken auf sich zieht, desto sicherer treten, wenn auch unmerklich, diejenigen Produkte der Theologie zurück, in denen wir uns weder den Gott, der sich uns zuwendet, noch den Glauben, der von Gott empfängt, klar |266| machen. Die innere Sammlung in dem einen, was uns not tut, befreit uns von dem kränklichen Eifer für solche Dinge, wie die Gegenwart von Leib und Blut Christi im Abendmahl,[196] ohne uns das ebenso ungesunde

---

[196] In einer Predigt, die zuerst 1523 gedruckt, sich noch 1532, aber nicht mehr 1543 in dem Sommerteil der Evangelienpredigten der Kirchenpostille befindet (E. A. 11, 197 ff.), ist sehr gut auseinandergesetzt, unter welcher Bedingung diese Vorstellung in einem richtigen Gebrauch des Sakraments ihre Stelle finde. Luther sagt zunächst, zu dem Glauben, daß Leib und Blut Christi im Sakrament seien, werde man leicht beredet; auch der Teufel und Unchristen könnten das glauben. Wenn man also, lediglich von dieser Vorstellung geleitet, nach der wunderbaren Speisung verlange, so solle man lieber davon bleiben. „Denn es ist nicht viel anders, daß du diesem das Sakrament gibst, denn wenn du es einer Sau in den Hals stößest." [199] Der rechte Gebrauch des Sakraments dagegen sei, daß man dasselbe als einen Ausdruck der Vergebung der Sünden verstehe und hinnehme. Bei diesem Gebrauch des Sakraments muß notwendig auch die Gegenwart von Leib und Blut Christi als ein Ausdrucksmittel für dasjenige gelten, was Gott dem Christen durch das Sakrament sagen will. Deshalb nennt Luther dieselbe ein „Wahrzeichen" oder „Zeichen"[200], das sich mit dem Worte Christi verbinde, und ebenso, wie dieses, nicht nur hingenommen, sondern in dem Sinne, den es ausdrücken soll, verstanden werden müsse. Es versteht sich von selbst, daß ein solcher Gebrauch des Sakraments etwas ganz anderes ist, als eine symbolische Deutung desselben. Zugleich aber ist klar, daß dafür die Vorstellung der Gegenwart von Leib und Blut Christi nicht notwendig ist. Es kommt lediglich darauf an, daß man in der Darreichung des Sakraments den an den einzelnen gerichteten Ausdruck der Sündenvergebung *versteht*. Dieses Verständnis ist notwendig; ein entschlossenes Fürwahrhalten der Lehre, daß der Empfang des Sakraments einen solchen Sinn habe, hilft auch nichts. „Denn es muß ein Glaub sein, den Gott in dir mache." [205] Übrigens scheinen die modernen Lutheraner der Meinung zu sein, daß jene Vorstellung, welche auch der Teufel und alle Unchristen

Eifern dawider aufzuzwingen. Wer den schweren Ernst des wahrhaftigen Glaubens, in dessen Regung der Mensch zu einem neuen Leben geboren wird, ver-|267|standen hat, wird gegen solche Vorstellungen, die zwar schlechterdings zum Glauben selbst nicht gehören können, aber das Leben des Glaubens auch nicht zu stören brauchen, nicht nur gleichgültig, sondern auch geduldig.[197] Sie gehören zu dem Gras, das doch bald welk wird. Mögen sie daher blühen, solange sich Menschen daran erfreuen. Am Ewigen haben sie keinen Anteil; denn sie beanspruchen selbst keine Gewißheit, weil sie zu der Erhebung des Menschen zum Ewigen außer Beziehung stehen.

Jetzt können wir nun schließlich das Verhältnis des christlichen Gebetes zum christlichen Glauben feststellen. Wenn das Leben des Glaubens selbst Verkehr mit Gott ist, so ist „ein rechter Glaube nichts anderes, denn eitel Gebet."[198] „Darumb, wo ein Christ ist, da ist eigentlich der heilige Geist, der da nichts anderes tut, denn immerdar betet. Denn ob er gleich nicht immerdar den Mund reget, oder Wort machet, dennoch gehet und schlägt das Herz ohn Unterlaß mit solchem Seufzen: Ach lieber Vater, daß doch Dein Name geheiligt werde, Dein Reich komme, Dein Wille geschehe; und darnach die Püffe oder Anfechtung und Not härter drucken und treiben, darnach gehet solch Seufzen und Bitten desto stärker, auch mündlich, daß man keinen Christen kann finden ohn Beten, so wenig als einen lebendigen Menschen ohn den Puls, welcher stehet immer still, reget und schlägt immerdar fur sich, obgleich der Mensch schläft oder Anderes thuet, daß er sein nicht gewahr wird."[199] Das innerliche unablässige Gebet ist der Glaube selbst als die stete Richtung des Herzens auf Gott, die auch inmitten der Arbeit festgehalten wird.[200] |268|

Aus diesem Glauben, der ein wirkliches Leben in Gott ist,[201] tritt bei gegebenem Anlaß die besondere, die Arbeit unterbrechende Gebetsrede in Dank und Bitte hervor.[202] Aber in einem solchen bereits vorhandenen Vertrauen auf

---

haben können, beiseite gestellt werden dürfe. Denn sie werden sich selbst kaum verbergen können, daß die von ihnen gepflegte kenotische Christologie die Vorstellung einer Gegenwart von Leib und Blut Christi unter der Gestalt der Abendmahlselemente ausschließt. Vgl. HERMANN SCHULTZ, Zur Lehre vom heiligen Abendmahl. Studien und Kritiken, Gotha 1886, 86.

[197] Sagt doch Luther selbst von den Lehren und Geboten des Papsttums, er würde gerne die Gegner darin ungestört lassen, ja sogar unterstützen, wenn sie nur das *eine* frei und ungehindert ließen, daß wir in der Erkenntnis Christi ewiges Leben haben. E. A. 50, 184–85.

[198] E. A. 14, 52.
[199] E. A. 49, 114 f.
[200] Vgl. E. A. 16, 165–66; 8, 291; 10, 308.
[201] Vgl. E. A. 15, 352.
[202] Vgl. ALBRECHT RITSCHL, Die Lehre von der Rechtfertigung und Versöhnung, Bd. 3, 2. Auflage, Bonn 1883, 595.

die verstandene Kundgebung Gottes muß das besondere Gebet wurzeln.[203] Ohne dies ist es kein christliches Gebet und kommt überhaupt nicht vor Gott.[204] „Das allerbest im Gebet ist der Glaube";[205] „wer beten soll, muß zuvor glauben."[206] Wohl soll sich der Christ sagen, daß es ihm geboten sei, zu beten.[207] Aber wer das Beten lediglich als ein Werk treibt, um bei Gott etwas zu erreichen, der „dichtet ihm {selbst} einen Gott, der doch nicht höret."[208] Deshalb soll der Christ vor allem danach trachten, „daß er sein Herz frei mache zum Gebet."[209] Das aber geschieht, indem der Christ die Kundgebung Gottes sich zu Herzen nimmt und von ihrer Macht sich ergreifen läßt.[210] In einem solchen Empfangen verkehren wir mit Gott. Dann allein ist uns eine Rede mit Gott möglich, die mehr ist, als eine schwere Mühe und Arbeit,[211] weil das Herz entzündet ist durch die Wohltat Gottes.[212] Deshalb ist jedes Gebet, das nicht ein wesenloses Rufen ins Leere ist, in seiner Tiefe Dank und Lob des allmächtigen Gottes, dessen Liebe den Weg zu uns gefunden hat, ehe wir ihn suchten. Fängt doch deshalb auch das Vaterunser mit Dank |269| und Lob an.[213] Die Gewißheit, daß wir wegen der Stellung Christi zu uns in dem Gnadenblick Gottes stehen, die Beugung des Glaubens unter diese tatsächliche Erweisung der Liebe Gottes ist das Anbeten im Geist und in der Wahrheit.[214] Deshalb ist das rechte Gebet ein Werk des Glaubens und nur ein Christ kann es tun.[215] Der rechte Gottesdienst kann nur da stattfinden, wo Christus so erkannt wird, daß wir durch ihn in die Kindesstellung zu Gott kommen.[216]

Aber es gilt nicht nur von dem Gebet des Christen, daß es eine Äußerung seines Glaubens sein muß, sondern es gilt auch von seinem Glauben, daß er als Gebet sich regen muß. Ist der Glaube in uns geweckt, so sollen wir nun

---

[203] Vgl. E. A. 20 I, 248.
[204] Vgl. E. A. 7, 131; 50, 119.
[205] E. A. 8, 36.
[206] E. A. 23, 240.
[207] Vgl. ALBRECHT RITSCHL, Die Lehre von der Rechtfertigung und Versöhnung, Bd. 1, 2. Auflage, Bonn 1882, 351.
[208] E. A. 23, 18.
[209] Vgl. E. A. 23, 222.
[210] Vgl. 50, 110: „Der erste Stein zum Gebet ist die Zuversicht zu Gott." [sinngemäße Verdichtung].
[211] E. A. 16, 163.
[212] Vgl. E. A. 7, 130; 12, 158.
[213] Vgl. E. A. 7, 129; 11, 232; 242; 16, 185. ALBRECHT RITSCHL, Die Lehre von der Rechtfertigung und Versöhnung, 3. Bd., 2. Auflage, Bonn 1883, 599. Die moderne Gläubigkeit urteilt darüber in der Regel anders.
[214] Vgl. E. A. 15, 219–20; 16, 231.
[215] Vgl. E. A. 49, 113–15; 316.
[216] Vgl. E. A. 49, 130.

nicht etwa mit unseren eigenen Gedanken weiterspinnen. Sondern die Bewältigung jedes Moments durch den Glauben erfolgt in dem Gebet, in dem Gott uns reicher macht, als wir waren. Indem wir der besonderen Nöte, mit denen unsere augenblickliche Situation uns umgibt, Herr zu werden suchen, machen wir die Erfahrung, daß uns noch etwas fehlt. In der inneren Not des Momentes hilft uns niemals der bloße Bestand dessen, was wir bereits empfangen haben. Sowie wir uns in solcher Weise darauf zurückziehen, wird uns der Inhalt des Glaubens zu einem toten Besitz, zur bloßen Lehre. Aber „es ist daran nicht genug, ob wir gleich das Wort haben, und alles wissen und verstehen, was wir wissen sollen, beide, die Lehre vom Glauben und vom Trost und Überwindung in allen Nöten; es gehoret noch ein Stück dazu, das heißt die That, daß es auch also hernach gehe, wie die Lehre und das Wissen uns weiset und führet."[217] An diesen Worten Luthers zeigt sich deutlich, wie der Glaube selbst seine ursprüngliche |270| Art und Kraft verliert, sowie wir ihn als einen abgeschlossenen Gewinn behandeln, von dem aus wir selbst weiterbauen könnten. Luther weiß recht wohl, daß der Inhalt des Glaubens nicht bloße Lehre und daß daher der Glaube selbst nicht bloßes Wissen ist, das durch Tat ergänzt werden müßte. Denn der Glaube selbst ist ja Leben und Tat.[218] Es ist ein Rückfall in den Wahn, daß der Mensch aus sich selbst leben könne, wenn die aus dem Evangelium bereits gewonnene Kraft und Einsicht als ein bereitstehendes Mittel zu sicherer Selbsthilfe behandelt wird. Diesem Standpunkt gegenüber, der sich bereits inmitten der Scheidung von Glauben und Tat befindet, ist Luther allerdings berechtigt, daran zu erinnern, daß ein Glaube, der wie ein ruhender Besitz vorgestellt wird, nichts hilft. In seiner ursprünglichen Art, als ein Empfangen und Nehmen aus der Fülle Gottes, lebt der Glaube nur dann weiter, wenn er in jeder Lebenslage zum Gebet wird, das von dem als lebendig und gegenwärtig erkannten Gott die Auflösung der Not erbittet. Das Urteil des Glaubens, worin sich die der Anfechtung abgerungene innere Freiheit ausspricht, ist wahrlich nicht eine einfache logische Folgerung aus einer früher gewonnenen Erkenntnis. Jenes Urteil entsteht vielmehr immer in einem Empfangen von Gott, das durchaus derselben Art ist, wie die Entstehung des Glaubens überhaupt. In jedem besonderen Moment des Glaubenslebens beugt sich der mit der augenblicklichen Not belastete Mensch unter die segnende Hand Gottes. Das ist aber nichts anderes als ein Gebet. Es ist freilich immer zugleich Verständnis des Evangeliums, weil wir uns an den in Christus offenbaren Gott wenden. Aber dieser Gott ist ja eben nicht der Inhalt einer Lehre, nicht der Urheber eines längst vergangenen Ereignisses. Sondern er ist uns der lebendige Gott, der in dem Eingreifen des geschichtlichen Christus in unser Leben

---

[217] E. A. 50, 105.
[218] E. A. 14, 86.

als gegenwärtig und wirksam empfunden wird.[219] Wir ziehen |271| deshalb nicht die praktische Folgerung aus irgend einem Gedankengefüge, wenn wir den Trost Gottes empfangen, sondern wir wenden uns an eine persönliche Macht mit dem Vertrauen, daß sie uns über unser Verstehen hinaus kräftigen und durch die gegenwärtige Finsternis zu einem wunderbaren Lichte führen werde. „Denn solches will Gott haben, daß ihr nicht allein die Lehre, und was ihr bereit habt, erkennt, als von ihm gegeben; sondern auch was ihr noch bedürfet und euch mangelt, bei ihm suchen müsset, und also erfahret, daß nichts in eurem Vermögen stehet, sondern Alles, beide, Anfahen und Vollenden, Wöllen und Thun, bei ihm gesucht und von ihm muß gegeben werden."[220]

Wenn der Glaube nicht ein bloßes Spiel mit Gedanken von Gott sein soll, so muß er sich zum Gebet gestalten; und wenn das Gebet nicht ein Spiel der Phantasie oder eine sinnlose Arbeit sein soll, so muß es eine Anwendung des Glaubens auf den bestimmten Moment sein. Das darf nicht übersehen werden, wenn man zum Gebet treibt. Für den Christen wird es freilich ein heiliges Gesetz, daß er regelmäßig betet. Aber für den Menschen ist es das wichtigste, daß er selbst beten lernt. Das kann er aber nur lernen, wenn er die Offenbarung Gottes erfährt, die ihm allein durch die Liebe von Menschen, die vor Gottes Angesicht stehen, vermittelt werden kann. Wenn wir daher einem Menschen zum Beten verhelfen wollen, so ist das nötigste, daß wir selbst beten und aus unserem Gebet die Kraft der Liebe gewinnen, die sich diesem Menschen dienstbar macht. Luther hat daran erinnert, daß die Verheißungen, die dem Gebet gegeben sind, nicht einem glaubenslosen Werke, sondern dem gläubigen Gebete gelten.[221] Er hat auch keineswegs das Gebet als das wichtigste Mittel, um zu Gott zu kommen, empfohlen. Denn er weiß, daß es wider das Evangelium ist, wenn die Geistlichen lehren, wie man mit Fasten, Beten und dergleichen Werken soll in den Himmel |272| kommen.[222] Er meint, durch eigene Anstrengung könne man zwar ein Beter werden, aber kein Christ.[223] Beten sei zwar ein gut Werk; aber wenn man gleich Tag und Nacht bete, so werde man deshalb kein Christ.[224] Das Leben stehet nicht darin, daß man viel betet, sondern in Christus.[225] Dadurch, daß wir Christus verstehen, kommen wir zum Verkehr mit Gott.[226]

---

[219] Vgl. E. A. 46, 216: „{Der Christ} hat Gott bei sich daheim in dem Herrn Christo." Vgl. 20 I, 508.
[220] E. A. 50, 107–108.
[221] Vgl. E. A. 50, 124–25.
[222] Vgl. E. A. 12, 377; 14, 8; 172–73.
[223] Vgl. E. A. 14, 335.
[224] Vgl. E. A. 16, 452.
[225] Vgl. E. A. 15, 156.
[226] Vgl. E. A. 51, 359; 9, 232, 263.

Wenn wir aber auf Grund dieses Erlebnisses beten, so hat unser Gebet von diesem seinem Ursprunge her eine Regelung, die wir keiner noch so genauen Vorschrift entnehmen könnten. Ein solches Gebet erfolgt in dem rechten, durch Gottes eigene Kundgebung geweckten Vertrauen auf ihn. Mit dem Vertrauen, das uns Gott durch die Erweisung seiner Liebe abgewonnen hat, ist aber dankbare Freude an Gott verbunden. Deshalb ist das so vermittelte Gebet immer in erster Linie Dankgebet, auch wenn es die Form der Bitte hat. Dieser Charakter des aus dem Glauben stammenden Gebetes bewirkt es, daß zwei geistige Bewegungen sich zu einer lebendigen Einheit verbinden, die durch keine menschliche Anstrengung zusammengefaßt werden können: das herzliche Verlangen, von Gott eine besondere Hilfe zu erfahren, und die demütige, d. h. freudige Ergebung in den Willen Gottes. Vergeblich ist es, diese Einigung nach der bloßen Vorschrift herbeiführen zu wollen: du sollst zwar Gott um eine bestimmte Gabe bitten, aber du sollst auch die Bereitschaft zum Verzicht in dir rege erhalten. Bei diesem Vornehmen würde die Bitte gelähmt, oder die Bereitschaft zum Verzicht erheuchelt werden. Dagegen bei dem gläubigen Gebete ergibt sich jene Einigung von selbst. Denn der Glaube sieht in Gott nicht die unbestimmte Macht, die Glück und Unglück in ihrer Hand hält und vielleicht durch die stürmische Bitte des Menschen |273| beeinflußt werden kann. Unser Glaube stellt uns vielmehr vor einen Gott, dessen Hilfe uns gewiß ist. Dadurch allein wird der leidenschaftliche Charakter der Bitte, in der sich der gesunde Trieb des Lebendigen nach Wohlsein ausspricht, gemildert. Der natürliche Wunsch der bedrängten Kreatur, auf den Willen Gottes zu ihren Gunsten einzuwirken, vergeht in dem christlichen Gebet in dem Eindruck, daß man die Bitte vor den Gott bringt, der uns mit mehr als Vater- und Mutterliebe liebt. Jene natürliche und diese göttliche Regung sind in dem wirklich lebensvollen Bittgebet des Christen zu unterscheiden. Ein solches Gebet ist ein innerer Kampf, der, wenn er normal verläuft, den Christen auf eine höhere Stufe des inneren Lebens bringen soll. Die Erreichung dieses Zieles zeigt sich darin, daß die stürmische Bitte in der Stille vor Gott verklingt.

Das zwar bewirkt der Glaube gewiß nicht, daß der Christ überhaupt von der Bitte um natürliche Güter zurücktritt. Diese vermeintliche Verklärung des Gebetes wäre eine Entleerung. Was die Seele wirklich so belastet, daß sie dadurch in ihrem Frieden bedroht wird, soll auch im Gebet vor Gott gebracht werden mit der Zuversicht, daß die Liebe des Vaters auch unser angstvolles Kleben an natürlichen Dingen versteht. „Hast du [nu] einen Mangel oder Not, so dich drücket, so rufe nur zu ihm, und thue den Mund getrost auf, wie ein Kind gegen seinen Vater, welcher ihm läßt alles gefallen, was das Kindlein thut, so sichs nur zum Vater hält."[227] Diese Haltung zu dem Vater, der uns in Christus entgegenkommt, bewirkt erst unsere innere Festigung gegenüber den

---

[227] E. A. 49, 313.

Dingen, die uns gefangennehmen. Wenn wir es selbst versuchen, uns von ihnen frei zu machen, und demgemäß unser Gebet nicht auf sie ausdehnen, so schaden wir uns in doppelter Weise. Erstens wird unser Gebet dadurch unlebendig und unwahrhaftig; es ist dann in Wahrheit gar nicht unser eigenes Gebet, sondern vielleicht das mögliche Gebet eines ganz anders ge-|274|stellten Menschen. Zweitens stellen wir uns dabei nicht wirklich vor den Gott, der als unser Helfer und Retter aufgesucht sein will. Denn wir erträumen uns dabei einen Gott, der zwar das Ideal des Menschen liebt, aber für unsere Bedürftigkeit keine Teilnahme hat. Wenn wir dagegen mit dem, was uns wirklich bedrückt, uns an Gott wenden, so bewirkt das Vertrauen, das er in uns hervorruft, eine Entlastung unseres Innern. „{Ein Christ} weiß, daß ihm nicht versagt wird, was er gebeten hat, und erfährets auch also in der That, daß ihm geholfen wird in allen Nöten; und ob er nicht so bald davon erlöset wird, so weiß er doch, daß das Gebet angenehm und erhöret ist, und Gott ihm gibt, daß ers ertragen und überwinden kann: welches ist eben so viel, als wäre es von ihm weggenommen, und heißt nicht mehr ein Unglück oder Plage, nachdem es u-berwunden ist."[228] Auf solche Weise wird unsere Bitte ein „gelassenes Gebet,"[229] nicht durch eine von uns aufgebotene Kraft der Entsagung, sondern durch den Eindruck der uns zugewendeten Liebe Gottes, der wir uns getrost überlassen dürfen. Dagegen wäre es ein schändlicher Mißbrauch, wenn wir Kleinigkeiten, die für unser inneres Leben tatsächlich bedeutungslos sind, zum Gegenstand unserer Gebete machen wollten. Das in solcher Weise gleichsam geschäftsmäßig betriebene Gebet würde entweder leeres Gerede oder es würde uns in die Beschäftigung mit Dingen verstricken, über die jeder ernste Mensch hinwegschreiten soll. Hierbei wird das Gebet verdorben, weil man in dem Haften am Wesenlosen die wirkliche Not der Seele nicht bemerkt.

Auf der anderen Seite kann das Gebet dadurch in sein Gegenteil verkehrt werden, daß man sich überhaupt nicht an Gott wendet, sondern sich ganz und gar in den energischen Wunsch, etwas Bestimmtes zu erlangen, hineinwirft. Ein solches Versinken im Irdischen findet dann statt, wenn man |275| sich lediglich die Macht Gottes als das mögliche Mittel zur Abstellung der Not, das durch die Energie der Bitte in Bewegung gesetzt werden könne, vergegenwärtigt. In einem solchen Verhalten wirkt nicht das Vertrauen auf den in Christus offenbaren Gott, sondern das Vertrauen auf die eigene Gebetskraft. Man betet dann nicht im Namen Christi, sondern im eigenen Namen. „Welche aber in ihrem eigenen Namen bitten, als die sich vermessen, Gott solle sie darumb erhören oder ansehen, daß sie so viel, so große, so andächtige, so heilige Gebete sprechen, die werden eitel Zorn und Ungnade verdienen und erlangen."[230]

---

[228] E. A. 49, 316.
[229] E. A. 11, 57.
[230] E. A. 12, 160. Daß ein leidenschaftlicher Mann wie Luther dennoch selbst in diese Form des Betens geraten konnte, ist erklärlich. Aber solche Gebete, wie die für die Errettung

Wer nur an ein uti Deo ohne ein frui Deo denkt, der weiß nichts von der Freude, die Christus dem Beter verheißt.[231] In dem richtigen Gebete steht man nur dann, wenn man an Gott selbst Freude hat. Solche Freude an Gott, die seine Offenbarung in uns entzündet, ist aber Liebe zu Gott, und „eine rechte Liebe Gottes [...] ist im Herzen so gesinnet und sagets auch mit dem Munde: Herre Gott, ich bin deine Kreatur, mach es mit mir, wie du willt, es gilt mir gleich, ich bin ja dein, das weiß ich; und wenn du wolltest, daß ich diese Stunde sterben sollte, oder irgend ein großes Unglück erleiden, so wollt ichs doch von Herzen gern leiden, ich will mein Leben, Ehre und Gut, und was ich habe, nimmermehr höher und größer achten, denn deinen Willen".[232] Das ist freilich das Ideal des Gebetes; |276| aber auch in dem Kampf des Gebetes, das wirklich vor Gott kommt, dringt die Freude an Gott notwendig in den Raum ein, den bisher der leidenschaftliche Wunsch allein einnahm, und trägt dazu bei, diesen zu ermäßigen. Das aus dem Leiden der Kreatur geborene natürliche Verlangen und die von Gott erweckte Freude an ihm und seinem Willen müssen in dem christlichen Gebete verbunden sein. Aber keine noch so sorgfältige Anweisung vermag für den einzelnen Fall das Gleichgewicht beider anzugeben. Gott allein löst die Aufgabe, indem er uns in seiner Offenbarung so berührt, daß die wunderbare Lust und Freude am Leben in uns aufgeht, aus der die Willigkeit zum Entsagen und zum Dulden des von ihm Auferlegten entstehen kann.

Dies ist das Bild des Verkehrs mit Gott, das Luther, sobald keine bestimmte polemische Aufgabe seine Aussprache beeinträchtigt, als ein Zeugnis seines inneren Lebens darbietet. Daß man, wenn man so zu Gott steht, Jesum Christum als den Mittler und Versöhner verwertet, und daß man dabei dennoch mit Gott selbst verkehrt, werden auch diejenigen nicht leugnen wollen, die durch ihre Erziehung zu einer anderen Form der Frömmigkeit geführt sind.

Wenn nun der Christ dessen bewußt geworden ist, daß sein Glaube wahrhaftiger Verkehr mit Gott ist, so faßt er alles, was ihm durch die Offenbarung Gottes geschehen ist, in einem Urteil über sich selbst zusammen. Er weiß sich in eine neue Existenz versetzt, die er als ein Wunder Gottes anschaut. Wie leer sein Leben und wie machtlos sein Können vorher war, merkt er erst jetzt, wo er in der Macht des Wirklichen die Liebe des Vaters verstehen lernt. Das Neue

---

des Melanchthon und Mykonius, fallen sicherlich unter das Gericht der obigen Worte Luthers. Es ist daher Undankbarkeit gegen den treuen Kämpfer, wenn man solche Sünden, in die ihn sein Kampf für die Sache Gottes hineinriß, dadurch fortwirken läßt, daß man sie als Mustergebete der Kirchengeschichte preist, wie LUTHARDT in einem sonst vortrefflichen Buche tut. (Vgl. CHRISTOPH ERNST LUTHARDT, Vorträge über die Moral des Christentums, 2. Aufl. Leipzig 1873, 224). Die Kreatur wird gewiß nicht heroisch, wenn sie so zu reden wagt, wie Gott redet: mein Wille geschehe.
[231] Vgl. E. A. 50, 125.
[232] E. A. 14, 172–73; vgl. 14, 8; 16, 428.

Testament gibt uns hierfür den treffenden Ausdruck: der Gläubige ist eine Neuschöpfung Gottes, ein wiedergeborener Mensch. Auch außerhalb der christlichen Gemeinde überall, wo es wirklich fromme Menschen gibt, weiß man, daß die volle Gewißheit von Gott, das Bewußtsein des Verkehrs mit ihm, nicht ein Produkt menschlicher Bemühungen ist, sondern ein Werk des Allmächtigen, das den Menschen etwas völlig Neues |277| sehen läßt. Daß sie so die Majestät der Offenbarung Gottes empfinden, können wir auch bei Nichtchristen beobachten und können uns darin mit ihnen einig wissen. In dem Christen dagegen soll der Gedanke entstehen, daß er selbst ein wiedergeborener Mensch ist. Unser Gott macht aus der Kreatur, indem er sich ihr offenbart, ein neues Wesen. Mit der Entstehung des Glaubens fängt in dem Christen ein neues Leben an, das eine Sinnesänderung von Grund aus mit sich führt, ein Leben aus der Kraft Gottes an Stelle der bisherigen Ohnmacht.

Sehr oft hat deshalb Luther ausgeführt, die Wiedergeburt sei der neue Sinn und Mut, den der in der Tatsache der Erscheinung Jesu wurzelnde Glaube verleiht.[233] Er findet eine Deutung der Wiedergeburt in dem johanneischen Worte, daß unser Glaube der Sieg sei, der die Welt überwunden hat.[234] Das Wiedergeborenwerden sei so viel, wie durch Christus zum Vater kommen;[235] der Glaube bringe die neue Geburt mit sich;[236] oder die göttliche Geburt sei nichts anderes als der Glaube selbst.[237] Demgemäß sieht er in dem Wort, in der Kundgebung Gottes, welche den Glauben weckt, das Mittel, durch das die Wiedergeburt bewirkt wird.[238] Die Taufe kommt neben dem Wort als „mitfolgendes Zeichen", als anderer Ausdruck für das, was Gott uns durch das Wort sagt, in Betracht.[239]

Trotzdem werden wir nicht sagen dürfen, der Christ habe an seinem neuen inneren Leben die in seinem Erfahrungsbereiche stehende Erscheinung, an der er seine Wiedergeburt |278| erkenne. Es wäre vielmehr für einen Christen ein ungeheuerlicher Gedanke, daß er sich um deswillen, was er bereits kann und in seinem bewußten Leben ist, für wiedergeboren halten sollte. Der Gedanke, daß er als ein neuer Mensch aus der Kraft Gottes lebt, gründet sich nicht auf die Erfahrung, daß er selbst Göttliches vollbringt, sondern darauf, daß Gott seine Zuflucht ist. Es ist auch keineswegs Luthers Meinung gewesen, daß er die Wiedergeburt erfahre, also an dem, was er sei, sich selbst als wiedergeboren erkenne, oder gar erklären könne, wie die Wiedergeburt zugehe. Wohl

---

[233] Vgl. E. A. 5, 246; 7, 178; 8, 224; 15, 341–44; 362; 18, 206; 23, 247.
[234] E. A. 8, 226.
[235] E. A. 51, 334–35; 22, 17.
[236] E. A. 8, 284; 10, 143.
[237] E. A. 10, 216; 20 II, 43; 46, 270.
[238] E. A. 8, 284; 291.
[239] E. A. 12, 439; 46, 296; 11, 72; 20 I, 27; 20 II, 47; 21, 269; 24, 65; 47, 207.

sieht er in der Macht seines Glaubens die Spuren der Wiedergeburt. Aber dennoch würde ihm das neue Leben, das er in sich wahrnimmt, die Gewißheit, daß er wiedergeboren sei, nicht begründen. Im Gegenteil gewinnt sein Glaube die weltüberwindende Kraft, deren er sich bewußt ist, gerade deshalb, weil er aus Tatsachen, die er von sich und seinem Leben unterscheidet, den Gedanken ableitet, daß die allmächtigen Triebe der Liebe Gottes in ihm wirken. Er sagt deshalb von der Wiedergeburt: „Diese Geburt wird nicht gesehen noch gegriffen, sondern allein gegläubet."[240] Der Christ sieht keineswegs in demjenigen, was er in seiner gegenwärtigen Erfahrung ist, den vollen Ausdruck dessen, was er durch Gottes Gnade geworden ist. Er weiß vielmehr, daß sein tiefstes Leben etwas ihm selbst noch Verborgenes ist.[241] „Darumb heißt es auch wohl ein verborgen Leben der Welt und den Christen selbs, nach äußerlichem Ansehen und Fühlen; aber doch ein solch Leben, das da gewiß und wohl verwahret ist."[242] Also das aus Gott stammende Leben, das Leben des wiedergeborenen Menschen schauen wir nicht in unserer gegenwärtigen Glaubenserfahrung an. Sondern die Gewißheit, daß eben diese Erfahrung in ihrer Tiefe ein göttliches Leben ist, stellen wir uns selbst durch ein Glaubensurteil fest. |279|

Es kann ja auch gar nicht anders sein. Denn wenn der Christ in seinem gegenwärtigen geistigen Besitze seine Wiedergeburt aus Gott anschaute, so wäre er eine von dem Baum des Lebens abgefallene Frucht, aber nicht eine Rebe an dem Weinstock Christus. Er hätte dann den Grund seiner Heilszuversicht in sich selbst zu suchen. Das ist aber eine Zumutung, auf die sich der Christ nicht einlassen kann. „Wenn du das Leben willt ansehen, so will ich dir auch geben Sanct Peters, Sanct Pauls oder Sanct Johannes Leben, und dennoch wirst du damit zu Schanden werden. Willtu fur Gott heilig sein, so gründe nicht auf dein Leben, anders du bist verloren; sondern es ist eitel Geschenk, Barmherzickeit und Gnade und nicht Leben oder Werk in dir; wenn es aber in dir ist, so ists umb dich geschehen." „Alslang du in dir selbs bleibst, bistu nicht fromm. Das heißt denn, daß unser Leben hoch verborgen ist, über all unser Fühlen, Herz, Augen und Sinn."[243] Christus allein ist in jedem Moment der Grund unserer Zuversicht. „Bin ich nicht ohn Sorge und Furcht, so ist er aber aller Sorge los und ohn Furcht; daß ich mich also aus mir schwinge in ihn selbst, und mich rühme, daß ich in Christo und durch Christum fromm sei."[244] Also nur durch ein Urteil des Glaubens, welches sich auf Christus gründet, stellen wir uns fest, daß wir wiedergeboren sind. Indem wir uns klar machen, was Christus für uns bedeutet, den sich uns zuwendenden und uns mit neuem

---

[240] E. A. 46, 276.
[241] Vgl. Kritische Gesamtausgabe [WA] I, 486, 16 f.: „Abscondit enim Deus omnem vitam sanctorum ita profunde, ut ipsi eam scire non possint."
[242] E. A. 8, 220; vgl. 11, 251.
[243] E. A. 17, 353.
[244] E. A. 15, 416–17.

Lebensmute erfüllenden Gott, machen wir uns zugleich klar, daß wir neue Kreaturen geworden sind, deren Kräfte aus der einen großen Tatsache quellen, daß Gott sich ihnen im Fleisch geoffenbart hat. Diesen Sinn findet Luther auch richtig in der Stelle Kol. 3, 3. Paulus wollte damit die Christen trösten, welche in sich selbst „nicht viel Lebens und Freude *fühlen*, wie sie gerne wollten, sondern vielmehr Tods und Schreckens". Er will ihnen zeigen, „wo sie ihr Leben suchen und gewiß |280| ergreifen sollen". Tatsächlich, will er sagen, „ist euch geschenkt eine unvergängliche ewige Herrlichkeit. Aber solch Leben habt ihr noch nicht in euch selbs durchs Fühlen, sondern in Christo durch den Glauben. Und heißt also Christus euer Leben, das in euch selbs noch nicht offenbar, aber in ihm gewiß ist, und also versichert, daß es euch niemand nehmen kann, also daß ihr durch den Glauben seines Lebens auch müsset erhalten werden und den Sieg behalten."[245]

Es ist gefährlich, sich der Vorstellung zu überlassen, daß man die Wiedergeburt als einen zeitlichen Vorgang erleben könne. Die Liebhaber dieser Vorstellung meinen recht kräftige Christen zu sein. Aber sie bringen leicht sich selbst um die *Gewißheit* der Wiedergeburt, die uns in Christus geschenkt ist. Ebenso verkehrt ist offenbar die Theologie, die die Wiedergeburt zu einem der menschlichen Nachforschung zugänglichen Prozeß macht. Daß die umständlichen Untersuchungen über „das Werden des Menschen Gottes", wie FRANK sie anstellt, resultatlos sein müssen und eine auffallende Unklarheit über die möglichen Aufgaben der Wissenschaft verraten, ist nicht ihr schlimmster Fehler. Das Verderblichste daran ist vielmehr die Tatsache, daß bei solchem Vornehmen der Charakter des Gedankens der Wiedergeburt, als eines Glaubensgedankens, der auf etwas jenseit aller Erfahrung Liegendes geht, verdeckt wird. FRANK bearbeitet das alte scholastische Problem, wie „unbeschadet der menschlichen Freiheit" die Erneuerung des Menschen durch Gott von statten gehen könne. Er erreicht aber damit dasselbe, was schon bei den Scholastikern zu beobachten ist. Die Freiheit des Menschen und die erneuernde Gnade Gottes behandelt er als Gegensätze, die so lange abgeschliffen werden müssen, bis sie zusammenzupassen scheinen. In Wahrheit aber läßt |281| sich weder der Gedanke der Freiheit noch der Gedanke der Wiedergeburt so behandeln. In der Zustimmung seines Gewissens zu dem Gesetze Gottes ist sich der Mensch seiner Freiheit bewußt. Dieser Gedanke aber verträgt keine Einschränkung. Er bezeichnet auch nicht etwas erfahrungsmäßig Wirkliches, sondern zeigt uns, daß das göttliche Geheimnis unseres Wesens jenseit aller uns jetzt möglichen Erfahrung liegt. Ebensowenig läßt sich dem Gedanken einer Neuschöpfung Gottes zu Gunsten der menschlichen Freiheit etwas abbrechen.

---

[245] E. A. 8, 221, vgl. 15, 157 : „Es ist nicht in uns, sondern allein ins Wort gefasset, daß wir durch und in ihm müssen das Leben erlangen und behalten."

Sowie dies unternommen wird, ist man auf dem Wege zum Semipelagianismus. Man will dann das Wunder des Glaubens behaupten, aber das Unbegreifliche daran beseitigen. Diese alte kluge Praxis sollten wir nun doch zur Genüge kennen. Ihre Vertreter sind sehr bereit, alle möglichen Mirakel anzuerkennen, deren der Glaube schlechterdings nicht gewiß werden kann, und die für die innere Stellung des Menschen zu Gott gar keine Bedeutung haben, wie die magische Wirkung der Sakramente. Aber in dem Hauptpunkt, wo es sich einfach darum handelt, daß sich der Mensch dem Gott, der sich ihm offenbart, unterwirft, wollen sie die Tatsachen, die der Glaube als solche erkennt, umgehen. Wer durch Christus zu Gott gekommen ist, sieht in sich den Gedanken entstehen, daß er durch die neue Umgebung, in die er versetzt ist, ein neues Wesen geworden ist. Das bleibt ihm ein Wunder, das insofern jenseit aller Erfahrung liegt, als er das, was damit gemeint ist, in keinem Momente bewußten Erlebens erschöpft. Aber auch in die einzelnen Teile eines Prozesses läßt sich das nicht zerschlagen, was sich der Glaube in dem Gedanken der Wiedergeburt zuspricht. Dieser Gedanke besagt vielmehr, daß der durch Siege und Niederlagen schreitende Glaube, wenn er an Christus festhält, dennoch auf einmal alles hat.

Dagegen darf man allerdings mit Luther in den Regungen des Glaubens das neue Leben des wiedergeborenen Menschen sehen, wenn man das andere, was Luther nicht weniger betont, auch beachtet, daß nämlich die neue Geburt aus Gott nicht |282| gesehen noch gegriffen, sondern allein geglaubt wird. Die Regungen des Glaubens haben nämlich die Kraft eines wirklich neuen Lebens nur dann, wenn sie von der Überzeugung getragen sind, daß die unüberwindliche Macht Gottes in ihnen waltet; und diese Gewißheit entnehmen wir immer aufs neue der Stellung, die sich Gott in Christus zu uns gibt. Aus seinem Verständnis Christi empfängt der Glaube die Fähigkeit und den Antrieb, so über sich selbst zu urteilen. Der auf diese Weise erzeugte Gedanke wohnt dem Glauben inne, der sich als ein neues Leben erweist. Bei dem in der gegenwärtigen evangelischen Theologie verbreiteten Verständnis des Glaubens müssen wir freilich den Einwurf erwarten, dann sei also die Wiedergeburt ein bloßer Gedanke, ein Traum und Gedicht des Menschen, aber nichts Wirkliches. Auf diesen Einwurf könnten wir kurz erwidern, daß es eben das Zeichen des Unglaubens sei, für den Inhalt der Gedanken, welche Gott durch Christus in uns begründet, noch ein anderes Merkmal der Wirklichkeit zu verlangen, als diese ihre Begründung. Aber wir wollen einmal die Vorstellung von der Wiedergeburt, welche auf jeden Fall in der herrschenden Gemeindeorthodoxie als die kirchlich berechtigte gilt, mit derjenigen, welche wir von Luther entnommen haben, vergleichen.

Als „orthodox" gilt ohne Zweifel in unserer Zeit die Meinung, daß sich in dem Menschen, wenn er getauft wird, etwas Merkwürdiges ereigne; daß dadurch etwa, wie die Konkordienformel es ausdrückt, aus dem geknechteten

Willen ein befreiter Wille gemacht werde. Dieser Vorgang soll die Wiedergeburt sein. Aus eigener Erfahrung etwas davon zu wissen, ist natürlich nicht möglich, wird auch in den seltensten Fällen beansprucht. Daß der Vorgang stattgefunden habe, wird also auf Grund einiger Schriftstellen angenommen, in welchen man die Behauptung, daß die Taufe so etwas bewirken könne, zu finden meint. Was hat nun der Christ von dieser Annahme, welche man Glauben an die wiedergebärende Kraft der Taufe nennt? Ohne Zweifel ver-|283|mögen sich diejenigen, welche diese Art von Glauben teilen, das fragliche Ereignis in sehr sinnlicher Deutlichkeit vorzustellen; sie sehen es, wie LUTHARDT sagen würde, als etwas „objektiv Reales" an. Für ihr inneres Leben aber trägt diese Annahme nichts aus. Denn wenn wir auch fest davon überzeugt sind, daß sich vor einer Reihe von Jahren diese wunderbare Änderung in uns vollzogen habe, unsere gegenwärtige Not, in welcher wir die Knechtschaft unseres Willens und an Stelle der seligen Freiheit der Kinder Gottes Mißmut und Verzagtheit fühlen, wird durch jene Annahme nicht geringer. Dem Christen, der in solcher Not steht, wird jene Behauptung notwendig gleichgültig; er darf in der Sorge um seine Seligkeit zu den Verkündigern jener Lehre sagen: Meinetwegen verhält es sich so, aber mir ist damit nicht geholfen. Darauf kann freilich zum Erweise, daß die Lehre praktisch fruchtbar sei, erwidert werden: Was damals in dir geschah, war und ist ein Gotteswerk, das durch deine Sünde nicht vertilgt wird; es ist vorhanden und hilft dir, wenn du es nutzen willst. Damit wird das Vertrauen auf die Treue Gottes aufgerufen, der das, was er dem Menschen in Christus erweist, aufrecht erhalten will als einen Ausdruck seiner wahrhaftigen Liebe. Gewiß ist das das richtige Verfahren, uns selbst und andere Christen zu trösten. Aber zugleich ist klar zu sehen, daß man sich dabei von der den Scholastikern entlehnten Lehre über die wiedergebärende Kraft der Taufe zurückzieht und sich dem wirklichen Glaubensgedanken von der Wiedergeburt zuwendet. Denn das Vertrauen zu der Treue Gottes gewinnen wir aus der Kundgebung Gottes, die wir als solche verstehen. Diese Kundgebung aber ist Christus allein in seinem Wort, in seiner geschichtlichen Erscheinung. Auf ihn also hinzuweisen, ist auf jeden Fall die Aufgabe, wenn es sich darum handelt, das Vertrauen auf die Treue Gottes rege zu machen. Wenn man nun auf die Wirkung der Taufe hinweist, als auf das Gotteswerk, dem die Treue Gottes Beistand verleihe, soll damit etwa Christus als Grund des Vertrauens ersetzt werden? Gewiß tritt dies ein, wenn |284| man an die wunderbare Änderung des inneren Lebens appelliert, welche als Wirkung der Taufe behauptet wird. Denn dann haften die Gedanken des Menschen an dem Ereignis, von dem sich nichts weiter sagen läßt, als daß es ein wunderbar bewirktes sei und etwas Wunderbares in dem Menschen angerichtet habe. Es wäre töricht, leugnen zu wollen, daß unter dem Einfluß dieser Vorstellungen eine Erregung aufquellen kann, die dann eine augenblickliche Erleichterung zu gewähren scheint. Aber der Trost Christi ist das nicht. Christus selbst wird hierbei durch die Vorstellung von dem wunderbaren Ereignis, die ja durch die eigene Phantasie des Menschen leicht bereichert wird, verdrängt. Er wird zu einer bloßen Voraussetzung für jenen Vorgang, worin man die Hilfe überkommen zu haben meint. Niemand aber ist gehalten, sich diese Voraussetzung zu vergegenwärtigen, die ja doch bereits das Ihrige zur Herstellung des erlösenden Faktums getan haben soll.

Es ist selbstverständlich, daß der evangelische Christ in einer solchen Stellung zum Sakrament, bei der er von dem Erlöser selbst sich abwendet, nicht verbleiben darf. Dann ist aber der Hinweis auf die Taufe nur in dem Sinne zulässig, daß die Taufe selbst als ein Ausdrucksmittel der in Christus uns zugewendeten Liebe Gottes verstanden wird. Bei einer solchen Auffassung, die freilich nur dem christlichen Vorsehungsglauben möglich ist, wird wirklich Christus und der in ihm uns offenbare Gott durch die Taufe an uns herangebracht. Wir entnehmen von Christus selbst unseren Trost, wenn wir die Taufe als die spezielle Zusage des Gottes verstehen, der durch ihn in unser inneres Leben eingreift. Sowie wir uns aber so zu Christus und zu der Taufe, die uns in seine Gemeinde aufnimmt, stellen, so wird uns jene Lehre von dem bei der Taufe erfolgenden Vorgang der Wiedergeburt zu einer Erzählung, die wir getrost dahingestellt sein lassen. Denn indem uns Christus zu der rechten Zuversicht zu Gott befreit, wird er |285| uns so groß und gewaltig, daß wir in irgend einer Form uns sagen, unter seinem Schutze stehen, sei so viel, wie ein neuer, aus Gottes Kraft wiedergeborener Mensch sein. Die wunderbare Macht des so durch Christus in uns erzeugten Gedankens kennt jeder gläubige Christ. Wir erfahren sie, wenn wir in Stunden der Glaubensschwäche uns daran halten, daß die Liebe Gottes viel mehr aus uns gemacht hat, als wir selbst verstehen können, weil wir nur zum kleinsten Teil ermessen, welche Kraft gegenüber den Mächten des Unheils in dem, was wir von Christus empfangen, liegt. Wie wir aus einem solchen Glauben heraus die Taufe, die uns von der christlichen Gemeinde erteilt ist, als eine Gabe Gottes verstehen, brauchen wir hier nicht auszuführen. Wir können dafür einfach auf Luthers Großen Katechismus verweisen. Es ist aber klar, daß diese Bedeutung, die für den Glauben des Christen seine eigene Taufe gewinnt, uns schließlich nötigt, über die Vorstellung von einer magischen Wirkung des Sakraments milder zu urteilen. Es kann darin die Tatsache ausgedrückt sein, daß die Gabe Gottes für unser Verstehen unerschöpflich ist. Als Fehler bliebe dann nur, daß man eine Vorstellung, die nur von einer hoch gesteigerten religiösen Reflexion in ihrem wirklichen Sinn gefaßt werden kann, als Fundament für den Glauben behandelt und daß man das damit bezeichnete Geheimnis doch wieder durch eine theologische Theorie aufzuhellen sucht. Der Fehler ist freilich nicht gering. Er hilft dazu, daß das Sakrament im eigentlichsten Sinne entheiligt wird. Denn er macht es völlig profanen Menschen möglich, an das Sakrament in ihrer Weise zu glauben, wie an andere Zaubermittel auch. Dagegen bleibt das Mysterium des Sakraments gewahrt, wenn darauf gehalten wird, daß der richtige Empfang des Sakraments in dem Bewußtsein erfolgt, „als ob Gott mir eine neue Stimme oder neu Wunderzeichen vom Himmel ließ geben, dadurch mir würde Gnade zugesagt" (Apologie der C. A. XIII).[246] Diese einfachste religiöse Deutung ist die undurchdringliche Mauer um das Myste-|286|rium. Denn das zu erleben, ist dem gottlosen Menschen nicht möglich.

Auf diese Weise lassen sich die Gedanken des Glaubens über die Quelle und den Bestand seines eigenen Lebens nicht fruchtbar machen, daß man ihrem Inhalte in einem sinnlichen Erlebnis beizukommen sucht und ihn durch eine theologische Theorie dem Verstande faßbar macht. Auf diese Meinung gerät man freilich, wenn jene Gedanken einfach den Aposteln oder der Heiligen Schrift nachgesprochen sind. Sie werden vielmehr dadurch allein in uns fruchtbar, daß sie in uns entstehen, wie in den Aposteln. Wenn durch die tatsächliche Macht der in der Geschichte wirklichen Offenbarung in uns der Glaube geweckt ist, so wird in seiner Regung unser Denken über das ganze Gebiet der uns möglichen Erfahrung hinausgehoben. Was wir so in der Kraft des Glaubens für möglich halten, läßt sich einem Menschen, der nicht in demselben Glauben steht, nicht einmal verständlich machen. Es ist auch nicht möglich, es mit den Resultaten des Welterkennens zu einem gleichartigen Erkenntnisbilde zusammenzufassen, oder es metaphysisch zu begründen. Daraus folgt das, was die herrschende Theologie unserer Zeit „Dualismus" nennt und aufs höchste verabscheut, weil dadurch ihr eigener schöner Bund mit der Wissenschaft, bei dem freilich nur eine weltherrschende Kirche etwas gewinnen könnte, in Frage gestellt ist. Trotzdem wird es den Gläubigen ebenso klar wie denen, die die Wissenschaft kennen, daß die Wissenschaft an dem Inhalt jener Gedanken keinen Anteil hat. Für diese Dinge gibt es keine Erkenntnistheorie. In diesen Gedanken bricht der Gläubige jede Brücke zwischen seiner Überzeugung und dem, was die Wissenschaft als wirklich erkennen kann, ab, eben weil sie aus dem durch Gottes geschichtliche Offenbarung erweckten Glauben erwachsen sind.

Aber die Gedanken des Glaubens werden dadurch wahrlich nicht haltlos und wertlos. Denn das ist eben ihr Wert, daß die Seele, die solches denkt, sich von der Welt losringt und zu Gott erhebt, über ihr gegenwärtiges Leben hinaus-|287|strebt und im Jenseits heimisch wird. Das würden wir aber an den Gedanken über Gottes Wesen und an allen anderen Gedanken des Glaubens gerade nicht haben können, wenn sie sich in unsere Erkenntnis der Welt einfügen ließen oder einfach das ausdrückten, was wir gegenwärtig erfahren können. Ihren Halt aber haben die Gedanken des Glaubens in dem Glauben selbst, aus welchem sie notwendig hervorgehen, also schließlich in der Offenbarung,

---

[246] [Apologie der Augsburgischen Konfession XIII. Von den Sakramenten, BSLK 295, 42-44.]

die dem Glauben sein Dasein und seine Gewißheit gibt. Für diesen Glauben selbst können wir der Wissenschaft Rede und Antwort stehen. Seine Gewißheit wurzelt darin, daß Jesus uns durch seine Erscheinung zu dem Vertrauen auf die Wirklichkeit eines Gottes bringt, der das Gute will und uns die Sünde vergibt. Es wirken also zu der Gewißheit des Glaubens zwei Mächte verschiedener Art zusammen: der Eindruck einer geschichtlichen Größe, die in der Zeit an uns herantritt, und das sittliche Gesetz, das wir, nachdem wir es vernommen haben, in seiner ewigen Wahrheit verstehen können. Der religiöse Glaube überhaupt entsteht, wenn der Mensch in seinem eigenen Dasein auf eine unleugbare Tatsache stößt, die ihn durch die Kraft ihres Inhalts zwingt, in ihr das Eingreifen Gottes in sein Leben zu sehen. Christen zu werden, beginnen wir, wenn wir die Spur Gottes in unserem Leben in der Tatsache finden, daß die Person Jesu in unseren Weg gerückt ist. Wenn man eingesehen hat, daß es sich bei dem religiösen Glauben nicht um die Feststellung ewiger Wahrheiten handelt, sondern um die tatsächliche Erhebung des Menschen aus dem Leben nach dem Fleisch zu ewigem Leben, so wird man an eine anders vermittelte Gewißheit des Glaubens überhaupt nicht mehr denken wollen.

Wir sehen mit fröhlicher Ruhe dem theologischen Parteitreiben der Gegenwart zu, weil wir mit unserer so fundamentierten Theologie fest auf dem Gesetz und dem Evangelium stehen und weil wir deshalb fern davon sind, den Glauben zu entehren durch eine falsche Unterwürfigkeit unter die Wissenschaft oder auch durch die Vorstellung, die |288| Wissenschaft müsse auf ihrem eigenen Gebiete eingeengt werden, damit dem armen Glauben kein Leid geschehe. Einmal wird ja diese befreiende Erkenntnis auch anderen tagen; wir aber freuen uns in dem Gedanken an die Freude, die ihnen bevorsteht, wenn ihnen Gott die Kraft geben wird, die Mönchskutte der scholastischen Theologie abzuwerfen.

Anhang

1. Editorische Anmerkungen

Zur Darbietung des Textes

Die Studienausgabe folgt der Rechtschreibung und Zeichensetzung Wilhelm Herrmanns. Offensichtliche Druckfehler wurden stillschweigend verbessert. Im Unterschied zur Vorlage werden die Fußnoten kapitelweise durchgezählt. Die Literaturangaben werden nach dem heutigen Standard gegeben. Sperrdruck von Namen wird in KAPITÄLCHEN wiedergegeben, im Text durch *Kursivdruck*. Herrmann verwendet Hervorhebungen im Text ungleichmäßig; sie sind, wie vorgegeben, beibehalten worden.

Zu Herrmanns Luther-Zitaten

Wilhelm Herrmann verwendet für seine Arbeit mit Luther die Erlanger Ausgabe deutscher Texte (EA).
- Dr. Martin Luther's sämmliche Werke, Erlangen 1826-1857.
- Dr. Martin Luther's sämmliche Werke, 2. Auflage, Erlangen und Frankfurt 1862-1885; erschienen: Bände 1-20; 24-26.

Hinzu treten an einigen Stellen Zitate aus dem lateinischen Teil der Erlanger Ausgabe (E ex 1829-1886, I-XXVIII; E var 1865-1873, I-VII).
Die EA ist (weitgehend) digital zugänglich unter
1. Auflage
https://www.digitale-sammlungen.de/de/search?filter=volumes%3A%22bsb10786069%2FBV004364905%22
2. Auflage
https://www.digitale-sammlungen.de/de/search?filter=volumes%3A%22bsb11020292%2FBV009307049%22

Von der ab 1883 erscheinenden Weimarer Ausgabe (WA) hat Herrmann nur den ersten Band verwendet.

Alle Luther-Zitate Herrmanns sind überprüft worden. Änderungen im Lautbestand und in der Zeichensetzung gegenüber der EA werden nicht nachgewiesen. Zusätze Herrmanns werden durch geschweifte Klammern {...}, seine Auslassungen durch eckige Klammern [...] vermerkt. Sperrsatz in Luther-Zitaten geht auf Herrmann zurück; der seltene Sperrsatz im Original wird von Herrmann nicht übernommen.

Verweise Herrmanns werden nicht aufgelöst; die Ermittlung der Bezüge bleibt dem Eigenstudium dieser Ausgabe überlassen.

Das nachfolgende Verzeichnis der Schriften Luthers, die Herrmann zitiert oder auf die er verweist, läßt erkennen, daß er überwiegend homiletische und katechetische Schriften Luthers verarbeitet, fast ausschließlich aus der deutschsprachigen Überlieferung. Damit die Texte auch in anderen Ausgaben als der EA zu finden sind, wird für die jeweilige Schrift die Bezifferung nach KURT ALAND, *Hilfsbuch zum Lutherstudium*, Witten 1970, angegeben.

2. Verwendete Schriften Martin Luthers nach der Erlanger Ausgabe und der Weimarer Ausgabe

Erlanger Ausgabe: Bd. 1-15.16-20.24-26: Zweite Auflage
Alle anderen Bände: Erste Auflage
Zudem: - EA ex   D. Martini Lutheri exegetica opera latina
          - EA var   D. Martini Lutheri opera latina varii argumenti
          - Weimarer Ausgabe Bd. 1

Fundstelle EA²	Titel	Sammlung	Aland
3,196-209	Mt 24,15-28, 25. So. n. Trinitatis	Hauspostille 1544	Po378
5,203-212	Pr Joh 14,23 ff	Predigten des Jahres 1532	Pr1324
5,236-247	Pr Joh 3,3 ff.	Predigten des Jahres 1532	Pr1326
7,25-46	Röm 13,11-14, 1. Advent	Adventspostille 1522	Po9
7,46-83	Röm 15,4-13 2. Advent	Adventspostille 1522	Po11
7,114-134	Phil. 4,4-7, 4. Advent	Adventspostille 1522	Po15
7,134-164	Tit 2,11-15 24. Dezember	Adventspostille 1522	Po18
7,164-190	Tit 3,4-7 Am Christtag	Weihnachtspostille 1522	Po20
7,248-293	Gal 4,1-7 So. nach Weihnachten	Weihnachtspostille 1522	Po28

2. Verwendete Schriften Luthers

7,294-339	Gal 3,23-29 Neujahrstag	Weihnachtspostille 1522	Po30
8,14-50	Röm 12, 6 ff., 2. So. n. Epiphanias	Fastenpostille 1525	Po37
8,51-72	Röm 13, 8 ff., 4. So. n. Epiphanias	Fastenpostille 1525	Po41
8,72-90	Kol 3, 12 ff., 5. So. n. Epiphanias	Fastenpostille 1525	Po43
8,130-141	2. Kor 6,1 ff., 1.So. in den Fasten	Fastenpostille 1525,	Po51
8,187-194	Apg 10, 34-43, Ostermontag	Crucigers Sommerpostille 1544	Po220
8,209-222	Kol 3, 1-7, Ostermittwoch	Crucigers Sommer-postille 1544	Po 225
8,223-239	1. Joh 5, 4-12, So. nach Ostern	Crucigers Sommerpostille 1544	Po 226
8,263-275	1. Petr 2, 11-20, 3. So. nach Ostern	Crucigers Sommerpostille 1544	Po230
8,277-289	Jak 1,17-21, 4. So nach Ostern	Crucigers Sommerpostille 1544	Po 234
8,290-315	1. Petr 4, 8-11, So n. Himmelfahrt	Crucigers Sommerpostille 1544	Po 241
9,38-54	1. Joh 3, 13-18, 2. So. n. Trinitatis	Crucigers Sommerpostille 1544	Po254
9,54-94	1. Petr. 5, 5-11, 3. So. n. Trinitatis	Crucigers Sommerpostille 1544	Po256
9,220-244	2. Kor 3, 4-11, 12. So. n. Trinitatis	Crucigers Sommerpostille 1544	Po275
9,253-276	Eph 3, 13-15, 15. So. n. Trinitatis	Crucigers Sommerpostille 1544	Po 283
9,276-286	Eph 4, 1-6, 17. So. n. Trinitatis	Crucigers Sommerpostille 1544	Po285
10,3-52	Mt 21, 1-9, 1. Advent	Adventspostille 1522	Po10
10,54-84	Lk 21,25-33, 2. Advent	Adventspostille 1522	Po12
10,84-111	Mt 11, 2-10, 3. Advent	Adventspostille 1522	Po14
10,133-161	Lk 2, 1-14, Christmette	Weihnachtspostille 1522	Po19

10,172-229	Joh 1, 1-14, Hohe Christmette	Weihnachtspostille 1522	Po23
10,245-260	Joh 21, 19-24, Johannestag	Weihnachtspostille 1522	Po27
10,261-319	Lk 2, 33-40, So. n. Weihnachten	Weihnachtspostille 1522	Po29
10,331-482	Mt 2, 1-12, Epiphanias	Weihnachtspostille 1522	Po33
11,1-15	Lk 2, 42-52, 1. So. n. Epiphanias	Roths Winterpostille 1528	Po172
11,16-37	Lk 2, 42-52, 1. So. n. Epiphanias	Fastenpostille 1525	Po34
11,52-73	Mt 8, 1 ff., 3. So. n. Epiphanias	Fastenpostille 1525	Po40
11,80-83	Mt 13,24 ff., 5. So. n. Epiphanias	Fastenpostille 1525	Po 44
11,154-163	Ein Sermon von der Betrachtung des heiligen Leidens Christi, 1519		408
11,165-187	Von der Beicht und dem Sakrament	Fastenpostille 1525	Po64
11,191-197	Mk 16, 1-8, Ostern	Roths Sommerpostille 1526	Po65
11,197-212	Über den rechten Empfang des Sakraments, Ostern	Roths Sommerpostille 1526	Po66
11,198-212	Über des rechten Empfang des Sakraments in der Karwoche, 1523		Pr287
11,223-242	Mk 16, 1-8 Am Ostertag 1538	Crucigers Sommerpostille 1544	Po219
11,243-256	Lk 24, 13-35, Ostermontag	Roths Sommerpostille 1526	Po68
11,245-294	Lk 24,13-35, Osterdienstag	Roths Sommerpostille 1526	Po 69
11,295-324	Lk 24, 36-47, Osterdienstag	Crucigers Sommerpostille 1544	Po224

2. Verwendete Schriften Luthers

11,335-350	Joh 20, 19 ff., Quasimodogeniti	Roths Sommerpostille 1526	Po71
11,350-386	Joh 20, 10-31, So. n. Ostern	Crucigers Sommerpostille 1544	Po227
12,27-56	Joh 10, 12-16, 2. So. n. Ostern	Crucigers Sommerpostille 1544	Po229
12,72-81	Joh 16, 16-23, 3. So. n. Ostern	Roths Sommerpostille 1526	Po74a
12,118-154	Joh 16,5-15, 4. So. n. Ostern	Crucigers Sommerpostille 1544	Po235
12,155-164	Joh 16,23 ff., 5. So. n. Ostern	Crucigers Sommerpostille 1544	Po237
12,169-184	Mk 16, 14 ff., Himmelfahrt	Roths Sommerpostille 1526	Po79
12,202-238	Mk 16, 14-20, Himmelfahrt	Crucigers Sommerpostille 1544	Po240
12,251-268	Joh 15,26 f. und 16, 1-4, Himmelfahrt	Crucigers Sommerpostille 1544	Po242
12,282-294	Joh 14, 23 ff., Pfingsten	Roths Sommerpostille 1526	Po83
12,294-338	Joh 14, 23-31, Pfingsten	Crucigers Sommerpostille 1544	Po244
12,338-349	Joh 3, 16-21, Pfingstmontag	Roths Sommerpostille 1526	Po84
12,350-373	Joh 3, 16-21, Pfingstmontag	Crucigers Sommerpostille 1544	Po246
12,373-385	Joh 10, 1-11 Pfingstdienstag	Roths Sommerpostille 1526	Po85
12,427-460	Joh 3, 1-15, Trinitatis	Crucigers Sommerpostille 1544	Po251
13,89-105	Lk 6, 36-42, 4. So. n. Trinitatis	Roths Sommerpostille 1526	Po90
13,161-173	Mt 5, 20-26, 6. So. n. Trinitatis	Roths Sommerpostille 1526	Po92
13,174-183	Mt 5, 20 ff., 6. So. n. Trinitatis	Roths Sommerpostille 1526	Po93
13,197-206	Mk 8, 1-9, 7. So. n. Trinitatis	Roths Sommerpostille 1526	Po94
13,239-260	Mt 7,15 ff., 1525		Pr621

13,297-311	Lk 16, 1 f., 9. So. n. Trinitatis	Roths Sommerpostille 1526	Po98
14,1-20	Lk 10, 23-37, 13. So. n. Trinitatis	Roths Sommerpostille 1526	Po102
14,42-87	Lk 17, 11-19, 14. So. n. Trinitatis	Roths Sommerpostille 1526	Po103
14,151-163	Lk 14, 1-14, 17. So. n. Trinitatis	Crucigers Sommerpostille 1544	Po286
14,163-177	Mt 22, 34-36, 18. So. n. Trinitatis	Roths Sommerpostille 1526	Po107
14,206-223	Mt 9, 1-18, 19. So. n. Trinitatis	Crucigers Sommerpostille 1544	Po290
14,223-233	Mt 22, 1-14, 20. So. n. Trinitatis	Roths Sommerpostille 1526	Po109
14,234-249	Mt 22, 1-14, 20. So. n. Trinitatis	Crucigers Sommerpostille 1544	Po292
14,249-260	Joh 4,47-54, 21. So. n. Trinitatis	Roths Sommerpostille 1526	Po110
14,279-294	Mt 18, 23-35, 22. So. n. Trinitatis	Roths Sommerpostille 1526	Po112
14,332-349	Mt 9, 18-26 24. So. n. Trinitatis	Roths Sommerpostille 1526	Po114
15,18-33	Mt 25, 1-3, Barbaratag 1524		Po117
15,33-46	Lk 12, 35-40, Nikolaitag	Roths Festpostille 1527	Po118
15,116-130	Lk 2,1-14, Christmette	Roths Festpostille 1527	Po122
15,131-138	Lk, 2,1 und 1. Mose 29, Christtag 1520	Roths Festpostille 1527	Po125
15,144-165	Joh 1, 1-14. Hohe Christmesse 1524	Roths Festpostille 1527	Po124
15,165-182	Mt 23, 34-39, Stephanstag 1523	Roths Festpostille 1527	Po 127
15,182-193	Joh 21, 19-24, Johannestag	Roths Festpostille 1527	Po128

2. Verwendete Schriften Luthers

15,209-223	Mt 2, 1-12, Am Tage der Beschneidung Jesu	Roths Festpostille 1527	Po 131
15,224-236	Mt 2, 1-12, Christi Erscheinen	Roths Festpostille 1527	Po132
15,237-258	Mt 3, 13 ff., Am Tage der Taufe Christi	Roths Festpostille 1527	Po133
15,260-269	Lk 2,22 ff., 1523		Pr258
15,289-304	Mt 11, 25-30, Matthiastag	Roths Festpostille 1527	Po137
15,320-334	Joh 14, 1-14, Tag Philippi und Jakobi	Roths Festpostille 1527	Po139
15,335-358	Joh 3, 1-15, Erfindung des Kreuzes	Roths Festpostille 1527	Po140
15,359-364	Joh 3, 1-15, Erfindung des Kreuzes	Roths Festpostille 1527	Po141
15,368-377	Joh 6,55-58, Leichnam Christi	Roths Festpostille 1527	Po143
15,389-423	Lk 1, 57-90, Johannes der Täufer 1522	Roths Festpostille 1527	Po145
15,412-419	Lk 1, 39-56, Am Tage, da Maria zu Elisabeth ging	Roths Festpostille 1527	Po149
15,423-434	Mt 16,13-19, Am Tage Petri und Pauli	Roths Festpostille 1527	Po146
15,435-444	Mt 16,13-19, Am Tage Petri und Pauli	Roths Festpostille 1527	Po147
15,463-473	Mt 20, 20.23, Am Tage Jakobi	Roths Festpostille 1527	Po 152
15,484-494	Lk 10 38-42, Mariae Himmelfahrt	Roths Festpostille 1527	Po155
15,517-534	Mt 5, 1-12, Allerheiligen 1522	Roths Festpostille 1527	Po163
15,535-548	Mt 25,1-13, Am Tage Katharinae	Roths Festpostille 1527	Po165

15,548-562	Lk 19, 1-10, Am Tage der Kirchweih (1516?)	Roths Festpostille 1527	Po166
16,12-18	Predigt Joh 11, 1-45, 1518		Pr63
16,113-117	Sermon von dem Wucher 1520		778
16,121-220	Von den guten Werken 1520		761
16,221-232	Predigt Mt 2, 1 ff., Epiphanias 1521		460
16,309-320	Passionsgeschichte 1522		Pr201
16,328-332	Predigt Joh 20, 21 ff., 1522		Pr204
16,422-429	Predigt Mt 22, 37.39, 1522		Pr239
16,429-436	Predigt Mt 22, 37.39, 1522		Pr240
16,437-448	Predigt Mt 25, 1ff, S.Michael 1522		Pr241
16,449-461	Predigt Mk 16, 15, 1522		Pr242
16,461-472	Predigt Mt 3,2, 1522		Pr243
16,482-492	Predigt Mt 9, 2 ff., 1522		Pr245
16,493-501	Predigt Mt 9,2, 1522		Pr246
17,140-153	Mk 16, 1 ff., 1525		Pr596
17,254-267	Predigt Mt 22, 34		Pr704
17,350-359	Predigt Mk 16, 1 ff., 1530		Pr1115
17,422-436	Predigt Lk 10, 23 ff., 1530		Pr1119
18,7-23	Predigt Joh 20, 11 ff., 1530		Pr1118
18,32-61	Predigt Tit 2, 13 ff., 1531		Pr1267

2. Verwendete Schriften Luthers

18,206-220	Predigt 1. Thess 4, 13 f., 1532		Pr1340
18,272-304	Predigt 1. Tim 1, 5 ff., 1532		Pr1355
18,304-361	Predigten zu 1. Joh, 1532		344
19,1-54	Predigt zum Ersten Artikel, 1533		Pr1400
19,168-179	Mt 8, 14 ff., 1535		Pr1523
19,65-77	Mt 18, 1 ff., 1531		Pr1278
20 I, 12-20	Joh 2, 1 ff., 1538		Pr1692
20 I, 20-29	Predigt Von der Taufe, 1538		Pr1693
20 I, 110-120	Lk 1, 26 ff., 1538		Pr1706
20 I, 145-171	Gal. 1,4–5, 1538		nicht bei Aland
20 I, 504-512	Predigt 2. Kor 3,4 ff., 1540		Pr1926
20 I, 542-252	Joh 14, 23 ff., 1539		Pr1881
20 II, 40-45	Predigt 1. Joh 5,3, 1544		Pr1957
20 II, 45-49	1. Petr 2, 21 ff., 1544		Pr1958
EA [1]			
21,255-274	Sermon von der Bereitung zum Sterben 1519		698
21,277-360	An den christlichen Adel 1520		7
22,3-32	Eine kurze Form der Zehn Gebote 1520		234
22,60-105	Von weltlicher Oberkeit 1523		540

22,131-139	Sendbrief an Kurfürst Friedrich von Sachsen, 12.3.1522		250
22,318-341	Ob man vor dem Sterben fliehen möge 1527		699
23,3-70	Unterricht der Visitatoren 1538/39		751
23,214-238	Eine einfältige Weise zu beten 1535		81
23,239-251	Auslegung des Glaubens zu Schmalkalden, 1537		255
EA²			
24,56-150	Grund und Ursach aller Artikel, die durch die römische Bulle rechtlich verdammt sind, 1521		114
25,280-448	Von den Konzillis und Kirchen, 1539		382
26,2-8	Bedenken, Aufruhr zu stillen, 1526		240
26,318-327	Antwort auf etliche Fragen, Klostergelübd belangend, 1526		379
EA¹			
27,28-50	Sermon von dem hochwürdigen Sakrament des heiligen und wahren Leichnams Christi, 1519		655

27,141-173	Sermon von dem Neuen Testament, 1520		502
27,380-410	Urteil der Theologen von Paris, 1521		552
28,27-141	Vom Mißbrauch der Messe, 1521		503
29,329-359	Sermon von dem Sakrament des Leibes und Blutes Christi wider die Schwarmgeister, 1526		Po206
31,126-184	Von den Schlüsseln, 1530		670
34,164-192	Predigt 1. Mose 31, ohne Datum		Pr757
34,257-268	1. Mose 38, 1527		Pr764
35,127-146	Predigt 2. Mose 7, 1524		Pr509
35,158-174	Predigt 2. Mose 9, 1524		Pr511
35,203-241	Predigt 2. Mose 12, 1525		Pr520
35,241-253	Predigt 2. Mose 13, 1525		Pr521
35,326-340	Predigt 2. Mose 16, 1525		Pr525
36,41-54	Predigt 2. Mose 20 (1. Gebot), 1525		Pr533
40,281-328	Der 117. Psalm ausgelegt, 1530		619
43,6-161	Predigt Mt 5, ohne Datum		Pr1189
44,63-78	Predigt Mt 18,9, ohne Datum		Pr1807
45,212-290	Das Magnifikat 1521		444

45,291-320	Predigt Joh 1,1,2, 1537		Pr1750
46,153-173	Predigt Joh 1,51, 1537		Pr1765
46,200-218	Predigt Joh 2, 18-22, 1538		Pr1768
46,234-252	Predigt Joh 2, 24.25, 1538		Pr1770
46,253-271	Predigt Joh 3, 1-5, 1538		Pr1771
46,272-288	Predigt Joh 3, 6.7, 1538		Pr1772
46,295-310	Predigt Joh 3, 9-11 1538		Pr1774
47,1-13	Predigt Joh 3, 16 f., 1538		Pr1780
47,13-29	Predigt Joh 3, 16-18, 1538		Pr1781
47,199-208	Predigt Joh 4,4, 1540		Pr1800
47,218-226	Predigt Joh 4, 9 f., 1540		Pr1802
47,246-259	Predigt Joh 6, 27-29		Pr1146
47,358-372	Predigt Joh 6, 45-47		Pr1155
47,372-384	Predigt Joh 6, 51		Pr1156
48,1-10	Predigt Joh 52.53		1158
49,1-251	Das 14. Kapitel S. Johannis ausgelegt, 1538		Pr1684
49,251-391	Das 15. Kapitel S.Johannis ausgelegt, 1538		Pr1685
50,1-154	Das 15. Kapitel S. Johannis ausgelegt, 1538		Pr1686
50,156-265	Das 17. Kapitel Johannes von dem Gebet Christi, 1530		333

51,118-127	Predigt 1. Kor 15, 12 ff., 1532		Pr1373
51,276-293	Predigt 1. Tim 1, 3 ff., 1525		Pr586
51,327-378	Predigt 1. Petr 1		Pr365
51,378-426	Predigt 1. Petr 2		Pr366
51,427-462	Predigt 1. Petr 3		Pr367
51,479-494	Predigt 1. Petr 4		Pr368
52,289-400	Auslegung vieler schöner Sprüche, 1547		695
57	Tischreden		725
EA ex.			
EA ex. IV	Genesisvorlesung		517
EA ex. XXIII,442-536	Enarratio 53. Capitis Esaiae prophetae, 1544		207
EA var.			
EA var. I, 66-75	Sermo Sir 15,1, 1514		Pr8
EA var. IV,201-255	Epistola Lutheriana ad Leonem X., De libertate christiana 1520		413
WA			
WA 1, 336-345	Duo sermones de passione Christi, 1518		556
WA 1, 398-521	Decem Praecepta Wittenbergensi praedicata populo, 1516-1517		573

3. Von Herrmann verwendete Literatur

WILHELM BOUSSET, Das Reich Gottes in der Predigt Jesu II, in: Theologische Rundschau 11, 1902, 437-449.

HEINRICH SEUSE DENIFLE, Das geistliche Leben. Blumenlese aus den deutschen Mystikern und Gottesfreunden des 14. Jahrhunderts, 3., erw. Aufl. Graz 1880.

AUGUST WILHELM DIECKHOFF, Die Inspiration und Irrtumslosigkeit der Heiligen Schrift, Leipzig 1891.

KARL WILHELM FEYERABEND, Evangelischer Heilsglaube, nicht "Glaube und Glaube", Riga 1895.

FRANZ HERMANN REINHOLD FRANK, System der christlichen Sittlichkeit, Bd. 1, Erlangen 1884.

FRANZ HERMANN REINHOLD FRANK, Der Subjektivismus in der Theologie und sein Recht, in: Neue kirchliche Zeitschrift 2, 1891, 527-575.

JOHANNES GOTTSCHICK, Die Kirchlichkeit der sogenannten Kirchlichen Theologie, Freiburg 1890.

JOHANNES GOTTSCHICK, Katechetische Lutherstudien. I. Die Seligkeit und der Dekalog (Fortsetzung), in: Zeitschrift für Theologie und Kirche 2, 1892, 438-468.

JOHANNES GOTTSCHICK, Die Entstehung der Losung der Unkirchlichkeit der Theologie, in: Zeitschrift für Theologie und Kirche 13, 1903, 77-94.

ADOLF HARNACK, Lehrbuch der Dogmengeschichte, 3 Bde., 2. Aufl. Freiburg 1888-1890.

WILHELM HERRMANN, Die Religion im Verhältnis zum Welterkennen und zur Sittlichkeit, Halle 1879.

WILHELM HERRMANN, Der Begriff der Offenbarung, Gießen 1887.

WILHELM HERRMANN, Die Gewißheit des Glaubens und die Freiheit der Theologie, 2. Aufl. Freiburg 1889.

WILHELM HERRMANN, Die Buße des evangelischen Christen, Zeitschrift für Theologie und Kirche 1, 1891, 28-81.

WILHELM HERRMANN, Warum bedarf unser Glaube geschichtlicher Tatsachen? 2. Aufl. Halle 1891.

WILHELM HERRMANN, Art. Demut, in: Realenzyklopädie für protestantische Theologie und Kirche, 3. Aufl., IV, Leipzig 1898, 571-576.

WILHELM HERRMANN, Die Lage und Aufgabe der evangelischen Dogmatik in der Gegenwart, 2. Die Aufgabe, in: Zeitschrift für Theologie und Kirche 17, 1907, 172-201.

HEINRICH HOFFMANN, Eins ist not. Ein dritter Jahrgang Predigten, meistens über freie Texte, Halle 1895.

MARTIN KÄHLER, Die Versöhnung durch Christum in ihrer Bedeutung für das christliche Glauben und Leben, Erlangen 1885.

MARTIN KÄHLER, Der sogenannte historische Jesus und der geschichtliche, biblische Christus, Leipzig 1892 (2., erweiterte und erläuterte Aufl. Leipzig 1896).

EDUARD KÖNIG, Der Glaubensact des Christen nach Begriff und Fundament, Erlangen 1891.

JULIUS KÖSTLIN, Luthers Theologie, 2 Bde., 2. Aufl. Stuttgart 1901.

ROBERT KÜBEL, Eine Kritik der kirchlichen Theologie, in: Theologisches Literaturblatt 12, 1891, I 113f. II 121-123.

RICHARD ADELBERT LIPSIUS, Philosophie und Religion. Neue Beiträge zur wissenschaftlichen Grundlegung der Dogmatik, Leipzig 1885.

CHRISTOPH ERNST LUTHARDT, Vorträge über die Moral des Christentums, 2. Aufl. Leipzig 1873.

CHRISTOPH ERNST LUTHARDT, Zur Kontroverse über die Ritschl'sche Theologie, in: Zeitschrift für kirchliche Wissenschaft und kirchliches Leben, 1886, 632–658.

CHRISTOPH ERNST LUTHARDT, Der „Scholastiker Luther", in: Zeitschrift für kirchliche Wissenschaft und kirchliches Leben 8, 1887, 197-207.

THEODOR MEINHOLD, Der heilige Geist und sein Wirken im einzelnen Menschen, Erlangen 1890.

ADOLF OPPENRIEDER, Durch welche Darstellung Jesu Christi wird nach der Lehre Ritschlscher Schule der christliche Glaube erzeugt und durch welche nach Anweisung der heiligen Schrift? in: Neue Kirchliche Zeitschrift 2, 1891, 312-349.

LEOPOLD VON RANKE, Die römischen Päpste in den letzten Jahrhunderten, 6. Aufl. Leipzig 1874.

ALBRECHT RITSCHL, Die Entstehung der lutherischen Kirche, in: Zeitschrift für Kirchengeschichte 1, 1877, 51-110.

ALBRECHT RITSCHL, Die Lehre von der Rechtfertigung und Versöhnung, 3 Bde., 2. Auflage Bonn 1882-1883.

ALBRECHT RITSCHL, Geschichte des Pietismus. Bd. 2 Bonn 1884, Bd. 3 Bonn 1886.

OTTO RITSCHL, Der historische Christus, der christliche Glaube und die theologische Wissenschaft, Zeitschrift für Theologie und Kirche 3, 1893, 371–426.

FRIEDRICH WILHELM ROBERTSON, Sein Lebensbild in Briefen. Nebst einem Anhang Religiöser Reden, Gotha 1888.

RICHARD ROTHE, Theologische Ethik, 5 Bde., 2. Aufl. Wittenberg 1867-1871.

HEINRICH SCHMID, Die Dogmatik der evangelisch-lutherischen Kirche. Dargestellt und aus den Quellen belegt, 6. Aufl. Frankfurt 1876.

HERMANN SCHULTZ, Die Lehre von der Gottheit Christi: communicatio idiomatum, Gotha 1881.

HERMANN SCHULTZ, Zur Lehre vom heiligen Abendmahl. Studien und Kritiken, Gotha 1886.

ALEXANDER SCHWEIZER, Die Christliche Glaubenslehre nach protestantischen Grundsätzen dargestellt, 2 Bde., 2. Aufl. Leipzig 1877.
HANS VON SODEN, Die Ethik des Paulus, in: Zeitschrift für Theologie und Kirche 2, 1892, 109-145.
KARL THIEME, Die sittliche Triebkraft des Glaubens. Eine Untersuchung zu Luther's Theologie, Leipzig 1895.
KARL THIEME, Luthers Testament wider Rom in seinen Schmalkaldischen Artikeln, Leipzig 1900.
JOHANNES WEIß, Die Nachfolge Christi und die Predigt der Gegenwart, Göttingen 1895.
JOHANNES WEIß, Die Predigt Jesu vom Reiche Gottes, 2. Aufl. Göttingen 1900.

4. Vorreden zu den ersten drei Auflagen

Vorrede zur ersten Auflage

In der vorliegenden Arbeit habe ich das Thema, auf welches sich schliesslich jede nicht ganz unfruchtbare dogmatische Verhandlung in unsrer Kirche bezieht, einer besondern Besprechung unterzogen. Dogmatische Streitigkeiten der letzten Jahre möchte ich dadurch fördern, dass ich den religiösen Gegensatz ans Licht stelle, der auf den Gang derselben einwirkt. Ich bin überzeugt, dass allmählich eine andre Gruppierung in unsern theologischen und kirchlichen Kämpfen stattfinden wird, je mehr wir uns den Sinn desjenigen klar machen, worauf uns allen am meisten ankommen soll, den Sinn unsres eigenen Verkehrs mit Gott. Durch Differenzen über einzelne Dogmen werden wir kirchlich überhaupt nicht geschieden, und theologisch wenigstens nicht so, dass jede Verständigung ausgeschlossen wäre. Daraus folgt freilich nicht, dass die dogmatische Stellung gleichgültig sei, und nur die aufrichtige Frömmigkeit in Betracht gezogen werden dürfe. Denn der christliche Glaube lebt nicht ohne mitteilbare Gedanken, deren genaue Formulierung die Dogmen geben wollen; und aufrichtige Frömmigkeit macht noch keinen Christen. Wohl aber kommt es darauf an, auf welche Weise wir fromm sind; d. h. wie wir uns den Verkehr mit Gott vorstellen und wie wir ihn aufsuchen. Diese Gestalt unsres innern Lebens entscheidet darüber, was wir auf die Dauer als Dogma behaupten können. Es ist daher dringend nötig, dass wir uns über die Praxis der Frömmigkeit, welche in der evangelischen Kirche berechtigt ist, verständigen. Dass auf solche Weise die Grenzen des kirchlich zulässigen viel kräftiger bestimmt werden als durch irgend eine Zusammenstellung von Dogmen, ist mir freilich nicht verborgen. Aber dies halte ich gerade für einen Vorteil. Es muss zur Entscheidung darüber kommen, ob es dem modernen Pietismus gestattet sein soll, im Verein mit dem kirchlichen Liberalismus ein Ideal der Frömmigkeit uns aufzudrängen, das in der katholischen Kirche erwachsen und von Luther durch ein besseres ersetzt ist. Um uns dieser Entscheidung näher zur führen, habe ich hier denjenigen Verkehr mit Gott darstellen und rechtfertigen wollen, zu welchem Luther durch das Verständnis Jesu Christi gekommen ist. Die bekannten Werke von TH. HARNACK und J. KÖSTLIN konnten mir dabei keine Führer sein, da bei ihrer umfassenden Aufgabe die hier behandelten religiösen Grundgedanken Luthers nicht so ausführlich dargestellt werden konnten, wie es für meinen Zweck notwendig war. Luthers Werke habe ich nach der Erlanger Ausgabe citiert, und zwar bis Bd. 20 II der deutschen Schriften in der zweiten Auflage.

Marburg, 25. Juni 1886

W. Herrmann

Vorrede zur zweiten Auflage

Diese Auflage ist, obgleich manches gestrichen ist, um fünf Bogen stärker als die erste. Ich hoffe, dass die Mühe, die ich an die Umarbeitung gewendet habe, meine Dankbarkeit für die dem Buch geschenkte Teilnahme bezeugen wird. Besonders dankbar bin ich für die ausführlichen Besprechungen von Kaftan, Lipsius, Luthardt, Oehringer und für einige Bemerkungen von Häring und A. Baur. Ueber die verletzende Schärfe der Polemik ist bei der ersten Auflage mehrfach geklagt worden. Ich habe mich bemüht, die Anlässe dazu zu beseitigen. Namentlich lag es mir an, eine Bemerkung gegen Kähler zu entfernen, in der ich mich zu meinem Bedauern gänzlich vergriffen hatte. Ich hatte scharfe Worte Kählers auf Ritschl bezogen, während ich jetzt weiss, dass sich diese Worte nach einer andern Seite richten; und ich hatte von einer Abhängigkeit Kählers von Ritschl gesprochen, während Kähler beanspruchen darf, dass er in dem, worin er sich mit Ritschl begegnet, auf eigenen Füssen steht. Ich bemerke noch, dass auch der 24. Band der E. A. der deutschen Schriften Luthers nach der 2. Auflage citiert ist.

Marburg, 7. April 1892

W. Herrmann

Vorrede zur dritten Auflage

Die Teilnahme, für die ich zu danken habe, hat sich zu meiner großen Freude auch in einer Reihe von lebhaften Angriffen auf meine Ausführungen gezeigt. Meine Herren Gegner – ich denke vor allen an O. RITSCHL (Zeitschrift für Theologie und Kirche III, 371-426) und J. WEISS (Die Nachfolge Christi und die Predigt der Gegenwart, 1895) – haben durch die Schärfe und Gründlichkeit, mit der sie meinen Standpunkt als unhaltbar oder gefährlich zu erweisen suchten, mich zu grossem Dank verpflichtet. Die gründlichste Besprechung ist mir erst vor wenigen Tagen zugegangen in der erweiterten und erläuterten Auflage von M. KÄHLERS Schrift „Der sogenannte historische Jesus und der geschichtliche Christus". Trotz der Differenzen, die bestehen bleiben und die für mich so wenig wie für Kähler gleichgültig werden können, glaube ich doch zu sehen, dass wir in dem, was uns das Wichtigste ist, uns ohne Mühe zusammenfinden werden.

Ihm hier schon zu antworten, war nicht möglich. Aber auch die anderen Theologen, die mich durch die Beachtung meiner Arbeit geehrt haben, bitte ich, es zu entschuldigen, wenn ich darauf verzichtet habe, mich hier mit ihnen auseinanderzusetzen. Die Rücksicht auf den Umfang des Buches und andere Aufgaben hinderten mich. Meine Stellung zu ändern, hat die Kritik mich nicht genötigt. Einige vorläufige Bemerkungen mögen hier ihre Stelle finden.

Dass die historische Forschung für die Erfassung der Thatsache, die der Grund unseres Glaubens ist, eine solche Bedeutung habe, wie es O. RITSCHL behauptet, kann ich nicht zugeben. Ihre Freiheit ist ein hohes Gut, für das ich immer eintreten werde. Aber der Anspruch, dass sie unserem Glauben den festen Grund schaffe, lehne ich ab. Sie dient dem Leben in anderer Weise, nämlich dadurch, dass sie die Gewohnheit stört und den Glauben zu immer neuen Kämpfen um sein Teuerstes nötigt. Es ist durchaus sachgemäss, dass die christliche Gemeinde an der historischen Forschung vor allem bemerkt, dass sie lebhaft beunruhigt. Aber schelten sollen wir darüber nicht, sondern uns über die dadurch allen aufgedrängte Erkenntnis freuen, dass der Grund des religiösen Glaubens nicht technisch gesichert werden kann, sondern von jedem in einem persönlichen Erlebnis gefunden werden muss.

Gefährlicher klingt der Einwand von J. WEISS. Es soll eine äusserst schwierige und verzwickte Sache sein, die Thatsache der Person Jesu Christi als den wichtigsten Bestandteil unserer eigenen Existenz zu Herzen zu nehmen. Der Historiker wisse es am besten, wie schwer es sei, so ferne Ereignisse sich deutlich zu machen. Ich könnte darauf kurz erwidern, wenn es unmöglich sei, in der Person Jesu die Erscheinung des uns rettenden Gottes zu finden, weil wir überhaupt kein deutliches Bild von dieser Person hätten, so würde es auch unmöglich sein, sich zu der Nachfolge Jesu zu entschliessen, zu der WEISS auffordert. Ich möchte ihn auf etwas anderes aufmerksam machen. Er wird mir darin zustimmen, dass Religion innere Sammlung, Selbstbesinnung, Andacht ist. Fromm ist nicht, wer schwärmt, sondern nur der kann fromm sein, der die Wirklichkeit, die sich ihm unleugbar aufdrängt, ernst und aufrichtig durchlebt. Worin ist es begründet, dass wir Christen so von der Religion denken können und müssen? Doch wohl nur darin, dass in der Welt, in der wir uns aus bloss natürlichem Leben zu persönlichem Leben emporringen wollen, dem Menschen, der das will, eine Thatsache sichtbar werden kann, an der er die ihn rettende Macht Gottes erfährt. Ohne Zweifel wird auch WEISS sagen, es sei für ihn die wichtigste Thatsache seines Lebens, dass ihn die Gemeinde und schliesslich die biblische Ueberlieferung mit der Person Jesu zusammengeführt hat. Denn er meint, es sei unsere Pflicht, unserem ganzen Leben den Charakter der Nachfolge Jesu zu geben. Bei einer Thatsache, der man solche Bedeutung beimisst, zu verweilen und von ihr aus sich den Sinn seines Lebens zu deuten, ist doch nichts Absonderliches. Auf jeden Fall wird jeder, der es thut, darin nichts anderes sehen, als ein einfaches Erfordernis der Treue und Wahrhaftigkeit. Wer es aber thut, wird an der Person Jesu noch etwas anderes bemerken, worin wir ihm nicht nachfolgen können, dass er nämlich der Messias sein will, der Richter aller Menschen und der Retter aller, die sich ihm in die Hand geben. Es ist doch nicht schwer zu verstehen, dass die Person Jesu denen, die seine Gewalt über ihr Gewissen verspürt haben, die Kundgebung Gottes an sie selbst werden kann, durch die sie über die Not und Verworrenheit erhoben werden, die gerade durch ernstes sittliches Streben in ihnen entstehen muss. Dieses einfache Erlebnis bildet in irgend einer Abtönung das Innerste in aller wirklich christlichen Religion. Ich werde Christentum auch da anerkennen, wo einem Menschen das durch Christus befreite persönliche Leben in Menschen seines Verkehrskreises zu der Kundgebung Gottes an ihn wird, vor der er sich in Ernst und Ehrfurcht beugt. Aber ohne die Selbstbesinnung auf das, was Christus in unser Leben gebracht hat, kann christliche Religion nicht entstehen.

Indem WEISS das alles als Absonderliches ablehnt, kann er freilich auf die lebhafte Zustimmung der jetzt in der evangelischen Kirche massgebenden Kreise rechnen. Hier herrscht die äusserst bequeme Vorstellung, dass man den Menschen das Evangelium bringt, wenn man ihnen zumutet, christliche Gedanken zu fassen. Weiss ist ohne Zweifel ein Gesinnungsgenosse dieser kirchlichen Kreise. Nur dass bei ihm der Umfang der christlichen Gedanken, die er dem Menschen zumuten zu dürfen meint, geringer ist, als dort. Er mutet dem Menschen zu, es mit dem Gedanken von der Vatergüte Gottes zu wagen, und meint, ein solches Wagnis sei recht evangelisch. Ich finde, dass ein solches Wagnis unberechtigt ist, so lange der Mensch nicht in seiner eigenen Existenz auf ein Faktum gestossen ist, das das innere Gericht seines Schuldgefühls bestätigt und ihn doch als ein Erweis des sich ihm zuwendenden Erbarmens Gottes überzeugt. Hat er ein solches Faktum gefunden, so hat er noch genug zu wagen, wenn er darauf allein ein neues Leben zu gründen sucht.

WEISS deutet an, dass ich bei meiner Verwertung eines äusseren Faktums, wie die Person Jesu, ganz übersehe, dass es eine direkte und übernatürliche Beeinflussung unserer Seele gebe, die er sich nicht wegdisputieren lassen. Dass ich das nicht übersehe, hätte ihm dies Buch zeigen können. Ich meine aber, ein Mensch, der, wenn er an Gott glaubt, allen Grund hat, zu zweifeln, ob er mit Gott reden dürfe, kann in den Erlebnissen seines Gebets niemals die Offenbarung finden, die ihn vor dem innern Zusammenbruch zu schützen vermöchte. Die Gedanken, zu denen sich Weiss schlägt, werden ja oft für die Quintessenz der Ritschlschen Theologie erklärt. Wären sie das, so wäre ich ein entschlossener Gegner dieser Theologie. Mich aber hat RITSCHL nicht zu dem Abstraktum von Religion geführt, worin sich die Orthodoxie und der Rationalismus begegnen, sondern zu Christus. Ich glaube übrigens auch bei WEISS deutlich zu sehen, dass er selbst sich diesem Einfluss RITSCHLS nicht hat entziehen können.

WEISS tadelt auch mein „hartes" Wort, dass von einem Verkehr mit dem erhöhten Christus nicht die Rede sein könne. Hier schein ein Missverständnis vorzuliegen. WEISS vergisst, dass ich von einem Verkehr nur da rede, wo nicht nur der eine redet, sondern auch der andere antwortet. Mit Gott glaube ich in einem solchen Verkehr zu stehen. Denn ich glaube, die Offenbarung Gottes empfangen zu haben, die mir die vorher stumme Welt zu einer Rede Gottes zu meinem Herzen gemacht hat. Von dem erhöhten Christus kann ich das nicht sagen. Denn mir fehlen die Visionen, in denen im Neuen Testament allein Antworten des erhöhten Christus auf das Anrufen der Seinen vorkommen. WEISS behauptet, im Neuen Testament etwas anderes gefunden zu haben. Der Beweis dieser Behauptung wäre mir sehr interessant. Aber darin irrt er ohne Zweifel, dass meine Auffassung der christlichen Gemeinde fremd sei, der der zur Herrlichkeit auferweckte Christus der Gegenstand ihrer Sehnsucht und ein Grund ihrer Zuversicht zu Gott ist. Dass ich in dieser Stellung zu dem erhöhten Christus mich mit der christlichen Gemeinde einig weiss, hat WEISS ganz ebenso bei mir lesen können, wie bei KAFTAN, den er mir gegenüberstellt. Ich habe keine Vorstellung davon, wie jemand, der in der Erscheinung des Menschen Jesus Gott gefunden hat, den Gedanken ertragen kann, dass Jesus im Tode vergangen sei. Vollendet sich aber das, was er uns gegeben hat, in dem Gedanken, dass er lebt, so sind wir auch davon überzeugt, dass er als unser Erlöser und Herr auf uns wirkt und uns nahe ist. Im Glauben sind wir davon überzeugt, d.h. in Kraft dessen, dass Jesus uns zu Gott erhebt. Allen aber, die so denken dürfen und müssen, wird es selbstverständlich sein, dass sie den erhöhten Herrn anrufen. Trotzdem darf man auch dann nicht von einem Verkehr mit ihm reden, solange es an sinnlich fassbaren Vorgängen fehlt, die sich uns als eine Antwort von ihm erweisen. Auf eine solche Antwort zu rechnen, ist nicht christlich, sondern schwärmerisch. Dass ich mich mit meinem Urteil nicht von der gemeinchristlichen, sondern von der schwärmerischen Auffassung entferne, dafür kann ich mich unter andrem auf eine Predigt von H. HOFFMANN berufen (vergl. Eins ist not. Halle a. S. 1895, S. 153-54).

Ich habe in dieser Auflage an vielen einzelnen Stellen zu bessern gesucht. Eine grössere Erweiterung hat das Buch dadurch erhalten, dass ich im III. Kapitel von S. 254-68 den Gedanken, dass im Christentum das sittliche Handeln als eine besondere Form des Verkehrs mit Gott aufzufassen sei, weiter ausgeführt habe. Auch den Abschnitt über den Begriff des Glaubens würde ich erweitert haben, wenn nicht inzwischen die vorzüglich geschriebene Abhandlung von K. W. FEYERABEND „Evangelischer Heilsglaube", Riga 1895, erschienen wäre.

W. Herrmann.

5. Tabelle der Inhaltsverzeichnisse aller Auflagen

1. Auflage 1886	2., gänzlich umgearbeitete Auflage 1892	3. Auflage 1896	4. Auflage 1903	5. und 6., verbesserte Auflage 1908
		Vorrede III–VII		
Einleitung 1–20	Einleitung 1–12	Einleitung 1–13	Einleitung 1–15	Einleitung 1–15
Kapitel I. Der Verkehr Gottes mit uns 21–70	**Kapitel I.** Der Gegensatz der christlichen Religion zur Mystik 13–43	**Kapitel I.** Der Gegensatz der christlichen Religion zur Mystik 14–45	**Kapitel I.** Das Verhältnis der christlichen Religion zur Mystik und die mit ihr verbundenen Formen der Religionsausübung 16–46	**Kapitel I.** Das Verhältnis der christlichen Religion zur Mystik und die mit ihr verbundenen Formen der Religionsausübung 15–44
Kapitel II. Unser Verkehr mit Gott 71–160	**Kapitel II.** Der Verkehr Gottes mit uns 44–162	**Kapitel II.** Der Verkehr Gottes mit uns 46–164	**Kapitel II.** Die Begründung unseres Verkehrs mit Gott durch die Offenbarung Gottes 47–166	**Kapitel II.** Die Begründung unseres Verkehrs mit Gott durch die Offenbarung Gottes 45–160
Kapitel III. Die Gedanken des Glaubens 161–205	**Kapitel III.** Unser Verkehr mit Gott 163–282	**Kapitel III.** Unser Verkehr mit Gott 164–296	**Kapitel III.** Die Ausübung unseres Verkehrs mit Gott im religiösen Glauben und im sittlichen Wirken 167–298	**Kapitel III.** Die Ausübung unseres Verkehrs mit Gott im religiösen Glauben und im sittlichen Wirken 161–288

6. Rezensionen und Diskussionen

Unter Verwendung der Bibliographie von PETER FISCHER-APPELT, Metaphysik in Horizont der Theologie Wilhelm Herrmanns, München 1965, 215-230.

1. Auflage

1886

OTTO ZÖCKLER, Evangelische Kirchenzeitung 60, 1886, 961.
RICHARD ADELBERT LIPSIUS, Theologischer Jahresbericht 6, 1886, 360–365.
CHRISTOPH ERNST LUTHARDT, Zeitschrift für kirchliche Wissenschaft und kirchliches Leben 7, 1886, 632– 658.

1887

WILHELM KRÜGER, Deutsche Evangelische Kirchenzeitung 1, 1887, LitBeil 9–11.
– ebd., 22: WILHELM HERRMANN, Berichtigung.
– ebd., 22–23: WILHELM Krüger, Bemerkung.
– Theologische Literaturzeitung 12, 1, 165 f.: WILHELM HERRMANN, Erklärung.
WILHELM KRÜGER, Offener Brief, Deutsche Evangelische Kirchenzeitung 1, 1887, LitBeil 29–30.
AUGUST BAUR, Deutsche Literaturzeitung 8, 1887, 153–154.
OSCAR KOHLSCHMIDT, Jahrbücher für protestantische Theologie 13, 1887, 529–548.
M., Literarisches Zentralblatt für Deutschland 38, 1887, 1–4.
C.E., Theologischer Literaturbericht 10, 1887, 80–82.
THEODOR HAERING, Theologische Literaturzeitung 12, 1887, 12–16.
H. SCHMIDT, Theologisches Literaturblatt 8, 46.
– ebd., 80: WILHELM HERRMANN, Berichtigung.
– ebd., 80: H. SCHMIDT, Erwiderung

1889

JOHANNES GENSICHEN, Evangelische Kirchenzeitung 63, 1889, 671. 696.
– ebd., 749: WILHELM HERRMANN, Erklärung.
– ebd., 749–751 JOHANNES GENSICHEN, Entgegnung.
– ebd., 792 WILHELM HERRMANN, Erklärung.
– ebd., 833–835 OTTO ZÖCKLER.

1890

PAUL KLEINERT, Halte, was du hast. Zeitschrift für Pastoraltheologie 14, 1890, H. 1.

1891

AUGUST KOHLRAUSCH, Professor Herrmanns Luthercitate, in: Der Beweis des Glaubens 27, 1891, 209-226. 257-274.

2. Auflage

1892

ANONYM, Deutsche evangelische Kirchenzeitung 6, 1892, LitBeil 44–45.
AUGUST BAUR, Theologischer Jahresbericht 12, 1892, 412–413.
FRANZ HERMANN REINHOLD FRANK, Neue kirchliche Zeitschrift 3, 1892, 751–762.
THEODOR HAERING, Theologische Literaturzeitung 17, 1892, 548–549.

1893

OTTO RITSCHL, Der historische Christus, der christliche Glaube und die theologische Wissenschaft, Zeitschrift für Theologie und Kirche 3, 1893, 371–426.

1895

HEINRICH FLIEDNER, Evangelische Kirchenzeitung 69, 1895, 655–656, 673–676, 700–703, 710–713.
A. MENZIES, The New World 4, 1895, 57–72.
LUDWIG LEMME, Der Reichsbote Nr. 22 u. 30, 1895; dazu: Wilhelm Herrmann, Erklärung, Nr. 31 (= Die Christliche Welt 9, 162).
JOHANNES WEIß, Die Nachfolge Christi und die Predigt der Gegenwart, Göttingen 1895, 137–147.
MARTIN KÄHLER, Der sogenannte historische Jesus und der geschichtliche, biblische Christus, 2., erweiterte und erläuterte Auflage, Leipzig 1896, 155–206.

3. Auflage

1896

ERNST TROELTSCH, Theologischer Jahresbericht 16, 1896, 551.

EMIL SULZE, ebd., 559–561.

1899

HERMANN SCHOLZ, Theologische Rundschau 2, 1899, 174–179.
HÖHNE, Theologischer Literaturbericht 24, 1899, 52–53.

1900

KARL THIEME, Luthers Testament wider Rom in seinen Schmalkaldischen Artikeln, Leipzig 1900.

4. Auflage

1903

ARTHUR TITIUS, Theologischer Jahresbericht 23, 1903, 810–811.
O.S., Monatsschrift für die kirchliche Praxis 3, 1903, 488.

1904

G.B. FOSTER/G.B. SMITH, The American Journal of Theology 8, 1904, 413.
PAUL JAEGER, Die Christliche Welt 18, 1904, 722–726.
JOHANNES JEREMIAS, Pastoralblätter 46, 1904, 734–735.
EMIL SULZE, Protestantische Monatshefte 8, 1904, 281–288.
D., Die Reformation 3, 1904, LitBeil 31.
KARL THIEME, Theologisches Literaturblatt 25, 1904, 345–349.
THEODOR HAERING, Theologische Literaturzeitung 29, 1904, 25–27.
ARTHUR TITIUS, Theologische Rundschau 7, 1904, 128–131.

1906

PAUL JAEGER, Theologischer Literaturbericht 29, 1906, 93–94. 141.

5. und 6. Auflage

1908

M. CHRISTLIEB, Theologischer Jahresbericht 28, 1908, II 95.
ERNST BUNKE, Die Reformation 7, 1908, LitBeil 60.
RICHARD H. GRÜTZMACHER, Theologischer Literaturbericht 31, 1908, 261.
PAUL LOBSTEIN, Theologische Literaturzeitung 33, 1908, 420.

1908/09

E. GROS, Der Türmer 11, 1908/09, 356–357.

1909

AUGUST BAUR, Deutsche Literaturzeitung 30, 1909, 1044–1045.
JOHANNES KUNZE, Pastoralblätter 51, 1909, 606–608.

1910

H.M., Evangelische Freiheit 10, 1910, 373.
ARTHUR TITIUS, Theologische Rundschau 13, 1910, 88–89.

1912/13

A. S. MARTIN, Review of Theology and Philosophy 8, 1912/13, 72.